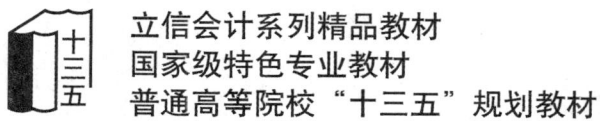

立信会计系列精品教材
国家级特色专业教材
普通高等院校"十三五"规划教材

U0754014

《中级财务会计学(第六版)》
学习指导书

ZHONGJI CAIWU KUAIJIXUE DILIUBAN XUEXI ZHIDAOSHU

主　编　张维宾

副主编　叶　敏　胡启鸿　徐　兵

立信会计出版社
LIXIN ACCOUNTING PUBLISHING HOUSE

图书在版编目(CIP)数据

《中级财务会计学(第六版)》学习指导书/张维宾主编.
—上海：立信会计出版社，2018.5(2020.1重印)
立信会计系列精品教材　国家级特色专业教材普通高
等院校"十三五"规划教材
ISBN 978-7-5429-5771-9

Ⅰ.①中…　Ⅱ.①张…　Ⅲ.①财务会计—高等
学校—教学参考资料　Ⅳ.①F234.4

中国版本图书馆 CIP 数据核字(2018)第 096853 号

策划编辑　　洪梅春
责任编辑　　陈　旻
封面设计　　南房间

《中级财务会计学(第六版)》学习指导书

出版发行	立信会计出版社
地　　址	上海市中山西路 2230 号　　邮政编码　200235
电　　话	(021)64411389　　传　真　(021)64411325
网　　址	www.lixinph.com　　电子邮箱　lixinaph2019@126.com
网上书店	http://lixin.jd.com　　http://lxkjcbs.tmall.com
经　　销	各地新华书店
印　　刷	常熟市华顺印刷有限公司
开　　本	787 毫米×1092 毫米　　1/16
印　　张	19.25
字　　数	478 千字
版　　次	2018 年 5 月第 1 版
印　　次	2020 年 1 月第 2 次
印　　数	3101—4200
书　　号	ISBN 978-7-5429-5771-9/F
定　　价	41.50 元

如有印订差错，请与本社联系调换

《中级财务会计学(第六版)》学习指导书

前　言

　　财务会计是一门应用性很强的课程,需要理论联系实际地学习,才能更好地掌握各会计要素的确认、计量和报告的原则与方法。《中级财务会计学》教材于2007年出版,并经过第二、第三、第四、第五版修订,受到使用该教材的师生的充分肯定,第六版也即将出版。为了紧密配合财务会计课程的教学,提供更加丰富的学习内容和相关信息,强化学习者的实践应用能力和自主学习能力,我们以原《〈中级财务会计学〉学习指导书》为基础,编写了本书,作为《中级财务会计学(第六版)》的辅助教材。

　　本书的背景如下:

　　为顺应我国社会经济发展的要求,实现我国企业会计准则与国际财务报告准则的持续全面趋同,财政部于2014年、2017年相继修订发布了《企业会计准则第2号——长期股权投资》《企业会计准则第9号——职工薪酬》《企业会计准则第14号——收入》《企业会计准则第16号——政府补助》《企业会计准则第22号——金融工具确认和计量》《企业会计准则第30号——财务报表列报》《企业会计准则第37号——金融工具列报》等,新发布了《企业会计准则第39号——公允价值计量》《企业会计准则第42号——持有待售的非流动资产、处置组和终止经营》,以及《关于修订印发一般企业财务报表格式的通知》(财会〔2017〕30号)等。会计规范的变革与会计理论和实务的发展密切相关,此外,2016年我国全面实施营改增的税制改革也影响相关会计实务发生变化,因此,应用性较强的中级财务会计相关教材也应当及时、持续地进行修订和更新。

　　与原《〈中级财务会计学〉学习指导书》相比,本书的主要内容及变化如下:

　　依据上述会计规范以及相关会计实务的发展,本书对第七章金融资产、第九章资产减值作了重大更新和修改,更新和修改的主要内容包括金融资产的分类从四分类变为三分类及后续计量变化,金融资产减值的计量基础从"已发生损失"改为"预期信用损失"所引发的减值确认与计量的变化等;对第八章长期股权投资、第十三章所有者权益、第十四章收入和第十五章利润也作了较大更新和修改,主要包括建立统一的收入确认模型、引入"控制权转移"等所带来的对收入确认在判断方面的变化,长期股权投资初始计量及后续计量的变化、所有者权益构成的变化及其相关会计处理,以及政府补助会计处理方法的改变等。此外,配合全面实施营改增等税制改革,各章涉及流转税的会计处理也进行了必要修改。会计确认与计量的变化必然影响财务报表的列报,第十六章财务报表列报也进行了相应修订。同时对上述章节的复习题和其他章节内容也作了适当调整和修改。

　　本书由张维宾修改第七、第九、第十五、第十六章及模拟试卷,叶敏修改第八、第十一、第十三、第十四章,姚津修改第十章,章丽娟修改第五、第六章。在本书修订过程中,得到了立信会计师事务所(特殊普通合伙)技术标准部和合伙人程江的指导与帮助,在此表示衷心的感谢!

由于境内外上市公司从 2018 年才开始分阶段相继施行上述新修订的企业会计准则,相关的应用指南也尚未出台,我们的水平有限,教材中定会存在一些不足之处,请广大读者和各位同仁批评指正,以便再版时改进。

张维宾

2018 年 4 月

《中级财务会计学》学习指导书

前　言

财务会计是一门应用性很强的课程,需要理论联系实际地学习,才能更好地掌握各会计要素的确认、计量和报告的原则与方法。《中级财务会计学》教材于2007年出版,并经过第二版、第三版修订,受到使用该教材师生的肯定。根据教学需求,我们编写《〈中级财务会计学〉学习指导书》,作为《中级财务会计学》教材的辅助教材,配合财务会计课程的教学,提供更加丰富的学习内容和相关信息,强化学习者的实践应用能力和自主学习能力。

《〈中级财务会计学〉学习指导书》的体例如下:各章内容概要解析、背景资料、阅读文献、复习题、参考答案、模拟试卷。其中:

内容概要解析:概括、简练地梳理了各章主要内容,对重要观点和疑点、难点进行解析,从第三章至第十七章各章均分别选取一家上市公司介绍相关内容的表内列报与表外披露,提供案例分析的素材,以利于学习者将本章内容与财务报告紧密联系,了解其在财务会计体系中的地位及作用,增强整体认识;

背景资料:对会计规范和实务的发展背景、变化趋势以及本领域有争议的问题或不同观点等进行介绍,以拓展学习者视野;

阅读文献:提供较为经典、重要的文献或介绍不同观点的论文,有助于学习者进一步探究和思考;

复习题:包括思考题、判断题、单项选择题、多项选择题、业务题,内容覆盖本课程教学重点及难点,数量超过教材中的题量,难易形成合适的梯度,以利于学习者循序渐进地学习,强化实践应用能力;

参考答案:对于判断题、单项选择题、多项选择题、业务题均提供参考答案,部分业务题还提供解题提示,有助于学习者自我检测,了解自己对于所学内容的掌握程度和发现薄弱环节;

模拟试卷:提供4套模拟试卷,并附参考答案及解题全过程,由于"中级财务会计"课程的教学内容较多,为便于学习者及时测试,我们将"中级财务会计"课程的教学内容划分为"上"、"下"两部分,前者涵盖第一章至第九章的教学内容,后者涵盖第十章至第十七章的教学内容。

本书由张维宾担任主编,由叶敏、徐兵、胡启鸿担任副主编。主编负责拟订编写大纲、设计体例和结构,并负责总纂、修改和定稿。副主编协助主编工作。编写分工与《中级财务会计学》教材相同:第一章由张奇峰编写,第二章由杜莉编写,第三章由吴涛编写,第四章和第十六章由徐兵编写,第五章由白莉编写,第六章和第十二章由胡启鸿编写,第七章由李江萍编写,第八章由应淑仪编写,第九章和第十五章由张维宾编写,第十章由姚津编写,第十一章由柳青编写,第十三章和第十四章由叶敏编写,第十七章由刘睿洁编写。章丽娟和何夏宁参与了部分核对工作。

　　本书以高等院校会计学专业本科学生为主要对象,也可作为财务管理、审计学、工商管理等经济管理类其他专业学生学习财务会计的辅助教材,又能供会计从业人员进修培训之用。同时,对于会计理论工作者和会计实务工作者也具有参考价值。

　　在编写过程中,我们参考了许多中外学者、专家的论著和教材,并将主要阅读文献分别附在各章之后。在此,谨向这些论著和教材的作者表示衷心感谢!

　　书中如有不当及疏漏之处恳请广大读者及各位同仁不吝指正,以便再版时作进一步补充和修订。

编　者

2011 年 1 月

目　　录

第一章 财务会计基本理论

一、内容概要解析

(一)财务会计概念框架

财务会计概念框架是一些相互紧密联系的目标与基本原则所构成的内在一致的体系,它为建立一个前后一致的会计准则体系打下基础,并指明了财务会计和财务报表的性质、职能与局限性。

财务会计概念框架的主要作用有二:其一,统驭了具体会计准则的制定。其二,为新出现的实务问题的解决提供了指南。

财务会计概念框架一般包括财务报告的目标、会计基本假设、会计信息质量要求、会计要素的定义及其确认与计量原则等基本内容。我国财务会计概念框架主要体现在基本会计准则中。

(二)财务会计的目标

财务会计的目标是财务会计概念框架的出发点,也是财务会计工作的落脚点。对于财务会计的目标,目前主要有两种观点:受托责任观与决策有用观。受托责任观认为,财务会计的主要用户是现有投资者,财务会计的主要目的在于反映企业管理层受托责任的履行情况,为投资者评估管理层的受托责任履行情况提供决策依据。而决策有用观认为,财务会计的主要用户不仅包括现有投资者,还包括潜在投资者,其主要目的在于为投资者评估企业价值提供决策支持。实际上,这两种观点与会计环境以及资本市场的发展密不可分。早期会计的起源与实践主要在非公众公司中,财务会计的主要用户是现有投资者,受托责任观是对会计需求的直接反映。随着资本市场的发展,尤其是股票市场与上市公司的兴起,其主要用户扩展到广大的潜在投资者,即社会公众,这使得财务会计的目标更加多元化,由"受托责任"向"决策有用"转变。

目前,我国基本会计准则将"财务会计报告的目标"表述为:向财务会计报告使用者提供与企业财务状况、经营成果和现金流量等有关的会计信息,反映企业管理层受托责任履行情况,有助于财务会计报告使用者作出经济决策。财务会计报告使用者包括投资者、债权人、政府及其有关部门和社会公众等。可见,我国的基本会计准则中,综合了上述两种观点,并且考虑到我国国有经济为主体的现实情况,把"受托责任"置于"决策有用"之前。

(三)会计假设与会计基础

会计基本假设与会计基础又称会计核算的前提条件。它是对会计核算所处的时间、空间环境所作的合理设定。会计核算对象的确定、财务报表要素的确认与计量都要以这一系列的基本前提为依据。在我国的基本会计准则中,会计假设包括会计主体、持续经营、会计分期、货币计量四个方面,以权责发生制作为会计基础。而在国际会计准则中,权责发生制(accrual)被归类于基础假设(underlying assumption)。

这四个会计假设与一个会计基础相互联系,共同构成了企业会计核算的前提条件。具体说来,会计主体界定了会计核算对象的空间范围,会计分期界定了会计核算的时间范围,货币计量确定了会计核算的计量单位,持续经营与权责发生制构成了会计确认与计量的基础。目前的大多数会计程序与方法正是在这些前提假设下,根据一定的原则得以形成与发展的。

（四）会计信息质量要求

根据我国的基本会计准则,会计信息质量要求包括可靠性、相关性、可理解性、可比性、实质重于形式、重要性、谨慎性和及时性等方面。

一般来说,可靠性与相关性是会计信息质量要求中首要的、最基本的质量特征,其余的质量特征,例如可比性、及时性、重要性等特征属于增进的质量特征。由于会计信息质量特征从属于财务会计的目标,我国基本会计准则将财务会计目标的"受托责任"置于"决策有用"之前,相应的,将会计信息质量特征中的"可靠性"置于"相关性"之前。

由于信息的搜集、整理与披露是需要花费成本的,因此,企业在提供会计信息中应充分考虑不同会计信息质量特征所花费的成本。可靠性与相关性是财务会计信息应具备的两项主要质量特征。如果能同时增进最为理想,但有时提高可靠性会降低相关性,反之亦然。两者如何权衡,取决于决策者对两者重要性的评价。但如若其中之一完全缺乏,则该信息即无用处。

值得注意的是,谨慎性原则虽然在会计实务中运用得较为广泛,例如资产减值的计提,但是与可靠性质量特征中的"中立性"相冲突,也与会计计量中的历史成本原则相抵触。

（五）会计要素

会计要素是会计核算对象的基本分类,是设定财务报表结构和内容的依据,也是进行确认和计量的依据。对会计要素加以严格的定义,就能为会计核算奠定坚实的基础。

财务报表要素分为反映财务状况的要素和反映经营成果的要素。其中反映财务状况的要素包括资产、负债与所有者权益;反映经营成果的要素包括收入、费用与利润。

在会计要素中,资产反映企业掌控的、可以使用或运用的资源,而负债与所有者权益则反映这些资源的来源构成,即这些资源是如何取得的。由于复式记账的固有特性,就产生了会计恒等式,即资产＝负债＋所有者权益,反映了三者之间的数量关系。

值得注意的是,早期的会计等式:利润＝收入－费用,随着会计要素中收入、费用概念的缩小,以及利润构成的日益复杂而不再成立。利润不仅包括收入减去费用后的净额,还包括直接计入当期利润的利得和损失。

同时利得与损失有部分直接计入当期利润,有部分则直接计入所有者权益,例如可供出售金融资产当期公允价值的变动,并不影响当期利润,但会导致所有者权益的增减变动。

从某种意义上来说,负债等于负资产,所有者权益等于净资产,收入、费用与利润实际上反映资产的流动,那么财务会计的主要问题就可以归结为资产的确认与计量。

（六）会计要素的确认与计量

（1）会计要素确认的条件。一个项目是否应确认为财务报表的要素,取决于它是否同时符合下列三个标准:① 符合会计要素的定义;② 与该项目有关的未来经济利益将很可能流入或流出企业;③ 该项目的成本或价值能够可靠地加以计量。

（2）会计要素计量属性及其应用原则。从会计角度,计量属性反映的是会计要素金额确定基础,主要包括历史成本、重置成本、可变现净值、现值和公允价值等。公允价值与上述四种计量属性并非平行的、非此即彼的关系,而是一种复合型计量属性,上述四种计量属性在某些特定情况下都是公允价值的表现形式。

我国《企业会计准则——基本准则》中规定,企业在对会计要素进行计量时,一般应当采用历史成本,采用重置成本、可变现净值、现值、公允价值计量的,应当保证所确定的会计要素金额能够取得并可靠地计量。

二、背景资料

（一）财务会计概念框架的演进

1. 财务会计概念框架的形成

财务会计概念框架（CF）是由美国会计准则委员会（FASB）首创的。尽管美国在 20 世纪 60 年代就开始探讨财务会计理论体系，例如：AICPA 所属的会计研究部（ARD）发表了 ARS NO. 1 和 NO. 3，同时，APB 发表了 Statement NO. 4；英国1976年也发表了一份《公司报告》（The Corporate Reports），系统地阐述了财务会计一系列概念特征与理论问题，但是，正式提出 CF 是在 1976 年 12 月 FASB 发出的一份讨论备忘录"Conceptual Framework for Financial Accounting and Reporting：Elements of Financial Statements and Their Measurement"中。这份备忘录不是讨论财务会计的目标，而是着重阐述财务报表的要素及其计量问题。该备忘录的率先出台有其特殊的经济背景。当时，美国的通胀率高达 11％以上，引起了企业界与会计界的普遍关注，他们着重抨击传统的以历史成本为模式的财务报表，认为以历史成本为基础的财务报表所提供的盈利信息不可靠，甚至是"无用的信息"。因此，CF 的第一份备忘录先讨论了会计要素及其计量和盈利的确认问题。

1978 年开始，FASB 系统地研究以目标为起点的财务会计概念公告（或称之为概念框架）。从 1978 年 11 月至 1985 年 12 月，共发表了六份公告，即 SFAC NO. 1～NO. 6，其中 NO. 6 取代了 NO. 3。2000 年 2 月，FASB 又发表了 SFAC NO. 7，其目的在于推广应用公允价值（fair value）。因此，美国名义上现有七份概念公告，实际发挥作用的则是六份（SFAC NO. 3 已被取代）。

图 1-1 列示了美国财务会计概念框架①。

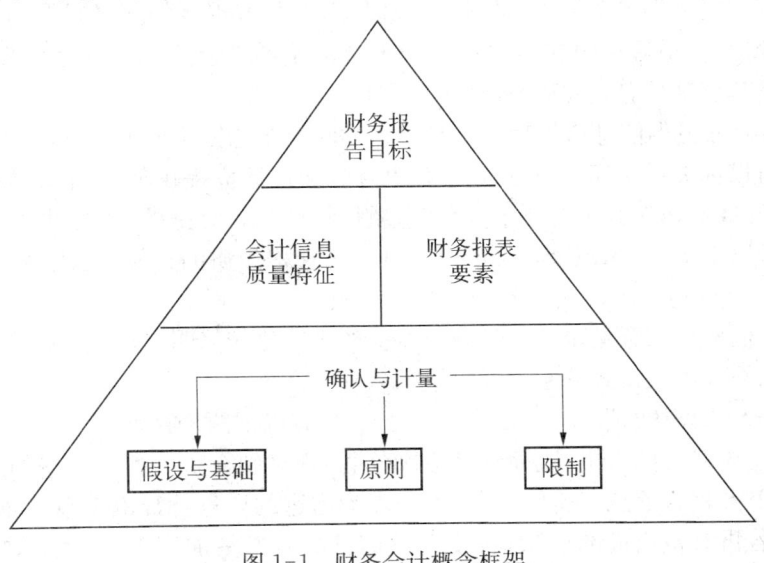

图 1-1 财务会计概念框架

---

① 主要参考美国会计准则概念框架；Donald E. Kieso, Jerry J. Weygandt, Terry D. Warfield：Intermediate Accounting. 2007. The 12th edition，John Wiley & Sons, Inc. 目前学术界对此并没有达成一致，国际会计准则财务会计概念框架与此略有不同。

财务会计概念框架可分为三层。第一层是财务报告的目标,即财务会计的目标,它构成了概念框架的基石。第二层次是会计信息的质量特征与财务报告的基本要素,它是联系第一层目标与第三层实务的桥梁。第三层是财务报表各要素如何确认与计量,包括确认与计量的假设与基础、原则与限制条件。

2. 财务会计概念框架的发展

国际会计准则委员会(IASB)和 FASB 在 2004 年 4 月把概念框架列入双方的联合研究项目。原计划分八个阶段。

可能受全球金融危机的影响,只进行了部分阶段。其中一个阶段"目标与质量特征"已有征求意见稿(A 阶段);另一个阶段"报告主体"则发表了讨论稿(D 阶段)。还有一个阶段(E 阶段)只对其中的一部分即"财务报表的列报"形成了讨论稿。其余两个阶段"要素与确认"(B 阶段)和"计量"(C 阶段)尚在工作人员讨论研究之中,部分问题已取得一些共识,以下作一简要介绍。

(1) 关于财务报告的目标。两个理事会已经同意作为征求意见稿的总的看法是:"通用目的财务报告的目标是向现实和潜在权益投资人(entity investors)、贷款人(lenders)和其他信用提供者(other creditors)提供报告主体(reporting entity)的有用的财务信息,使之有能力作为资本提供者作出决策。"从这个目标的表述可以看到,它几乎是 FASB Concept NO. 1 (SFAC NO. 1)"企业财务报告的目标"的翻版,与 SFAC NO. 1 的以下表述基本一致。

第一,编制财务报告本身不是目的,而是为作出企业决策和经济决策提供有用的信息(par. 9)。

第二,这份公告(指 SFAC NO. 1)的目的,在于关注投资和信贷决策所用的信息(par. 30)。

第三,这份公告对财务报告目标论述,开始是对投资和信贷决策有用的广泛信息;然后是投资者和信用提供者最关注的、从其投资和贷款中收取现金的前景以及与之相关的企业的其他前景的信息;最后集中在对评价企业现金流量前景有用的企业经济资源、对这些资源的要求权及其变动信息,包括企业业绩的衡量(par. 32)。

(2) 关于财务报告信息质量特征。它是上述联合概念框架征求意见稿的第二部分。信息质量特征与目标关系密切。目标规定主体为达到目标应提供何种信息(如 IASB"框架"第 12 段),此种规定是对数量的要求,而信息质量特征则是对提供的财务报告信息提出质量上的要求。所以 1970 年 APB Statement NO. 4 把它称为质的目标(见该报告 85 段前的标题、87 段前的标题以及 86 段关于质的目标的说明)。

联合概念框架征求意见稿对信息质量特征的规定比较简明,也有创新。见图 1-2(将征求意见稿第二部分用表格式分层次加以概括)。

图 1-2 若与 IASB 的框架、FASB 的概念比较,有以下两个特点:

第一,信息质量分两大类,既简化又主次分明,且有创新。一类为基本的质量特征的信息要求,这是财务报告信息必备的质量;另一类为增进的质量特征的信息要求,即在基本质量的基础上,若再具备增进的质量,将使会计信息的质量更加完美,可达到高质量、透明度和可信性(后三点已不必再列为质量特征,而成为评估信息质量达到完美要求的标准了)。

在基本质量的信息特征中,一个重大的创新是用"如实反映"取代"可靠性"。其所以作出这样的改革,是因为:其一,对可靠性的理解很不一致;其二,可靠性实际上不是可以量化的质量特征,而是一个伦理学的标准,但如实反映与会计的计量有密切联系。如实反映是

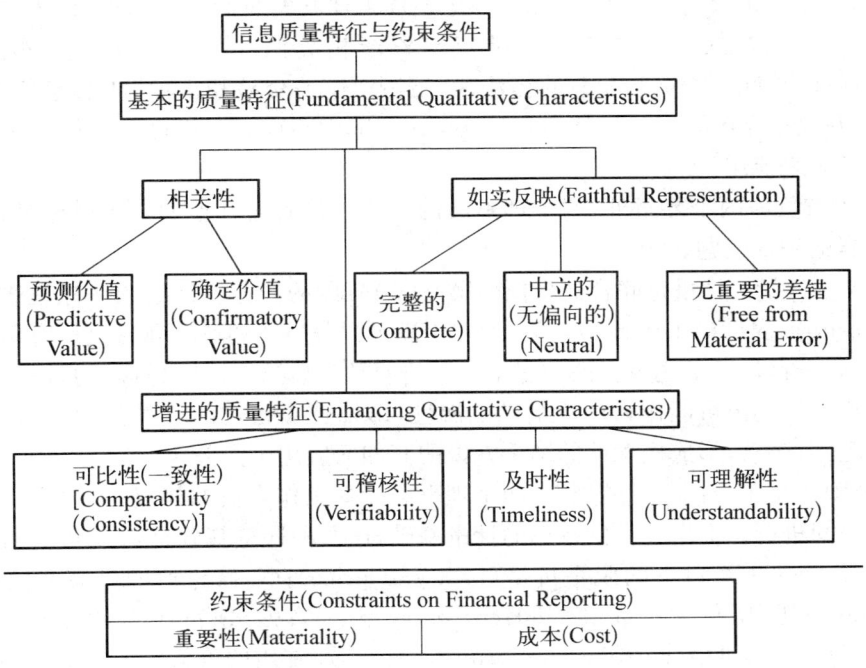

图 1-2 会计信息的质量特征与限制条件

指：财务会计必须真实地记录和报告一个企业已发生的经济活动及其结果。不仅在事实上，尤其在数量上，一是一，二是二，没有任何虚假。所以，这样的更改，看起来只是会计术语的变动，实际上是更符合评估财务会计信息质量的一个创新。

第二，简化了信息质量的约束条件。过去的概念框架总是把重要性作为要不要衡量某一财务信息的起点，而把效益大于成本作为评估信息质量的约束条件。其实，两者是一回事。简单地说，凡对决策或评估经管责任不够重要的信息，或花费成本过高才能取得的信息，都不必评估其质量；因为不重要的信息没有评估质量的必要性，而成本太高的信息不值得收集，自然也无须评估其质量。

（3）关于财务报表的要素与要素的定义。作为 B 阶段的要素及其定义还没有提到两个理事会的正式议程。不过两个理事会的工作人员已进行过多次研讨，并已研究过"资产"与"负债"两个要素。但基本上未涉及确认。关于资产定义的讨论，两个理事会都参加了意见。他们先对当前 IASB 框架和 FASB 第 6 号概念公告的资产定义做了自我批评。

批评认为 IASB 的定义中用了预期（expected），FASB 的定义用了"可能的"（probable）都会引起使用者的误解。对 FASB 定义中，不讲经济资源（economic resource）而讲"未来的经济利益"（future economic benefits）也认为不妥。FASB 的资产定义曾受到国内外的激烈批评。曾任 SEC 委员的 Walter P. Schnetze 就举例问：假如一家企业拥有一辆可用于载货而收取运费的汽车，那么，就货车与运费收入而言，什么是这家企业的资产呢？是货车，还是货车带来的运费收入？按照 FASB 的资产定义，这家企业并没有资产"货车"，而作为资产的乃是由货车未来赚来的运费收入。这显然把资产与收入混为一谈，犯了常识上的错误！然后两个理事会的工作人员（技术专家）提出了资产定义的初步讨论意见，提供 IASB 和 FASB 联席会议讨论参考。有关资产的初步供讨论的意见是："一个主体的一项资产是主体已经得到或能限制他人得到的一种当前经济资源，对资源可实施的权利或其他手段。"

此外,两个理事会的工作人员在 2008 年 2 月 4 日发表的资料中也提出"负债"的定义。他们对负债的现在的定义中提出的缺点与资产相类似。因而建议:① 删除"预期"(expected)和"可能的"(probable)的提法;② 删去"过去交易和事项"才引起负债的表述;③ 要求强调现在存在的一项经济负担(economic burden),而取代目前负债定义过于强调经济利益的未来流出。

除资产与负债两个要素外,两个理事会的工作还没有公开他们是否讨论过其他要素,特别是要素的确认问题。

(4)关于计量。计量是联合概念框架第三(C)阶段的任务。计量的目标是选择一套计量基础(basis)或属性(attributes),其目的在于满足财务报告的目标和对决策有用的信息质量特征。这一阶段,两个理事会拟分三个步骤进行研究:第一,计量基础的目录,它们的定义和在它们中挑选出可能作为计量基础的属性(即筛选出备选的计量基础);第二,评估备选的计量基础;第三,形成概念性的结论并说明其如何应用于实务。

根据 2007 年 11 月 27 日的资料,两个理事会接受工作人员的建议(上述第一步骤已在工作人员之间进行),提出九种供备选的计量基础,这九种计量基础是:① 过去的入账价格(past entry price);② 过去的脱手价格(past exit price);③ 修正后的过去金额(modified past amount);④ 现行入账价格(current entry price);⑤ 现行脱手价格(current exit price);⑥ 现行平均价格(current equilibrium price);⑦ 在用的价值(value in use);⑧ 未来的入账价格(future entry price);⑨ 未来的脱手价格(future exit price)。

在上述九种计量基础中,除了⑥与⑦外,把市场(交换)价格分为过去、现在和未来三个时期。

最近美国 FAS 157 公允价值计量中,则反复强调按公允价值计量的资产,其实就是用销售即脱手价格(exit price)计量。而 IASB 组织评论 FAS 157 的意见中,有人认为资产交换按公允价值计量,如采用入账价格(entry price)也未尝不可。因此,上述计量属性的应用,在会计界都有人议论过,意见是有分歧的。

(二)会计要素确认与计量的早期原则及其变迁

在美国早期的财务会计概念框架中,会计要素确认与计量的原则主要包括历史成本原则、收入实现原则、配比原则以及充分披露原则。历史成本原则已在教材"会计要素计量属性及其应用原则"一节中介绍,不再赘述。以下简要介绍收入实现原则、配比原则与充分揭示原则。

1. 收入实现原则

收入实现原则是会计人员用于决定何时确认营业收入的指导原则。美国会计准则委员会在其第 5 辑《论财务会计概念》中规定,营业收入必须符合下列两项条件才能确认:① 已实现或可实现;② 已赚得。由于企业经营活动的诸多时点均有可能满足上述两项条件(如图 1-3 所示),因此人们为具体情况下的经营活动制定了具体的规则。

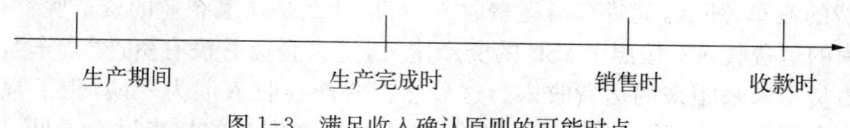

| 生产期间 | 生产完成时 | 销售时 | 收款时 |

图 1-3　满足收入确认原则的可能时点

所谓"已实现"是指商品与劳务已交换成现金或已有了现金的求偿权,即已有交易发生。所谓"可实现"是指商品或劳务有公开的市场及明确的市价,随时可以出售变现,且无须支付重大的推销费用或蒙受重大的价格损失。"已赚得"是指赚取营业收入的活动全部或大部分已完成,所需投入的成本也已全部或大部分投入。

根据图1-3,企业可在以下时点确认营业收入:

(1)销售时确认营业收入。一般商品均在销售时确认营业收入,因为在销售时已满足其确认的两个条件:其一,营业收入已经实现,商品已转移且取得现金或现金求偿权;其二,营业收入已赚得,只剩下少数收账费用及售后服务成本。

(2)在生产期间确认营业收入。建筑业及工程承包业所承包的工程,往往跨数个会计期间才能完成。诸如造船、修水库等长期工程合约,如等到完工时确认营业收入,则会出现实际营建时均无营业收入,而在完工时当年出现巨额收入的反常情况,以致各年的损益不能正确反映实际的营业状况。因此关于长期工程合同,可以按照完工进度确认营业收入,而不必等到工程完成时才确认。与此对应的方法是完工百分比法或完工进度法。

(3)在生产完成时确认营业收入。当企业所生产的产品为标准化产品、有明确或得到保证的价格且不必支付推销费用而又无限制出售产品时,则可以在生产完成时立即确认营业收入。例如,金银等贵金属,由于市场公开、价格明确,几乎不存在销售风险,因此可在生产完成时确认营业收入。

(4)在收款时确认营业收入。如果采用赊销方式销售,且收款的可能性有极大的不确定性,以至于无法合理估计可能发生的坏账金额或比率时,则营业收入的金额就可能无法可靠地加以衡量。因此在销售时不宜认为营业收入已经实现,而应等到收回账款时再确认营业收入。

2. 配比原则

配比原则是指当某项营业收入已经在某一会计期间确认时,所有与赚取该营业收入有关的成本均应在同一会计期间转为费用,以便与营业收入配合而正确地计算利润。因此,在会计上通常是先确认营业收入何时实现,然后确定费用。在判断时,会计人员首先应确定成本是否已经消耗。未耗成本仍具有未来经济效益,应作为资产处理,而已耗成本则应予以转销。其次,应确认成本是如何消耗的。因主要营业活动而消耗的成本应列为费用,如销售成本、销售费用和管理费用等;因偶发性或边缘性活动而消耗的成本应列为损失,如火灾等。

已耗成本与营业收入配比的方法,通常有三种:

(1)根据因果关系直接配比。凡营业收入与成本能直接认定因果关系,则应当在营业收入确认时,将赚取该营业收入的相关成本列为费用。例如,产品成本在产品销售时应转为销售成本。

(2)系统和合理地分摊。当成本与营业收入没有直接可认定的因果关系,但确知成本会产生未来收益时,则应以系统和合理的方式,将成本分摊于各受益期间。例如,固定资产购置成本应在带来效益的年份,通过系统和合理的折旧方法将其转为费用。

(3)立即确认为费用。凡无直接因果关系可循,又无预期未来经济效益可作为分摊成本之依据者,则已耗成本应在发生期间立即转为费用。此种费用成为期间费用,如销售费用、财务费用与管理费用。

上述收入确认与配比原则对于实体产业的会计要素确认与计量仍具有重要的指导意义。随着经济的发展,越来越多的企业涉足金融领域,或者金融资产逐渐成为企业资产中的重要组成部分。当投资活动越来越成为企业主要经营活动之一,围绕着投资活动所产生的收入与费用的确认与计量对于传统实体产业的收入确认原则以及配比原则提出了挑战。例如,对于交易性的股票投资,其初始与后续计量均采用公允价值计量,其会计期间公允价值的变动损益实际上既未实现,又未赚取,但是为了相关、可靠地反映其资产的真实状况,其公允价值变动损益作为营业利润的组成部分。为此,我国会计准则将收入实现与配比原则不再在基本准则里列示。

3. 充分揭示原则

充分披露原则是指为达到公允表达企业经济事项所必要的信息,均应完整提供,以提高会计信息的透明度和相关性,有助于用户评价和决策。《企业会计准则——基本准则》规定,企业提供的会计信息应当反映与企业财务状况、经营成果和现金流量等有关的所有重要交易或者事项。

如果某项信息被忽略或遗漏时,其结果将引起用户对财务报告的误解或误导其决策,那么该项信息就应予以披露。充分披露原则并不意味着事无巨细地披露信息,而是指应该用简洁明确的方法,提供重要信息。

如图 1-4 所示,财务报告与非财务信息对信息使用者的决策支持都具有重要意义。由于财务报表的固定性,充分披露原则要求提供的信息包括财务报表以及一些辅助信息与其他报告形式。

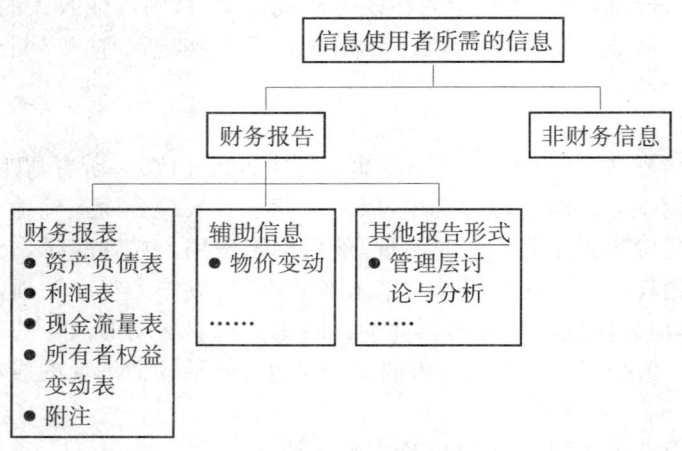

图 1-4   财务报表与财务报告关系图

目前我国财务报表主要包括五个组成部分:资产负债表、利润表、所有者权益变动表、现金流量表、附注。其中报表附注中应提供的信息包括应包括基本会计假设、重大会计方针、政策、或有事项说明、关联方关系及其交易等。辅助信息与其他报告形式包括物价变动影响的说明,管理当局的财务评述等,它们使财务报告中包括那些可能具有相关性但并不符合确认标准而无法纳入财务报表的信息。

值得强调的是,披露并不能代替确认。一般来说,关于企业资产、负债、股东权益、收入、费用等要素的最有用的信息都应该在财务报表中予以确认与计量,只有那些无法满足要素确认条件,但是会影响到信息使用者决策的信息才通过附注、辅助信息或其他报告形式披露出来。因此,我国企业会计准则规定,企业不能以附注披露代替确认和计量。

阅 读 文 献

1. 葛家澍：“试评 IASB/FASB 联合概念框架的某些改进——截至 2008 年 10 月 16 日的进展”，《会计研究》2009 年第 4 期。

2. 汤云为、钱逢胜主编：《会计理论》，上海财经大学出版社 1997 年版。

3. Donald E. Kieso，Jerry J. Weygandt，Terry D. Warfield：Intermediate Accounting. 2007. The 12th edition，John Wiley & Sons，Inc.

三、复习题

(一)思考题

1. 简述财务会计的目标。

2. 简述会计信息质量要求。

3. 试举例说明会计要素之间的关系及其对企业的财务影响。

4. 简述财务报表要素确认的一般标准。

5. 试分析持续经营、会计分期和权责发生制之间的关系。

6. 会计计量属性有哪些？它们的适用条件有何不同？

7. 简述会计六要素的定义及其基本特征。

8. 简述会计假设与会计基础的基本含义及其作用。

9. 简述财务会计概念框架的主要内容及其内在机理。

(二)判断题

1. 企业为减少本年度亏损而调减应计提的资产减值金额，体现了会计核算的谨慎性原则。　　　　　　　　　　　　　　　　　　　　　　　　　　　　　　　( )

2. 在某些情况下，企业取得资产没有发生实际成本或者发生的实际成本很小，可以判断不符合资产可计量的确认条件。　　　　　　　　　　　　　　　　　　( )

3. 负债是企业过去交易或事项形成的法定义务。　　　　　　　　　　　( )

4. 我国的货币计量假设是指会计核算的计量单位必须以人民币为记账单位。( )

5. 会计信息应该具有可验证性，这要求会计信息应根据其法律形式进行核算。( )

6. 企业资产负债表中列报的资产，必定为企业所拥有。　　　　　　　　( )

7. 企业在持续经营的过程中，其实收资本和所有者权益均不得减少。　　( )

8. 费用发生会导致所有者权益减少，但所有者权益减少并不一定是因发生费用所致。　　　　　　　　　　　　　　　　　　　　　　　　　　　　　　　　( )

9. 会计主体可以是法人，也可以是非法人；可以是单个法人的经济实体，也可以是多个法人通过控股关系组成的企业集团。　　　　　　　　　　　　　　　( )

10. 历史成本计量属性与公允价值计量属性相比，前者的可靠性更强，后者的相关性更强。　　　　　　　　　　　　　　　　　　　　　　　　　　　　　( )

(三)单项选择题

1. 下列不体现权责发生制的报表是( )。

　　A. 资产负债表　　B. 利润表　　　　C. 现金流量表　　　D. 所有者权益变动表

2. 计量交易性金融资产能提供最相关信息的计量属性是( )。

A. 历史成本　　　　B. 重置成本　　　　C. 可变现净值　　　　D. 公允价值

3. 根据我国基本会计准则,企业对会计要素进行计量一般采用( )的计量属性。

A. 历史成本　　　　B. 重置成本　　　　C. 可变现净值　　　　D. 公允价值

4. 对各项资产按取得或购建时实际交易价格计量,而不考虑随后市场价格的变动的影响,其遵循的会计计量属性是( )。

A. 历史成本　　　　B. 重置成本　　　　C. 可变现净值　　　　D. 公允价值

5. 在企业的下列行为中,违背会计核算可比性原则的是( )。

A. 上期提取存货跌价损失准备 100 万元,鉴于其可变现净值降低,本期再提取 2 万元

B. 根据国家新会计准则的要求,从本期开始对长期股权投资提取减值准备

C. 鉴于本期经营状况不佳,将固定资产折旧方法由双倍余额递减法改为平均年限法

D. 根据国家新会计准则的要求,将出租的房产从"固定资产"转入"投资性房地产"

6. 导致权责发生制的产生,以及待摊、预提等会计处理方法得以运用的基本前提是( )。

A. 谨慎性原则　　　B. 货币计量　　　　C. 会计主体　　　　D. 持续经营

7. 区分收入与利得、费用与损失,可以提高会计信息的预测价值,进而提高会计信息的( )。

A. 相关性　　　　　B. 可靠性　　　　　C. 可比性　　　　　D. 明晰性

8. 下列各项经济业务中,会引起股东权益增减变动的是( )。

A. 用资本公积金转增资本　　　　　　B. 向投资者分配股票股利

C. 向投资者分配现金股利　　　　　　D. 用盈余公积弥补亏损

9. 某企业发生的下列业务中,能同时影响资产和负债发生变化的是( )。

A. 接受投资者投入设备　　　　　　　B. 支付现金股利

C. 宣告现金股利　　　　　　　　　　D. 发放股票股利

10. 下列事项中,不属于我国企业会计准则中"收入"要素规范的是( )。

A. 销售商品所取得的收入　　　　　　B. 提供劳务所取得的收入

C. 出售固定资产的经济利益的流入　　D. 出售投资性房地产取得的收入

(四)多项选择题

1. 下列关于财务报告目标的表述中,正确的有( )。

A. 向财务报告使用者提供与企业财务状况、经营成果和现金流量等有关的会计信息

B. 财务会计报告使用者主要指管理当局

C. 反映企业所有者管理企业的水平

D. 反映企业管理层受托责任履行情况

E. 有助于财务会计报告使用者作出经济决策

2. 关于会计信息的可比性质量要求,叙述正确的有( )。

A. 同一企业不同时期会计信息要可比

B. 选择会计政策后不得变更

C. 同一企业不同时期相同交易的会计政策不能变更

D. 不同企业相同会计期间会计信息要可比

E. 不同企业均应采用完全相同的会计方法

3. 在下列会计信息质量要求的具体应用中,很大程度上需要作出职业判断的有(　　)。

    A. 可靠性   B. 及时性   C. 谨慎性   D. 重要性

    E. 可理解性

4. 下列不属于会计信息质量要求的是(　　)。

    A. 实质重于形式   B. 重要性

    C. 划分收益性支出与资本性支出   D. 配比原则

    E. 历史成本原则

5. 所有者权益来源包括(　　)。

    A. 所有者投入的资本   B. 直接计入所有者权益的利得

    C. 直接计入所有者权益的损失   D. 留存收益

    E. 银行存款

6. 下列项目中,能同时引起资产和利润减少的项目有(　　)。

    A. 计提发行债券的利息   B. 计提管理用固定资产折旧

    C. 存货发生盘盈   D. 支付广告费

    E. 交易性金融资产的公允价值下跌

7. 下列项目中,属于费用要素内容的有(　　)。

    A. 主营业务成本   B. 其他业务成本

    C. 营业外支出   D. 利润分配支出

    E. 财务费用支出

8. 构成营业利润的有(　　)。

    A. 投资收益   B. 主营业务收入

    C. 营业外收入   D. 所得税费用

    E. 公允价值变动损益

9. 下列组织可以作为一个会计主体进行核算的有(　　)。

    A. 独资企业   B. 独立核算的销售部门

    C. 子公司   D. 分公司

    E. 母公司及其子公司组成的企业集团

10. 下列各项中,仅影响所有者权益内部结构发生增减变动的有(　　)。

    A. 分配现金股利   B. 分配股票股利

    C. 提取法定盈余公积   D. 用盈余公积弥补亏损

    E. 宣告现金股利

四、复习题参考答案

(一)思考题(略)

(二)判断题

1.(×)　2.(×)　3.(×)　4.(×)　5.(×)　6.(×)　7.(×)　8.(√)

9.(√)　10.(√)

（三）单项选择题

1.（C） 2.（D） 3.（A） 4.（A） 5.（C） 6.（D） 7.（A） 8.（C）

9.（B） 10.（C）

（四）多项选择题

1.（ADE） 2.（AD） 3.（CD） 4.（CDE） 5.（ABCD）

6.（BDE） 7.（ABE） 8.（ABE） 9.（ABCDE） 10.（BCD）

第二章 财务会计规范

一、内容概要解析

(一)会计准则的出现是经济发展的内在需求

通过会计准则规范会计信息是经济发展的必然选择。最初,随着企业规模的扩张、地域分布的分散和投资者的增加,为了使投资者无需直接深入企业进行观察就可以进行决策,就需要一种工具能够对企业的经营活动和财务状况进行描述。财务报告和其蕴含的会计信息正是适应了这一需求而得到了发展。1934年,美国发布《1934年证券交易法》,并成立证券监管委员会;1938年,美国注册会计师协会(American Institute of Certified Public Accountants,简称AICPA)为了就建立统一的会计制度问题发表自己的见解,专门设置了会计程序委员会(Committee on Accounting Procedure,简称CAP);1973年,美国财务会计准则委员会(Financial Accounting Standards Board,FASB)取代APB来全面负责美国会计准则的制定工作。世界其他国家纷纷以美国的信息披露监管体系为蓝本,相继成立了本国的证券监管机构和会计准则制订机构,并通过制定一系列信息披露规范和会计准则来规范企业的信息披露行为。

会计准则是规范会计信息的标准,也是检查和评价会计信息质量的准绳。按照会计准则编制的会计信息降低了分析的繁琐,也为更广泛地控制提供了便利。今天,几乎所有的私营或公共部门(组织)在做财务决策时都在使用会计信息。随着世界经济的一体化、经济活动多样性的日益增加,会计准则已成为经济发展的重要基础。

(二)我国会计准则体系的构成

2006年2月15日,财政部发布了1项基本准则和38项具体准则,完善了我国企业会计准则体系的构架。新准则体系分为三个层次。

1. 第一层次是基本准则

基本准则在整个准则体系中起统驭作用,主要包括会计目标、会计基本假定、会计基本原则、会计要素和计量属性等内容。从国际会计惯例看,无论是国际会计准则理事会,还是美国等国家或者地区,在其制定的会计准则体系中通常都有"财务会计概念框架",它既是制定国际财务报告准则和有关国家会计准则的概念基础,也是会计准则制定应当遵循的基本法则。我国的基本准则类似于国际会计准则理事会的《编报财务报表的框架》和美国财务会计准则委员会的《财务会计概念公告》,在整个企业会计准则体系中具有重要的地位,起着统驭作用:① 基本准则是具体准则的准则,确立了会计确认、计量和报告等一般要求,确保制定具体准则的内在一致性;② 基本准则为会计实务中出现的、具体准则尚未规范的新问题提供会计处理依据。随着经济发展,新型经济业务和交易事项的不断涌现,对于某些在具体准则中尚未规范但又急需处理的新业务和新事项,应当严格遵循基本准则的规定,尤其是关于会计要素的定义及其确认与计量等方面的规定进行处理。

2. 第二层次是具体会计准则

具体会计准则又分为一般业务准则、特殊行业的特定业务准则和报告准则三类：① 一般业务准则对各类企业普遍适用的一般经济业务的会计处理进行了规范。② 特殊行业的特定业务准则对具有行业特征的经济业务的会计处理进行了规范，如生物资产、石油天然气开采、金融工具确认与计量、原保险合同、再保险合同等准则。③ 报告准则是对适用于各类企业的财务报告进行规范。具体准则既适用于普通的生产、流通型企业，又兼顾了金融、保险、农业等特殊行业的应用，也对新颖经济业务进行了规范，有助于企业提高会计信息质量，真实、完整地反映其财务状况，对维护经济秩序和社会公众利益，具有重要而深远的意义。

3. 第三层次为企业会计准则的应用指南和解释公告

企业会计准则的应用指南由两部分组成。应用指南的第一部分是对具体会计准则的解释①，这一部分重点在于指导准则的实务应用，对具体准则中的重点、难点和应用的关键进行了解释和说明。此外，应用指南对一些重要概念和影响确认的事项，也作了具体分析。应用指南的第二部分是会计科目及主要账务处理。根据具体准则的相关业务和事项，应用指南规定了会计科目及其主要账务处理，规范了报表格式及编制要求。新准则的应用指南是企业会计准则体系的组成部分，有助于会计人员完整、准确地理解和掌握新准则，确保新准则的贯彻实施。准则应用指南的两个部分从不同角度对企业会计准则进行了细化，为解决实务操作提供了指引。

企业会计准则的解释公告是为及时应对准则实施过程中出现的新情况、新问题，也为了在企业会计准则实现国际趋同后，应对国际会计准则理事会（IASB）不时发布新准则和解释公告或修改准则，我国需要结合国情作出相应处理的客观要求。自 2007 年发布《企业会计准则解释第 1 号》至今，财政部已经发布了共 5 号解释公告。准则的解释公告既使得企业会计准则体系保持相对稳定，又较好地解决了企业的实际问题。

（三）内部控制是实施信息披露规范和会计准则的保障

2008 年 5 月 22 日财政部发布《企业内部控制基本规范》；2010 年 4 月 26 日财政部会同证监会、审计署、银监会、保监会又发布了《企业内部控制配套指引》，该配套指引包括了 18 项《企业内部控制应用指引》，1 项《企业内部控制评价指引》和 1 项《企业内部控制审计指引》，这表明中国企业内部控制规范体系基本建成。这是继我国企业会计准则、审计准则体系建成并有效实施之后的又一项重大系统工程。中国企业内部控制规范体系将有助于企业优化治理结构、管理体制和运行机制；促进企业内部制度建设，完善各项业务流程；促进企业正常运行，防范舞弊和风险。同时，中国企业内部控制规范体系也规范企业的财务信息披露，保证企业正确实施会计准则并真实、完整地提供财务报告，既符合会计准则的目标，也为保护利益相关者利益提供了保障。

为使中国企业内部控制规范体系得到有效实施，财政部等五部委制定了企业内部控制规范体系的实施时间表：自 2011 年 1 月 1 日起首先在境内外同时上市的公司施行，自 2012

---

① 32 项应用指南，不包括《企业会计准则第 15 号——建造合同》《企业会计准则第 25 号——原保险合同》《企业会计准则第 26 号——再保险合同》《企业会计准则第 29 号——资产负债表日后事项》《企业会计准则第 32 号——中期财务报告》和《企业会计准则第 36 号——关联方披露》等 6 项具体准则的应用指南。

年 1 月 1 日起扩大到上海证券交易所、深圳证券交易所主板上市的公司施行;在此基础上,择机在中小板和创业板上市公司施行;同时,鼓励非上市大中型企业提前执行。执行本规范的上市公司,应当对本公司内部控制的有效性进行自我评价,披露年度自我评价报告,并可聘请具有证券、期货业务资格的会计师事务所对内部控制的有效性进行审计。

二、背景资料

(一)会计准则国际趋同的立场

目前,各国会计准则国际趋同有两种立场,一种是"直接采用"策略,即一字不动地照搬国际财务报告准则。这种策略的优点是降低了政策制定成本;与国际财务报告准则实现了同步。在这种策略下,可以取消本地准则制定机构。另一种是"趋同"策略,即在会计原则和实质内容上保持与国际财务报告准则的一致。这种策略是在实质上与国际会计准则趋同,但又要兼顾自身的特殊国情。我国明确企业会计准则采用的是国际趋同立场。在这种策略下,本地的准则制定机构与国际会计准则理事会的沟通和协调就显得十分重要。

(二)中国的会计准则国际趋同战略

会计准则国际趋同是一个国家经济发展和适应经济全球化的必然选择。中国企业会计准则已于 2006 年实现了与国际财务报告准则的趋同。但是,由美国次贷危机肇始并于 2008 年演化成的全球金融危机对国际会计趋同及其发展产生了较大影响。为全球协同应对国际金融危机而成立的二十国集团(G20)峰会和金融稳定理事会(FSB)在系统研究金融危机成因和应对策略后,倡议建立全球统一的高质量会计准则,并希望 G20 各成员国及其他有关国家或地区加快趋同步伐。在这一背景下,中国和美国、日本等国家或地区纷纷表态,支持趋同大势,提出路线图或者行动计划。

2010 年 4 月 2 日,财政部发布了《中国企业会计准则与国际财务报告准则持续趋同路线图》(以下简称路线图①)。发布路线图有助于提升我国会计信息透明度,承担全球公共受托责任;有助于及时向 IASB 反映我国特殊会计问题,提升国际财务报告准则公认性、权威性和实务可操作性;有助于加强我国政府会计监管,维护经济金融稳定与发展。路线图的主要内容包括:

第一,强调我国企业会计准则已经实现了与国际财务报告准则的趋同,持续趋同是在已有趋同基础上的后续趋同。中国企业会计准则体系自 2007 年 1 月 1 日正式实施以来,已在所有上市公司和全国 35 个省、自治区、直辖市、计划单列市(含新疆生产建设兵团)的非上市大中型企业执行。到 2010 年年底前,企业会计准则有望在我国所有大中型企业实现全覆盖。这些工作使得我们会计准则的持续趋同战略落到了实处,也为我们的持续趋同奠定了基础。

第二,肯定 IASB 为应对国际金融危机所采取的改革举措,支持 IASB 应对本次国际金融危机和落实 G20、FSB 要求所做的各项不懈的努力:① 成立金融危机咨询组,提出了改进财务报告应对金融危机的系统化建议;② 制定公允价值计量会计准则,为公允价值计量提供一套统一的指南;③ 推进降低金融工具会计准则复杂性的综合项目,简化金融工具分类、计量、减值和套期等会计准则;④ 全面修订财务报表列报、合并财务报表会计准则,明确资产负债表外业务和特殊目的主体会计处理问题;⑤ 加快保险合同等会计准则项目的制定

---

① 财政部:《中国企业会计准则与国际财务报告准则持续趋同路线图》,2010 年 4 月 2 日;"解读《中国企业会计准则与国际财务报告准则持续趋同路线图》",2010 年 4 月 26 日。http://www.mof.gov.cn.

步伐。(上述趋同项目将于 2011 年 6 月底前完成)

第三,明确我国企业会计准则国际趋同立场,坚持持续趋同是在国际互动基础上的趋同。新兴市场是世界经济的重要组成部分,国际财务报告准则在制定过程中必须充分考虑发展中国家尤其是新兴市场经济国家的实际情况,只有这样,国际财务报告准则才能真正实现其高质量、权威性和全球公认性。为此,中国也需要全方位地积极参与国际财务报告准则的制定过程,提升我国在国际准则制定中的话语权和影响力。财政部在这方面已经做了大量的工作,比如,财政部已经与 IASB 建立了每年两次的定期会晤机制,从今年起将升格为高层趋同会谈,着重讨论国际准则改革方向和具体准则项目中中国所重点关切的问题。同时,在 IASB、国际财务报告准则基金会(IASCF)和国际财务报告准则咨询委员会(SAC)等国际准则制定的多个层面,都已经有中国代表,财政部会计司还每年派人到 IASB直接参与有关准则项目技术研究工作,这些代表和人员也为我国加强与 IASB 的沟通增加了渠道,为反馈中国意见,建立与 IASB 的长效合作与趋同机制奠定了扎实基础。与此同时,中国还于去年倡导成立了亚洲—大洋洲会计准则制定机构组(AOSSG),为扩大本地区包括中国在内的新兴市场经济国家对国际准则制定的影响必将发挥重要作用。

第四,规划我国企业会计准则持续趋同时间安排,部署我国下一阶段会计准则建设工作。路线图提出,我国企业会计准则与国际财务报告准则持续趋同的时间安排是与 IASB的进度保持同步,争取在 2011 年年底前完成对中国企业会计准则相关项目的修订工作。这是我国根据国际国内形势、G20 与 FSB 的工作计划、IASB 为应对国际金融危机而修订或制定有关准则的时间安排等要求,结合我国实际情况作出的决定。

阅 读 文 献

1. 财政部:《中国企业会计准则与国际财务报告准则持续趋同路线图》,http://www.mof. gov. cn,2010 年 4 月 2 日。

2. 财政部:"解读《中国企业会计准则与国际财务报告准则持续趋同路线图》",http://www. mof. gov. cn,2010 年 4 月 26 日。

3. Business Accounting Council of Japan, Application of International Financial Reporting Standards (IFRS) in Japan, http://www. sec. gov 2009. 6.

4. JFSA staff, A Roadmap for Convergence between IFRSs and US GAAP—2006-2008: Memorandum of Understanding between the FASB and the IASB, http://www. iasb. org, 2006-2-27.

三、复习题

(一) 思考题

1. 会计规范的实质是什么? 有哪些特点?

2. 我国的会计规范体系如何构成? 会计规范体系中各层级的关系如何?

3. 规范上市公司的会计信息披露有什么作用?

4. 在我国,对上市公司会计信息进行监管的主要机构有哪些?

5. 我国上市公司会计信息披露规范体系如何构成?

6. 对我国上市公司会计信息规范的内容包括哪些?

7. 什么是会计的国际化? 你怎样理解?

8. 我国会计准则国际化的目标是什么？如何才能实现？

9. 国际会计准则理事会在推进会计国际化的进程中做了哪些工作？

10. 我国会计准则国际化进程经历了哪几个阶段？每个阶段有什么特点？

11. 我国会计准则国际化是在什么背景下进行的？怎样正确认识我国会计准则国际化进程？

12. 会计规范是否一定具有法律效力？为什么？

13. 国际上会计规范的模式有哪些分类？每种类型的会计规范具有什么特点？

14. 请具体说明我国企业会计准则体系各组成部分的法律定位。

（二）判断题

1. 会计规范的稳定性表明,会计规范不允许频繁变动,应该在一定时间内保持不变。

（　　）

2. 我国会计规范模式的主要特征是"以政府为主导,民间组织为补充"。（　　）

3. 我国企业会计准则的国际化进程已进入与国际持续趋同阶段。（　　）

4. 会计规范必须由财政部或者各级财政部门颁布才能生效。（　　）

5. 上市公司的年度报告应该在每个会计年度结束后下一年的 4 月 30 日之前编制完成并公告。（　　）

6.《公开发行证券公司信息披露的内容与格式准则》和《公开发行证券的公司信息披露编报规则》由证券交易所制定。（　　）

7. 国际会计准则理事会是由众多国家的成员组成的非官方机构,其主要工作是负责全球会计准则的协调。（　　）

8. 实现会计准则等效是指我国企业在那些实施财务报告准则的国家和地区,按照中国会计准则编制的财务报表无须进行全面转换。（　　）

9. 实现与国际财务报告准则等同,是实现与国际财务报告准则等效的前提和基础。

（　　）

10. 2006 年 2 月,中国发布的企业会计准则表明我国与国际财务报告准则实现了等效。（　　）

（三）单项选择题

1. 由国家立法机关和行政机关制定的会计规范,具有（　　）。

　　A. 公认性　　　　　B. 权威性　　　　　C. 历史继承性　　　D. 可比性

2.《企业会计准则——基本准则》的法律定位属于（　　）。

　　A. 法律　　　　　　B. 行政法规　　　　C. 部门规章　　　　D. 规范性文件

3.《会计法》属于法律,应由（　　）通过。

　　A. 全国人民代表大会常务委员会　　　　B. 最高人民法院

　　C. 国务院常务委员会　　　　　　　　　D. 财政部

4. 以下关于财政部会计准则委员会的说法中,正确的是（　　）。

　　A. 主要职能是制定会计准则　　　　　　B. 为会计准则的制定提供咨询意见

　　C. 负责制定财务会计概念框架　　　　　D. 负责制定会计准则的解释公告

5. 下列项目中,不属于英美法系会计规范模式的显著特征的是（　　）。

　　A. 会计准则由独立的民间机构制定

　　B. 会计规范由政府制定

C. 会计规范具有较大灵活性与适应性

  D. 会计准则与税法等法规相对分离

6. 下列项目中,不属于我国企业会计准则体系组成部分的是( )。

  A. 企业会计准则解释公告   B. 企业会计准则

  C. 企业会计准则应用指南   D. 企业会计准则讲解

7. 下列会计主体中,不适用我国企业会计准则的是( )。

  A. 公立医院   B. 保险企业   C. 农业企业   D. 金融企业

8. 下列国家中,其会计规范模式不应当划分为大陆法系会计规范模式的是( )。

  A. 英国   B. 日本   C. 德国   D. 法国

9. 上市公司年度报告应披露的信息不包括( )。

  A. 财务会计报告   B. 审计报告

  C. 公司未来的股价预测   D. 公司未来的发展战略

10. 我国现行企业会计准则与国际财务报告准则( )。

  A. 无实质性差异   B. 完全等同

  C. 存在少数实质性差异   D. 存在较多实质性差异

(四)多项选择题

1. 下列项目中,属于会计规范的有( )。

  A. 企业会计准则   B. 独立审计准则

  C. 企业的会计电算化制度   D. 企业内部的财务人员岗位职责

  E. 会计人员的职业道德规范

2. 上市公司发生的以下事项中,应作为重大事件进行披露的有( )。

  A. 公司获得一项重要订单   B. 公司的经营范围发生重大变化

  C. 公司面临一项重要的诉讼   D. 公司总部遭受地震灾害

  E. 公司董事会决议出售一个重大亏损的子公司

3. 以下关于会计规范体系的说法中,正确的是( )。

  A.《会计法》约束其他所有的会计法规

  B. 企业会计准则应用指南是规范性文件

  C. 基本准则与具体准则都是部门规章

  D. 基本准则驾驭具体准则的制定

  E.《会计法》是制定基本准则与具体准则的基础

4. 国际会计准则理事会的工作重心包括( )。

  A. 制定高质量的全球会计准则

  B. 改进和协调世界范围内的会计准则

  C. 重视国际财务报告准则的使用和严格应用

  D. 提倡各国会计准则与国际财务报告准则的等效

  E. 提倡各国会计准则与国际财务报告准则的国际趋同

5. 财政部会计准则委员会的委员来源包括( )。

  A. 政府部门官员   B. 中介机构代表

  C. 企业界专家   D. 会计学者

  E. 国际会计准则理事会派遣观察员

6. 财政部会计准则委员会的职责包括(　　)。
   A. 研究、制定企业会计准则
   B. 研究、制定财务会计概念框架等
   C. 不定期发布工作意见,对会计准则的实施提供咨询和反馈
   D. 对会计准则实施情况提供咨询并反馈有关信息
   E. 对会计准则制定中重大会计处理方法的选择等提供咨询意见

7. 财政部会计准则委员会由(　　)等专业委员会组成。
   A. 会计理论专业委员会　　　　　　B. 企业会计专业委员会
   C. 内部控制专业委员会　　　　　　D. 政府及非营利组织专业委员会
   E. 会计教育专业委员会

8. 关于会计规范的历史继承性说法中,正确的有(　　)。
   A. 应对上一个时代会计规范中有益的部分进行继承
   B. 应对上一个时代会计规范中不适应该时代的部分进行扬弃
   C. 应对下一个时代会计规范中有益的部分进行大胆的设想
   D. 应对下一个时代会计规范中不适应该时代的部分提前进行修正
   E. 会计规范在不同时代应当保持一致,以增强会计信息的可比性

9. 关于上市公司会计信息披露说法中,正确的是(　　)。
   A. 上市公司首次公开发行要承担更多的披露义务
   B. 上市公司的持续信息披露主要是定期报告和临时报告
   C. 上市公司高管人员的持股变动情况以及年度薪酬应向社会公开
   D. 上市公司的年度报告必须经过会计师事务所的审计
   E. 上市公司对投资者决策有重大影响的信息均应在定期报告中披露

10. 会计国际化的意义在于(　　)。
    A. 降低财务报表的编制和转换成本
    B. 促进国际贸易
    C. 促进资源在国际范围内的有效配置
    D. 促进跨国公司的发展
    E. 促进资本在全球范围内自由流动

四、复习题参考答案

(一)思考题(略)

(二)判断题

1.(×)　2.(√)　3.(√)　4.(×)　5.(√)　6.(×)　7.(×)　8.(√)
9.(×)　10.(×)

(三)单项选择题

1.(B)　2.(C)　3.(A)　4.(B)　5.(B)　6.(D)　7.(A)　8.(A)
9.(C)　10.(C)

(四)多项选择题

1.(ACDE)　2.(ABCDE)　3.(ABDE)　4.(ACE)　5.(ABCD)
6.(CDE)　7.(ABD)　8.(AB)　9.(ABCD)　10.(ABCDE)

第三章 货币资金与应收款项

一、内容概要解析

(一)货币资金的核算

货币资金是指直接以货币形态存在的资产,包括库存现金、银行存款和其他货币资金三项内容。货币资金是流动性最强的一项资产,企业应加强对其的控制管理。

对于库存现金,企业应设置"库存现金"账户核算现金的收付和结存情况。具体分为库存现金收入的核算、库存现金支出的核算及库存现金溢余或短缺的核算。

对于银行存款,企业应设置"银行存款"账户核算企业存入银行或其他金融机构,以及支取的各种款项。除按照国家有关规定可以使用现金结算外,其他收付都必须通过银行进行转账结算,具体的支付结算办法共有九种。

对于库存现金和银行存款之外的其他货币资金,企业应设置"其他货币资金"账户核算其取得、使用及结算的具体业务。其他货币资金主要有六种形式。

(二)货币资金的管理与内部控制

货币资金管理与内部控制的主要内容为:规定现金的使用范围;加强现金库存限额的管理;实行收支交易的分开处理;定期、不定期抽查库存现金;加强银行账户的管理;严格职责分工、确保不相容职务相分离;明确货币资金的权限范围和审批程序;实施定期轮岗;加强与货币资金相关的票据管理;加强网上交易的管理。

(三)应收票据的初始计量

理论上,应该对取得的应收票据按现值进行计量,但在我国的会计实务中,无论票据带息与否,企业在收到票据时,均按票据面值入账。这是因为我国的商业汇票的期限较短(最长不超过 6 个月),利息金额相对较小,采用未来现金流量折算现值入账不但计算麻烦,而且其折价需要摊销,过于繁琐。根据重要性原则,一般予以简化处理。

(四)应收票据的基本账务处理

(1)收到票据时的账务处理。收到票据时,应按面值借记"应收票据"账户,贷记相关账户。

(2)带息票据计息时的账务处理。带息票据于会计期末计息时,应借记"应收票据"账户,增加其账面价值,同时冲减财务费用。

$$应收票据利息 = 票据面值 \times 票面利率 \times 票据期限$$

(五)应收票据贴现的账务处理

$$贴现利息 = 票据到期值 \times 贴现率 \times 贴现期$$
$$银行实付贴现金额 = 票据到期值 - 贴现利息$$

(1)不带息票据贴现的账务处理。按银行实付贴现金额借记"银行存款"账户,按银行扣除的贴现利息借记"财务费用"账户,按应收票据的面值贷记"应收票据"账户(不附追索权)或"短期借款"账户(附追索权)。

(2)带息票据贴现的账务处理。按银行实付贴现金额借记"银行存款"账户,按应收票据现有的账面价值(包括面值和已计提利息)贷记"应收票据"账户(不附追索权)或"短期借款"账户(附追索权),按其差额借记或贷记"财务费用"账户。

(六)逾期应收票据的账务处理

商业承兑汇票到期,承兑人违约拒付或无力支付票款时,持票企业或贴现企业应根据不同情况作出相应的账务处理。

1. 持有应收票据到期

企业持有商业承兑汇票到期,若承兑人违约拒付或无力支付票款,持票企业收到银行退回的商业承兑汇票、委托收款凭证、拒绝付款证明或未付票款通知书等单据时,按应收票据面值(不带息票据)或面值与票据利息之和(带息票据)借记"应收账款"账户,按应收票据的账面余额贷记"应收票据"账户,按带息票据尚未结算入账的利息金额贷记"财务费用"账户。

2. 贴现的应收票据到期

(1)不带追索权。若贴现的银行承兑汇票,到期后债务人无力付款,则贴现企业不承担任何连带偿付责任,不做任何账务处理。

(2)带追索权。贴现的商业承兑汇票到期,若承兑人的银行账户余额不足支付,银行将支款通知连同汇票、付款人未付票款通知书送交申请贴现企业,贴现企业按所付本息和,借记"短期借款"账户,贷记"银行存款"账户。贴现企业保留对付款人的追索权,按票据到期值借记"应收账款"账户,贷记"应收票据"账户。

(七)应收账款的初始计量

应收账款是指企业因销售商品或提供劳务等,应向客户收取的款项,包括销售货物或提供劳务的价款、增值税款以及代购货方垫付的运杂费等。

一般企业对外销售商品或提供劳务形成的应收账款,通常应按从购货方应收的合同或协议价款作为初始确认金额。在确认初始入账金额时还应当考虑商业折扣和现金折扣等因素。

(1)商业折扣。商业折扣是指企业为了促进销售,在商品价目单原定价格的基础上给予购货方的价格折扣,扣除折扣后的净额才是实际销售价格。存在商业折扣的条件下,应收账款应以扣除商业折扣后的实际售价入账。商业折扣在交易发生时已经确定,供销双方按扣除商业折扣以后的价格成交和结算,因此不需要对商业折扣单独进行账务处理。

(2)现金折扣。现金折扣是指企业在采用赊销方式销售商品或提供劳务时,为了鼓励客户尽早偿还所欠款项而给予的债务折扣。

(八)现金折扣的两种处理方法

现金折扣对企业应收账款的入账及收回的影响可有两种处理方法:

(1)总价法。总价法是指在赊销成立时,按未扣除现金折扣的售价确认销售收入和应收账款的入账金额的方法。这种方法将销售方给予购货方的现金折扣视作为了尽快回笼资金而发生的一项理财费用处理,计入财务费用。我国会计实务中一般采用总价法核算。

(2)净价法。净价法是指在赊销成立时,以按最高折扣限额扣除现金折扣后的金额确认销售收入和应收账款的入账金额的方法。这种方法认为客户一般都会提前付款而享有现金折扣,所以按净额确认债权。一旦客户超过折扣期限不能享有现金折扣时,销售方将多收到的金额视为提供信贷而获得的理财收益,冲减财务费用。

(九)应收款项的期末计价

有客观证据表明企业的应收款项等资产存在减值迹象的,应当在资产负债表日进行减值测试,计提坏账准备,并将减值损失计入当期损益,再按扣除减值损失的账面价值在资产负债表上进行列示。

(十)货币资金与应收款项的列报

企业集团应在其合并资产负债表及个别资产负债表中列报货币资金与应收款项的可比数据,具体项目为"货币资金""应收票据""应收账款""预付款项""其他应收款"等。为使报表信息使用者更好地理解上述各报表项目,还应列报报表项目附注等相关资料,解释说明数据来源,如附注"货币资金"项目一般会按库存现金、银行存款、其他货币资金分别列示企业货币资金的明细构成,存在不同币种时,还应按币种分别列示其情况;"应收账款"项目在资产负债表中是以净额列示的,附注"应收账款"项目就应对其坏账准备的计提情况等进行详细说明。下面以中国石油化工股份有限公司(以下简称中石化)合并资产负债表(部分)的表内列报及报表项目附注为例,具体说明货币资金与应收款项项目的列报。

(1)中石化货币资金与应收款项项目的表内列报,见表3-1。

表 3-1　中石化合并资产负债表部分项目

2009 年 12 月 31 日　　　　　　　　单位:百万元

项　目	附　注	期 末 余 额	期 初 余 额
流动资产			
货币资金	6	9 986	7 760
应收票据	7	2 110	3 660
应收账款	8	26 592	12 990
其他应收款	9	4 454	20 525
预付款项	10	3 614	7 610
存货	11	141 611	95 979
其他流动资产		856	287
流动资产合计		189 223	148 811

(2)中石化货币资金及主要应收款项项目的附注列报,见表3-2至表3-6。

表 3-2　附注 6:货币资金项目构成　　　　单位:百万元

项　目	2009 年			2008 年		
	外币原值	外币汇率	等值人民币	外币原值	外币汇率	等值人民币
现金						
人民币			140			161

续表

项　目	2009 年			2008 年		
	外币原值	外币汇率	等值人民币	外币原值	外币汇率	等值人民币
银行存款						
人民币			4 070			5 487
美元	44	6.828 2	301	184	6.834 6	1 259
港币	97	0.880 5	85	124	0.881 9	109
日元	190	0.073 8	14	66	0.075 7	5
欧元	4	9.797 1	40	4	9.659 0	43
银行存款合计			4 650			7 064
关联公司存款						
人民币			3 328			605
美元	272	6.828 2	1 858	13	6.834 6	91
港币	69	0.880 5	61	—		—
欧元	9	9.797 1	89			
货币资金合计			9 986			7 760

关联公司存款指存于中国石化财务有限责任公司和中国石化盛骏国际投资有限公司的款项，按市场利率计算利息。

表 3-3　附注 7：应收票据分类　　　　　单位：百万元

种　类	2009 年	2008 年
银行承兑汇票	2 110	3 660
合　计	2 110	3 660

2009 年 12 月 31 日，本集团已背书或贴现转让的票据（附追索权转让）中尚未到期的票据金额为人民币 102.13 亿元（2008 年：人民币 110.74 亿元），均于 2010 年 12 月 31 日前到期。

表 3-4　附注 8-1：应收账款分类　　　　　单位：百万元

项　目	2009 年	2008 年
应收子公司	—	—
应收中国石化集团公司及同级子公司	697	2 670

续表

项　目	2009 年	2008 年
应收联营公司及合营公司	335	1 408
其他	27 481	11 318
小计	28 513	15 396
减：坏账准备	1 921	2 406
合　计	26 592	12 990

表 3-5　附注 8-2：应收账款账龄分析　　　　单位：百万元

项　目	2009 年				2008 年			
	金额	占总额比例	坏账准备	坏账准备计提比例（%）	金额	占总额比例	坏账准备	坏账准备计提比例（%）
1 年以内	26 422	92.7	7	0.0	12 931	84.0	63	0.5
1～2 年	185	0.6	31	16.8	100	0.6	21	21.0
2～3 年	32	0.1	21	65.6	75	0.5	59	78.7
3 年以上	1 874	6.6	1 862	99.4	2 290	14.9	2 263	98.8
合　计	28 513	100.0	1 921	—	15 396	100.0	2 406	—

表 3-6　附注 8-3：应收账款前五名所占比例情况　　　　单位：百万元

项　目	2009 年	2008 年
应收账款金额	9 063	1 882
欠款年限	1 年以内	1 年以内
占应收账款总额比例	31.8%	12.2%

注①：2009 年 12 月 31 日，本集团应收关联方账款合计为人民币 10.32 亿元（2008 年：人民币40.78亿元），占应收账款的比例为 3.6%（2008 年：26.5%）。

注②：2009 及 2008 年度，本集团没有对个别重大的应收账款计提全额或比例较大的坏账准备。

注③：2009 及 2008 年度，本集团没有个别重大实际冲销或收回以前年度已全额或以较大比例计提坏账准备的应收账款。

注④：2009 年及 2008 年的 12 月 31 日，本集团没有个别重大账龄超过 3 年的应收账款。

资料来源：中石化 2009 年年报。

二、背景资料

（一）货币资金的控制管理与相关法规

货币资金是指直接以货币形态存在的资产，包括库存现金、银行存款和其他货币资金三项内容。货币资金是企业流动性最强的一项资产，最容易被挪用、盗窃或发生其他损失，因此，企业应特别加强对其的控制管理。

与货币资金管理相关的法规主要有：国务院颁布的《现金管理条例》、中国人民银行颁布的《现金管理实施办法》《支付结算办法》以及《人民币银行结算账户管理办法》等。

与货币资金内部控制相关的法规主要有：财政部等五部委颁布的《企业内部控制基本规范》以及《企业内部控制应用指引》等。

（二）我国货币资金披露与 IAS 1 的差异

按照《国际会计准则第 1 号——财务报表呈报》（IAS 1：Presentation of Financial Statements）的规定，在资产负债表中流动性最强的资产项目为"现金及现金等价物"。现金及现金等价物的含义基本与我国《企业会计准则第 31 号——现金流量表》中的定义相同，即现金是指企业库存现金以及可以随时用于支付的存款；现金等价物是指企业持有的期限短、流动性强、易于转换为已知金额现金、价值变动风险很小的投资。

按照我国《企业会计准则第 30 号——财务报表列报》的规定，在资产负债表中，流动性最强的资产项目为"货币资金"项目，与 IAS 1 的"现金及现金等价物"项目相比，两者列示的内容主要有以下差异：

（1）"货币资金"包含的内容大于"现金及现金等价物"。我国资产负债表中列示的"货币资金"项目，除了库存现金以外，还包括所有可以随时用于支付和不可以随时用于支付的银行存款，而 IAS 1 中的"现金及现金等价物"是不包含不可以随时用于支付的银行存款的，如定期存款、限定用途的存款等。

（2）"货币资金"包含的内容小于"现金及现金等价物"。我国资产负债表中列示的"货币资金"项目包括库存现金、银行存款和其他货币资金三项内容，但未列示"现金等价物"。按照我国的会计准则，企业一般仅在现金流量表的附注中披露现金及现金等价物的构成和其在资产负债表中的相应金额。

从差异中可以看出，我国货币资金项目披露的当前做法未能体现出资产负债表与现金流量表之间的勾稽关系，且与国际惯例不符。

（三）货币资金、应收款项与相关会计准则

货币资金与应收款项均为金融资产，与之相关的会计准则主要有：《企业会计准则第 22 号——金融工具确认和计量》《企业会计准则第 23 号——金融资产转移》《企业会计准则第 37 号——金融工具列报》及《企业会计准则第 8 号——资产减值》。

阅 读 文 献

1. 葛家澍、杜兴强主编：《中级财务会计学》（教育部面向 21 世纪会计课程教材），中国人民大学出版社 2007 年版。

2. 葛家澍、杜兴强主编：《中级财务会计学（第三版）》（学习指导用书），中国人民大学出版社 2008 年版。

3. 陈信元主编：《会计学教学指导用书》，上海财经大学出版社 2009 年版。

4. 刘永泽、陈立军等主编：《中级财务会计》（国家精品课程、国家级重点学科——东北财经大学会计学系列教材），东北财经大学出版社 2004 年版。

三、复习题

（一）思考题

1. 根据《现金管理暂行条例》等规定，简述现金的使用范围。

2. 货币资金的内部控制主要包含哪些内容?

3. 银行结算方式有哪几种? 对各种结算方式的不同之处进行比较。

4. 企业为何要在银行开立账户? 可以开立哪些银行账户? 各种账户的功能有何不同?

5. 银行汇票与银行承兑汇票的区别是什么?

6. 什么是其他货币资金,它包括哪些内容?

7. 应收款项的特征是什么? 应收款项包括哪些内容?

8. 我国会计实务中作为应收票据核算的银行结算方式是哪种? 为什么?

9. 商业汇票有哪几种? 它们在结算上各有何特点?

10. 计算应收票据的贴现利息时,应考虑哪些因素?

11. 带追索权和不带追索权的应收票据贴现在会计处理上有何不同之处?

12. 商业折扣和现金折扣有何区别? 两者对会计处理有何影响?

13. 什么是现金折扣? 会计处理上的两种不同方法是什么?

14. 总价法与净价法在会计处理上有何不同? 是否会对企业的利润带来不同影响?

15. 如何在资产负债表中列报"货币资金"报表项目?

16. 如何在资产负债表中列报"应收账款"报表项目?

17. 如何对应收款项进行期末计价?

(二) 判断题

1. 企业关键财会岗位人员应定期轮岗,最长不能超过 3 年。　　　　　　(　　)

2. 企业的各项存款都应该通过"银行存款"账户核算。　　　　　　　　(　　)

3. 库存现金日记账的余额可能在贷方,也可能在借方。　　　　　　　　(　　)

4. 库存现金日记账是由出纳人员进行序时登记的。　　　　　　　　　　(　　)

5. 每个企业可以根据自身业务需要在银行开立多个基本存款户。　　　　(　　)

6. 会计期末计提应收票据利息时,企业应增加应收票据的账面价值,并冲减当期财务费用。　　　　　　　　　　　　　　　　　　　　　　　　　　　　(　　)

7. 企业带息票据的贴现所得额不一定小于其票据面值。　　　　　　　　(　　)

8. 对应收账款采用总价法核算时,实际发生的现金折扣不应当冲减企业已确认的销售收入。　　　　　　　　　　　　　　　　　　　　　　　　　　　　(　　)

9. 商业承兑汇票到期时,如果购货企业的存款不足以支付票款,开户行应将汇票退还给销货企业,银行不负责付款,而由购销双方自行处理。　　　　　　　　(　　)

10. 在同时存在商业折扣与现金折扣的条件下,按总价法核算时,应收账款的入账金额,应以扣除商业折扣的价值确认。　　　　　　　　　　　　　　　　(　　)

11. 企业持有的商业承兑汇票一旦向银行贴现,就应从账面上注销其价值。　(　　)

12. 商业折扣是为了鼓励客户尽早还款而给予的价格扣除,在应收账款入账时需要单独对其进行账务处理。　　　　　　　　　　　　　　　　　　　　　(　　)

(三) 单项选择题

1. 企业对现金清查中出现的确实无法查明原因的长款,批准后应记入(　　)账户。

　　A."其他业务收入"　　　　　　　　　　B."资本公积"

　　C."盈余公积"　　　　　　　　　　　　D."营业外收入"

2. 根据《现金管理暂行条例》规定,下列经济业务中,不能用现金支付的是(　　)。

　　A. 支付办公用品购置费 700 元　　　　B. 支付职工奖金 80 000 元

　　C. 支付物资采购货款 2 000 元　　　　D. 支付职工差旅费 3 000 元

　　3. 企业在现金清查中,发现短缺的现金,在未经批准前,应借记(　　)账户,贷记"库存现金"账户。

　　A. "其他业务成本"　　　　　　　　　B. "营业外支出"

　　C. "待处理财产损溢"　　　　　　　　D. "其他应付款"

　　4. 企业委托银行汇往异地开立采购专户的款项,应借记(　　)账户。

　　A. "其他货币资金——银行汇票"　　　B. "其他货币资金——外埠存款"

　　C. "预付账款"　　　　　　　　　　　D. "其他应收款"

　　5. 下列各项中,不通过"其他货币资金"账户核算的是(　　)。

　　A. 银行汇票存款　　　　　　　　　　B. 银行承兑汇票

　　C. 银行本票存款　　　　　　　　　　D. 信用卡存款

　　6. 下列结算业务中,只能用于同城结算的是(　　)。

　　A. 汇兑结算方式　　　　　　　　　　B. 委托收款结算方式

　　C. 银行本票结算方式　　　　　　　　D. 银行汇票结算方式

　　7. 下列票据中,通过"应收(付)票据"账户核算的是(　　)。

　　A. 商业汇票　　　B. 银行本票　　　C. 转账支票　　　D. 银行汇票

　　8. 一张应收票据面值 20 000 元,票面利率为 6%,3 个月到期,票据到期值(　　)元。

　　A. 20 000　　　　B. 20 300　　　　C. 20 400　　　　D. 300

　　9. 甲企业于 6 月 1 日赊销一批商品给乙企业,应收账款为 100 000 元(假定不考虑增值税),规定的付款条件为"2/10,1/20,n/30"。乙企业于 6 月 18 日付款,则乙企业实际享受的现金折扣为(　　)元。

　　A. 1 000　　　　B. 2 000　　　　C. 10 000　　　　D. 20 000

　　10. 某企业销售产品每件 110 元,若客户购买 100 件(含 100 件)以上可得到每件 10 元的商业折扣。某客户于 12 月 10 日购买该企业产品 100 件,按规定现金折扣条件为"2/10,1/20,n/30",适用的增值税税率为 16%。该企业于同年 12 月 19 日收到该笔款项时,应给予客户的现金折扣为(　　)元(假定计算现金折扣时不考虑增值税)。

　　A. 0　　　　　　B. 100　　　　　　C. 200　　　　　　D. 232

　　11. 下列项目中,销售企业应当作为财务费用处理的是(　　)。

　　A. 购货方获得的现金折扣　　　　　　B. 购货方获得的商业折扣

　　C. 购货方获得的销售折让　　　　　　D. 购货方放弃的现金折扣

　　12. 工业企业下列应收、暂付款项中,不通过"其他应收款"账户核算的是(　　)。

　　A. 应收保险公司的赔款　　　　　　　B. 应收出租包装物的租金

　　C. 应向职工收取的各种垫付款项　　　D. 赊销时应向购货方收取的代垫运杂费

　　13. 如果不设"预付账款"账户,企业预付货款时应借记(　　)账户。

　　A. "应收账款"　　　　　　　　　　　B. "应付账款"

　　C. "其他应收款"　　　　　　　　　　D. "其他应付款"

　　(四)多项选择题

　　1. 下列项目中,属于金融资产的有(　　)。

　　A. 银行存款　　　B. 应收票据　　　C. 应收账款　　　D. 其他应收款

E. 预付款项

2. 企业在对库存现金日记账进行记录时,每日都应计算(　　)。

A. 本日现金收入合计
B. 本月现金累计收入合计
C. 本日现金支出合计
D. 本月现金累计支出合计
E. 本日现金结存数

3. 以下关于银行汇票、银行本票的叙述中,正确的有(　　)。

A. 银行汇票,银行本票均是由银行签发的
B. 银行汇票和银行本票都应按照票面金额进行结算
C. 当申请人和收款人均为单位,银行汇票和银行本票也可以用于支取现金
D. 企业申请办理的银行汇票和银行本票均通过"其他货币资金"账户核算
E. 银行汇票和银行本票只能用于异地结算

4. 下列结算方式中,有利于购货方资金周转的有(　　)。

A. 银行汇票
B. 商业承兑汇票
C. 支票
D. 银行承兑汇票
E. 银行本票

5. 可以通过"应收票据"账户核算的项目有(　　)。

A. 银行汇票
B. 银行本票
C. 银行承兑汇票
D. 商业承兑汇票
E. 支票

6. 在总价法下,企业因赊销商品发生的应收账款,其入账价值应当包括(　　)。

A. 销售商品的价款
B. 增值税销项税额
C. 代购方垫付的运杂费
D. 销售商品可能发生的现金折扣
E. 销售商品发生的商业折扣

7. 计算带息商业汇票的贴现利息时,应考虑的因素有(　　)。

A. 票面利率
B. 票面金额
C. 票据期限
D. 贴现率
E. 贴现期限

8. 以下有关总价法和净价法的说法中,正确的有(　　)。

A. 总价法和净价法对企业纳税的影响不同
B. 采用总价法时,企业不需要对现金折扣单独进行账务处理
C. 我国会计实务中一般采用总价法进行核算
D. 总价法下企业将购货方享受的现金折扣视为财务费用
E. 净价法下企业按扣除最高折扣限额后的金额作为应收账款的入账金额

9. 资产负债表中的"货币资金"项目应根据(　　)账户的期末余额之和计算填列。

A. "库存现金"
B. "现金等价物"
C. "银行存款"
D. "交易性金融资产"
E. "其他货币资金"

10. 对于不带追索权的商业汇票贴现,应注销票据账面价值的理由包括(　　)。

A. 未来收取现金的权利已经转移
B. 票据实物已经转移
C. 票据的有关风险已经转移
D. 贴现企业不承担连带付款责任
E. 贴现企业承担连带付款责任

（五）业务题

【业务题一】目的　练习货币资金的核算及报表项目的列报。

资料　甲公司为一般纳税企业，5月发生如下经济业务：

（1）1日，开出现金支票提取现金250 000元，并发放工资。

（2）2日，上月清查短缺的现金500元，经查其中300元系出纳过失造成，另200元无法查明原因，经批准转入管理费用。

（3）9日，向银行申请汇出存款100 000元，到外地临时开立采购专户，并派采购员王某到外地采购，王某预借差旅费3 000元，以现金支付。

（4）10日，开户银行转来委托收款结算凭证，系上月行政管理部门电话费1 500元。

（5）14日，采购员王某以外地存款户存款支付购料款，收到增值税专用发票上注明价款80 000元，增值税额12 800元。

（6）15日，收到乙公司偿还的货款60 000元存入银行。

（7）16日，采购员王某回来报销差旅费2 700元，并交回多余现金300元，外地采购专户结束，余款划回。

（8）21日，向银行申请签发银行汇票36 000元，银行同意办理。

（9）22日，持上述银行汇票购料，收到增值税专用发票上标明价款30 000元，增值税额4 800元。

（10）25日，销售产品一批，价款200 000元，增值税额32 000元，收到丁公司交来出票金额为232 000元的银行本票一张，交存银行。

（11）28日，收到银行转来本月21日签发的银行汇票多余款1 200元。

（12）30日，用信用卡支付招待客户餐费1 500元。

（13）假定甲公司各账户期初余额如下：库存现金100 000元，银行存款800 000元，其他货币资金90 000元，计算填列甲公司5月份资产负债表中"货币资金"项目的金额。

要求　根据上述经济业务编制必要的会计分录，并完成相关报表项目的计算。

【业务题二】目的　练习不同银行结算方法的核算。

资料　甲公司及其客户均为一般纳税企业，比较如下经济业务：

（1）收到某客户交来面值为120 000元的银行本票，以结清其前欠货款117 000元；

（2）收到某客户交来面值为120 000元的银行汇票，以结清其前欠货款117 000元；

（3）销售商品货款20 000元，增值税额3 200元，客户以一张面值为25 000元的银行汇票进行结算。

（4）客户以一张面值为23 200元、3个月到期的银行承兑汇票抵付其上月赊购商品，货款20 000元，增值税额3 200元。

要求　根据上述经济业务编制甲公司相关会计分录，并比较不同银行结算方法的区别。

【业务题三】目的　练习应收票据取得及收回的核算。

资料　某企业因销售商品而取得一张5月1日签发的面值351 000元、期限6个月的商业承兑汇票。票据到期后，付款方无力支付票款。

要求　分别按不带息票据及带息票据（若为带息票据，则假定票面利率为6%，企业半年末及年末对持有的带息票据计息）两种情况，为上述经济业务编制相关会计分录。

【业务题四】**目的** 练习应收票据贴现的核算。

资料 接【业务题三】,假定该企业于9月1日将上述带息票据向银行申请贴现,贴现率为7%。同时企业与银行签订的协议中规定:① 该贴现票据到期,债务人未按期偿还时,贴现企业负有还款责任(即带追索权的票据贴现);② 该贴现票据到期,债务人未按期偿还时,贴现企业不负有还款责任(即不带追索权的票据贴现)。

要求 按不同的协议规定,分别作出票据贴现及票据到期时企业的会计处理。

【业务题五】**目的** 练习应收账款商业折扣、现金折扣的核算。

资料 甲企业销售6 000件产品给乙企业,价目表上单价为100元。有关折扣条件为:商业折扣为5%;现金折扣条件为"2/10,1/20,n/30",假定计算现金折扣的基数不包含增值税额。甲企业的增值税税率为16%。

要求 根据以上经济业务,分别采用总价法、净价法编制甲企业:① 销售;② 10天内收到款项;③ 11~20天内收到款项;④ 20天后收到款项时的会计分录。

【业务题六】**目的** 练习现金折扣的核算。

资料 接【业务题五】,可以根据其编制的相关会计分录进行分析、计算。

要求 分别三种情况:① 10天内收到款项;② 11~20天内收到款项;③ 20天后收到款项,计算总价法、净价法下该项业务的利润。

四、复习题参考答案

(一)思考题(略)

(二)判断题

1.(×) 2.(×) 3.(×) 4.(√) 5.(×) 6.(√) 7.(√) 8.(√)
9.(√) 10.(√) 11.(×) 12.(×)

(三)单项选择题

1.(D) 2.(C) 3.(C) 4.(B) 5.(B) 6.(C) 7.(A) 8.(B)
9.(A) 10.(C) 11.(A) 12.(D) 13.(B)

(四)多项选择题

1.(ABCD) 2.(ACE) 3.(ACD) 4.(BD) 5.(CD) 6.(ABCD)
7.(ABCDE) 8.(CDE) 9.(ACE) 10.(ACD)

(五)业务题

【业务题一】 "货币资金"项目的金额为898 700元。

【业务题二】 (1)借记银行存款120 000元。

(2)借记银行存款117 000元。

(3)借记银行存款23 200元。

(4)借记应收票据23 200元。

银行本票见票全额结算;银行汇票按实际结算金额结算;银行承兑汇票属商业汇票,为远期票据。

【业务题三】 带息票据6月30日计息金额为3 510元,到期值为361 530元。

【业务题四】 将票据向银行贴现时,票据到期值为361 530元,贴现利息为4 217.85元,银行实付贴现金额为357 312.15元。

【业务题五】 总价法下确认的主营业务收入、应交增值税额分别为570 000元及 91 200 元;净价法下分别为 558 600 元及 91 200 元。

【业务题六】　① 10 天内收到款项时对该项业务的利润影响金额均为 558 600 元;② 11~20 天内收到款项时对该项业务的利润影响金额均为 564 300 元;③ 20 天后收到款项时对该项业务的利润影响金额均为 570 000 元。

第四章 存 货

一、内容概要解析

(一) 存货的界定

存货是指企业在日常活动中持有以备出售的产成品或商品、处在生产过程中的在产品、在生产过程或提供劳务过程中耗用的材料、物料等。

企业持有存货的最终目的就在于出售,包括直接出售,或是通过进一步加工后出售,而不是为了自用或消耗,这是存货区别于其他资产的最基本特征。低值易耗品和建造承包商的模板、脚手架等周转材料,在性质上属于劳动资料,实务中根据重要性原则和这些物品的某些特性将它们视同为存货进行管理和核算。

不同行业的企业,存货的种类会有所不同,对某项资产是否是存货的界定也会因该资产在企业中的功能不同而不同。因此,在判定某项资产是否属于存货时要结合企业的行业特征以及该资产在企业生产经营过程中发挥的作用而定,不能一概而论。

(二) 存货会计需要解决的基本问题

存货会计核算需要解决以下基本问题:

(1) 某一项目作为存货予以确认,应当满足哪些条件?

(2) 存货的入账价值应当如何确定?(初始计量)

(3) 发出存货和期末存货应当如何计价?(后续计量)

(4) 存货在财务报表中应当如何列报?

(三) 存货的确认标准

与其他资产项目的确认相同,存货的确认既要符合其质的规定性,又要符合其量的规定性,即:一是要符合存货的定义;二是要同时满足两个条件:① 该存货包含的经济利益很可能流入企业;② 该存货的成本能够可靠地计量。

符合存货的定义,是存货确认的"门槛";

"存货包含的经济利益很可能流入企业",是强调存货应具有直接或间接地导致现金或现金等价物流入企业的潜力。对于是否满足这一条件,通常是以存货的所有权是否归属企业为判断标准。但是当存货所有权形式上的转移与其报酬和风险的转移并不完全一致时,存货归属的判断则应以交易的经济实质为依据,而不应仅以其法律形式为依据。

"存货的成本能够可靠地计量",是指企业能够依据确凿的证据确定为取得存货实际发生的支出,也包括在保证公允性的情况下能够对存货的价值作出合理的估计。

(四) 存货入账价值的确定

存货的初始计量以历史成本为基础。影响存货入账价值的因素包括:采购成本、加工成本和其他成本。企业的存货主要是通过购买和进一步加工而取得的,其成本构成如下:

1. 外购存货的成本

企业外购存货的成本即存货的采购成本,是指企业从存货采购至存货入库为止所发生的、必要的全部支出。

$$外购存货\atop 的成本 = 购买\atop 价款 + 相关税费(不包括按规定\atop 可以抵扣的增值税) + 其他可直接归属于\atop 存货采购成本的费用$$

其中相关税费是指企业购买存货发生的除按规定可以抵扣的增值税外，应由存货成本负担的税费。按规定可以抵扣的增值税不计入存货采购成本，应单独记入"应交税费——应交增值税（进项税额）"账户的借方，留待抵扣企业销售货物或提供应税劳务时应承担的增值税销项税额；按规定不可以抵扣的增值税则应计入存货采购成本，其最终从企业取得的相关销售收入中得到补偿。

2. 通过进一步加工取得存货的成本

企业通过进一步加工而取得的存货，包括自制的存货和委托外单位加工形成的存货。

（1）自制存货的成本。

$$自制存货\atop 的成本 = 采购\atop 成本 + 加工\atop 成本 + 使存货达到目前场所和\atop 状态所发生的其他成本$$

某些企业自制存货需要经过相当长时间（通常在1年以上）的建造或者生产活动，才能使存货达到预定的可销售状态，如机械制造企业制造的用于出售的大型机械设备等，企业为取得这些存货所发生的符合资本化条件的借款费用（如借款利息等），应当计入相关存货的其他成本。

（2）委托加工存货的成本。

$$委托加工存货\atop 的成本 = 发外加工实际耗用的材料\atop 等存货的成本 + 加工费 + 应由成本\atop 负担的相关税费 + 往返运\atop 杂费等$$

（五）发出存货的计价方法

在某一会计期间，企业发出（销售或耗用）存货的数量很少会与当期收入（购入或产出）存货的数量恰好相等。而且即便是相同的存货，因采购或生产批次的不同，其单位成本往往也不同。于是就有了成本流转假设和基于这一假设的发出存货的计价方法。

在存货日常核算采用实际成本法下，发出存货的计价方法主要有：个别计价法、全月一次加权平均法、移动加权平均法、先进先出法和后进先出法，这几种方法的基本比较如表4-1所示。

表4-1 发出存货不同计价方法的基本比较

计价方法	发出存货计价	结存存货计价	产生的影响
个别计价法	存货的成本流转与其实物流转相一致		
先进先出法	按最先收到的存货的单位成本计价	按最近收到的存货的单位成本计价	在物价上涨或下降时会高估或低估利润。期末存货成本接近市价水平
后进先出法	按最近收到的存货的单位成本计价	按最先收到的存货的单位成本计价	在物价上涨或下降时会低估或高估利润。期末存货成本偏离市价水平

续表

计价方法	发出存货计价	结存存货计价	产生的影响
全月一次加权平均法	当月发出的存货和月末结存的存货均按月末一次计算的加权平均单位成本计价		一般而言,介于先进先出法和后进先出法之间
移动加权平均法	每次收入存货时计算新的加权平均单位成本,并据以计算发出和结存存货的成本		在物价波动时能平抑波动带来的影响

(六)存货日常核算的实际成本法和计划成本法

这里以企业外购存货为例,简要说明实际成本法和计划成本法的基本应用。

1. 存货核算的实际成本法

存货的日常收、发和结存都按实际成本计价。

(1)特点:存货的收发凭证、存货的明细分类账和总分类账均反映存货的实际成本。

(2)账户设置:设置"在途物资""原材料"等账户。

(3)基本账务处理流程:见图 4-1。

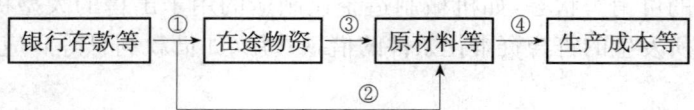

图 4-1　存货核算实际成本法的基本处理流程

① 已购入但尚未入库存货的实际成本;②③ 入库存货的实际成本;④ 按先进先出法等计算确定的发出存货的实际成本。

2. 存货核算的计划成本法

存货的日常收、发和结存都按预先确定的计划单位成本计价,对存货实际成本与计划成本之间的差额单独予以归集,期末再将发出存货和结存存货的计划成本调整为实际成本。

(1)特点:存货的收发凭证、存货的明细分类账和总分类账均反映存货的计划成本。

(2)账户设置:设置"材料采购""原材料"和"材料成本差异"等账户。

在计划成本法下,一般不设置"在途物资"账户,期末"材料采购"账户借方如有余额即为在途物资的实际成本。"材料成本差异"账户是"原材料"等存货账户的备抵附加账户。

(3)存货成本差异率的计算:

$$\text{存货成本差异率} = \frac{\text{期初存货的成本差异} + \text{本期收入存货的成本差异}}{\text{期初存货的计划成本} + \text{本期收入存货的计划成本}} \times 100\%$$

$$\text{存货应负担的成本差异} = \text{存货的计划成本} \times \text{存货成本差异率}$$

(4)基本账务处理流程:见图 4-2。

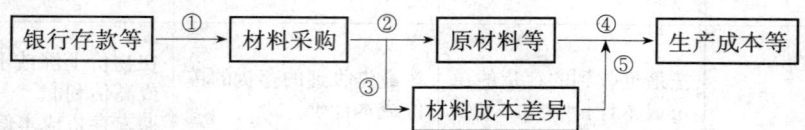

图 4-2　存货核算计划成本法的基本处理流程

① 购入存货的实际成本;② 入库存货的计划成本;③ 入库存货的成本差异;④ 发出存货的计划成本;⑤ 发出存货应负担的成本差异。

（七）存货的期末计价

在资产负债表日,存货应当按照成本与可变现净值孰低计量。

按成本与可变现净值孰低计量,就是对期末存货按照成本与可变现净值两者之中的较低者进行计价。这里"成本"是指期末存货的实际成本。"可变现净值"是指存货的预计未来现金净流量。

比较存货成本与可变现净值孰低,一般要求按单个存货项目逐一进行比较。当存货成本高于其可变现净值时,应按两者的差额计提存货跌价准备,并确认跌价损失;如果"存货跌价准备"账户有余额,应按存货成本高于其可变现净值的差额对该余额进行调整,追加计提跌价准备或冲减(转回)原已计提的跌价准备。当存货成本低于其可变现净值时,则应将"存货跌价准备"账户的余额如数转回,否则就会与"成本与可变现净值孰低计量"相背离。

（八）存货的列报

会计期末,企业应当在其资产负债表(企业集团为合并资产负债表和母公司资产负债表)中列报前后期间存货的可比数据。在资产负债表中列报的存货,反映的是存货账面余额扣除存货跌价准备后的净额,且由于企业的存货种类较多,这是一个高度浓缩的总括数据。因此,企业还应在报表附注中披露有关存货的会计政策和报表存货项目的注释,以有助于报表使用者对表内存货总量信息作进一步的理解和分析,满足其经济决策的需要。与存货有关的会计政策,包括发出存货的计价方法、存货的盘存制度、存货可变现净值的确定依据和存货跌价准备的计提方法等。这里以宝山钢铁股份有限公司(以下简称宝钢股份)存货的表内列报及报表附注中的注释为例,具体说明存货列报的内容和方式。

（1）宝钢股份存货的表内列报,见表 4-2。

表 4-2 宝钢股份合并资产负债表部分项目

2009 年 12 月 31 日　　　　　　　　　　　单位:元

资　产	附 注 五	期末余额	年初余额
流动资产:			
货币资金	1	5 558 276 152.91	6 851 604 374.54
……			
存货	9	29 462 171 383.42	35 644 590 875.74
……			
流动资产合计		52 666 288 041.21	58 759 444 854.56

（2）宝钢股份存货分类的附注列报,见表 4-3。

表 4-3   附注 9-1：存货分类余额表   单位：元

项　目	期末余额	年初余额
原材料	9 360 371 802.98	14 153 333 215.22
半成品	8 738 985 351.48	10 472 027 336.07
库存商品	7 993 194 308.30	12 802 185 768.54
备品备件及其他	4 430 262 990.72	4 121 522 254.55
合计	30 522 814 453.48	41 549 068 574.38
减：存货跌价准备	1 060 643 070.06	5 904 477 698.64
存货账面价值(净额)	29 462 171 383.42	35 644 590 875.74

资料来源：宝钢股份 2009 年年报。

二、背景资料

(一) 存货与消耗性生物资产

为了适应我国农业产业化的逐步深化和规范生物资产的确认、计量和相关信息的披露，2006 年 2 月，我国发布了《企业会计准则第 5 号——生物资产》，并与《国际会计准则第 41 号——农业》(IAS 41：Agriculture)趋同。

生物资产是指有生命的动物和植物。根据功能的不同，生物资产可以分为消耗性生物资产、生产性生物资产和公益性生物资产。其中消耗性生物资产，是指为出售而持有的、或在将来收获为农产品的生物资产，包括生长中的大田作物、蔬菜、用材林以及存栏待售的牲畜等。从企业持有消耗性生物资产的目的来看，消耗性生物资产类似于企业的存货。但是，消耗性生物资产与企业的一般存货又有着显著的区别，它们是有生命的资产。

鉴于上述，《企业会计准则第 1 号——存货》在其适用范围上，明确了消耗性生物资产适用《企业会计准则第 5 号——生物资产》。《企业会计准则第 5 号——生物资产》也明确指出，"收获后的农产品"适用《企业会计准则第 1 号——存货》，其理论依据是：农产品与生物资产密不可分，当农产品附在生物资产上时，构成生物资产的一部分，而农产品收获后从生物资产这一母体分离，不再具有生命和生物转化能力，或者其生命和生物转化能力受到限制，所以应作为存货处理。比如，从用材林中采伐的木材、奶牛产出的牛奶、绵羊产出的羊毛、肉猪宰杀后的猪肉、收获后的蔬菜、从果树上采摘的水果等都应作为存货处理。

此外，一些消耗性生物资产则因具有存货的性质，虽然它们仍处在生长过程中，但会计期末仍将其包含在资产负债表的存货项目中列报，同时报表附注中应披露相关信息，例如，渔业公司养殖的虾、扇贝、海参、鲍鱼等海珍品等。

(二) 关于存货的后进先出计价方法

我国《企业会计准则第 1 号——存货》较原存货准则的主要变化之一，就是取消了被不少人认为对收益的影响较为"稳健"的后进先出法。其主要原因有两个：其一，认为后进先出法不符合企业实际的存货流转情况。其二，为了与国际会计准则或国际财务报告准则趋同协调。取消后进先出法的使用，在一定程度上也反映了资产负债观对存货计价方法的影响。

从国际上看，在《国际会计准则第 2 号——存货》(IAS 2：Inventories)修订前，先进先出法和加权平均成本法被确定为"基准处理方法"(采用"基准"这个较为中立的词语,其目的在于避免将某种方法规定为偏好的或者推荐的方法),而后进先出法则作为"允许选用的处理方法"。2003 年,国际会计准则理事会(IASB)对 IAS 2 进行了修订,取消了原"允许选用的处理方法"——后进先出法,只允许采用先进先出法和加权平均成本法这两种可接受的存货成本计算方法。但是还是有专业人士支持后进先出法,认为其在价格不断上涨的时期较为公允地反映了企业的成本。目前在某些国家后进先出法仍为企业常用的一种方法。例如,出于税收方面的目的,后进先出法在美国长期被允许使用,这是由于在商品价格不断上升的情况下,后进先出法可以导致更低的报告收益以及更低的税费。在美国,税法要求那些出于税收方面的目的而采用后进先出法的主体,在用于通用目的的财务报告时,也必须采用后进先出法①。这即所谓的"后进先出法一致性原则"。

阅 读 文 献

1. 盖地、崔亮:"经济学视角:后进先出法与先进先出法",《上海立信会计学院学报》2008 年第 6 期。
2. 朱海燕:"我国通货膨胀现实下取消后进先出法的合理性",《中国管理信息化》2009 年第 2 期。
3. 王晗:"关于新准则取消后进先出法的思考",《财会研究》2008 年第 13 期。
4. 张伟、刘光辉:"对新会计准则存货计价方法变更的思考",《中国经贸导刊》2010 年第 3 期。

三、复习题

(一)思考题

1. 存货的主要特征是什么? 你对存货的确认条件如何认识?
2. 存货的初始计量原则是什么? 存货的后续计量包括哪些方面?
3. 试比较发出存货不同计价方法的特点及其对企业财务报表的影响。
4. 你认为选择存货计价方法应当考虑哪些因素?
5. 发出存货的计价方法一经确定,不得随意变更,如有变更应在财务报表附注中予以披露,你认为该规范对于会计信息质量有何意义?
6. 试比较存货核算的实际成本法和计划成本法。
7. 原材料等存货账户与"材料成本差异"账户之间的关系如何?
8. 为什么说计划成本法并未背离实际成本计价基础?
9. 如果会计电算化处理能够解决发出存货计价工作量大、比较繁琐的问题,你认为是否应取消对计划成本法的使用? 理由是什么?
10. 什么是永续盘存制? 什么是实地盘存制? 两者的主要区别表现在哪些方面?
11. 在财务报表中应当如何列示和披露有关存货的会计信息?
12. 存货的附注列报与表内列报同等重要,对此你有何认识?

---

① 曲晓辉、李宗彦等译:《国际财务报告准则解释与应用》(修订版),人民邮电出版社 2008 年 12 月第 1 版。

（二）判断题

1. 企业通过加工而取得的存货,其成本由采购成本、加工成本以及使存货达到目前场所和状态所发生的其他成本所构成。 （   ）

2. 对于存货采购过程中发生的运输途中的合理损耗由验收入库的存货承担,无须专门对该项损耗做账务处理。 （   ）

3. 在任何情况下,发出存货采用的计价方法不同,据以计算确定的发出存货的成本和结存存货的成本就不同。 （   ）

4. 发出存货采用的计价方法不同,对企业当期利润的影响可能会不同,但从存货的整个周转过程来看,在其他条件相同的情况下,无论采用哪种计价方法对企业利润的影响总额是相同的。 （   ）

5. 移动加权平均法是对全月一次加权平均法的改进,但仍存在不利于存货成本的日常管理与控制的缺陷。 （   ）

6. 存货计价方法的选择直接影响着资产负债表中的资产总额的多少,与利润表中的净利润的大小无关。 （   ）

7. 存货核算采用计划成本法时,一般不设置"在途物资"账户,期末"材料采购"账户借方如有余额即为在途物资的实际成本。 （   ）

8. 在计划成本法下,因耗用存货而转移至有关成本或费用中的存货价值最终应为所耗用存货的实际成本。 （   ）

9. 对于除自然灾害或意外事故以外的各种原因所造成的库存存货的损失,在报经批准后,应将其净损失计入管理费用。 （   ）

10. 存货盘盈、盘亏是指存货的实际结存数量与其账面记录数量之间的差异。这种差异在永续盘存制和实地盘存制下都可能存在,差异金额应通过"待处理财产损溢"账户核算。 （   ）

（三）单项选择题

1. 下列各项中,不应列入企业存货管理和核算范围的是（   ）。
    A. 制造的用于出售的机械设备   B. 发外加工尚未完工的半成品
    C. 为建造工程而储备的各种物资   D. 不能列为固定资产的各种用具物品

2. 下列存货计价方法中,能使存货的成本流转与其实物流转保持一致的是（   ）。
    A. 先进先出法   B. 加权平均法   C. 后进先出法   D. 个别计价法

3. 在物价下跌的情况下,发出存货采用先进先出法计价,对企业经营成果和财务状况的影响是（   ）。
    A. 当期利润减少、期末存货价值高估
    B. 当期利润增加、期末存货价值高估
    C. 当期利润增加、期末存货价值低估
    D. 当期利润减少、期末存货价值低估

4. 在永续盘存制下,采用（   ）不能随同存货发出而及时结转发出存货的成本。
    A. 先进先出法   B. 移动加权平均法
    C. 全月一次加权平均法   D. 个别计价法

5. 某增值税一般纳税企业,本月购入原材料 200 千克,增值税专用发票上注明价款为 60 000 元,增值税额为 9 600 元。材料验收入库时发现短缺 5%,按规定该材料途中定额损耗率为 5.2%。材料入库前的挑选整理费用为 420 元。该批入库原材料的实际单位成本为每千克（　　）元。

  A. 300   B. 302. 10   C. 350. 10   D. 318

  6. 对于已验收入库,而月末尚未收到发票账单等结算凭证的材料,企业应按材料的合同价款（或计划成本）对材料估价入账,相应的账务处理为（　　）。

  A. 借记"原材料"账户,贷记"在途材料"账户

  B. 借记"材料采购"账户,贷记"应付账款"账户

  C. 借记"原材料"账户,贷记"应付账款"账户

  D. 借记"原材料"和"应交税费"账户,贷记"应付账款"账户

  7. 某企业原材料收发按计划成本计价核算。本月初"原材料"账户借方余额 250 000 元,"材料成本差异"账户借方余额为 4 000 元;本月购入材料的实际成本为 475 000 元,入库材料的计划成本为 425 000 元,发出材料的计划成本为 100 000 元。该企业本月末库存原材料的实际成本为（　　）元。

  A. 577 400   B. 575 000   C. 614 185   D. 621 000

  8. 某企业因管理不善致使一批原材料发生毁损,该批材料的计划成本为 20 000 元,材料成本差异率为 -2%,收到相关责任人的赔偿款 8 000 元,残料变价收入为 1 000 元。报经批准后,应记入（　　）账户的金额为（　　）元。

  A. "管理费用"　10 600   B. "营业外支出"　10 600

  C. "管理费用"　11 600   D. "营业外支出"　11 600

  9. 某企业低值易耗品按实际成本计价核算,并对甲种专用工具采用五五摊销法,甲种专用工具的单位成本为 150 元。本月车间领用甲种专用工具 40 件;报废上一季度领用的甲种专用工具 10 件,残料价值 50 元,则计入本月制造费用的金额为（　　）元。

  A. 3 000   B. 4 500   C. 3 750   D. 3 700

  10. 下列各项中,不应列入企业包装物核算范围的是（　　）。

  A. 生产过程中用于包装产品作为产品组成部分的包装物

  B. 随同商品出售的单独计价的包装物

  C. 随同商品出售的不单独计价的包装物

  D. 用于存储和保管产品而供企业内部周转使用的包装物

（四）多项选择题

  1. 某个项目要作为企业的存货予以确认,除应符合存货的定义外,还应当同时满足的条件有（　　）。

  A. 该存货的所有权已经转移至企业

  B. 该存货包含的经济利益能够流入企业

  C. 该存货包含的经济利益很可能流入企业

  D. 该存货的成本能够可靠地计量

  E. 该存货的成本很可能发生

  2. 下列各项中,可能影响存货入账价值的有（　　）。

  A. 购货发生的税费   B. 直接人工

  C. 分配的制造费用   D. 符合资本化条件的借款费用

  E. 投资合同或协议约定的存货价值

3. 下列有关存货的各项中,应计入存货成本的有(　　)。

　　A. 合同中约定的现金折扣　　　　　　B. 进口关税

　　C. 运输途中的合理损耗　　　　　　　D. 采购过程中发生的保险费

　　E. 入库后的仓储费

4. 如果发出存货的计量发生错误,可能会引起财务报表中的错误有(　　)。

　　A. 资产负债表中存货列报错误　　　　B. 资产负债表中应交所得税列报错误

　　C. 资产负债表中留存收益列报错误　　D. 利润表中销货成本列报错误

　　E. 利润表中净利润列报错误

5. "材料成本差异"账户贷方核算的内容有(　　)。

　　A. 入库存货成本超支差异　　　　　　B. 入库存货成本节约差异

　　C. 结转发出存货的成本超支差异　　　D. 结转发出存货的成本节约差异

　　E. 调整增加入库存货的计划成本

6. 对于存货核算,以下说法中,正确的有(　　)。

　　A. 存货的初始计量以历史成本为基础

　　B. 发出存货的计价,就是将存货成本总额在发出存货与结存存货之间进行分配

　　C. 发出存货的各种计价方法均适用于永续盘存制和实地盘存制

　　D. 在计划成本法下,存货的日常收、发和结存在明细账中可以只记数量、不记金额

　　E. 在资产负债表日,存货按照成本与可变现净值孰低计量

7. 增值税一般纳税企业通过委托加工形成的存货(不属于加工应税消费品),其成本一般应根据(　　)计算确定。

　　A. 发外加工材料物资的实际成本　　　B. 发生的加工费

　　C. 应支付的增值税　　　　　　　　　D. 退回的多余材料物资的实际成本

　　E. 应承担的运杂费

8. 对于低值易耗品和包装物的核算,以下说法中,正确的是(　　)。

　　A. 取得低值易耗品和包装物的会计处理方法与原材料的会计处理方法相同

　　B. 低值易耗品成本分次摊销与固定资产计提折旧的经济意义相同

　　C. "低值易耗品——摊销"账户是"低值易耗品——在用"账户的备抵账户

　　D. 随同商品出售单独计价的包装物,应单独确认销售收入、结转销售成本

　　E. 随同商品出售不单独计价的包装物和出借的包装物,其成本应计入销售费用

9. 企业对发出的包装物进行核算时,可按包装物的不同用途将其成本计入(　　)。

　　A. 生产成本　　　　　　　　　　　　B. 库存商品

　　C. 主营业务成本　　　　　　　　　　D. 其他业务成本

　　E. 销售费用

10. 列存货盘亏或毁损损失,报经批准后,应计入管理费用的有(　　)。

　　A. 因收发计量差错造成的短缺净损失

　　B. 应由相关责任人赔偿的损失

　　C. 定额内自然损耗

　　D. 因管理不善造成的短缺净损失

　　E. 因自然灾害造成的毁损净损失

（五）业务题

【业务题一】目的　练习实际成本法下外购存货的核算。

资料　某企业为增值税一般纳税人，原材料日常核算按实际成本计价。有关业务如下：

（1）4月30日，从外地购入甲材料2 000千克，取得的增值税专用发票上注明价款400 000元，增值税额64 000元。上述款项尚未支付，合同中规定的现金折扣条件为"2/10，n/30"（计算现金折扣的基数为不含增值税的购买价）。另销售方代垫的材料运杂费6 000元已用银行存款支付，材料尚未运达企业。

（2）5月6日，甲材料验收入库，实收数量为1 995千克，短缺5千克属定额内合理损耗。以现金支付入库前挑选整理费500元。

（3）5月8日，按合同规定以银行存款付清购买甲材料的全部款项。

要求　根据上述资料编制有关会计分录，现金折扣按总价法处理。

【业务题二】目的　比较发出存货不同计价方法对企业的影响。

资料　某企业采用永续盘存制确定结存存货的数量。2009年12月31日前对发出销售的乙商品采用全月一次加权平均法计价，从2010年1月1日起改用先进先出法计价。2010年1月份乙商品购销情况如表4-4所示。

表4-4　乙商品2010年1月份购销情况表

月初结存		本月购入			本月销售	
数量（件）	单价（元）	日期	数量（件）	单价（元）	日期	数量（件）
4 000	35	3日 20日	1 000 1 000	40 42	5日 25日	4 000 1 000

要求　（1）计算2010年1月末结存乙商品的实际成本。

（2）计算由于改变计价方法对2010年1月末存货的影响金额。

【业务题三】目的　练习存货按实际成本计价的核算。

资料　某企业为增值税一般纳税人，采用实际成本法对原材料进行核算。20×0年7月1日，"原材料"账户余额500 000元，"在途物资"账户余额120 000元（为6月25日购入的A材料）。20×0年7月份发生的有关经济业务如下：

（1）7月4日，上月购入的A材料全部运达企业并已验收入库。

（2）7月20日，购入B材料一批，取得的增值税专用发票上注明价款为200 000元，增值税额32 000元，对方代垫运杂费4 000元。企业已于上月预付购货款140 000元，其余款项尚未支付。该批材料已验收入库。

（3）7月28日，购入C材料一批，材料已验收入库，但发票等结算凭证下月才能送达企业。该批材料的合同价为82 000元。

（4）7月31日，本月发料汇总情况：本月发出材料的实际成本为345 000元，其中：产品生产用280 000元，车间一般耗用60 000元，管理部门用5 000元。

要求　根据上述资料编制有关会计分录（该企业对预付货款单独设置账户进行核算）。

【业务题四】目的　练习计划成本法下外购存货的核算。

资料　沿用[业务题一]的资料。甲材料的计划单位成本为每千克200元。

要求 根据上述资料编制有关会计分录,现金折扣按总价法处理。

【业务题五】目的 练习计划成本法下存货实际成本的计算。

资料 某企业采用计划成本法对原材料进行日常核算。有关丙材料的资料如下:本月初"原材料——丙材料"账户余额为 200 万元,"材料成本差异——丙材料"账户贷方余额为 3 万元;本月入库丙材料的计划成本为 1 000 万元,"材料成本差异——丙材料"账户借方发生额为 6 万元;本月发出丙材料的计划成本为 800 万元。

要求 根据上述资料计算月初、月末结存丙材料的实际成本和本月收入、发出丙材料的实际成本。

【业务题六】目的 练习存货按计划成本计价的核算。

资料 某公司为增值税一般纳税人,存货日常核算采用计划成本法。本月初有关账户余额如下:"原材料"450 000 元;"材料采购"560 000 元;"材料成本差异"(贷方)1 834 元。假定该公司除原材料外无其他存货,原材料均为同一类别。本月有关经济业务如下:

(1) 上月在途材料到达,已如数验收入库。该批材料计划成本为 562 000 元。

(2) 从外地采购材料一批,增值税专用发票列示价款 620 000 元、增值税额 99 200 元,供货方代垫运杂费为 4 600 元,以上款项以外埠存款结算。

(3) 上述所购材料已如数验收入库,计划成本为 604 600 元。

(4) 生产车间自制材料一批已完工入库,实际成本 181 800 元,计划成本 180 000 元。

(5) 月末,采购材料一批已验收入库,发票账单估计下月到达,该批材料计划成本为 320 000 元。

(6) 月末,汇总本月发出材料的计划成本共计 1 280 000 元,其中生产产品领用为 1 200 000 元,车间一般性耗用为 50 000 元,厂部管理部门领用为 30 000 元。

要求 (1) 编制有关材料采购及收入材料的会计分录。

(2) 计算本月材料成本差异率。

(3) 编制发出材料及其应负担的成本差异的会计分录。

【业务题七】目的 练习委托加工存货的核算。(本题可在学习第十章第三节后完成)

资料 甲企业和乙企业同为增值税一般纳税人。甲企业采用实际成本法对存货进行核算。本月甲企业发出原材料 A 委托乙企业代为加工一批属于应税消费品的物资,委托加工发生的有关业务如下:

(1) 发出加工用原材料 A 的实际成本为 3 200 000 元。

(2) 收到乙企业开具的增值税专用发票,加工费 1 000 000 元,增值税额 160 000 元。另外,乙企业代收代交的消费税额为 200 000 元。以上款项已用银行存款支付。

(3) 以银行存款支付加工物资的往返运杂费 12 000 元。

(4) 委托加工的物资已全部完工并验收入库。

要求 根据上述资料和下列要求编制有关会计分录。

(1) 加工完成的物资为原材料 B,原材料 B 将继续用于应税消费品的生产。

(2) 加工完成的物资为产成品 C,产成品 C 将直接用于对外出售。

【业务题八】目的 练习发出包装物的核算。

资料 某公司对包装物采用实际成本法进行核算,本月发生下列经济业务:

(1) 生产车间领用属于产品组成部分的包装物 A 共计 50 000 件,每件成本 2 元。

(2) 销售部门领用随同产品出售、单独计价的包装物 B 共计 1 000 件。包装物 B 已随产品全部售出,每件售价 250 元、成本 180 元。出售包装物 B 所得价款 250 000 元和收取的增值税额 40 000 元已收存银行。

(3) 销售部门领用全新包装物 C 200 件出借给购货单位使用,每件成本 20 元。发出包装物 C 采用一次转销法核算。另以现金方式收到出借包装物的押金共计 5 000 元。

要求 根据上述资料编制有关会计分录。

【业务题九】目的 练习低值易耗品摊销的核算。

资料 某企业对低值易耗品采用实际成本法进行核算,并对领用的管理用具和劳动保护用具分别采用一次转销法和五五摊销法。

本月发生如下经济业务:

(1) 企业管理部门领用计算器 10 只,每只单位成本 80 元。

(2) 基本生产车间领用电焊防护罩 8 件,每件单位成本 300 元。

(3) 基本生产车间报废上年度领用的电焊防护罩 5 件,每件单位成本 300 元,残料变卖收到现金 100 元。

要求 根据上述资料编制有关会计分录。

【业务题十】目的 练习存货列报。

资料 南华公司在资产负债表日对存货按照成本与可变现净值孰低计价,按存货类别确认减值损失。20×0 年年末存货计价前有关资料见表 4-5。

表 4-5 南华公司 20×0 年年末存货计价前有关资料 单位:万元

	原 材 料	半 成 品	库 存 商 品	备 品 备 件	合 计
账面余额	253	86	320	46	705
可变现净值	260	84	300	38	694
跌价准备余额	8	4	5	0	17

要求 根据上述资料计算南华公司计入 20×0 年年末资产负债表"存货"项目的金额。

四、复习题参考答案

(一)思考题(略)

(二)判断题

1. (√) 2. (√) 3. (×) 4. (√) 5. (×) 6. (×) 7. (√) 8. (√)

9. (√) 10. (×)

(三)单项选择题

1. (C) 2. (D) 3. (D) 4. (C) 5. (D) 6. (C) 7. (D) 8. (A)

9. (D) 10. (D)

(四)多项选择题

1. (CD) 2. (ABCDE) 3. (ABCD) 4. (ABCDE) 5. (BCE)

6. (ABCDE) 7. (ABDE) 8. (ABCDE) 9. (ADE) 10. (ACD)

(五)业务题

【业务题一】 5 月 6 日入库甲材料实际成本为 406 500 元;5 月 8 日实际偿付应付款项 456 000 元。

【业务题二】　(1)月末结存乙商品成本 42 000 元。

(2)改变计价方法期末存货金额增加 5 000 元。

【业务题三】　月末"原材料"账户余额 561 000 元;月末"预付账款"账户贷方余额 96 000 元。

【业务题四】　入库材料计划成本为 399 000 元,入库材料成本超支差异为 7 500 元。

【业务题五】　本月丙材料成本差异率为 0.25%。

【业务题六】　本月材料成本差异为 19 800 元,本月材料成本差异率为 1%。

【业务题七】　原材料 B 实际成本为 4 212 000 元;产成品 C 实际成本为 4 412 000 元。

【业务题八】　提示:出借包装物收到的押金应通过"其他应付款"账户核算。

【业务题九】　低值易耗品在本月管理费用和制造费用中列支的金额分别为 800 元和 1 850 元。

【业务题十】　计入资产负债表"存货"项目的金额为 675 万元。

第五章　固定资产和投资性房地产

一、内容概要解析

(一) 固定资产的定义与特征

固定资产是指为生产商品、提供劳务、出租或经营管理而持有的,且使用寿命超过一个会计年度的有形资产。固定资产具有如下特征:① 企业持有固定资产的目的在于使用而非出售;② 属于长期性资产,能够在企业的生产经营过程中长期(超过一个会计年度)使用,并基本保持其原有实物形态;③ 固定资产价值的转移在企业受益期内逐步完成。

(二) 固定资产的确认

固定资产的确认除了要满足定义外,还必须同时满足以下两个条件:① 与该固定资产有关的经济利益很可能流入企业;② 该固定资产的成本能够可靠地计量。

此外,当一项固定资产的各组成部分具有不同使用寿命或者以不同方式为企业提供经济利益时,应将各组成部分单独确认为固定资产。

(三) 固定资产的初始计量

固定资产一般应以历史成本进行初始计量,从理论上讲,固定资产的成本应包括企业为购建固定资产达到预定可使用状态前所发生的一切合理、必要的支出。对于特殊行业的特定固定资产,如会对环保和生态造成影响的核电站的核设施等,其成本中还应包括预计弃置费用的现值。

(1) 外购固定资产。以现金购置固定资产的成本包括买价、按税法规定不予抵扣的增值税、进口关税等相关税费,以及为使固定资产达到预定可使用状态前所发生的可直接归属于该资产的其他支出,如场地整理费、运输费、装卸费、安装费和专管人员服务费等。其中,按税法规定不予抵扣的增值税是指购置房屋、建筑物等不动产时所支付的增值税;如购置的是机器设备、运输工具及其他与生产经营有关的工具、器具等,则购置时所支付的增值税按税法规定允许抵扣,无需计入资产成本。

(2) 自行建造的固定资产。企业自行建造固定资产分为自营建造和出包建造两种方式。其中,自营工程应当按照建造过程中发生的直接材料、直接工资、直接机械施工费、所分摊的工程管理费、有关税金及固定资产达到预定可使用状态前发生的借款费用等各种应计入工程成本的费用进行初始计量;出包工程按照应当支付的工程价款进行初始计量。

(3) 投资者投入的固定资产。投资者向企业投入的机器设备等固定资产,应按投资合同或协议约定的价值加上相关税费计价,合同或协议约定价值不公允的除外。

(4) 接受捐赠的固定资产。授受捐赠的固定资产,捐赠方提供了有关凭据的,按凭据上标明的金额加上应支付的相关税费计价;捐赠方没有提供有关凭据的,按同类或类似固定资产在活跃市场上的估算价格,加上应当支付的相关税费计价;但若不存在同类或类似固定资产活跃市场的,则按该项固定资产的预计未来现金流量现值计价。企业因接受捐赠固定资产而发生额外支付的运输费、包装费等,也应计入固定资产成本。

（5）融资租入固定资产。融资租入的固定资产，应按租赁期开始日租赁资产公允价值与最低租赁付款额现值两者中较低者，加上可归属于租赁项目的手续费、律师费等初始直接费用进行计价。

（四）固定资产的折旧

（1）固定资产折旧的含义。固定资产折旧的计提是指在固定资产的使用寿命内，按照确定的方法对应计折旧额进行系统的分摊。从经济性质上看，折旧实际上反映了固定资产的服务潜能随不断使用而逐渐降低这一经济事实。

（2）影响固定资产折旧的因素。影响固定资产折旧的因素包括折旧基数、固定资产预计净残值和固定资产使用寿命。

（3）计提固定资产折旧的范围。固定资产一般都应计提折旧，下列情况除外：① 已提足折旧仍继续使用的固定资产；② 按规定单独估价作为固定资产入账的土地；③ 已全额计提减值准备的固定资产。需注意的是，因发生资本化后续支出而转入"在建工程"账户的固定资产，在此期间停止折旧。

为简化，固定资产折旧在实务中通常按月计提，并以当月月初应计折旧的固定资产为依据。当月增加的固定资产，当月不提折旧，从下月起计提折旧；当月减少的固定资产，当月仍提折旧，从下月起停止计提折旧。

（4）计提固定资产折旧的方法。计提折旧的方法有年限平均法、工作量法和加速折旧法。加速折旧法包括双倍余额递减法和年数总和法等。具体采用哪种方法，应考虑与固定资产有关的经济利益的实现方式。

企业固定资产的折旧方法一经选定，不得随意调整。但若发现固定资产包含的经济利益的预期实现方式有重大改变的，则应相应改变固定资产的折旧方法，并作为会计估计变更在会计报表附注中予以说明。

（5）固定资产折旧的账务处理。计提固定资产折旧应根据固定资产的使用部门或用途计入相关成本或费用。需注意的是未使用的固定资产，计提的折旧费应计入管理费用。

（五）固定资产的后续支出

固定资产后续支出是指固定资产确认后发生的修理维护、改扩建、改良等支出。凡固定资产的后续支出能够符合固定资产确认条件的，即增强了固定资产获取未来经济利益能力的，应当将其予以资本化，计入固定资产成本；凡后续支出不符合固定资产确认条件的，即该项支出仅维护了固定资产的服务能力，则应予以费用化，计入损益。

固定资产发生的日常维护修理费用，应作为费用化支出；发生的大修理费用，能提高固定资产使用性能的部分，应作为资本化支出，其余作为费用化支出。

（六）固定资产的清查和终止确认

固定资产清查，是指企业定期或不定期地对固定资产进行全面或局部的检查。固定资产清查的方法通常为实地盘点。盘盈的固定资产，作为前期会计差错处理。

终止确认固定资产的情况通常包括固定资产的报废、毁损、出售。另外，企业因投资、捐赠、债务重组、非货币性资产交换等原因而减少的固定资产，也应属于终止确认固定资产的情况；固定资产改良、装修等资本化的后续支出过程中，被替换部分的固定资产也作为固定资产终止确认进行处理。上述过程一般通过"固定资产清理"账户进行，固定资产报废、毁损产生的利得或损失计入"营业外收入"或"营业外支出"，固定资产出售产生的利得或损失计入"资产处置损益",企业筹建期间的,计入或冲减"管理费用"。

对于被划归为持有待售的固定资产,应按账面价值与公允价值减去处置费用后的余额孰低计量,并从划归为持有待售之日起停止计提折旧。

（七）投资性房地产

（1）投资性房地产的含义。投资性房地产,是指为赚取租金或资本增值,或两者兼有而持有的房地产。主要包括:已出租的土地使用权;持有并准备增值后转让的土地使用权;已出租的建筑物;拟出租的建筑物。投资性房地产不包括:作为存货的房地产和自用房地产。

（2）投资性房地产业务类型。就大部分企业而言,投资性房地产业务属于企业的其他经营业务,与之相关的收入和支出应作为其他业务收入和其他业务成本确认。

（3）投资性房地产核算的账户设置。为核算投资性房地产,企业应设置"投资性房地产""投资性房地产累计折旧（摊销）""投资性房地产减值准备"等账户。后续计量采用公允价值模式的应设置"投资性房地产——成本""投资性房地产——公允价值变动"等账户进行核算。

（4）投资性房地产的初始计量。投资性房地产应当按照成本进行初始计量,且初始计量方式与固定资产、无形资产相同。

（5）投资性房地产的后续计量。投资性房地产一般采用成本模式进行后续计量,但有确凿证据表明该投资性房地产的公允价值能够持续可靠取得时,也可采用公允价值模式进行后续计量。其中,对公允价值取得的规定必须同时满足两项条件:一是投资性房地产所在地（城区）有活跃的房地产交易市场;二是企业能够从房地产交易市场上获取同类或类似房地产的市场价格及其他相关信息,从而能对投资性房地产的公允价值作出合理的估计。

投资性房地产采用成本模式计量时,应按月计提折旧或按月摊销成本,确定其账面价值;采用公允价值模式计量时,不计提折旧或摊销,而应以资产负债表日的公允价值作为账面价值,公允价值与原账面价值之间的差额计入当期损益。

企业应对持有的所有投资性房地产按同一模式计量,且对投资性房地产的计量模式一经确定,不得随意变更。成本模式可以转为公允价值模式,但应作为会计政策变更处理;而公允价值模式不得再转为成本模式。

（6）投资性房地产的转换。因用途改变涉及投资性房地产转换的会计处理,应注意转换日的确定和有关投资性房地产的后续计量模式。

当成本模式计量的投资性房地产转换为自用房地产或存货时,应以投资性房地产转换日的账面价值作为转换后的自用房地产或存货的入账价值;当公允价值模式计量的投资性房地产转换为自用房地产或存货时,应以投资性房地产转换日的公允价值作为自用房地产或存货的入账价值,公允价值与原账面价值之间的差额,计入当期损益。当非投资性房地产转换为以成本模式计量的投资性房地产时,以该项资产转换日的账面价值作为转换后投资性房地产的入账价值;当非投资性房地产转换为以公允价值模式计量的投资性房地产时,以该项资产转换日的公允价值作为转换后投资性房地产的入账价值,转换当日的公允价值小于原账面价值的,其差额计入当期损益,转换当日的公允价值大于原账面价值的,其差额计入所有者权益。

（7）投资性房地产的处置。企业出售、转让、报废投资性房地产或者发生投资性房地产毁损,应当将处置收入扣除其账面价值和相关税费后的金额计入当期损益。具体处理方法与所处置投资性房地产的后续计量模式有关。

（八）固定资产和投资性房地产的列报

企业集团应该在其合并资产负债表和母公司资产负债表中列报固定资产和投资性房地产的期末和期初数据，为报表使用者提供企业固定资产和投资性房地产的最基本信息。为使报表使用者更好地解读各项表内数据，还应列报相应的会计政策和报表项目附注，如投资性房地产初始计量和后续计量的方法、持有投资性房地产的明细情况、固定资产的折旧方法、构成和变动情况、当年折旧额，以及有无发生会计政策和会计估计变更等。下面以武汉三镇实业控股股份有限公司(以下简称武汉控股)有关固定资产和投资性房地产项目表内列报、会计政策和相应报表附注为例，具体说明固定资产和投资性房地产的列报。

（1）武汉控股投资性房地产和固定资产的表内列报，见表5-1。

表 5-1 武汉控股合并资产负债表部分项目

2017 年 12 月 31 日　　　　　　　　　　　　　　　单位:元

项　　目	附注	期末余额	期初余额
流动资产:			
货币资金	七.1	655 456 501.67	506 008 034.04
……			
非流动资产:			
投资性房地产	七.18	25 719 400.00	23 717 354.00
固定资产	七.19	5 830 913 060.42	5 524 819 338.94
在建工程	七.20	1 349 837 107.38	650 899 821.59
工程物资			
固定资产清理	七.22	752 658.66	
……			

（2）武汉控股合并资产负债表部分项目附注列报，见表5-2、表5-3和表5-4。

表 5-2 附注七.18:采用公允价值计量模式的投资性房地产 单位:元

项　　目	房屋、建筑物	土地使用权	合计
一、期初余额	20 358 264.90	3 359 089.10	23 717 354.00
二、本期变动	1 982 713.48	19 332.52	2 002 046.00
加:外购			
存货\固定资产\在建工程转入			
企业合并增加			
减:处置			
其他转出	−21 337.20	5 868.20	−15 469.00
公允价值变动	1 961 376.28	25 200.72	1 986 577.00
三、期末余额	22 340 978.38	3 378 421.62	25 719 400.00

单位：元

表5-3　附注七.19：固定资产

项目	房屋及建筑物	管道及沟槽	机器设备	运输工具	固定资产装修	其他	合计
一、账面原值：							
1. 期初余额	4 872 519 580.47	1 383 141 042.43	1 401 187 793.11	30 079 078.84	13 826 335.04	312 485 500.16	8 013 239 330.05
2. 本期增加金额	366 929 723.61	4 224 805.91	242 969 368.80	1 090 334.13	1 640 690.68	35 522 383.75	652 377 306.88
(1) 购置	74 072 218.20	4 224 805.91	3 603 395.20	1 090 334.13	1 640 690.68	4 801 582.95	89 433 027.07
(2) 在建工程转入	292 857 505.41		239 365 973.60			15 565 787.11	547 789 266.12
(3) 企业合并增加							
(4) 其他						15 155 013.69	15 155 013.69
3. 本期减少金额	14 149 745.20		33 176 011.68	1 160 200.69		12 313 944.58	60 799 902.15
(1) 处置或报废	4 007 898.95		19 448 380.11	1 160 200.69		12 313 944.58	36 930 424.33
(2) 其他	10 141 846.25		13 727 631.57				23 869 477.82
4. 期末余额	5 225 299 558.88	1 387 365 848.34	1 610 981 150.23	30 009 212.28	15 467 025.72	335 693 939.33	8 604 816 734.78
二、累计折旧							
1. 期初余额	1 259 945 175.52	425 036 277.84	543 175 488.51	20 622 676.07	6 749 694.81	232 078 925.20	2 487 608 237.95
2. 本期增加金额	160 067 939.17	47 007 043.56	79 679 084.73	2 135 688.73	2 668 282.45	28 719 942.20	320 277 980.84
(1) 计提	160 067 939.17	47 007 043.56	79 679 084.73	2 135 688.73	2 668 282.45	26 529 909.36	318 087 948.00
(2) 其他转入						2 190 032.84	2 190 032.84

续表

项目	房屋及建筑物	管道及沟槽	机器设备	运输工具	固定资产装修	其他	合计
3. 本期减少金额	3 946 593.89		20 644 753.47	1 121 797.22		11 933 691.31	37 646 835.89
(1) 处置或报废	3 767 759.74		18 633 554.78	1 121 797.22		11 933 691.31	35 456 803.05
(2) 其他	178 834.15		2 011 198.69				2 190 032.84
4. 期末余额	1 416 066 520.80	472 043 321.40	602 209 819.77	21 636 567.58	9 417 977.26	248 865 176.09	2 770 239 382.90
三、减值准备							
1. 期初余额	233 843.29		577 909.87				811 753.16
2. 本期增加金额	2 852 538.30						2 852 538.30
(1) 计提	2 852 538.30						2 852 538.30
3. 本期减少金额							
(1) 处置或报废							
4. 期末余额	3 086 381.59		577 909.87				3 664 291.46
四、账面价值							
1. 期末账面价值	3 806 146 656.49	915 322 526.94	1 008 193 420.59	8 372 644.70	6 049 048.46	86 828 763.24	5 830 913 060.42
2. 期初账面价值	3 612 340 561.66	958 104 764.59	857 434 394.73	9 456 402.77	7 076 640.23	80 406 574.96	5 524 819 338.94

表 5-4　附注七.20:在建工程　　　　　　　　　　　单位:元

项　目	期末余额			期初余额		
	账面余额	减值准备	账面价值	账面余额	减值准备	账面价值
五厂改扩建及三厂升级项目				395 409 542.40		395 409 542.40
北湖污水处理厂项目	512 312 670.58		512 312 670.58	124 576 398.53		124 576 398.53
南太子湖四期扩建项目	276 105 413.87		276 105 413.87			
三金潭配套污泥项目(300T)	101 637 493.37		101 637 493.37			
南太子湖尾水工程	46 326 297.57		46 326 297.57			
亚行(三期)污泥处置子项工程	47 808 797.05		47 808 797.05	278 672.82		278 672.82
宜都城西污水处理项目	19 178 489.28		19 178 489.28	4 907 582.97		4 907 582.97
仙桃市乡镇污水处理厂PPP项目	30 578 246.90		30 578 246.90	14 019 562.74		14 019 562.74
东西湖区污水处理厂一期BOT项目	153 450 852.31		153 450 852.31	49 504 064.20		49 504 064.20
白鹤嘴厂改造工程	111 088 792.34		111 088 792.34	3 819 490.00		3 819 490.00
其他	51 350 054.11		51 350 054.11	58 384 507.93		58 384 507.93
合　计	1 349 837 107.38		1 349 837 107.38	650 899 821.59		650 899 821.59

资料来源:武汉控股 2017 年年报。

二、背景资料

我国《企业会计准则第 4 号——固定资产》(CAS 4)和《企业会计准则第 3 号——投资性房地产》(CAS 3)分别对固定资产和投资性房地产的范围进行了界定,并分别对固定资产和投资性房地产的确认、初始计量、后续计量、处置和披露等方面作出了规范。

(一)我国与国际关于固定资产会计规范的比较

(1) 固定资产定义和范围的比较。《国际会计准则第 16 号——不动产、厂场和设备》(IAS 16:Property,Plant and Equipment)对固定资产的定义与 CAS 4 基本相同,但在中国会计准则中这一类资产被称为固定资产,而在国际会计准则中则称为不动产、厂场和设备。在中国,所有土地归国家所有,企业和个人只能购买土地使用权,因此中国会计准则体系中的固定资产不包括土地,土地使用权按无形资产有关准则计量(归属于投资性房地产的除外)。

(2) 固定资产计量的比较。在固定资产计量方面,我国企业会计准则只允许采用成本模式进行固定资产后续计量;而国际会计准则允许企业从成本模式和重估值模式中自选一种,作为一类固定资产的会计政策,在重估值模式下,确认后的固定资产的账面价值应为其重估价值。所谓固定资产重估价,是指按照公允价值对固定资产重新进行估价,其重估价值,等于重估值日公允价值减去随后发生的累计折旧和累计减值损失后的余额。重估应当经常进行,以确保其账面金额不至于与报告期末以公允价值确定的该项资产的价值相差太大。如果对某项不动产、厂场和设备项目进行评估,则属于该类别的全部不动产、厂场和设备项目都应进行重估。重估后增值的,增值计入所有者权益中的单设项目"重估价盈余"(前期有减值的,则先在增值部分中冲回前期减值);重估后减值的,则作为费用计入当期损益(前期有增值的,则先在"重估价盈余"冲回前期增值)。

(3) 固定资产折旧方法的比较。CAS 4 规定使用年限平均法、工作量法、双倍余额递减法和年数总和法等对符合折旧范围的固定资产计提折旧;而 IAS 16 所规定的折旧方法是直线法、工作量法和余额递减法等。从两个准则规定所采用的折旧计算方法来看,主要的区别是国际会计准则中没有明确规定要求采用年数总和法和双倍余额递减法计算折旧,而我国会计准则也没有明确规定计算固定资产折旧采用余额递减法。虽然年数总和法、双倍余额递减法和余额递减法都属于固定资产加速折旧法的范畴,但三个方法的计算过程和各年的折旧金额仍存在区别。

除此之外,根据 IAS 16,以历史成本计量的固定资产,要求按照在固定资产成本中所占比例的大小,将各主要组成部分分别折旧;而 CAS 4 只要求当固定资产的各组成部分具有不同使用寿命或以不同方式为企业提供经济利益,适用不同折旧率或折旧方法的,分别将各组成部分确认为单项固定资产计提折旧;对于何时开始和结束计提折旧,IAS 16 没有作出相关规定;而 CAS 4 则采纳了有利于实务操作的惯例,即当月增加的固定资产,当月不计提折旧,从下月起计提折旧。当月减少的固定资产,当月仍计提折旧,从下月起不计提折旧。

(4) 固定资产信息披露的比较。相比较而言,IAS 16 要求会计主体披露的有关信息更为详细,除了披露 CAS 4 所要求会计主体披露的固定资产会计信息之外,还要求披露:如果按重估金额列示不动产、厂场和设备项目的,应披露与有效重估价值相关的信息及其对财务报表的影响;采用成本模式时,如果不动产、厂场和设备的公允价值与资产的账面金额相差较大,鼓励主体披露不动产、厂场和设备的公允价值。

(二) 我国与国际关于投资性房地产会计规范的比较

(1) 投资性房地产定义和范围的比较。《国际会计准则第 40 号——投资性房地产》(IAS 40: Investment Property)与 CAS 3 对投资性房地产的定义相同,而在投资性房地产的范围上,IAS 40 还包括未确定用途的土地和符合一定条件的经营租赁下持有的房地产权益等。

(2) 投资性房地产计量方法比较。IAS 40 和 CAS 3 都允许企业选用成本模式或公允价值模式计量所持有的投资性房地产,但在何时适用公允价值模式方面的规定并不相同。根据 IAS 40,企业采用公允价值模式计量投资性房地产,以企业能够持续获得公允价值为条件,并鼓励企业优先采用此计量模式;而 CAS 3 虽然引入了公允价值模式,但对公允价值的应用有严格的限制,要求企业只有在有确凿证据表明投资性房地产的公允价值能够持续可靠取得的条件下,企业才可以采用公允价值模式进行后续计量,同时要求公允价值只能根据活跃市场的信息确定。从对资产的后续计量方法来看,CAS 3 表现得更为谨慎。

(3) 投资性房地产转换的会计处理方法比较。CAS 3 规定,无论是将存货还是将自用房地产转换为公允价值模式计量的投资性房地产,转换当日的公允价值小于原账面价值的,其差额计入当期损益;转换当日的公允价值大于原账面价值的,其差额计入所有者权益;而 IAS 40 中对非投资性房地产转换为按公允价值模式计量的投资性房地产的会计处理,视被转换对象是存货还是自用房地产而有所不同,即:存货的转换视同销售,因此转换日公允价值与其原账面价值之间的任何差额都确认为当期损益;而自用房地产转换为投资性房地产时,企业应在用途改变之日,对该项房地产进行重估,如果重估引起资产账面价值增加,则增加部分应先转回以前该项资产的减值损失,之后若有余额,则将余额计入"重估盈余"(所有者权益项目);若重估引起资产账面价值减少,则减少部分应先冲减以前该项资产所引起的"重估盈余",之后若有余额,则将余额计入当期损益。相比而言,IAS 40 更加关注资产转换的商业实质。

(4) 投资性房地产信息披露的比较。相比较而言,IAS 40 要求会计主体披露的有关信息更为详细,除了披露 CAS 3 所要求会计主体披露的投资性房地产会计信息之外,还要求披露:投资性房地产的公允价值依赖于具备独立资格的评估师所作评估的程度,如果不存在此种评估也应披露这一事实;来自投资性房地产的租金收益、在当期产生租金收益的投资性房地产发生的直接经营费用和在当期不产生租金收益的投资性房地产发生的直接经营费用;投资性房地产变现能力、限制情况等;成本模式下投资性房地产的公允价值等信息。

阅 读 文 献

1. 葛家澍、杜兴强主编:《中级财务会计学》(第三版),中国人民大学出版社 2008 年版。

2. 陈立军、崔凤鸣主编:《中级财务会计习题与案例》,东北财经大学出版社 2010 年版。

3. 应华羚、张维宾:"投资性房地产公允价值计量模式的国际比较及在我国的应用",《会计之友》2008 年第 10 期(上)。

4. Acclog:"中国、美国及国际会计准则比较:固定资产",http://blog. sina. com. cn/accountinglog,2009 年 5 月。

5. 殷爱贞、耿彦军:"投资性房地产会计准则的国际比较",《财会月刊(理论)》2008 年第 6 期。

6. 苏洪琳、杨良、陈雪:"'营改增'后固定资产会计核算探讨",《财会通讯》2017 年第 1 期。

三、复习题

(一)思考题

1. 什么是固定资产? 固定资产具有哪些特征?

2. 固定资产的确认应满足哪些条件?

3. 简述固定资产的分类并说明各种分类的作用。

4. 固定资产初始取得时应如何计量?

5. 什么是固定资产折旧? 影响固定资产折旧的因素有哪些?

6. 比较固定资产折旧方法及对企业财务状况和经营损益的影响,并结合某公司的实际情况,分析目前所采用的折旧方法是否合理,如果不合理,如何变更? 说明理由。

7. 固定资产后续支出应如何确认? 分析不同的确认方式给企业财务报表带来的影响。

8. 如何进行固定资产终止确认的会计处理?

9. 什么是投资性房地产? 它与企业的固定资产有何不同?

10. 投资性房地产如何进行初始计量?

11. 投资性房地产的后续计量有几种模式? 有何不同?

12. 按照我国企业会计准则,投资性房地产在什么情况下才可以采用公允价值模式进行后续计量? 请分析我国企业会计准则如此规范的背景。

13. 对于投资性房地产的转换,转换后的资产应如何计价?

14. 固定资产、投资性房地产在财务报告中应如何列示?

15. 请关注上市公司对投资性房地产后续计量模式的选择,试分析原因。

(二) 判断题

1. 即使构成固定资产的各部件具有不同寿命,也应该将其整体作为一项固定资产计提折旧。 ( )

2. 企业以一笔款项购入多项没有单独标价的固定资产时,应按各项固定资产公允价值的比例对总成本进行分配,分别确定各项固定资产的入账价值。 ( )

3. 固定资产折旧方法的选择,与该固定资产预期经济利益的实现方式有关。 ( )

4. 固定资产改良、装修等资本化的后续支出过程中,被替换的部分固定资产应终止确认,以免重复计量。 ( )

5. 固定资产预期使用寿命、预计净残值,以及折旧方法发生变化,均应作为会计估计变更,在报表附注中作出说明。 ( )

6. 一项房地产,若大部分自用,小部分出租,则只能将其作为自用房地产处理。 ( )

7. 投资性房地产的初始计量应采用历史成本。 ( )

8. 企业将建筑物出租,按租赁协议向承租人提供的保安、维修等相关劳务在整个协议中重大的,应当将该建筑物确认为投资性房地产。 ( )

9. 采用成本模式计量的投资性房地产在转换为自用房地产时,应当以转换日投资性房地产的账面价值转换为固定资产的账面价值,不产生损益。 ( )

10. 投资性房地产计量模式由公允价值模式转为成本模式的,应作为会计政策变更处理。 ( )

(三) 单项选择题

1. 甲公司为增值税一般纳税人,采用自营方式建造厂房,实际领用工程物资 232 万元(含增值税额 32 万元)。另外领用本公司所生产的产品一批,账面价值为 90 万元,该产品适用的增值税税率为 16%,计税价格为 100 万元;发生的在建工程人员薪酬为 12 万元。假定该厂房已达到预定可使用状态;不考虑除增值税以外的其他相关税费。该生产线的入账价值为( )万元。

    A. 336   B. 302   C. 353   D. 319

2. 对于企业购买固定资产超过正常信用条件延期支付价款,实质上具有融资性质的,以下说法中,正确的是( )。

    A. 固定资产成本按应支付的价款确定

    B. 固定资产成本按应支付的价款的现值确定

    C. 应支付的价款与其现值之间的差额,在信用期内均计入各期财务费用

    D. 应支付的价款与其现值之间的差额,在信用期内均计入固定资产成本

3. 下列项目中,不应计提折旧的固定资产是( )。

　　A. 因不需用而闲置的固定资产

　　B. 因改扩建而暂停使用的固定资产

　　C. 企业临时性出租给其他企业使用的固定资产

　　D. 融资租入的固定资产

4. 固定资产的应计折旧额是指( )。

　　A. 固定资产的原始价值

　　B. 固定资产的账面价值

　　C. 固定资产原始价值扣除其预计净残值后的余额,如已计提减值准备的,还应扣除累计已计提的固定资产减值准备金额

　　D. 固定资产原始价值扣除其预计净残值后的余额,但不得扣除累计已计提的固定资产减值准备金额

5. 某固定资产原值为 120 000 元,预计使用年限为 5 年,预计净残值率为 4%,则按双倍余额递减法计算的第 4 年折旧额为( )元。

　　A. 23 040　　　　B. 15 360　　　　C. 10 368　　　　D. 10 560

6. 甲公司对旧设备进行更新改造。该设备原价为 1 000 万元,采用年限平均法计提折旧,原预期使用寿命 10 年,预计净残值为 0,现已使用 4 年。改造中对某一主要部件进行更换,发生支出合计 500 万元,符合准则规定的固定资产确认条件,被更换的部件的原价为 300 万元。甲公司更换主要部件后的固定资产原价为( )万元。

　　A. 1 100　　　　B. 920　　　　C. 800　　　　D. 700

7. 下列会计处理方法不正确的是( )。

　　A. 已达到预定可使用状态的固定资产,无论是否交付使用,尚未办理竣工决算的,应当按照估计价值确认为固定资产,并计提折旧;待办理了竣工决算手续后,再按实际成本调整原来的暂估价值,同时调整原已计提的折旧额

　　B. 处于修理、更新改造过程而停止使用的固定资产,符合固定资产确认条件的,应当转入在建工程,停止计提折旧;不符合确认条件的,不应转入在建工程,照提折旧

　　C. 持有待售的固定资产从划归为持有待售之日起停止计提折旧和减值测试

　　D. 企业生产车间和行政管理部门发生的固定资产日常修理费用均应计入管理费用

8. 下列不属于企业投资性房地产的是( )。

　　A. 企业持有并准备增值后转让的土地使用权

　　B. 房地产企业拥有并自行经营的会所

　　C. 房地产开发企业将作为存货的商品房以经营租赁方式出租

　　D. 企业持有以备经营出租的空置建筑物,企业管理当局作出正式书面决议,明确将其用于经营出租且持有意图短期内不会发生变化

9. 下列有关投资性房地产的会计处理中,说法不正确的是( )。

　　A. 采用公允价值模式计量的投资性房地产,不计提折旧或进行摊销,应当以资产负债表日投资性房地产的公允价值为基础调整其账面价值

　　B. 采用公允价值模式计量的投资性房地产转为成本模式,应当作为会计政策变更

　　C. 采用成本模式计量的土地使用权,期末应当计提土地使用权当期的摊销额

D. 存货转换为采用公允价值模式计量的投资性房地产,应当按照该项投资性房地产转换当日的公允价值计量

10. 自用房地产转换为采用公允价值模式计量的投资性房地产,投资性房地产应当按照转换当日公允价值计量。转换当日公允价值大于原账面价值的,其差额通过(   )账户核算。

    A. "营业外收入"   B. "资本公积"

    C. "公允价值变动损益"   D. "其他业务收入"

(四)多项选择题

1. 下列关于固定资产的说法中,正确的有(   )。

    A. 固定资产是为生产商品、提供劳务、出租或经营管理而持有的

    B. 固定资产的使用寿命超过一个会计年度

    C. 固定资产的价值转移是在其预计使用寿命期内逐渐完成的

    D. 固定资产在使用过程中发生的有形损耗是计提固定资产折旧的唯一原因

    E. 企业盘盈固定资产,应作为前期会计差错处理

2. 下列各项中,应计入固定资产成本的有(   )。

    A. 固定资产日常修理支出

    B. 购入生产经营用设备时所支付的增值税

    C. 固定资产达到预定可使用状态后发生的专门借款利息

    D. 建造固定资产达到预定可使用状态前发生的工程物资盘亏净损失

    E. 能够提升固定资产生产能力的改良支出

3. 下列内容中,可以构成自营基建项目工程成本的有(   )。

    A. 企业辅助生产部门为基建工程提供的修理劳务

    B. 自营工程达到预定可使用状态前发生的专门借款费用

    C. 工程完工后发生的工程物资处置净收益

    D. 工程项目在达到预定可使用状态之前进行的试车发生的试车支出

    E. 自营工程期间发生的企业管理人员薪酬

4. 下列固定资产中,不应计提折旧的固定资产有(   )。

    A. 经营租赁方式租入的固定资产

    B. 季节性停用的固定资产

    C. 正在改扩建的固定资产

    D. 高危行业使用所提取的安全生产费购建安全设备项目所形成的固定资产

    E. 按照规定单独估价作为固定资产入账的土地

5. 下列关于固定资产的成本说法中,正确的有(   )。

    A. 企业外购固定资产的成本,包括购买价款、相关税费(不含可抵扣的增值税进项税)、使固定资产达到预定可使用状态前所发生的可归属于该项资产的运输费、装卸费、安装费和专业人员服务费等

    B. 企业一揽子购入的固定资产,应按各项固定资产公允价值的比例对总成本进行分摊,分别确定各项固定资产的入账价值

    C. 投资者投入固定资产的成本,应当按照投资合同或协议约定的价值确定,但合同或协议约定价值不公允的除外

D. 对于特殊行业的特定固定资产,确定其初始入账成本时还应考虑预计弃置费用

E. 一般企业固定资产预计发生的报废清理费用,应以其现值计入固定资产成本

6. 企业筹建期间和生产经营期间固定资产清理发生的净损益,处理当时可能转入的账户有( )。

  A. "管理费用"   B. "资本公积"

  C. "营业外收入"   D. "营业外支出"

  E. "盈余公积"

7. 企业拥有的下列资产中,属于投资性房地产的有( )。

  A. 已签订租赁协议约定自下一年1月1日开始出租的建筑物

  B. 企业管理当局已作出书面决议明确将继续持有,待其增值后转让的土地使用权

  C. 企业持有的董事会已经作出书面决议明确将长期经营出租的空置建筑物

  D. 企业自行经营的旅馆

  E. 出租给本企业职工居住的建筑物

8. 下列各项中,不影响企业当期损益的有( )。

  A. 采用成本计量模式的情况下,期末投资性房地产的可收回金额低于其账面价值

  B. 采用公允价值模式计量的投资性房地产在期末的公允价值低于其账面价值

  C. 自用的房地产转换为采用公允价值模式计量的投资性房地产时,转换日房地产的公允价值小于其账面价值

  D. 采用成本计量模式,期末投资性房地产的可收回金额高于其账面价值

  E. 自用的房地产转换为采用公允价值模式计量的投资性房地产时,转换日房地产的公允价值大于其账面价值

9. 关于投资性房地产转换后的入账价值的确定,下列说法中,正确的有( )。

  A. 在成本模式下,应当将房地产转换前的账面价值作为转换后的入账价值

  B. 采用公允价值模式计量的投资性房地产转换为自用房地产时,应当以其转换当日的公允价值作为自用房地产的账面价值

  C. 采用公允价值模式计量的投资性房地产转换为自用房地产时,应当以其转换当日的账面价值作为自用房地产的账面价值

  D. 自用房地产或存货转换为采用公允价值模式计量的投资性房地产时,投资性房地产按照转换当日的账面价值计价

  E. 自用房地产或存货转换为采用公允价值模式计量的投资性房地产时,投资性房地产按照转换当日的公允价值计价

10. 以下关于投资性房地产的会计处理表述中,正确的有( )。

  A. 投资性房地产按照成本进行初始计量

  B. 满足投资性房地产确认条件的后续支出应当计入投资性房地产成本

  C. 同一企业只能采用一种模式对所有投资性房地产进行后续计量

  D. 以公允价值模式进行后续计量的投资性房地产,期末其公允价值与原账面价值之间的差额计入当期损益

  E. 采用成本模式计量的投资性房地产,改变用途时并不改变该项资产的账面价值

(五)业务题

【业务题一】目的　练习固定资产购置业务的核算。

资料 20×1年1月1日,甲公司从不同的厂家购入两台不同的生产设备,其中,购买需要安装的A设备取得的增值税专用发票上注明的设备价款为500 000元,增值税进项税额为80 000元,支付的运输费为2 750元(含增值税专用发票上注明的增值税额250元),款项已通过银行支付。安装设备时,领用本公司原材料一批,价值30 000元,购进该批原材料时支付的增值税进项税额为4 800元;支付安装工人的工资为4 900元;购买不需要安装的B设备取得的增值税专用发票上注明的设备价款为1 000 000元,增值税进项税额为160 000元,发生运输费5 500元(含增值税专用发票上注明的增值税额500元),款项亦全部以银行存款结清。B设备预计使用年限10年,预计净残值为零,企业对该类固定资产按年限平均法计提折旧。20×2年1月10日,甲公司将B设备出售,取得不含增值税的价款为1 200 000元,增值税额192 000元,已存入银行。不考虑其他相关税费。

要求 (1)编制固定资产购买、安装、入账、出售的会计分录。

(2)说明B设备的出售会对企业20×2年年末利润表和现金流量表带来什么影响。

【业务题二】目的 练习延期付款购入固定资产业务的核算。

资料 甲公司于20×1年年初购入一台不需安装的生产设备并立即投入使用,该设备不含税总价款为100万元,按销售合同分三次付款,20×1年年末支付40万元,20×2年年末支付30万元,20×3年年末支付30万元。假定市场利率10%,已支付增值税16万元,无其他相关税费。购买该设备时发生的运输费及其增值税分别为2万元和0.2万元,以银行存款支付。上述交易已取得增值税专用发票。

要求 (1)计算该设备的入账价值和未确认融资费用金额(请列出计算公式,金额保留到元)。

(2)编制固定资产入账时的会计分录。

【业务题三】目的 练习固定资产折旧方法的计算。

资料 某企业20×1年6月购入一台不需要安装的生产设备,取得的增值税专用发票上注明的设备价款为1 000 000元,增值税进项税额为160 000元,发生运输费2 200元(含增值税专用发票上注明的增值税额200元),款项全部付清。该设备预期使用寿命为5年,预计净残值为2 000元。

要求 分别采用年限平均法、双倍余额递减法和年数总和法计算企业该项固定资产各年应计提的折旧额。

【业务题四】目的 练习购置安全生产设备形成固定资产业务的核算。

资料 甲公司是一家煤矿企业,依据开采的原煤产量按月提取安全生产费,提取标准为每吨10元,假定每月原煤产量为7万吨。20×9年7月8日,经有关部门批准,该企业购入一批需要安装的用于改造和完善矿井运输的安全防护设备,价款200万元,增值税进项税额为32万元,均以银行存款支付。安装过程另发生人工费28万元。7月28日安装完成。20×9年7月30日,甲公司另以银行存款支付安全生产检查费12万元。假定20×9年6月30日,甲公司"专项储备——安全生产费"余额为5 000万元。不考虑其他相关税费。

要求 根据上述资料,进行甲公司相关会计处理。

【业务题五】目的 练习固定资产购买和后续支出业务的核算。

资料 甲企业为一般纳税企业,适用的增值税税率为16%。有关资料如下:

(1)20×7年7月6日,购入一条生产流水作业设备,取得的增值税专用发票上注明的设备价款为1 790万元,增值税进项税额为286.4万元,支付的运输费为11万元(含增值税专用发票上注明的 1 万元增值税额),所有款项已通过银行支付。设备由销售厂家负责免费安装。

(2) 20×7 年 9 月 2 日,设备达到预定可使用状态,预计使用年限为 10 年,净残值为 200 万元,采用年限平均法计提折旧。

(3) 20×9 年 6 月 30 日,公司决定对该生产线进行改扩建,以提高其生产能力。同日将该设备账面价值转入在建工程。在改扩建过程中领用工程物资 600 万元,领用生产用原材料 120 万元,工程物资及原材料原买入时增值税专用发票上标明的增值税额分别为 96 万元及 19.2 万元。发生改扩建人员工资 160 万元,用银行存款支付其他费用 135 万元,改扩建过程中被替换某一部件的账面价值为 5 万元,作为原材料入库。该生产线于 20×9 年 11 月 20 日达到预定可使用状态。改扩建后固定资产包含的经济利益的预期实现方式有重大改变,改按年数总和法计提折旧,同时对预计使用寿命进行复核,预计尚可使用年限为 5 年,预计净残值变更为 100 万元。

要求　(1) 编制固定资产取得及入账的有关会计分录。

(2) 计算 20×7 年和 20×8 年的折旧额并编制会计分录。

(3) 计算 20×9 年更新改造前的折旧额。

(4) 编制有关固定资产改扩建的会计分录。

(5) 计算改扩建后固定资产的账面价值。

(6) 计算该项固定资产 20×9 年 12 月应计提的折旧额。

(7) 计算该项固定资产计入 20×9 年年末资产负债表中"固定资产"项目的金额。

【业务题六】目的　练习投资性房地产的初始确认和后续核算。

资料　甲公司采用成本模式对投资性房地产进行后续计量。增值税税率为 10%。20×1 年 12 月 31 日,甲公司以银行存款购入一栋写字楼及其土地使用权,取得的增值税专用发票上的不含税价款分别为 8 500 万元及 2 000 万元,甲公司将其作为投资性房地产。其中,写字楼预计尚可使用年限为 20 年,相关手续于当日办理完毕;土地使用权预计尚可使用年限为 50 年,相关手续于 20×2 年 1 月 2 日办理完毕。写字楼和土地使用权的预计净残值为零,均采用年限平均法计提折旧和进行摊销。20×2 年 1 月 3 日,甲公司与 B 公司签订租赁协议,将该写字楼整体出租给 B 公司,租期为 3 年,年租金为 1 500 万元,B 公司于每年年初支付。

要求　(1) 编制购入上述投资性房地产时的有关会计分录。

(2) 编制 20×2 年 1 月收到租金和当月确认收入及有关增值税的相关会计分录。

(3) 编制 20×2 年 1 月对投资性房地产计提折旧和进行摊销的会计分录。

【业务题七】目的　练习经改造取得投资性房地产的核算。

资料　甲公司将自用的一幢建筑物以出包方式进行改造,该楼原价为 1 300 万元,已提折旧 300 万元,已提减值准备 200 万元,改造过程共发生工程款 430 万元及增值税 43 万元,均以银行存款支付并取得增值税专用发票。该建筑物预计使用寿命为 20 年,预计净残值为 30 万元,20×7 年 2 月完工,自改造完工当月起对外出租,公司对该房地产采用成本模式进行后续计量。采用年限平均法按年计提折旧。20×7 年取得不含税租金收入 120 万元,增值税额为 12 万元,已存入银行。20×9 年 12 月,甲公司将该建筑物收回,拟改造后作为行政部门的办公大楼。假定不考虑相关税费。

要求　(1) 编制甲公司 20×7 年 2 月该项建筑物完工并转入投资性房地产的会计

分录。

(2) 计算20×7年度甲公司对该项建筑物计提的折旧额,并编制相应的会计分录。

(3) 编制甲公司20×7年取得该项建筑物租金收入的会计分录。

(4) 计算甲公司该项房地产20×8年年末的账面价值。

(5) 编制甲公司20×9年收回该项建筑物的会计分录。

【业务题八】目的　练习投资性房地产取得和转换的核算。

资料　甲上市公司20×1年2月1日购入一幢建筑物用于出租增值税专用发票上标明的价款为1 200万元、增值税额120万元,款项以银行存款转账支付。甲公司按公允价值核算投资性房地产,2007年12月31日,该项资产的公允价值为1 800万元。20×4年8月1日,甲公司将该办公楼收回自用,收回当日该资产的账面价值为2 000万元,公允价值为1 600万元。

要求　(1) 编制20×1年2月取得该项建筑物的会计分录。

(2) 编制20×1年年末根据公允价值变动调整该项投资性房地产账面价值的会计分录。

(3) 编制20×4年8月1日该项投资性房地产转换的会计分录。

【业务题九】目的　练习投资性房地产转换的会计处理。

资料　甲房地产开发企业于本年7月将一幢自行开发、原准备出售的商务楼(在"开发产品"账户核算)和一幢自用厂房出租,并采用公允价值进行计量。租赁开始日,商务楼的账面价值为2 200万元,公允价值为2 000万元;厂房的原价为2 000万元,已提折旧500万元,公允价值为1 800万元。本年12月31日,商务楼的公允价值为2 300万元,厂房的公允价值为1 700万元。

要求　编制本年7月份投资性房地产转换和本年年末调整投资性房地产账面价值的会计分录。

四、复习题参考答案

(一) 思考题(略)

(二) 判断题

1. (×)　2. (×)　3. (√)　4. (√)　5. (√)　6. (×)　7. (√)　8. (×)
9. (√)　10. (×)

(三) 单项选择题

1. (B)　2. (B)　3. (B)　4. (C)　5. (D)　6. (B)　7. (A)　8. (B)
9. (B)　10. (B)

(四) 多项选择题

1. (ABCE)　　2. (DE)　3. (ABD)　4. (ACDE)　5. (ABCD)
6. (ACD)　7. (ABC)　8. (DE)　9. (ABE)　10. (ABCDE)

(五) 业务题

【业务题一】　A设备入账价值537 400元;B设备入账价值1 005 000元;处置B设备利得295 500元;B设备的处置使期末资产负债表固定资产减少904 500元,应交税费增加192 000元;20×2年利润表中资产处置收益和营业利润增加295 500元;现金流量表中投资活动产生的现金流量增加1 392 000元。注:安装生产设备领用原材料属于将原材料用于应税项目,无需将进项税额转出。

　　【业务题二】　设备的入账价值为 856 965 元;未确认融资费用为 163 035 元。

　　【业务题三】　双倍余额递减法下,20×1 年 7～12 月的折旧额为 200 400 元,20×2～20×5 年各年的折旧额分别为:320 640 元、192 384 元、125 752 元、107 216 元,20×6 年 1～6 月的折旧额为 53 608 元;年数总和法下,20×1 年 7～12 月的折旧额为 16.67 万元,20×2～20×5 年各年折旧额分别为:30 万元、23.33 万元、16.67 万元、10 万元,20×6 年1～6 月的折旧额为 3.33 万元。

　　【业务题四】　购买安全设备形成的固定资产账面价值为 228 万元,同时形成安全储备 228 万元,转入累计折旧 228 万元,之后对该设备不再计提折旧。

　　【业务题五】　改扩建后固定资产的账面价值为 2 530 万元;20×9 年 12 月计提折旧额为 67.5 万元。20×9 年年末资产负债表中"固定资产"项目的金额为 2 462.5 万元。

　　【业务题六】　20×2 年 1 月投资性房地产累计折旧 35.42 万元;累计摊销 3.33 万元。

　　【业务题七】　投资性房地产入账价值 1 230 万元;20×7 年折旧额 50 万元;20×8年末账面价值 1 120 万元。

　　【业务题八】　转换后固定资产账面价值 1 600 万元;转换产生的公允价值变动损益为 —400 万元。

　　【业务题九】　转换日形成公允价值变动损益—200 万元,形成资本公积 300 万元。

第六章　无形资产和商誉

一、内容概要解析

(一)无形资产特征和范围

无形资产是指企业拥有或者控制的没有实物形态的可辨认的非货币性资产。其具有无形性、非货币性、不确定性、可辨认性以及持有其目的是为企业使用而非出售等五个主要特征。由于我国无形资产的可辨认性特征,使得具有不可辨认性特点的商誉不符合我国会计准则定义的无形资产。另外,作为投资性房地产的土地使用权、石油天然气矿区权益也不属于无形资产。

无形资产主要包括专利权、非专利技术、商标权、版权、特许权和土地使用权等内容。值得注意的是,伴随着科学技术的日益进步以及知识产权内涵的不断丰富,无形资产的范围也有不断扩大的趋势。企业应当充分考虑这一变化,关注那些对企业有着影响或有潜在价值的无形资源,但又不能随意地将所有无形资源都确认为企业的无形资产而登记入账。企业应该按照会计准则的要求对无形资产进行确认、计量和披露。

(二)无形资产初始计量

由于无形资产取得方式不同、无形资产成本构成有所不同。① 购入无形资产的成本,应当按照实际支付的价款计量,包括购买价款、相关税费以及直接归属于使该项资产达到预定用途所发生的其他支出。② 内部研究开发项目形成的无形资产,应按其符合资本化条件的开发阶段所发生的实际支出计入无形资产成本。③ 接受投资者投入的无形资产,应当按照投资合同或协议约定的价值计量,但合同或协议约定价值不公允的除外。④ 接受捐赠的无形资产的实际成本,应按如下顺序确定:捐赠方提供凭据上标明的金额与相关税费之和;按同类或类似无形资产的市价估计的金额与相关税费之和;接受捐赠的该项无形资产的预计未来现金流量现值。⑤ 企业取得的土地使用权,通常应按实际支付的价款及相关税费单独确认为无形资产,企业外购房屋建筑物所支付的价款中如果包括土地使用权和房屋建筑物的成本,应当采用合理的方法进行分配;确实无法在土地使用权和房屋建筑物之间分配的,应全部计入固定资产。

(三)研究与开发支出的会计处理

企业内部自行研究与开发项目所发生的支出,应该按照会计准则规定,属于研究阶段的支出,应予以费用化,计入当期损益;开发阶段的支出,符合资本化条件的,应予以资本化,计入无形资产。

1. 研究阶段和开发阶段的判断

研究阶段是指为获取新的技术和知识等进行的具有独创性和有计划的调查活动,具有计划性、探索性的特点。比如:① 以获取新知识为目的的活动;② 研究成果或其他知识的应用研究、评价和最终选择;③ 材料、设备、产品、工序、系统或服务替代品的研究;④ 新的或经改进的材料、设备、产品、工序、系统或服务的可能替代品的配置、设计、评价和最终选择等活动。研究是为进一步的开发活动而进行资料及相关方面的准备阶段。

开发阶段是指在开始商业生产或使用前,将研究成果或其他知识应用于某项计划或设计,以生产出新的或具有实质性改进的材料、装置、产品等活动,具有针对性、形成成果的可能性较大的特点。比如:① 生产前或使用前的原型和模型的设计、建造和测试;② 含新技术的工具、夹具、模具和冲模的设计;③ 不具有商业性生产经济规模的试生产厂房的设计、建造和营运;④ 新的或经改进的材料、设备、产品、工序、系统或服务所选定的替代品的设计、建造和测试,等等,均属于开发活动。

2. 开发支出的资本化

在开发阶段,开发支出只有同时满足下列五个条件时,才能确认为无形资产(即予以资本化):① 完成该无形资产以使其能够使用或出售在技术上具有可行性;② 具有完成该无形资产并使用或出售的意图;③ 无形资产产生经济利益的方式,包括能够证明运用该无形资产生产的产品存在市场或无形资产自身存在市场,无形资产将在内部使用的,应当证明其有用性;④ 有足够的技术、财务资源和其他资源支持,以完成该无形资产的开发,并有能力使用或出售该无形资产;⑤ 归属于该无形资产开发阶段的支出能够可靠地计量。

3. 研究和开发支出的账务处理

发生研发支出时,记入"研发支出"账户,根据耗费结算情况贷记"原材料""应付职工薪酬""银行存款"等账户。期末,未满足资本化条件的从"研发支出"账户转入"管理费用"账户;满足资本化条件的且研究开发项目达到预定用途形成无形资产的,从"研发支出"账户转入"无形资产"账户。"研发支出"账户的期末余额,反映尚未完工的无形资产价值,计入资产负债表中"开发支出"项目的金额。

(四) 无形资产摊销

对于使用寿命有限的无形资产,应在其使用寿命内,采用合理系统的方法进行摊销;对于使用寿命不确定的无形资产,不予摊销,但每年应进行减值测试。

无形资产摊销方法,企业一般选择直线法摊销,但是,如果能够可靠地确定无形资产预期实现方式的,也可选择加速摊销法(双倍余额递减法和年数总和法)、工作量法。无形资产摊销时,借记"管理费用"等账户,贷记"累计摊销"账户。对于使用寿命不确定的无形资产,持有期间不需摊销,如期末重新复核后仍为不确定的,应当在会计期末进行减值测试。

(五) 无形资产的出租、出售、报废

无形资产出租,又称无形资产使用权转让,属于与企业日常活动相关的其他业务。出租无形资产,取得租金时,借记"银行存款"账户,贷记"其他业务收入"账户;计提摊销时,借记"其他业务成本"账户,贷记"累计摊销"账户。

无形资产出售,又称无形资产所有权转让,属于企业偶发交易事项。其出售损益作为资产处置利得或损失,计入资产处置损益,同时注销无形资产的账面价值(包括其原始价值、累计摊销、减值准备)。

无形资产报废。如果无形资产预期不能为企业带来经济利益,就已经基本丧失了其经济价值和未来服务潜能,应予以报废。无形资产报废时,同样需注销其账面价值,报废净损失计入营业外支出。

(六) 商誉的确认与计量

商誉是企业拥有的获取超额利润的能力,形成这种能力的因素很多,如优越的地理位置、悠久的经营历史、良好的客户资源、先进的管理水平、独特的企业文化、特殊的生产工艺或技术、较高的企业知名度,等等。商誉与企业作为同一整体,不能单独存在,也不能与企业可辨认的各种资产分开进行转让或出售,具有不可辨认性。

基于商誉的特性,只有在企业收购和兼并中取得的外购商誉,才能予以确认;自创商誉不予确认。外购商誉初始成本应按收购企业所支付价款与取得被购买企业可辨认净资产公允价值份额之间的差额进行计量。已确认的外购商誉,应记入"商誉"账户。对于入账的外购商誉,持有期间不予摊销,但至少应当在年度终了时进行减值测试,发生商誉减值损失时,借记"资产减值损失"账户,贷记"商誉减值准备"账户。

(七) 无形资产和商誉的列报

1. 无形资产的披露要求

无形资产应在资产负债表的非流动资产类中单独设置"无形资产"项目列示,该项目应根据"无形资产"账户期末余额扣除"累计摊销"账户期末余额后的净额分析填列。

对于无形资产,还应以报表附注形式披露以下信息:

(1) 每一类无形资产的期初期末余额、累计摊销额和减值准备等的累计金额。

(2) 使用寿命有限的无形资产,应披露企业对于该无形资产使用寿命的估计情况及判断无形资产使用寿命的依据,如按照合同规定、法律规定或是其他方面的情况等。

(3) 使用寿命不确定的无形资产,无法合理估计其使用寿命的原因说明。

(4) 每一类无形资产的摊销方法。

(5) 用于担保的无形资产的有关情况。

(6) 当期进行内部研究开发项目发生的研究开发支出总额,并说明其中费用化计入当期损益的金额及资本化计入无形资产成本的金额。

(7) 每一类无形资产增减变动情况。

2. 商誉的披露要求

企业合并商誉,其实仅在非同一控制下企业合并时才可能产生。吸收合并时,确认的合并商誉应记入"商誉"账户,并在购买方的个别资产负债表中非流动资产类单独设置"商誉"项目列示,该项目应根据"商誉"账户期末账面余额抵减"商誉减值准备"账户期末余额后的净额分析填列;控股合并时,合并商誉只在合并报表中的合并资产负债表单列"商誉"项目反映,不需登记记入"商誉"账户。

企业应以报表附注形式披露商誉的金额及其确定方法、商誉的形成来源、商誉账面价值的增减变动情况等信息。

下面我们将以浙江龙盛集团股份有限公司(以下简称浙江龙盛)2016年年度报告为例说明无形资产和商誉的表内和表外信息披露。

3. 浙江龙盛关于无形资产和商誉的表内列报与表外披露

(1) 2016年度合并财务报表关于无形资产和商誉的表内列报,见表6-1。

表 6-1 浙江龙盛资产负债表部分节选

2016 年 12 月 31 日 单位:元

项目	期末余额		年初余额	
	合并	母公司	合并	母公司
非流动资产:				
无形资产	842 630 418.77	74 697 364.83	572 198 936.21	88 418 527.29
开发支出	0	0	0	0
商誉	338 894 216.13	0	65 978 760.62	0

(2) 2016年度合并财务报表关于无形资产项目的附注列报,见表6-2。

表 6-2　附注 18：无形资产的构成及其增减变动

单位：元

项目	土地使用权	软件使用权	非专利技术	专利权	商标权	客户关系	合计
账面原值							
期初数	559 447 259.81	27 966 155.72	19 142 960.00	68 929 851.47		30 519 920.00	706 006 147.00
本期增加金额	52 820 930.15	8 199 032.23	84 030 031.00	4 706 710.63	48 656 118.00	113 963 916.00	312 376 738.01
1）购置		6 742 063.49					6 742 063.49
2）合并范围变动	42 315 700.00		83 542 291.00		48 656 118.00	111 879 936.00	286 394 045.00
3）外币折算影响	10 505 230.15	1 456 968.74	487 740.00	4 706 710.63		2 083 980.00	19 240 629.52
本期减少金额	15 547 077.22			5 944 397.88			21 491 475.10
1）处置	12 500 000.00			4 151 103.54			16 651 103.54
2）外币折算影响	3 047 077.22			1 793 294.34			4 840 371.56
期末数	596 721 112.74	36 165 187.95	103 172 991.00	67 692 164.22	48 656 118.00	144 483 836.00	996 891 409.91
累计摊销							
期初数	68 582 910.62	20 630 127.97	5 505 332.42	26 246 611.39		4 442 228.39	125 407 210.79
本期增加金额	9 501 139.49	4 476 444.02	1 068 330.21	5 867 682.29	1 040 190.87	3 747 864.98	25 701 651.86

续表

项目	土地使用权	软件使用权	非专利技术	专利权	商标权	客户关系	合计
1) 计提	9 198 361.29	3 450 305.54	898 141.02	3 662 995.76	995 746.22	3 297 660.92	21 503 210.75
2) 外币折算影响	302 778.20	1 026 138.48	170 189.19	2 204 686.53	44 444.65	450 204.06	4 198 441.11
本期减少金额	1 111 706.35			4 136 165.16			5 247 871.51
1) 处置	807 291.71			2 923 231.43			3 730 523.14
2) 外币折算影响	304 414.64			1 212 933.73			1 517 348.37
期末数	76 972 343.76	25 106 571.99	6 573 662.63	27 978 128.52	1 040 190.87	8 190 093.37	145 860 991.14
减值准备							
期初数							
本期增加金额			8 400 000.00				8 400 000.00
计提							
本期减少金额							
处置							
期末数			8 400 000.00				8 400 000.00
账面价值							
期末账面价值	519 748 768.98	11 058 615.96	88 199 328.37	39 714 035.70	47 615 927.13	136 293 742.63	842 630 418.77
期初账面价值	490 864 349.19	7 336 027.75	5 237 627.58	42 683 240.08		26 077 691.61	572 198 936.21

（3）2016 年合并财务报表关于商誉项目的附注列报，见表 6-3。

表 6-3　附注 19：商誉的增减变动　　单位：元

被投资单位名称或形成商誉的事项	期初数	本期企业合并形成	外币折算影响数	其他影响	期末数
Anglostar LLC	6 935 125.84		473 548.54		7 408 674.38
Lenmar Chemical Corporation	20 516 901.87		1 400 947.74		21 917 849.61
Emerald［注］		268 579 436.89	2 461 522.34		271 040 959.23
重庆佰能达投资有限责任公司	38 526 732.91				38 526 732.91
合　计	65 978 760.62	268 579 436.89	4 336 018.62		338 894 216.13

注：公司控股子公司 DyStar L. P.（以下简称德司达美国）收购 Emerald Performance Materials LLC 旗下的特殊化学品等业务资产，收购的主体分别为 Emerald Carolina Chemical LLC（现已更名为 DyStar Carolina Chemical Corp），Emerald Hilton Davis LLC（现已更名为 DyStar Hilton Davis Corp）and Emerald Foam Control LLC（现已更名为 DyStar Foam Control Corp），上述三家公司统称为"Emerald"。

商誉的减值测试过程、参数及商誉减值损失确认方法：

商誉的可收回金额按照预计未来现金流量的现值计算，其预计现金流量根据公司批准的 5 年期现金流量预测为基础。Anglostar LLC 和 Lenmar Chemical Corporation 现金流量预测使用的折现率为 12.6%～15.8%（2015 年：22.2%），预测期以后的现金流量根据增长率 2.6%～4.6%（2015 年：2.5%～10.3%）推断得出。Emerald 现金流量预测使用的折现率为 12.2%～12.7%，预测期以后的现金流量根据增长率 4%～5%推断得出，该增长率和美国化学品行业总体长期平均增长率相当。重庆佰能达投资有限责任公司现金流量预测的折现率 13%（2015 年：13%），预测期以后的现金流量根据增长率 3%（2015 年：3%）推断得出，该增长率低于国内汽车零部件行业总体长期平均增长率。

减值测试中采用的其他关键数据包括：产品预计售价、销量、生产成本及其他相关费用。

公司根据历史经验及对市场发展的预测确定上述关键数据。公司采用的折现率是反映当前市场货币时间价值和相关资产组特定风险的税前利率。

上述对可收回金额的预计表明商誉并未出现减值损失。

资料来源：浙江龙盛 2016 年年报。

二、背景资料

对于无形资产和商誉，历来是各国会计界讨论和争议的热点，尤其是关于无形资产定义、研究与开发支出的会计处理、合并商誉及其摊销处理等问题更是不尽相同。下面，我们将以《国际会计准则第 38 号——无形资产》（IAS 38：Intangible Assets）、《国际财务报告准则第 3 号——企业合并》（IFRS 3：Business Combinations）、《美国会计原则委员会第 17 号意见书》（GAAP 17）、《美国财务会计准则第 141 号——企业合并》（SFAS 141）、《美国财务会计准则第 142 号——商誉和其他无形资产》（SFAS 142）、英国会计准则委员会发布的《财务报告准则第 10 号——商誉和无形资产》（FRS 10）、中国《企业会计准则第 20 号——企业合并》（CAS 20）及其应用指南、中国《企业会计准则第 6 号——无形资产》（CAS 6）及其应用指南等规定及相关公告和解释为主要依据作进一步阐述，以期对无形资产和商誉的发展变化有更全面和深刻的认识。

（一）关于无形资产定义

中国会计准则，对无形资产的定义是"企业拥有或者控制的没有实物形态的可辨认非货币性资产"，并首次将商誉从无形资产中剔除，放在企业合并中规范，这与国际会计准则相吻合，但是无形资产定义有两个问题值得商榷：

一是可辨认性标准是否具有可操作性。国际会计准则理事会认为，要界定可与商誉明确区分的可辨认无形资产并对其进行确认，就必须更清楚地阐述可辨认性的概念。理事会提出，与商誉相反，许多无形资产的价值源自合同性或者法律规定的法定性权利。所以，无形资产由合同性或者其他法定性权利产生的事实是区分该无形资产与商誉的一个特征。但我国企业不能保证大多数无形资产的价值源自合同性或者法律规定的法定性权利，特别是自创的无形资产。

二是不采用列举法定义无形资产的内容是否可行。无形资产准则不再明确无形资产的具体内容，只明文规定企业自创商誉、内部产生的品牌、报刊名等不应确认为无形资产；以及作为投资性房地产的土地使用权、企业合并中形成的商誉、石油天然气矿区权益等适用于其他相关会计准则。但国际会计准则是以列举的方式明确无形资产的内容。借鉴国际会计准则，以列举方式定义无形资产，将更具操作性。

目前国际上常用的无形资产主要有：① 市场资产。品牌（如企业品牌、服务品牌）；与客户的关系（如长期客户、销售网、分销渠道）；合同（如特许经营权协定、专利使用权协定）等。② 知识产权资产。专利权、计算机软件、互联网上的域名、版权、商标、商业秘密、技术秘密、ISO 9000 质量体系认证、绿色食品标志使用权等。③ 组织管理资产。领导者能力、企业文化、企业管理方法、信息技术交流、网络工作系统、融资关系等。

（二）关于研发支出的会计处理

研发支出的会计处理方法概括起来无外乎有：全部费用化；全部资本化；部分费用化、部分资本化。

美国会计准则要求将所有研究和开发支出当期费用化，只在附注中披露所列示利润表期间的研究开发费用总额。美国会计准则委员会（FASB）认为：研究开发费用的未来利益具有极大不确定性，并且费用的多少与未来利益的大小也缺乏必然因果关系。另外，美国会计准则为用于销售或出租等的软件做了专门的规定，要求将通过技术可行性验证（详尽涉及流程结束或可运行模型完成），进入软件母版生产阶段的支出资本化，直至向所有客户发布该软件时止。我国原会计准则也采用了将研究与开发支出全部费用化、直接计入当期损益。美国这种做法更具稳健性，但缺乏合理性。

英国第 13 号标准会计实务公告（关于研究和开发费用），要求将基础和应用研究支出费用化，但允许一定条件下的研究费用资本化，符合特定条件的开发支出可以资本化。

中国会计准则和国际会计准则基本趋同，都要求将研发过程划分为研究阶段和开发阶段，将研究阶段的支出费用化，计入当期损益；开发阶段的支出在符合下列条件时予以资本化，计入无形资产。同时对于以前期间已经费用化的开发支出不再调整计入资产。其中，国际会计准则关于开发支出可进行资本化的条件是：① 开发结果成功，达到商业销售要求；② 有目的地开发并加以使用或对外出售；③ 有能力使用和出售该无形资产；④ 无形资产能够产生经济利益或具有使用价值；⑤ 有足够的人力、物力资源以支持其开发活动，并达到使用或销售状态；⑥ 开发阶段的支出有可靠的方法进行计量。

中国研发支出的会计处理，借鉴国际通行做法，克服了全部费用化的不足，又避免了全部资本化的风险；符合配比原则、划分资本性支出与收益性支出原则；既有利于消除企业的短期行为，加大企业科技投入的力度，又有利于增强高新技术及创新类企业的研发后劲。稍显不足的是，中国和国际会计准则，对于研究阶段和开发阶段的划分是带有明显人为痕迹的，其实研发活动作为一个完整的过程是很难有清晰界限的（实际企业往往是边研究边开发、边开发边研究）；另外开发支出资本化条件中包含的主观因素不少，难免随意。

（三）关于商誉和商誉摊销

由于商誉的不可辨认性以及商誉潜在超额收益价值的高度不确定性，通常在国际上，对于自创商誉都不予确认，只对企业合并产生的外购商誉才予以确认。合并商誉一般按购买成本与被购企业净资产公允价值之间的差额计量，当购买成本大于被购企业净资产公允价值时称为"正商誉"，而购买成本小于被购企业净资产公允价值时称为"负商誉"。

按照《国际会计准则 22 号——企业合并》(IAS 22，后被 IFRS 3 取代)要求，应在购并日，按购买成本与被购企业净资产公允价值之间的差额计量，确认为商誉，并在其有用期内摊销，不过这里有个可辩驳的假定是商誉的使用年限不会超过 20 年；若假定被驳回，则商誉可以不摊销，但每年必须做减值检验。《国际财务报告准则第 3 号——企业合并》(IFRS 3：Business Combinations)禁止摊销企业合并中取得的商誉，而要求每年对商誉进行减值测试。英、美会计中，合并商誉也是按购买价与所取得净资产的公允价值之间的差额计算并确认的。对于商誉摊销处理，美国《会计原则委员会第 17 号意见书》(GAAP 17)规定，应在不超过 40 年的有效使用年限内予以摊销(1999 年美国财务会计准则委员会建议将年限改为 20 年)，美国《财务会计准则第 142 号——商誉和其他无形资产》不再要求对商誉进行系统摊销，而是改为减值测试。英国《第 22 号标准会计实务公告——商誉》(SSAP 22)规定，在 1998 年以前，商誉采用立即注销法，而自 1999 年开始，改为商誉应在 20 年内予以摊销。英国财务报告准则第 10 号要求商誉一般应在有效使用年限内分期摊销，但是又指出，如果在符合"真实与公允"优先原则的前提下，商誉可以不进行摊销。从上述发展情况来看，越来越多的人对反映商誉消耗的摊销费用的有用性表示怀疑，因为商誉的有用寿命和其逐渐减少的形式通常不可能测试。如果能设计严格且可操作的减值测试，就可以在不摊销商誉的方法下向财务报表使用者提供更有用的信息。

在借鉴他国经验，保持与国际会计准则实质趋同的前提下，中国会计准则要求，对于确认的商誉不予摊销，但至少应当在年度终了时进行减值测试。

阅　读　文　献

1. 冯淑萍："中国对于国际会计协调的基本态度与所面临的问题"，《会计研究》2004 年第 1 期。

2. 德勤会计师事务所："关于'国际财务会计报告准则第 3 号(IFRS 3)——企业合并'指引"，2004 年 8 月。

3. Christopher Nobes，Robert Parker：Comparative International Accounting，潘琰主译，东北财经大学出版社，2002 年版。

4. 林勇峰："商誉与商誉减值：基于上市公司现状的深层分析"，《上海证券报》2017 年 4 月 15 日第 004 版。

5. 高榴、袁诗淼："上市公司并购重组商誉及其减值问题探析"，《证券市场导报》2017 年 12 月号。

三、复习题

（一）思考题

1. 什么是无形资产？其主要特征是什么？它包括哪些内容？

2. 企业如何确认无形资产？其确认条件是什么？

3. 如何理解无形资产的可辨认性? 判断可辨认性有哪些标准?

4. 试从无形资产取得的不同方式,举例说明如何对不同方式取得的无形资产进行初始计量。

5. 我国无形资产准则对研究与开发费用的会计处理是如何规定的? 你认为这样的处理合理吗? 请说明理由。

6. 估计无形资产使用寿命要考虑哪些因素? 如何确定无形资产摊销期限?

7. 无形资产摊销方法有哪些? 企业应如何恰当地选择无形资产摊销方法?

8. 你认为无形资产确认和计量的难点是什么?

9. 商誉如何确认? 其基本特征表现在哪里?

10. 如何对商誉进行计量? 其会计处理方法有几种? 我国是怎样确定的? 请说明理由。

11. 形成商誉的因素有哪些? 试举例说明。

12. 专利权与非专利技术各有何特点? 两者有何区别?

13. 结合国际知识产权保护相关内容,谈谈无形资产内涵和范围有哪些值得关注的新变化和新趋势?

14. 通常国际上都将商誉列为无形资产,为什么我国的无形资产不包括商誉呢? 请就此发表一下你的见解。

15. 土地使用权在什么情况下可以计入无形资产? 又在何种情形下计入投资性房地产或计入房屋、建筑物的成本呢? 请举例说明。

(二) 判断题

1. 确认无形资产,首先要符合无形资产定义;其次应同时满足确认的两个条件:一是与该无形资产有关的经济利益很可能流入企业,二是该无形资产的成本能够可靠地计量。
(　　)

2. 我国会计准则将无形资产定义为可辨认的非货币性资产,由于商誉具有不可辨认性,所以商誉不是无形资产。
(　　)

3. 对于企业确认的商誉,我国不进行摊销,但至少应当在每年年末对其进行减值测试。
(　　)

4. 可辨认性是无形资产的特征之一,也是无形资产与商誉的区别之一。(　　)

5. 按照国际惯例,只有外购商誉才能在会计上加以确认;自创商誉在任何状态下都不能确认,我国企业会计准则也采用了这一做法。
(　　)

6. 对于随其他资产一揽子购入的无形资产,其成本一般应该将总价按其他资产与无形资产的公允价值相对比例分拆确定。
(　　)

7. 对于预期不能为企业带来经济利益的无形资产,转销时,应将无形资产的账面价值转入其他业务成本。
(　　)

8. 企业内部产生的品牌、报刊名等,由于具有较大价值,应该确认为无形资产入账。
(　　)

9. 无形资产摊销,只能采用直线摊销法。
(　　)

10. 对于企业取得的使用寿命不确定的无形资产,因其无法合理摊销成本,所以不能确认为无形资产入账。
(　　)

（三）单项选择题

1. 发明者未申请专利或不够条件申请专利而未公开的先进技术、资料、技能和知识等是指（　　）。

    A. 非专利技术　　　B. 专利权　　　　C. 商标权　　　　D. 著作权

2. 出租无形资产的摊销额，应计入（　　）。

    A. 营业外支出　　　　　　　　　B. 财务费用

    C. 其他业务成本　　　　　　　　D. 管理费用

3. 甲公司以300万元的不含税价格对外出售一项专利权。该专利权系甲公司以508.8万元（含增值税进项税额28.8万元）的价格购入的，购入时该专利权估计使用寿命为10年，法律规定的有效年限为12年，出售时该专利权已使用5年。出售该专利权应交的增值税为18万元，假定不考虑其他相关税费。该专利权未计提减值准备。甲公司出售该专利权所获得的净收益为（　　）万元。

    A. 5　　　　　　　　B. 20　　　　　　　　C. 45　　　　　　　D. 60

4. 企业出售无形资产发生的净损失，应计入（　　）。

    A. 管理费用　　　　　　　　　　B. 其他业务成本

    C. 营业外支出　　　　　　　　　D. 资产处置损益

5. 无形资产出租收入，应计入（　　）。

    A. 财务费用　　　　　　　　　　B. 主营业务收入

    C. 其他业务收入　　　　　　　　D. 营业外收入

6. 下列各项中，属于不可辨认的资产是（　　）。

    A. 非专利技术　　　B. 商标权　　　　C. 专利权　　　　D. 商誉

7. 企业在研究与开发无形资产过程中所发生的各项支出，应计入（　　）进行归集。

    A. 管理费用　　　B. 制造费用　　　C. 无形资产　　　D. 研发支出

8. 企业为开发建造自用的房屋、建筑物所支付的土地出让金，应计入（　　）。

    A. 无形资产　　　B. 在建工程　　　C. 固定资产　　　D. 管理费用

9. 企业接受投资者投入的无形资产，应按投资合同或协议约定的价值，借记"无形资产"，按其在注册资本或股本所占份额，贷记"实收资本"，按其差额贷记（　　）账户。

    A. "盈余公积"　　　　　　　　　B. "营业外收入"

    C. "资本公积"　　　　　　　　　D. "其他业务收入"

10. 企业接受非关联方捐赠的无形资产，应计入（　　）。

    A. 实收资本　　　　　　　　　　B. 其他业务收入

    C. 营业外收入　　　　　　　　　D. 资本公积

（四）多项选择题

1. 关于无形资产摊销，下列表述中，正确的有（　　）。

    A. 无形资产必须摊销

    B. 使用寿命不确定的无形资产不予摊销

    C. 无形资产摊销方法只能用直线法

    D. 无形资产摊销不考虑其残值

    E. 持有待售的无形资产不进行摊销

2. 下列各项中，企业可以选择采用的无形资产摊销方法是（　　）。

    A. 年限平均法   B. 工作量法

    C. 双倍余额递减法   D. 年数总和法

    E. 五五摊销法

3. 无形资产摊销费用,可能计入(　　　)。

    A. 管理费用   B. 生产成本

    C. 其他业务成本   D. 营业外支出

    E. 资产价值损失

4. 对于一般企业而言,下列关于无形资产转让收入的会计处理表述中,正确的有(　　　)。

    A. 无形资产使用权转让收入应计入营业外收入

    B. 无形资产使用权转让收入应计入其他业务收入

    C. 无形资产所有权转让收入应计入资产处置损益

    D. 无形资产所有权转让收入应计入其他业务收入

    E. 无形资产转让收入应计入投资收益

5. 对于企业内部研发项目,企业会计准则规定,其开发支出予以资本化的条件应包括(　　　)。

    A. 完成该无形资产以使其能够使用或出售在技术上具有可行性

    B. 具有完成该无形资产并使用或出售的意图

    C. 无形资产产生经济利益的方式,包括能够证明运用该无形资产生产的产品存在市场或无形资产自身存在市场,无形资产将在内部使用的,应当证明其有用性

    D. 有足够的技术、财务资源和其他资源支持,以完成该无形资产的开发,并有能力使用或出售该无形资产

    E. 归属于该无形资产开发阶段的支出能够可靠地计量

6. 对于接受捐赠的无形资产的入账实际成本,下列表述中,正确的有(　　　)。

    A. 捐赠方提供增值税发票的,按增值税发票上标明的金额加上应支付的相关税费(不含可抵扣的增值税进项税),确定实际成本

    B. 捐赠方没有提供增值税发票的,有同类或类似无形资产存在活跃市场的,按同类或类似无形资产的市场价格估计的金额,加上应支付的相关税费(不含可抵扣的增值税进项税),作为实际成本

    C. 捐赠方没有提供凭据的,同类或类似无形资产不存在活跃市场的,按该接受捐赠的无形资产的预计未来现金流量现值,作为实际成本

    D. 捐赠方没有提供凭据的,接受捐赠的无形资产不需入账,仅作备查登记

    E. 以上均不对

7. 下列各项中,可能影响发生当期企业营业利润的有(　　　)。

    A. 无形资产研究阶段的支出   B. 无形资产开发阶段的资本性支出

    C. 出租无形资产摊销额   D. 无形资产出售净损益

    E. 无形资产报废净损益

8. 下列关于企业内部研发项目支出的说法中,错误的有(　　　)。

    A. 研发支出应全部计入当期损益

    B. 研发支出应待项目成功完成,达到预定使用状态时,全部计入无形资产

    C. 研究支出费用化,开发支出资本化

    D. 研发支出应全部资本化,计入无形资产

    E. 研究支出全部费用化,开发支出符合相关条件的资本化

9. 在国际上,商誉摊销的处理方法有(　　)。

    A. 立即注销法　　　　　　　　B. 系统摊销法

    C. 商誉保留法　　　　　　　　D. 五五摊销法

    E. 工作量法

10. 下列关于商誉的表述中,正确的有(　　)。

    A. 商誉是企业拥有的获取超额利润的能力

    B. 商誉与企业作为同一整体,不能单独存在

    C. 商誉不能与企业可辨认的各种资产分开而单独进行交易

    D. 商誉的价值具有较大的不确定性

    E. 企业应该确认外购商誉,而不应确认自创商誉

（五）业务题

【业务题一】目的　练习无形资产取得的会计处理。

    资料　本年辉煌公司发生有关无形资产的经济业务如下:

    (1) 公司购入一项专利权,实际支付价款 424 000 元(含增值税 24 000 元,已取得增值税专用发票),律师费及注册登记费 1 500 元(未取得增值税专用发票),已办妥有关手续。

    (2) 经与红星公司协商,公司取得"红星"商标 5 年期的使用权,支付"红星"商标授权转让费 530 000 元(含增值税 30 000 元),已办妥有关手续,并取得增值税专用发票。

    (3) 公司接受某项土地使用权投资,经评估作价为 15 000 000 元,取得的增值税专用发票注明增值税额为 1 500 000 元。

    (4) 公司收到无偿捐赠的专利权一项,经评估确定的价值为 500 000 元,取得的增值税专用发票注明增值税额 30 000 元,另以现金支付相关捐赠活动费 1 500 元,未取得增值税专用发票。

    要求　根据以上经济业务作有关账务处理。

【业务题二】目的　练习无形资产研究与开发的会计处理。

    资料　辉煌公司因生产需要,组织研究和开发某项新产品的专利技术。研究阶段,发生调研费 15 000 元,专家咨询费 25 000 元,图纸初步设计费 60 000 元,均以存款付讫;开发过程中,发生材料费 6 380 000 元(含增值税专用发票上注明的增值税额 880 000 元),工资费用 4 600 000 元,以存款支付其他相关费用 1 400 000 元,其中,开发支出中不能资本化的支出为 2 300 000 元。年末,该专利技术已达到预定用途。除材料费外,其他支出均未取得增值税专用发票。

    要求　根据以上资料进行有关账务处理。

【业务题三】目的　练习无形资产出租的会计处理。

    资料　辉煌公司将购入成本为 5 000 000 元、摊销年限为 10 年的某项专利权,在使用 4 年后,将其使用权转让给另一家公司,按年收取转让费,年转让费为 600 000 元,增值税税率为 6%。以上款项均以存款付讫。

    要求　根据以上资料,分别进行该专利权的出租、年摊销、年计税有关账务处理。

【业务题四】目的　练习无形资产出售的会计处理。

资料 20×1年1月1日,辉煌公司研发成功并申请取得一项专利权,共计发生研发支出1 000万元(其中,资本化支出800万元),摊销年限为10年,假定年末计提摊销;20×3年1月1日,辉煌公司将该项专利权出售给光明企业,收取价款及增值税额共计1 272万元,已存入开户银行,增值税税率为6%。

要求 (1) 20×1年1月1日,结转研发支出的账务处理。

(2) 按年计算并编制专利权摊销的账务处理。

(3) 20×3年1月1日,编制专利权出售的有关账务处理。

四、复习题参考答案

(一)思考题(略)

(二)判断题

1.(√) 2.(√) 3.(√) 4.(√) 5.(√) 6.(√) 7.(×) 8.(×)

9.(×) 10.(×)

(三)单项选择题

1.(A) 2.(C) 3.(D) 4.(D) 5.(C) 6.(D) 7.(D) 8.(A)

9.(C) 10.(C)

(四)多项选择题

1.(BE) 2.(ABCD) 3.(ABC) 4.(BC) 5.(ABCDE)

6.(ABC) 7.(ACD) 8.(ABCD) 9.(ABC) 10.(ABCDE)

(五)业务题

【业务题一】 购入专利权为401 500元;取得商标特许权为500 000元;接受土地使用权投资为15 000 000元;接受捐赠的专利权为501 500元。

【业务题二】 转入无形资产的资本化支出为920万元;计入管理费用的费用化支出为240万元。

【业务题三】 出租专利权的年摊销额为500 000元(5 000 000÷10)。

【业务题四】 出售专利权的净收益为5 600 000元。

第七章 金融资产

一、内容概要解析

(一)金融资产的性质与特征

金融资产的性质是一种未来获取现金、其他金融资产或企业自身权益工具的权利或能力。金融资产的最大特征,是能够为其所有者提供即期或远期的现金流量、其他金融资产或自身权益工具。

(二)金融资产的分类依据

企业应当根据其管理金融资产的业务模式和金融资产的合同现金流量特征,将金融资产划分为:以摊余成本计量的金融资产、以公允价值计量且其变动计入其他综合收益的金融资产、以公允价值计量且其变动计入当期损益的金融资产。

(三)金融资产的具体分类及确认条件

金融资产同时符合下列条件的,应当分类为以摊余成本计量的金融资产:① 企业管理该金融资产的业务模式是以收取合同现金流量为目标;② 该金融资产的合同条款规定,在特定日期产生的现金流量,仅为对本金和以未偿付本金金额为基础的利息的支付。

金融资产同时符合下列条件的,应当分类为以公允价值计量且其变动计入其他综合收益的金融资产:① 企业管理该金融资产的业务模式既以收取合同现金流量为目标又以出售该金融资产为目标;② 该金融资产的合同条款规定,在特定日期产生的现金流量,仅为对本金和以未偿付本金金额为基础的利息的支付。此外,对于非交易性的权益工具投资,企业可以在初始确认时将其指定为以公允价值计量且其变动计入其他综合收益的金融资产。但该指定一经做出,不得撤销。

按照企业会计准则有关规定分类为以摊余成本计量的金融资产和以公允价值计量且其变动计入其他综合收益的金融资产之外的金融资产,企业应当将其分类为以公允价值计量且其变动计入当期损益的金融资产。

(四)金融资产的计量

1. 初始计量

企业初始确认金融资产时,应当按照公允价值计量。对于以公允价值计量且其变动计入当期损益的金融资产,相关交易费用应当直接计入当期损益;对于以摊余成本计量的金融资产和以公允价值计量且其变动计入其他综合收益的金融资产,相关交易费用应当计入初始确认金额。

企业取得金融资产投资实际支付的价款中包含的已宣告但尚未发放的现金股利或已到付息期但尚未领取的债券利息,单独确认为应收项目。

2. 后续计量

对以摊余成本计量的金融资产按摊余成本计量,计算公式如下:

$$\text{摊余成本} = \text{初始确认金额} - \text{已偿还本金} \pm \text{采用实际利率法将该初始确认金额与到期日金额间的差额进行摊销形成的累计摊销额} - \text{已发生的减值损失}$$

对以公允价值计量且其变动计入当期损益的金融资产和以公允价值计量且其变动计入其他综合收益的金融资产,应按公允价值计量。其中前者的公允价值变动计入当期损益;后者的公允价值变动计入其他综合收益。

需要注意的是:对于企业按规定将非交易性的权益工具投资指定为以公允价值计量且其变动计入其他综合收益的金融资产,从初始确认至终止确认,其公允价值变动均不得计入损益。非指定而分类为以公允价值计量且其变动计入其他综合收益的债权投资,之前计入其他综合收益的累计利得或损失应当从其他综合收益中转出,计入当期损益。

（五）金融资产的列报

上述金融资产分别在资产负债表中的对应项目列报。对于以摊余成本计量的金融资产和以公允价值计量且其变动计入其他综合收益的债权投资而言,应当以扣除减值准备后的净额列报。然而,财务报表中列示的金额不够具体,仍需以报表附注的形式予以说明。

需要说明的是,由于《企业会计准则第 22 号——金融工具确认和计量》将于 2018 年 1 月 1 日起分期分批施行,故下面举例说明金融资产的具体列示方法时,北京首创股份有限公司(简称首创股份)的财务报表中对金融资产仍以该准则修订前的分类列报。

（1）表内列报,见表 7-1。

表 7-1　首创股份合并资产负债表(部分项目)

2009 年 12 月 31 日　　　　　　　　　　单位:元

资产	附注五	年末余额	年初余额
流动资产:			
……			
交易性金融资产	2	25 586 340.17	133 695 663.35
……			
非流动资产:			
……			
可供出售金融资产	10	4 101 545.80	2 079 586.32
持有至到期投资	11	362 500 000.00	462 500 000.00
……			

（2）报表项目附注列报,见表 7-2、表 7-3、表 7-4。

表 7-2　附注五-2:交易性金融资产

单位:元

项目	年末公允价值	年初公允价值
交易性权益工具投资	25 586 340.17	133 695 663.35
合计	25 586 340.17	133 695 663.35

注①:交易性金融资产期末公允价值以相关资产在证券交易机构公布的期末市价计量。

注②:截至 2009 年 12 月 31 日,本公司交易性金融资产无限售条件或变现方面的其他重大限制。

注③:本公司交易性金融资产抵押情况详见附注五-23。

附注五-23：本公司之子公司首创(香港)有限公司向中国银行香港有限公司借款 3 800 万港币，抵押物为其持有 250 万股中国银行股票(H 股)和本公司子公司首创(新加坡)有限公司持有 350 万股中国银行股票(H 股)。

表 7-3　附注五-10：可供出售金融资产　　单位:元

项目	期末数	期初数
可供出售权益工具	4 101 545.80	2 079 586.32

注：可供出售金融资产期末公允价值以相关资产在证券交易机构公布的期末市价计量。

表 7-4　附注五-11：持有至到期投资　　单位:元

项目	期末数	期初数
委托贷款	362 500 000.00	462 500 000.00

资料来源：首创股份 2009 年报。

二、背景资料

(一)金融资产投资与相关会计准则

2006 年 2 月发布的新会计准则中包含关于金融工具的 4 项具体准则：《企业会计准则第 22 号——金融工具确认和计量》《企业会计准则第 23 号——金融资产转移》《企业会计准则第 24 号——套期保值》《企业会计准则第 37 号——金融工具列报和披露》。这四项准则各有侧重、相互关联、逻辑一致，形成一个整体，可以对涉及金融工具业务的会计处理提供完整的规范。新准则内容与国际会计准则已经趋同。

上述准则的实施对规范金融工具会计处理、促进企业加强风险管理、提升金融工具信息披露透明度，发挥了积极作用。但随着我国多层次资本市场的建设、金融创新的发展和对外开放的深化，有关金融工具的会计实务出现了一些新情况和新问题。比如，现行金融工具分类和计量过于复杂，主观性强，影响金融工具会计信息的可比性；金融资产转移的会计处理过于原则，对金融资产证券化等会计实务指导不够；套期会计与企业风险管理实务脱节等。因此，迫切需要通过修订金融工具相关会计准则以及时、有效地指导金融工具会计实务。

2008 年国际金融危机发生后，上述金融工具会计问题更加凸显，国际会计准则理事会对金融工具国际财务报告准则进行了较大幅度的修订，并于 2014 年 7 月发布了《国际财务报告准则第 9 号——金融工具》，拟于 2018 年 1 月 1 日生效。

为切实解决我国企业金融工具相关会计实务问题，实现我国企业会计准则与国际财务报告准则的持续全面趋同，按照《中国企业会计准则与国际财务报告准则持续趋同路线图》(财会〔2010〕10 号)的要求，我国借鉴《国际财务报告准则第 9 号——金融工具》并结合我国实际情况和需要，在 2017 年发布了修订后的金融工具相关会计准则：《企业会计准则第 22 号——金融工具确认和计量》《企业会计准则第 23 号——金融资产转移》《企业会计准则第 24 号——套期保值》《企业会计准则第 37 号——金融工具列报和披露》，并于 2018 年 1 月 1 日起分期分批施行。

仅就金融资产的分类和计量而言，之前的金融工具确认和计量准按照持有金融资产的意图和目的将金融资产分为四类(即以公允价值计量且其变动计入当期损益的金融资产、持有至到期投资、贷款和应收款项、可供出售金融资产），分类较为复杂，存在一定的主观性，在一定程度上影响了会计信息的可比性。新修订的金融工具确认和计量准则规定以企业持有金融资产的"业务模式"和"金融资产合同现金流量特征"作为金融资产分类的判断依据，将金融资产分类为以摊余成本计量的金融资产、以公允价值计量且其变动计入其他综合收益的金融资产以及以公允价值计量且其变动计入当期损益的金融资产三类，减少了金融资产类别，提高了分类的客观性和会计处理的一致性，缩小了管理层利润操纵的空间，提高了会计信息的质量。

（二）IFRS 关于金融资产的动向

金融工具本身的复杂性造就了会计准则体系中最为复杂的金融工具会计规范，2008 年金融危机的全面爆发又把金融工具会计问题推到了风口浪尖，国际会计准则理事会（IASB）2009 年以来开始了替代《国际会计准则第 39 号——金融工具：确认与计量（IAS39：Financial Instruments：Recognition and Measurement)》综合项目的研究。

2009 年 7 月 14 日发布了"金融工具：分类和计量"的征求意见稿（ED/2009/7）。该份征求意见稿主要内容包括：① 提出了金融工具有公允价值和摊余成本两种计量属性（即两分类），金融工具依据其计量属性分为按照公允价值和按照摊余成本计量的金融工具，确定了摊余成本计量的金融资产或负债的贷款的基本特征和基于合同收益率管理两个标准，禁止两类金融资产的重分类，保留了旨在消除会计不匹配的公允价值选择权。② 所有金融工具（包括嵌入衍生工具特征的混合工具）适用同一种分类方法，所有权益性投资以公允价值计量，取消了 IAS39 分拆处理和公允价值不能可靠计量金融工具以成本核算的例外情形。③ 提供了权益性投资公允价值变动的可选择列示方法，即该收益应以其他综合收益来确认。

2009 年 11 月 12 日，在对 ED/2009/7 的改进的基础上，IASB 发布《国际财务报告第 9 号——金融工具（IFRS9：Financial Instruments)》，对 IAS39 金融资产的分类和计量标准进行修订。主要内容包括：① IFRS9 的分类、计量要求仅适用于金融资产，不适用于金融负债。IASB 认为金融负债不能以摊余成本计量，其计量应该考虑信用风险因素，希望能够确立包含信用风险因素的模型来计量所有的金融负债，这是 IASB 未来重点研究的项目。② IFRS9 要求主体以其管理金融资产的商业模式和合同现金流特征为依据对金融资产进行分类（包括从次级市场取得的金融资产），且主体商业模式是第一因素，只有在具备商业模式特征后再考虑合同现金流特征，当金融资产符合这两个分类条件后，摊余成本计量才能提供有用的信息。当主体商业模式发生变化时，允许金融资产以摊余成本和公允价值计量之间进行重分类，对合同性影响信用风险的金融工具投资要求采用一致的方法。③ IFRS9 规定当主体选择在其他综合收益中反映公允价值计量的权益工具时，收益须以利得或损失来确认。④ IFRS9 附加了应用指南，增加了如何利用条件进行摊余成本计量的解释。

2010 年 10 月，该准则增加了对于负债的分类和计量描述。2012 年 11 月，IASB 发布《分类与计量：对〈国际财务报告准则第 9 号〉的有限修订》的征求意见稿，建议通过有限修订来澄清对现有金融资产分类与计量要求的应用，并对特定债权投资引入以公允价值计量且其变动计入其他综合收益的计量类别。2013 年 11 月，IASB 加入了套期保值会计计量内容。2014 年 7 月，IASB 发布了 IFRS9 的完整版，在两分类的基础上引入"以公允价值计量且其变动计入其他综合收益"的计量类别，形成三分类；对金融资产减值，将目前"已发生损失模型"改为"预期信用损失模型"。

阅 读 文 献

1. 中国人民银行会计准则研究小组(陈玉海、成丽莉、周景影、曹国俊、黄梓晴、冯燕筠):"《金融工具确认和计量》会计准则主要变化及其影响分析",《金融会计》2017 年第 12 期。

2. 徐乐:"国内外金融工具准则变化及思考",《财会通讯》2016 年第 16 期。

3. 解晶:"金融工具会计准则的国际比较与借鉴",《财会通讯》2017 年第 19 期。

4. 施芊芊:"'新'IFRS9 对金融工具分类和计量的变革及应对措施",《中国商论》2017 年 8 月。

三、复习题

(一) 思考题

1. 企业管理金融资产有哪些业务模式?

2. 何谓金融资产的合同现金流量特征?

3. 确认以摊余成本计量的金融资产应同时符合那些条件?

4. 确认以公允价值计量且其变动计入其他综合收益的金融资产应同时符合那些条件?

5. 如何确定债券的应收利息和实际利息收益?

6. 请说明摊余成本的构成内容。

7. 以公允价值计量且其变动计入当期损益的金融资产与以公允价值计量且其变动计入其他综合收益的金融资产相比,两者在初始计量、后续计量方面有何异同?

8. 处置以公允价值计量且其变动计入其他综合收益的权益工具投资时,其计入其他综合收益的公允价值变动余额能否转入当期损益?

8. 将一项以摊余成本计量的金融资产重分类为以公允价值计量且其变动计入其他综合收益的金融资产,应当如何进行会计处理?

9. 将一项以摊余成本计量的金融资产重分类为以公允价值计量且其变动计入当期损益的金融资产,应当如何进行会计处理?

10. 请选择若干家上市公司,观察其拥有哪些金融资产?在财务报表中如何列报和披露?分析金融资产对其财务报表的影响。

(二) 判断题

1. 金融资产同时符合下列条件的,应分类为以摊余成本计量的金融资产:① 企业管理该金融资产的业务模式以收取合同现金流量为目标;② 该金融资产的合同条款规定,在特定日期产生的现金流量,仅为对本金和以未偿付本金金额为基础的利息的支付。 (　　)

2. 债券投资的折价是投资人为了弥补以后低于市场利率的利息而在购买时预先获得的补偿。 (　　)

3. 购入债券若分类为以摊余成本计量的金融资产,持有期间的实际利息计入当期损益;若分类为以公允价值计量且其变动计入其他综合收益的金融资产,持有期间的实际利息计入其他综合收益。 (　　)

4. 企业为取得以公允价值计量且其变动计入当期损益的金融资产而发生的税金、手续费等相关交易费用,应当计入该项金融资产的初始确认金额。 (　　)

5. 以公允价值计量且其变动计入当期损益的金融资产,始终按公允价值计量,因此,在会计期末不会涉及对其计提减值准备的问题。　　　　　　　　　　　　　　(　　)

6. 在初始确认时,企业可以将非交易性的股票投资指定为以公允价值计量且其变动计入其他综合收益的金融资产。但该指定一经做出,不得撤销。　　　　　　　(　　)

7. 摊余成本,是初始确认金额减去已偿还本金之差再加上(或减去)采用实际利率法将该初始确认金额与到期日金额间的差额进行摊销形成的累计摊销额后的金额。　(　　)

8. 出售以公允价值计量且其变动计入其他综合收益的债权投资时,应当将已经计入其他综合收益的公允价值变动金额转出,计入当期损益。　　　　　　　　　(　　)

9. 当企业因改变业务模式对一项以公允价值计量且其变动计入其他综合收益的债权投资,重分类为以摊余成本计量的金融资产时,应将之前计入其他综合收益的累计利得或损失转出,调整该金融资产在重分类日的公允价值,并以调整后的金额作为新的账面价值,即视同该金融资产一直以摊余成本计量。　　　　　　　　　　　　　(　　)

10. 其他综合收益系所有者权益类项目,而非当期损益类项目。　　　　　(　　)

(三)单项选择题

1. 溢价购入债券,是由于债券的(　　　)。
　　A. 票面利率高于实际利率　　　　　　B. 票面利率低于实际利率
　　C. 名义利率等于实际利率　　　　　　D. 票面利率等于市场利率

2. 甲公司20×7年2月20日自证券市场购入乙公司发行的股票100万股,共支付价款860万元,其中包括交易费用4万元。购入时,乙公司已宣告但尚未发放的现金股利为每股0.16元。甲公司将购入的乙公司股票分类为以公允价值计量且其变动计入当期损益的金融资产。20×7年3月25日,甲公司出售该以公允价值计量且其变动计入当期损益的金融资产,收到价款960万元。甲公司20×7年利润表中因该项金融资产而确认的投资收益为(　　　)万元。
　　A. 100　　　　　　B. 112　　　　　　C. 116　　　　　　D. 120

3. 20×8年1月1日,A公司以银行存款支付价款525万元从二级市场购入乙公司分期付息、到期还本的债券6 000张,另支付相关交易费用6万元。该债券系乙公司于20×7年1月1日发行,每张债券面值为1 000元,期限为3年,票面年利率为5%,每年年末支付当年度利息。A公司将其分类为以摊余成本计量的金融资产。不考虑其他因素,A公司购入乙公司债券的入账价值是(　　　)万元。
　　A. 525　　　　　　B. 600　　　　　　C. 606　　　　　　D. 531

4. 20×8年6月30日,企业将一项以摊余成本计量的债券投资重分类为以公允价值计量且其变动计入其他综合收益的金融资产,在重分类日该债券的公允价值为500 000元,其账面余额为480 000元(未计提减值准备)。20×8年7月20日,企业将该金融资产出售所得价款为530 000元,则出售时确认的投资收益为(　　　)元。
　　A. 30 000　　　　　　B. 20 000　　　　　　C. 50 000　　　　　　D. 80 000

5. 20×7年1月1日,甲公司自证券市场购入面值总额为2 000万元的债券。购入时实际支付价款2 078.98万元,另外支付交易费用10万元。该债券发行日为20×7年1月1日,系分期付息、到期还本债券,期限为5年,票面年利率为5%,年实际利率为4%,每年12月31日支付当年利息。甲公司将其分类为以摊余成本计量的金融资产。假定不考虑其他因素,该债券20×7年12月31日的账面价值为(　　　)万元。

  A. 2 062.14   B. 2 068.98   C. 2 072.54   D. 2 083.43

  6. 20×0 年 1 月 1 日,甲公司购买一项债券,剩余年限为 5 年,将其分类为以摊余成本计量的金融资产,买价为 45 万元,交易费用为 2.5 万元;每年年末按票面利率可收得固定利息 2 万元,债券在 20×4 年末兑付,可得到本金 55 万元,不得提前兑付。债券实际利率为 6.96%。该债券 20×1 年末的摊余成本为( )万元。

  A. 47.34   B. 48.81   C. 46.13   D. 50.20

  7. 甲公司 20×1 年 1 月 1 日购入 A 公司发行的 3 年期公司债券,公允价值为 10 560.42 万元,债券面值 10 000 万元,每半年付息一次,到期还本,票面年利率 6%,半年实际利率 2%。甲公司将其分类为以摊余成本计量的金融资产,采用实际利率法摊销,则甲公司 20×2 年 1 月 1 日该债券摊余成本为( )万元。

  A. 10 471.63   B. 10 381.06   C. 1 056.04   D. 1 047.16

  8. 20×9 年 1 月 1 日,甲公司从二级市场购入乙公司分期付息、到期还本的债券 1 万张,以银行存款支付价款 87.5 万元,另支付相关交易费用 1 万元。该债券系乙公司于 20×8 年 1 月 1 日发行,每张债券面值为 100 元,期限为 3 年,票面年利率为 5%,每年年末支付当年度利息。甲公司将其分类为以摊余成本计量的金融资产。不考虑其他因素,甲公司持有乙公司债券至到期累计应确认的投资收益是( )万元。

  A. 10   B. 21.5   C. 22.5   D. 26.5

  9. 企业持有以公允价值计量且其变动计入当期损益的金融资产的目的是( )。

  A. 控制其他企业   B. 降低资金成本   C. 获得长期收益   D. 赚取出售差价

  10. 20×8 年 10 月 12 日,甲公司以每股 10 元的价格从二级市场购入乙公司股票 10 万股,支付价款 100 万元,另支付相关交易费用 2 万元。甲公司将购入的乙公司股票分类为以公允价值计量且其变动计入当期损益的金融资产。20×8 年 12 月 31 日,乙公司股票市场价格为每股 18 元。20×9 年 3 月 15 日,甲公司收到乙公司分派的现金股利 4 万元。20×9 年 4 月 4 日,甲公司将所持有乙公司股票以每股 16 元的价格全部出售,在支付相关交易费用 2.5 万元后实际取得款项 157.5 万元。不考虑其他因素,甲公司 20×9 年度因投资乙公司股票确认的投资收益是( )万元。

  A. −16.50   B. −18.50   C. −22.50   D. 55.50

  (四)多项选择题

  1. 企业管理金融资产的业务模式有( )。

  A. 仅以收取合同现金流量为目标   B. 仅以出售该金融资产为目标

  C. A 与 B 两者兼有   D. 以长期持有以获取股利收益为目标

  2. 下列因素中,影响金融资产期末摊余成本的有( )。

  A. 当期收到的债券利息   B. 投资的初始确认金额

  C. 当期已偿还的本金   D. 已发生的减值损失

  3. 下列关于以公允价值计量且其变动计入当期损益的金融资产的表述中,正确的有( )。

  A. 取得该项金融资产应以其公允价值与发生的相关交易费用之和作为初始确认金额

  B. 取得该项金融资产应以其公允价值作为初始确认金额,发生的相关交易费用应计入当期损益

C. 资产负债表日,企业应将该项金融资产在报告期内的公允价值变动计入当期损益

  D. 处置该项金融资产时,应将相关公允价值变动损益调整为投资收益

 4. 下列对于以公允价值计量且其变动计入其他综合收益的债权投资的会计处理,正确的有(　　)。

  A. 发生的减值损失计入当期损益

  B. 持有期间的实际利息收入计入所有者权益

  C. 取得时发生的交易费用计入初始确认金额

  D. 处置该金融资产时,之前计入其他综合收益的利得转入留存收益

 5. 下列各项中,应计入当期损益的事项有(　　)。

  A. 以公允价值计量且其变动计入当期损益的金融资产在持有期间的实际利息收入

  B. 以公允价值计量且其变动计入当期损益的金融资产在资产负债表日的公允价值小于账面价值的差额

  C. 以摊余成本计量的金融资产发生的减值损失

  D. 以公允价值计量且其变动计入其他综合收益的金融资产在资产负债表日的公允价值大于账面价值的差额

 6. 下列有关以公允价值计量且其变动计入其他综合收益的债权投资会计处理的表述中,正确的有(　　)。

  A. 该金融资产期末应采用摊余成本计量

  B. 取得该金融资产发生的交易费用应计入资产成本

  C. 该金融资产发生的减值损失应计入当期损益

  D. 该金融资产持有期间取得的现金股利应冲减资产成本

 7. 20×7年5月8日,甲公司以每股8元的价格自二级市场购入乙公司股票120万股,支付价款960万元,另支付相关交易费用3万元。甲公司将其购入的乙公司股票指定为以公允价值计量且其变动计入其他综合收益的金融资产。20×7年12月31日,乙公司股票的市场价格为每股9元。根据上述资料,不考虑其他因素,则甲公司于20×7年末的财务报表中列示的与该购入股票有关的项目包括(　　)。

  A. 以公允价值计量且其变动计入其他综合收益的金融资产9 630 000元

  B. 以公允价值计量且其变动计入其他综合收益的金融资产10 800 000元

  C. 其他综合收益1 170 000元

  D. 公允价值变动损益1 170 000元

 8. 企业因改变其管理金融资产的业务模式对金融资产进行下列重分类,其中不符合修订后的相关会计准则规定的有(　　)。

  A. 将指定为以公允价值计量且其变动计入其他综合收益的金融资产重分类为以公允价值计量且其变动计入当期损益的金融资产

  B. 将以公允价值计量且其变动计入当期损益的权益工具投资重分类为以摊余成本计量的金融资产

  C. 将以摊余成本计量的金融资产重分类为以公允价值计量且其变动计入当期损益的金融资产

  D. 将以摊余成本计量的金融资产重分类为以公允价值计量且其变动计入其他综合

收益的金融资产

（五）业务题

【业务题一】目的　练习金融资产的确认与计量。

资料　M公司于20×8年5月15日从二级市场购入甲公司股票300万股,共支付价款1 380万元。取得甲公司股票时,甲公司已宣告发放现金股利,每10股派发现金股利0.6元。购入后收到该项股利。M公司取得甲公司股票后,对甲公司不具有控制、共同控制或重大影响。M公司管理层购买股票均以交易为目标。12月31日,甲公司股票公允价值为每股4.2元。假定M公司于年末确认金融资产的公允价值变动金额。

要求　（1）判断M公司取得丁公司股票时应划分的金融资产类别,说明理由。

（2）根据上述资料,不考虑其他因素,编制M公司购入股票时的会计分录。

（3）计算M公司20×8年度因持有甲公司股票确认的损益。

【业务题二】目的　练习以公允价值计量且其变动计入当期损益的金融资产的核算。

资料　20×8年8月5日,A公司支付价款508万元(含交易费用0.5万元和已宣告发放现金股利7.5万元),购入B公司发行的股票100万股,占B公司有表决权股份的0.5%。A公司将其划分为以公允价值计量且其变动计入当期损益的金融资产。20×8年8月10日,A公司收到B公司发放的现金股利7.5万元。20×8年9月30日,该股票市价为每股5.2元。20×8年12月31日,该股票市价为每股4.8元。20×9年3月9日,B公司宣告发放股利2 000万元。20×9年5月3日,A公司收到B公司发放的现金股利。20×9年5月20日,A公司以每股4.9元的价格将股票全部转让,并承担交易费用0.49万元,净得款项划转A公司银行账户。假定A公司于季末确认金融资产的公允价值变动金额。

要求　根据以上业务编制A公司有关该项股票投资的会计分录。

【业务题三】目的　练习以摊余成本计量的金融资产的确认与计量。

资料　20×8年1月1日,N公司支付价款7 722万元(包括手续费72万元)购入M公司于当日发行可上市交易的债券。该债券面值为8 000万元,票面年利率为4.7%,实际利率为6%,期限为3年,于每年12月31日支付当年度利息。N公司管理层拟持有该债券至到期,仅以收取合同现金流量为目标。

20×8年12月31日,N公司收到该债券20×8年度利息376万元。根据M公司公开披露的信息,N公司估计所持有M公司债券的本金能够收回,未来年度每年能够自M公司取得利息收入376万元。

要求　（1）判断N公司取得M公司债券时应划分的金融资产类别,说明理由。

（2）编制N公司取得M公司债券时的会计分录。

（3）计算N公司20×8年度因持有M公司债券应确认的收益,并编制相关会计分录。

【业务题四】目的　练习以摊余成本计量的金融资产的核算。

资料　20×2年1月1日,A公司支付价款1 965万元(包括相关费用20万元)从证券市场购入B公司的债券,该债券20×1年1月1日发行,20×6年1月1日到期,面值共2 000万元,票面年利率为5%,按年计提利息,并于每年1月5日支付上年度的利息,到期日一次归还本金和最后一期的利息。A公司购入以后将其划分为以摊余成本计量的金融资产,购入债券的实际利率为7%。

要求　（1）编制20×2年1月1日,A公司购入债券时的会计分录。

（2）编制20×2年1月5日,A公司收到利息时的会计分录。

(3) 编制 20×2 年 12 月 31 日,A 公司确认投资收益的会计分录。

(4) 计算该项投资 20×2 年年末,计入资产负债表"以摊余成本计量的金融资产"项目的金额。

【业务题五】目的 练习以摊余成本计量的金融资产的核算。

资料 20×7 年 1 月 1 日,M 公司支付 210.5 万元购入某公司债券分类为以摊余成本计量的金融资产。该债券于当日发行,票面金额为 200 万元,票面利率为 9%,期限为 3 年。该债券按年计算利息,每年年末付息一次,最后一年归还本金并支付最后一期的利息。实际利率为 7%。

要求 编制 M 公司有关以摊余成本计量的金融资产的会计分录(单位:万元,保留两位小数)。

【业务题六】目的 练习以公允价值计量且其变动计入其他综合收益的权益工具的核算。

资料 A 股份有限公司有关投资资料如下:

20×7 年 2 月 27 日,A 公司按每股 12.4 元从二级市场购入 B 公司股票 100 000 股,管理层基于长期持有获取股利的目标,将其指定为以公允价值计量且其变动计入其他综合收益的金融资产,支付相关税费 10 000 元,款项均以银行存款支付。

20×7 年 3 月 31 日,B 公司股票市价为每股 11.5 元。

20×7 年 4 月 10 日,B 公司宣告每股发放现金股利 0.48 元。

20×7 年 4 月 30 日,B 公司股票市价为每股 11.8 元。

20×7 年 5 月 15 日,A 公司收到 B 公司发放的现金股利 48 000 元。

要求 根据上述经济业务编制 A 公司该股票投资的会计分录。

【业务题七】目的 练习以公允价值计量且其变动计入其他综合收益的债权投资的核算。

资料 假定 A 公司于年末确认金融资产的公允价值变动金额。20×7 年 1 月 1 日,A 公司支付价款 616.95 万元购入某公司发行的 3 年期公司债券,该公司债券的票面总金额为 600 万元,票面利率 5%,实际利率 4%,每年年末支付利息,到期支付本金。A 公司将该公司债券划分为以公允价值计量且其变动计入其他综合收益的金融资产。20×7 年 12 月 31 日,该债券的市场价格为 600.63 万元。

要求 假定不考虑交易费用和其他因素的影响,编制 A 公司持有该债券的相关会计分录(单位:万元,保留两位小数)。

【业务题八】目的 练习以摊余成本计量的金融资产重分类为以公允价值计量且其变动计入其他综合收益的金融资产的核算。

要求 承【业务题四】的资料,20×2 年 12 月 31 日,B 公司债券公允价值为 1 725 万元,A 公司改变了管理 B 公司债券的业务模式,将该债券重分类为以公允价值计量且其变动计入其他综合收益的金融资产。20×3 年 1 月 30 日,A 公司以 1 590 万元的价格出售所持有的 B 公司的债券。

要求 (1) 编制 20×2 年 12 月 31 日将该债券重分类为以公允价值计量且其变动计入其他综合收益的金融资产的会计分录。

(2) 编制 20×3 年 1 月 30 日出售该债券的会计分录。

四、复习题参考答案

(一)思考题(略)

(二)判断题

1. (√) 2. (√) 3. (×) 4. (×) 5. (√) 6. (√) 7. (×) 8. (√) 9. (√) 10. (√)

(三)单项选择题

1. (A) 2. (A) 3. (D) 4. (C) 5. (C) 6. (D) 7. (B) 8. (B) 9. (D) 10. (B)

(四)多项选择题

1. (ABCD) 2. (BCD) 3. (BCD) 4. (AC) 5. (ABC) 6. (BC) 7. (BC) 8. (CD)

(五)业务题

【业务题一】 M公司取得甲公司股票时应该划分为以公允价值计量且其变动计入当期损益的金融资产,因为M公司管理层购买股票均以交易为目标。M公司20×8年度因持有甲公司股票应确认的公允价值变动损失为102万元。

【业务题二】 20×8年8月5日,购入股票确认应收股利7.5万元、投资损失0.5万元。

20×8年9月30日,确认公允价值变动收益20万元。

20×8年12月31日,确认公允价值变动损失40万元。

20×9年3月9日,确认投资收益10万元。

20×9年5月20日,出售股票确认投资损失10.49万元。

【业务题三】 N公司取得M公司债券时应该划分为以摊余成本计量的金融资产,因为管理层对该资产仅以收取合同现金流量为目标。N公司取得M公司债券时确认利息调整贷方金额为278万元。N公司20×8年度因持有M公司债券应确认投资收益463.32万元。

【业务题四】 20×2年1月1日,A公司购入债券时利息调整贷方金额为135万元。

20×2年12月31日,确认投资收益130.55万元,确认利息调整借方金额为30.55万元。

该项投资计入20×2年年末资产负债表中"债权投资"项目的金额为1 895.55万元。

【业务题五】 20×7年1月1日,购入时确认利息调整借方金额为10.5万元。

20×7年12月31日,确认投资收益14.74万元,确认利息调整贷方金额为3.26万元。

20×8年12月31日,确认投资收益14.51万元,确认利息调整贷方金额为3.49万元。

20×9年12月31日,确认投资收益14.25万元,确认利息调整贷方金额为3.75万元。

【业务题六】 20×7年4月10日,应得现金股利确认投资收益48 000元。20×7年3月31日,确认公允价值变动计入其他综合收益的借方金额为100 000元,4月30日,确认公允价值变动计入其他综合收益的贷方金额为30 000元。

【业务题七】 20×7年1月1日,购入债券时确认利息调整借方金额为16.95万元。

20×7年12月31日,确认投资收益24.68万元,利息调整贷方金额为5.32万元,摊余成本为611.63万元,公允价值变动计入其他综合收益借方金额为11万元。

【业务题八】 20×2年12月31日,该债券利息调整借方金额为104.45万元,重分类为以公允价值计量且其变动计入其他综合收益的金融资产时的入账价值为1 725万元,与原账面价值的差额170.55万元转入其他综合收益借方。

20×3年1月30日,出售该债券确认投资损失为305.55(出售损失135+其他综合收益转出170.55)万元。

第八章 长期股权投资

一、内容概要解析

(一)长期股权投资的范围

长期股权投资的范围包括:投资方对被投资单位实施控制、重大影响的权益性投资,以及对其合营企业的权益性投资。对这几种投资类型的判断通常需要取决于经济实质,而非法律形式。

(1)控制:企业持有的能够对被投资单位实施控制的权益性投资,即对子公司投资。

(2)共同控制:企业持有的能够与其他合营方共同对被投资单位实施共同控制的权益性投资,即对合营公司的投资。

(3)重大影响:企业持有的能够对被投资单位施加重大影响的权益性投资,即对联营企业的投资。

(二)长期股权投资初始计量的会计处理

长期股权投资应按照成本进行初始计量,同时考虑是否与企业合并有关进行分析确定;与企业合并有关的初始投资成本的确定应进一步区分是同一控制下还是非同一控制下的长期股权投资。

(1)同一控制下企业合并形成的长期股权投资。对于同一控制下企业合并形成的长期股权投资,一般应以所取得的被合并方在最终控制方合并财务报表中净资产的账面价值的份额作为长期股权投资成本,借记"长期股权投资"账户,同时按支付合并对价的账面价值,贷记"银行存款""固定资产清理"等账户;如果合并方以发行权益性证券作为合并对价的,则按照发行股份的面值总额作为股本,贷记"股本"账户。长期股权投资的初始成本与合并对价总额之差额,如为贷差,贷记"资本公积(资本溢价或股本溢价)"账户;如为借差则借记"资本公积(资本溢价或股本溢价)"账户,该项资本公积不足冲减的,应当依次借记"盈余公积""利润分配"账户。合并方发生的审计、法律、评估等中介费及相关管理费,计入当期损益。

(2)非同一控制下企业合并形成的长期股权投资。对于非同一控制下企业合并形成的长期股权投资,应在购买日以取得对被购买方的控制权所放弃的资产、发生或承担的债务及发行的权益性证券的公允价值作为合并成本,借记"长期股权投资"账户,贷记"银行存款""固定资产清理""股本"等账户,付出资产公允价值与其账面价值的差额计入当期损益;若付出的资产为存货则视同销售处理。合并方发生的审计、法律、评估等中介费及相关管理费,计入当期损益。

(3)企业合并方式以外取得的长期股权投资。企业合并以外方式取得的长期股权投资,以取得被购买方的股权份额而支付的购买价款及相关税费作为该项长期股权投资的初始成本;以发行权益性证券取得的长期股权投资应按照发行权益性证券的公允价值作为初始投资成本,借记"长期股权投资"账户,贷记"银行存款""股本""资本公积"等账户,发生的与权益工具发行直接相关的交易费用自溢价发行收入中扣除,溢价收入不足的,应依次冲减盈余公积和未分配利润。

(4) 企业无论是以何种方式取得的长期股权投资,取得投资时,对于支付对价中包含的应享有被投资单位已经宣告但尚未发放的现金股利或利润应确认为应收项目,不构成长期股权投资的初始投资成本。

(三) 长期股权投资后续计量的会计处理

长期股权投资在持有期间的后续计量分别采用成本法和权益法进行会计处理,见表 8-1。

表 8-1　投资企业对被投资单位的影响程度与会计处理的关系

对被投资单位的影响程度	股权投资核算方法	纳入合并报表范围
控制	成本法	纳入合并报表
共同控制	权益法	不纳入合并报表
重大影响	权益法	不纳入合并报表

(1) 成本法的会计处理。长期股权投资的成本法是指长期股权投资按成本计价的方法。其主要适用于对子公司的长期股权投资。

我国目前的会计实务处理中,采用了简化处理的会计方法,即在成本法下核算长期股权投资时,应当按照被投资单位宣告发放的现金股利或利润直接确认为当期的投资收益,不再划分是否属于投资前和投资后被投资单位实现的净利润,即无需考虑冲减长期股权投资的账面价值的金额,这样便大大地简化了投资企业收到被投资单位现金股利时的会计处理。投资企业对被投资单位进行投资后,无论当年应分得的现金股利或利润是否超出被投资单位当年实现的净利润,均可计入当期投资收益。

同时需要注意的是,企业按照规定确认自被投资单位应分得的现金股利或利润时,应当考虑该项长期股权投资可能存在的减值迹象,同时还需要关注该长期股权投资的账面价值是否大于享有被投资单位合并财务报表中净资产(包括相关商誉)账面价值的份额,以及当期宣告发放的现金股利或利润是否超过被投资单位综合收益等情况。

(2) 权益法的会计处理。长期股权投资的权益法是指长期股权投资在取得时按初始投资成本计价后,在投资持有期间根据投资企业享有被投资单位可辨认净资产的公允价值份额的变动,对长期投资的账面价值进行调整的方法。在权益法下,投资企业长期股权投资的账面价值随着被投资单位各项可辨认净资产等的公允价值的变动而变动,包括被投资单位实现净利润或发生净亏损,被投资单位产生的其他综合收益,被投资单位宣告分派的现金股利或利润,以及被投资单位除净损益、其他综合收益和利润分配以外的因素所导致的其他所有者权益项目的变动等引起的可辨认净资产的公允价值变动。

按权益法进行会计处理时,在"长期股权投资"账户下应分别设置"投资成本""损益调整""其他综合收益""其他权益变动"等明细账户。

(3) 长期股权投资核算方法的转换。投资方因追加投资等原因能够对被投资单位施加重大影响或实施共同控制但不构成控制的,则应由公允价值计量的金融资产转为权益法核算。投资方因追加投资等原因能够对非同一控制下的被投资单位实施控制的,则由公允价值计量的金融资产转为成本法核算,或者权益法转为成本法核算。

投资方因处置部分股权投资等原因丧失了对被投资单位的共同控制或重大影响的,处置后剩余的股权部分应当由权益法核算转为公允价值计量的金融资产核算。投资方因处置部分权益性投资等原因丧失了对被投资单位的控制的,若处置后的剩余股权能够对被投资单位实施共同控制或施加重大影响的,则由成本法改按权益法核算;若处置后的剩余股权不能对被投资单位实施共同控制或施加重大影响的,则由成本法核算转为公允价值计量的金融资产核算。

(4)长期股权投资的减值和处置的会计处理。投资企业在会计期末应对所持有的长期股权投资进行减值测试,当某项长期股权投资的可收回金额低于其账面价值时,应当对该项长期股权投资计提减值准备,而且所提之减值准备在该项长期股权投资持有期间不得转回。

企业全部或部分处置某项长期股权投资时,应将所有与该项长期股权投资有关的账户进行结转,该项长期股权投资的账面价值与实际处置所得价款的差额,计入当期损益。如果该项长期股权投资采用权益法核算的,原权益法核算相关的其他综合收益应当在终止采用权益法核算时采用与被投资单位直接处置相关资产或负债相同的基础处理,或按比例结转;因被投资方除净损益、其他综合收益和利润分配以外的其他所有者权益变动而确认的所有者权益,应当在终止权益法核算时全部或按比例转入当期投资收益。

（四）长期股权投资的报表列报

在资产负债表上,"长期股权投资"项目根据其账户的期末余额扣除计提的长期股权投资减值准备后的账面价值列示。

在利润表上,"投资收益"项目反映企业有关投资事项所发生的投资净损益,投资净收益为"＋",投资净亏损为"－"。

报表附注中应披露长期股权投资的有关事项,例如:报告期内发生重大的投资净损益项目;长期股权投资中属于对子公司、合营、联营企业的投资及其相关信息;报告期内计提长期股权投资减值准备的有关信息等;以及报告期内因购买子公司或其他原因导致合并范围发生变化的情况、判断对被投资单位形成控制的依据;以及企业将持股比例低于50%的被投资单位纳入合并范围或持股比例高于50%的被投资单位未纳入合并范围的判断依据等。

企业集团应当在其合并资产负债表和母公司资产负债表中列示期末与期初的长期股权投资比较性数据,为报表使用者提供有关长期股权投资的最基本信息。但财务报表的表内数据已经被高度概括,必须运用附注予以详细说明,才能使投资者和债权人等更好地解读企业长期股权投资的基本信息,了解被投资单位的经营业绩等情况,作为分析与决策的基础。这里以雅戈尔集团股份有限公司(以下简称"雅戈尔")有关长期股权投资的表内列报和相应的报表项目附注为例,具体说明长期股权投资的列报。

(1)雅戈尔长期股权投资的表内列报,见表8-2

表8-2　雅戈尔合并资产负债表部分项目

2016年12月31　　　　　　　　　　　　　　　　　　单位:元

项目	附注	期末余额	期初余额
流动资产:			
货币资金		8 983 666 881.90	6 127 938 358.18
……			
非流动资产:			
……			
长期股权投资	七(17)	6 576 608 163.05	7 227 569 714.32
……			

(2)长期股权投资报表项目附注列报,见表8-3。

表 8-3 附注七(17)对合营企业和联营企业投资明细

单位:元

被投资单位	期初余额	本期增减变动							期末余额	减值准备期末余额
		追加投资	减少投资	权益法下确认的投资损益	其他综合收益	其他权益变动	宣告发放现金股利或利润	计提减值准备	其他		
一、合营企业											
杭州中海雅戈尔房地产有限公司	159 827 327.19		90 000 000.00	612 525.79						70 439 852.98	
宁波雅星置业有限公司	16 069 152.22			−16 069 152.22							
宁波朗悦房地产发展有限公司	7 873 502.77		45 000 000.00	121 673 063.39			50 331 909.98			34 214 656.18	
宁波姚景房地产开发有限公司	392 609 846.81		328 540 000.00	7 414 007.07						71 483 853.88	
小计	576 379 828.99		463 540 000.00	113 630 444.03			50 331 909.98			176 138 363.04	
二、联营企业											
联创电子科技股份有限公司	621 477 152.00		622 299 379.14	822 227.14		−98 669 699.95					
云南汉鼎新材料科技有限公司	53 917 109.85			−10 474 227.57						43 442 882.28	
嵊州盛泰针织有限公司	55 625 045.82			9 570 885.50	−77 741.39					65 118 189.93	
嵊州盛泰色织科技有限公司	233 325 440.31			34 995 429.68	5 072 394.65		5 200 000.00			268 193 264.64	

项目								
无锡领峰创业投资有限公司	40 437 633.25			59 124.61				40 496 757.86
宁波兴普东城房产有限公司	357 341 969.27		356 000 000.00	82 630 373.10				83 972 342.37
苏州中海雅戈尔房地产有限公司	62 033 869.85			2 916 789.57		34 300 000.00		30 650 659.42
宁波维科城西置业有限公司			4 500 000.00	70 353 151.58		57 000 000.00		8 853 151.58
宁波陈婆婆业有限公司	41 747 447.06			12 633 287.01		30 811 154.23		23 569 579.84
宁波银行股份有限公司	4 827 534 217.92	29 832 650.35		908 790 343.15	−64 677 284.83	204 194 322.45		5 497 285 604.14
浙商财产保险股份有限公司	357 750 000.00	25 000 000.00	357 750 000.00	−211 639 901.91	−4 584 859.44			141 525 238.65
新疆雅戈尔农业科技股份有限公司				2 243 386.37			135 033 725.70	27 243 386.37
宁波汉麻生物科技有限公司		37 650 006.00		−2 564 988.77				170 118 742.93
小计	6 651 189 885.33	92 482 656.35	982 799 379.14	900 335 879.46	−98 669 699.95	331 505 476.68	135 033 725.70	6 400 469 800.01
合计	7 227 569 714.32	92 482 656.35	1 446 339 379.14	1 013 966 323.49	−98 669 699.95	381 837 386.66	135 033 725.70	6 576 608 163.05

(3) 重要的合营企业或联营企业列表,见表8-4。

表 8-4　雅戈尔重要的合营企业或联营企业　　　　　单位:元

合营企业或联营企业名称	主要经营地	注册地	业务性质	持股比例(%)		对合营企业或联营企业投资的会计处理方法
				直接	间接	
宁波姚景房地产开发有限公司	宁波	宁波	房地产开发		50.00	权益法
宁波雅星置业有限公司	宁波	宁波	房地产开发		50.00	权益法
宁波朗悦房地产发展有限公司	宁波	宁波	房地产开发		50.00	权益法
杭州中海雅戈尔房地产有限公司	杭州	杭州	房地产开发		50.00	权益法
宁波兴普东城房产有限公司	宁波	宁波	房地产开发		40.00	权益法
宁波汉麻生物科技有限公司	宁波	宁波	服装辅料生产		30.00	权益法
宁波银行股份有限公司	宁波	宁波	金融	11.64		权益法
嵊州盛泰色织科技有限公司	嵊州	嵊州	纺织、服装制造		26.00	权益法
嵊州盛泰针织科技有限公司	嵊州	嵊州	纺织、服装制造		26.00	权益法
浙商财产保险股份有限公司	杭州	杭州	保险	21.00		权益法

说明:持有20%以下表决权但具有重大影响,或者持有20%或以上表决权但不具有重大影响的依据:截至2016年12月31日止,公司持有宁波银行11.64%股份,为宁波银行第三大股东,公司董事李寒穷为宁波银行董事,对宁波银行的经营决策具有重大影响,任期自2014年2月10日至2017年2月9日。

资料来源:雅戈尔2016年年报。

二、背景资料

(一)长期股权投资与相关会计准则

我国早在1998年就发布了《企业会计准则——投资》,并且在2001年实施的《企业会计制度》中也有对投资事项的规范。

2006年2月颁布的《企业会计准则》对投资的会计处理进行了重新分类。将原来一个《企业会计准则——投资》中的内容,分为《企业会计准则第2号——长期股权投资》和《企业会计准则第22号——金融工具确认和计量》两部分进行规范。

按照《企业会计准则第2号——长期股权投资》的规定,具有共同控制、能够施加重大影响的投资企业,采用权益法核算长期股权投资;取得控制性股权采用成本法核算;不具有共同控制或重大影响,并且在活跃市场中没有报价、公允价值不能可靠计量的长期股权投资,也采用成本法核算。无控制、无共同控制和非重大影响,并且在活跃市场中有报价、公允价值能可靠计量的长期股权投资,归类为交易性金融资产或可供出售金融资产,按《企业会计准则第 22 号——金融工具确认和计量》的规定处理。

2006 版企业会计准则改变了对被投资单位实施控制的长期股权投资核算方法,改用成本法。这主要是为了与 2003 年改进后的《国际会计准则第 27 号——合并财务报表和单独财务报表》(IAS 27: Consolidated and Separate Financial Statements)相一致。2003 年国际会计准则理事会在改进后的 IAS 27 中取消了在单独财务报表中允许采用权益法,而改为对子公司投资采用成本法,在编制合并财务报表时再按权益法调整。对子公司投资采用成本法核算,能着重反映投资企业收到的现金股利或利润形成的投资收益,这是真实的现金流入,是会计信息使用者较为关心的信息,具有很强的相关性。采用成本法核算编制的单独财务报表能够提供母公司自身的一些有价值、有意义的信息,与合并财务报表提供的信息互为补充,避免重复,符合相关性原则的要求。

2006 版企业会计准则对权益法的会计处理作了改进,包括初始投资成本的调整、持有期间投资损益的计量基础、对被投资单位超额亏损确认投资损失的限制等。

(二)实施企业会计准则以来长期股权投资会计规范的变化

为了解决企业会计准则执行中出现的问题,有助于实现我国会计准则与国际会计准则的持续趋同和等效,财政部已先后发布了企业会计准则解释第 1 号至第 6 号,关于长期股权投资权益法与成本法的规范主要变化体现在以下两方面:

(1)关于权益法的完善。根据《企业会计准则解释第 1 号》第七问答,投资企业与联营企业及合营企业之间发生的内部交易损益按照持股比例计算归属于投资企业的部分,应当予以抵销,在此基础上确认投资损益。投资企业与被投资单位发生的内部交易损失,按照《企业会计准则第 8 号——资产减值》等规定属于资产减值损失的,应当全额确认。投资企业对于纳入其合并范围的子公司与其联营企业及合营企业之间发生的内部交易损益,也应当按照上述原则进行抵销,在此基础上确认投资损益。

(2)关于成本法的简化。根据《企业会计准则解释第 3 号》(以下简称解释 3 号)第一问答,采用成本法核算的长期股权投资,除取得投资时实际支付的价款或对价中包含的已宣告但尚未发放的现金股利或利润外,投资企业应当按照享有被投资单位宣告发放的现金股利或利润确认投资收益,不再划分是否属于投资前和投资后被投资单位实现的净利润。企业按照上述规定确认自被投资单位应分得的现金股利或利润后,应当考虑长期股权投资是否发生减值。在判断该类长期股权投资是否存在减值迹象时,应当关注长期股权投资的账面价值是否大于享有被投资单位净资产(包括相关商誉)账面价值的份额等类似情况。出现类似情况时,企业应当按照《企业会计准则第 8 号——资产减值》对长期股权投资进行减值测试,可收回金额低于长期股权投资账面价值的,应当计提减值准备。

解释 3 号出台的背景是国际会计准则理事会(IASB)于 2008 年 5 月发布的《对子公司、共同控制或联营投资的成本》,其对 IAS 27 进行了修改,删除了长期股权投资的成本法;同时也修改了《国际财务报告准则第 1 号——首次采用国际财务报告准则》(IFRS 1: First-time Adoption of International Financial Reporting Standards),简化了首次采用国际财务报告准则时对长期股权投资的会计处理。按照修改前的 IAS 27 规定,在成本法下,投资单位所确认的投资收益仅限于取得投资后被投资单位所实现的累积利润,超过部分应冲减投资成本。

随着国际财务报告准则全球趋同步伐的加快,首次执行者不断向 IASB 施压,要求简化对长期股权投资的会计处理。IASB 经过认真考虑和征求各方意见,本着减轻首次执行者转换负担的目的,作出上述简化会计处理的规范。

解释3号与新修订的《国际会计准则第36号——资产减值》(IAS 36;Impairment of Assets)相比还有两点差异。

其一,IAS 36要求将长期股权投资的账面价值与被投资单位合并财务报表的净资产账面价值进行对比,而解释3号回避了这一问题,实务中需要加以判断。

其二,IAS 36规定,如果被投资单位当期宣告发放的股利超过其综合收益,也是长期股权投资发生减值的一个迹象,应当进行减值测试。

（三）2014年《企业会计准则第2号——长期股权投资》修订的主要变化

2014年3月13日财政部发布财会〔2014〕14号文件,关于印发修订《企业会计准则第2号——长期股权投资》的通知。在借鉴国际财务报告准则有关改进意见和适应我国企业实务发展的需要、整合了企业会计准则解释和年报通知等相关内容。修订后准则的规范范围仅包含对子公司、合营企业和联营企业的长期股权投资的确认与计量。投资方对被投资单位不具有控制、共同控制和重大影响的权益性投资,无论是否具有活跃市场、公允价值是否可靠确定,均属于《CAS22:金融工具确认和计量》的规范范围。2012年年底,国际会计准则理事会在《权益法:投资企业应享有的被投资方其他所有者权益变动(征求意见稿)》中提出了相关解决方案,即其他权益变动应在权益中予以确认,且在终止权益法核算时转入当期损益。根据国际会计准则理事会会议记录,2014年5月,国际会计准则理事会决定停止该项目,关于此问题的会计处理仍然不明确。而我国修订后的《CAS2:长期股权投资》规定投资方应享有的被投资方其他所权益变动(如被投资方收到其他投资企业的捐赠或出资溢价等权益性交易),应当计入权益。同时明确规定了投资企业因增加投资或减少投资等原因导致对被投资方的控制、共同控制或重大影响发生变化的会计处理,即长期股权投资核算方法在成本法、权益法之间的转换衔接,以及改按金融工具的确认和计量进行会计处理的衔接规定。

2017年6月12日财政部印发的《企业会计准则解释第9号》,对权益法下有关投资净损失的会计处理作了新的补充,规定投资方按权益法确认应分担被投资单位的净亏损或被投资单位其他综合收益减少净额,将有关长期股权投资冲减至零并产生了未确认投资净损失的,被投资单位在以后期间实现净利润或其他综合收益增加净额时,投资方应当按照以前确认或登记有关投资净损失时的相反顺序进行会计处理,即依次减记未确认投资净损失金额、恢复其他长期权益和恢复长期股权投资的账面价值,同时,投资方还应当重新复核预计负债的账面价值。

阅 读 文 献

1. 中国会计准则委员会组织翻译:《国际财务报告准则(2015)》,中国财政经济出版社2015年版。

2. 财政部:《关于印发企业会计准则解释第9号的通知》(财会〔2017〕16号),2017年6月12日。

3. 刘永泽、陈立军主编:《中级财务会计》(国家精品课程、国家级重点学科),东北财经大学出版社2009年版。

4. 杜兴强主编:《中级财务会计》,高等教育出版社2008年版。

5. 莫韬:"长期股权投资新旧会计准则的比较分析",《时代金融》2016年第4期下旬刊。

6. 王赟智："解析长期股权投资由成本法转换为权益法的会计处理"，《财会研究》2015年第 10 期。

三、复习题

(一)思考题

1. 如何确定企业合并形成的长期股权投资的初始投资成本？

2. 为什么在确定企业合并形成的长期股权投资的初始投资成本时，还需进一步区分同一控制下的企业合并和非同一控制下的企业合并？

3. 与企业合并无关的长期股权投资的初始投资成本应如何确定？

4. 长期股权投资的成本法的适用范围及核算特点是什么？

5. 长期股权投资的权益法的适用范围及核算特点是什么？

6. 长期股权投资核算方法的转换如何区别不同情况进行分别处理？

7. 长期股权投资的处置原则及会计处理中应注意的问题是什么？

8. 有关长期股权投资在会计报表中应披露哪些相关的信息？

9. 如何从经济实质和法律形式两个方面区分长期股权投资领域的控制、共同控制、重大影响等基本概念？

10. 长期股权投资权益法会计处理的要点是什么？权益法下，被投资单位发生的超额亏损应如何进行会计处理？

(二)判断题

1. 投资企业对被投资单位实施控制、共同控制只是投资比例多少不同、所享有的控制权不同，在对其进行后续会计处理时都采用权益法核算。　　　　　　　　　　（　　）

2. 在判断投资企业对被投资单位能否实施控制或施加重大影响时，还应考虑投资企业与其他投资方持有的被投资单位当期可转换公司债券、当期可执行的认股权证、股份期权等潜在的表决权因素。　　　　　　　　　　　　　　　　　　　　　　　（　　）

3. 如果投资企业对被投资单位不具有控制、共同控制或重大影响，无论其所持有的股权在活跃市场中有无报价、公允价值是否能够可靠计量都按照长期股权投资进行确认计量。　　　　　　　　　　　　　　　　　　　　　　　　　　　　　（　　）

4. 非同一控制下的企业合并，购买方在购买日对企业合并付出资产、发生或承担的负债的公允价值与其账面价值存在差额的部分应作为合并当期的损益，记入有关损益类账户。　　　　　　　　　　　　　　　　　　　　　　　　　　　　　（　　）

5. 非同一控制下企业合并形成的长期股权投资，购买方是以存货作为支付对价进行交易的，会计处理应视同销售。　　　　　　　　　　　　　　　　　　　（　　）

6. 非企业合并方式以发行权益证券取得的长期股权投资，其初始投资成本包括所发行权益性证券的公允价值，以及为发行权益性证券支付给有关证券承销机构等的手续费、佣金等与工具发行直接相关的费用。　　　　　　　　　　　　　　　　（　　）

7. 投资企业依据被投资单位的投资类型确定采用了成本法或权益法后，在后续计量过程中不可变更会计处理方法。　　　　　　　　　　　　　　　　　　（　　）

8. 成本法下，收到被投资单位发放的现金股利或利润均作为投资成本的收回而冲减长期股权投资的账面价值。　　　　　　　　　　　　　　　　　　　（　　）

9. 在投资企业持有对被投资单位权益性投资的存续期内,投资企业改变投资意图,将原持有 15% 的投资份额追加至 30%,则根据股权比例或投资类型而改变该项权益性投资的后续计量方法,应由公允价值计量改为权益法核算。 (　　)

10. 投资企业如果无法取得投资时的有关公允价值信息或根据重要性原则按照被投资单位的账面净损益与持股比例计算确认投资损益的,应在报表附注中说明这一事实及其原因。 (　　)

(三) 单项选择题

1. 下列各项投资中,不应作为长期股权投资进行核算的是(　　)。

　　A. 对子公司的投资

　　B. 对联营公司的投资

　　C. 对合营公司的投资

　　D. 对被投资单位不具有控制、共同控制或重大影响,且在活跃市场中没有报价、公允价值不能够可靠计量的权益性投资

2. 下列各项中,长期股权投资按权益法核算时,应当确认为投资收益的是(　　)。

　　A. 收到被投资单位分派的股票股利

　　B. 收到被投资单位分派的现金股利

　　C. 被投资单位提取盈余公积

　　D. 被投资单位当年实现净利润

3. A 公司和 B 公司同为甲集团的子公司。本年 4 月 1 日,A 公司以银行存款 13 000 万元取得了 B 公司 80% 的控股权。A 公司购买 B 公司股权时,B 公司在最终控制方合并财务报表中的账面净资产价值为 15 000 万元,B 公司净资产的公允价值为 20 000 万元。A 公司在合并日"资本公积——股本溢价"账户的期初金额为 500 万元。则 A 公司计入"长期股权投资"账户的金额为(　　)万元。

　　A. 12 000　　　　B. 15 000　　　　C. 10 000　　　　D. 2 000

4. A 公司对 B 公司进行投资,持股比例为 70%,取得对其的控股权。截止到 20×1 年年末该项长期股权投资账户余额为 650 万元,20×2 年年末该项投资的减值准备余额为 20 万元,B 公司 20×2 年发生亏损 1 000 万元。20×2 年年末 A 公司"长期股权投资"账户的账面价值应为(　　)万元。

　　A. 0　　　　　　B. 20　　　　　　C. 630　　　　　　D. −20

5. 本年 1 月 1 日,M 公司以货币资金为对价取得 N 公司 30% 的股权,能对其施加重大影响。投资时 N 公司有一项固定资产的公允价值为 1 600 万元,账面价值为 1 200 万元,尚可使用年限为 10 年,净残值为零,按照直线法计提折旧。N 公司其他可辨认资产、负债的公允价值与账面价值相等。本年度 N 公司实现净利润 900 万元。假定不考虑所得税影响,则本年末 M 公司应确认投资收益为(　　)万元。

　　A. 282　　　　　B. 258　　　　　C. 270　　　　　D. 150

6. 企业处置一项权益法核算的长期股权投资,长期股权投资各明细账户的金额为:"投资成本"600 万元,"损益调整"借方 200 万元,"其他权益变动"借方 50 万元。处置该项投资收到的价款为 950 万元。处置该项投资的收益为(　　)万元。

　　A. 950　　　　　B. 150　　　　　C. 350　　　　　D. 100

7. 企业以发行权益性证券取得的长期股权投资,不构成企业合并的情况下,应当按照

发行权益性证券的(　　)作为初始投资成本。

    A. 账面价值

    B. 公允价值

    C. 公允价值加上发行权益性证券过程中支付的佣金和手续费

    D. 市场价格

    8. 20×9 年 1 月 1 日,K 公司取得 H 公司 40% 的股权,对其具有重大影响,H 公司固定资产账面价值为 1 700 万元,公允价值为 1 200 万元,固定资产按照直线法计提折旧,预计使用年限 10 年,净残值零。20×9 年度 H 公司利润表中净利润为 600 万元。20×9 年度 H 公司利润表中已按其账面价值计算扣除的固定资产折旧费用为 170 万元,按照取得投资时点上固定资产的公允价值计算确定的折旧费用为 120 万元,假定不考虑所得税影响,那么 20×9 年末 K 公司应确认的投资收益为(　　)万元。

    A. 260　　　　　　B. 160　　　　　　C. 220　　　　　　D. 320

    9. 20×1 年 2 月 10 日,T 公司支付 300 万元购入 P 公司 25% 的股权,对其可施加重大影响。20×1 年 12 月 31 日,该项长期股权投资的可收回金额为 240 万元,因此 T 公司对该项长期股权投资计提了减值准备 60 万元;20×2 年 12 月 31 日,该项长期股权投资的可收回金额为 320 万元,则 20×2 年年末 T 公司应恢复长期股权投资减值准备(　　)万元。

    A. 60　　　　　　B. 10　　　　　　C. 0　　　　　　D. 30

    10. 在投资企业对被投资单位实施长期股权投资的存续期内,投资企业改变投资意图,对被投资单位追加或收回投资,按规定投资企业应根据股权比例或投资类型而改变该项长期股权投资的后续计量方法,出现(　　)的情形时由权益法改为成本法。

    A. 由共同控制变为控制　　　　　　　　B. 由控制变为共同控制

    C. 由共同控制变为重大影响　　　　　　D. 由重大影响变为共同控制

(四)多项选择题

    1. 投资企业对被投资单位的长期股权投资具有(　　)的情形时,形成控制关系。

    A. 投资企业直接拥有被投资单位 50% 以上的表决权资本

    B. 投资企业直接拥有被投资单位 50% 的表决权资本

    C. 投资企业直接拥有被投资单位 30% 的表决权资本,且投资企业与其他投资者(享有 25% 股份)达成协议,代表其他投资者行使在被投资单位的权益

    D. 投资企业有权任免被投资单位董事会等类似权力机构的多数成员

    E. 投资企业直接拥有被投资单位 30% 的表决权资本,且其一名董事会成员在被投资单位任董事长

    2. 关于同一控制下的企业合并,下列说法中,正确的事项有(　　)。

    A. 合并方以支付现金、转让非现金资产或承担债务方式作为合并对价的,应于合并日按照取得被合并方在最终控制方合并财务报表中净资产账面价值的份额作为长期股权投资的初始投资成本

    B. 合并方以支付现金、转让非现金资产或承担债务方式作为合并对价的,应于合并日按照取得被合并方可辨认净资产公允价值的份额作为长期股权投资的初始投资成本

    C. 长期股权投资初始投资成本与支付的现金、转让的非现金资产以及所承担债务的账面价值之间的差额,应计入企业的当期损益

D. 长期股权投资初始投资成本与支付的现金、转让的非现金资产以及所承担债务的账面价值之间的差额,应调整资本公积;资本公积不足冲减的,依次调整盈余公积、未分配利润

E. 合并方以支付现金、转让非现金资产或承担债务方式作为合并对价的,应于合并日按照取得被合并方所有者权益公允价值的份额作为长期股权投资的初始投资成本

3. 以下应判断为同一控制下企业合并的有(　　)。

A. 企业集团内某子公司在企业合并中取得另一子公司全部净资产并注销被合并方的法人资格

B. 企业集团内某子公司自另一子公司处取得对某一孙公司的控制权

C. 母公司将其持有的对子公司的部分股权用于交换对集团以外某企业的控制权

D. 母公司将其持有的对某一子公司的控制权出售给另一子公司

E. 企业集团内某一子公司自集团外取得一公司的控制权

4. 下列各项中,可能构成长期股权投资初始投资成本的有(　　)。

A. 非企业合并方式下取得长期股权投资发生的直接相关费用

B. 非同一控制下企业合并形成的长期股权投资发生的审计费

C. 同一控制下企业合并取得长期股权投资而作为对价的权益性证券的公允价值

D. 非同一控制下企业合并取得长期股权投资而作为对价的权益性证券的公允价值

E. 非企业合并方式下取得长期股权投资而作为对价的权益性证券的公允价值

5. 按照《企业会计准则第2号——长期股权投资》的规定,下列事项中,不符合采用成本法核算的有(　　)。

A. 投资企业能够对被投资单位实施控制的长期股权投资

B. 投资企业能够对被投资单位实施共同控制的长期股权投资

C. 投资企业能够对被投资单位实施重大影响的长期股权投资

D. 投资企业对被投资单位无控制、无共同控制且无重大影响并在活跃市场中无报价

E. 投资企业对被投资单位无控制、无共同控制且无重大影响并在活跃市场中有报价

6. 长期股权投资采用权益法核算时,下列各项中,可能会引起长期股权投资账面价值变动的有(　　)。

A. 追加投资或减少投资

B. 被投资单位宣告发放股票股利

C. 被投资单位实现净利润或发生净亏损

D. 被投资单位其他综合收益变动

E. 被投资单位宣告发放现金股利

7. 长期股权投资采用权益法核算,当被投资企业发生(　　)事项时,投资企业应该调整长期股权投资账面价值。

A. 实现净利润　　　　　　　　　B. 宣告分配现金股利

C. 购买固定资产　　　　　　　　D. 计提盈余公积

E. 发生净亏损

8. 下列情况中,投资企业应终止采用权益法核算而改为成本法核算或公允价值计量的有(　　)。

A. 因减资对被投资单位不再具有共同控制和重大影响,且公允价值不能可靠计量

B. 投资企业的持股比例原为10%,后追加投资持股比例达到30%

C. 投资企业因对联营企业追加投资,从而对被投资单位能够实施控制

D. 投资企业对被投资单位减少投资,使持股比例由60%改为40%

E. 投资企业对被投资单位增加投资,使持股比例由30%改为50%

9. 处置长期股权投资时,下列处理方法中,正确的有(　　)。

A. 成本法下,长期股权投资账面价值与实际取得价款之间的差额计入当期损益

B. 成本法下,长期股权投资账面价值与实际取得价款之间的差额计入所有者权益

C. 权益法下,因被投资单位除净损益、其他综合收益以及利润分配以外所有者权益的其他变动而计入所有者权益的,应将原计入所有者权益的部分按相应比例转入当期损益

D. 权益法下,因被投资单位除净损益、其他综合收益以及利润分配以外所有者权益的其他变动而计入所有者权益的,应将长期股权投资账面价值与实际取得价款之间的差额按相应比例转入当期损益

E. 对于已计提减值准备的长期股权投资,还应同时冲减已计提的"长期股权投资减值准备"的金额

10. 本年1月1日H公司取得N公司25%的长期股权投资,N公司可辨认净资产公允价值为30 000万元,假定其可辨认净资产的公允价值与账面价值相等。本年3月16日N公司宣告分派现金股利800万元;当期N公司因持有的金融资产公允价值变动增加其他综合收益100万元;本年度实现净利润1 200万元。H公司采用权益法核算该项投资。下列说法中,正确的有(　　)。

A. H公司"长期股权投资——N公司(其他资本公积)"账户借方金额25万元

B. H公司"长期股权投资——N公司(其他综合收益)"账户借方金额25万元

C. H公司"长期股权投资——N公司(损益调整)"账户借方金额100万元

D. H公司"长期股权投资——N公司(损益调整)"账户贷方金额100万元

E. H公司"长期股权投资——N公司(其他权益变动)"账户借方金额25万元

(五)业务题

【业务题一】目的　练习同一控制下长期股权投资初始投资的确定。

资料　Q、P公司同为甲公司的子公司。本年3月23日,Q公司发行3 000万股、每股面值1元的普通股股票,从P公司股东处取得P公司60%的控股权。P公司本年3月23日在最终控制方合并财务报表中净资产的账面价值为3 800万元。Q公司当时的"资本公积——股本溢价"账户贷方余额为360万元,盈余公积余额为300万元,未分配利润余额为120万元。假定合并双方所采用的会计政策一致,无须进行调整。

要求　对Q公司取得该项长期股权投资进行会计处理。(单位:万元)

【业务题二】目的　练习同一控制下长期股权投资初始投资及后续计量。

资料　A公司和R公司同为大方集团公司的子公司,A公司20×1~20×2年有关长期股权投资资料如下:

20×1年4月1日,A公司以原价为1 000万元,累计折旧为300万元,公允价值为

800万元的固定资产(机器设备)作为合并对价,增值税销项税额128万元,从R公司取得其子公司RT公司60%的控股权。合并日RT公司的在最终控制方合并财务报表中净资产账面价值总额为1600万元,可辨认净资产的公允价值为1680万元。在企业合并过程中,A公司支付相关法律费用12万元,相关手续均已办理完毕。

20×1年4月26日,RT公司宣告分派20×0年度的现金股利100万元。20×1年4月30日,A公司收到分派的20×0年度现金股利。20×1年度,RT公司实现净利润300万元(其中1~3月份的净利润为100万元)。

20×2年4月5日,RT公司宣告分派20×1年度的现金股利150万元。20×2年4月12日,A公司收到分派的20×1年度现金股利。

要求 (1) 对A公司取得RT公司的长期股权投资进行会计处理。

(2) 对A公司收到该项长期股权投资现金股利的业务进行会计处理。(单位:万元)

【业务题三】目的 练习非同一控制下长期股权投资初始投资确认及后续计量。

资料 20×1年1月1日,K公司以银行存款1500万元取得Z公司80%的股份。该项投资属于非同一控制下的企业合并。Z公司所有者权益的账面价值为1700万元,可辨认净资产的公允价值为1880万元。

20×1年6月12日,Z公司宣告分配20×0年度现金股利100万元,20×1年度Z公司实现利润200万元。20×2年5月22日,Z公司宣告分配现金股利300万元,20×2年度Z公司实现利润300万元。20×3年5月20日,Z公司宣告分配现金股利240万元,20×3年度Z公司发生暂时性亏损160万元。

要求 (1) 对K公司取得Z公司的长期股权投资进行会计处理。

(2) 对K公司取得该项投资后连续3年分得股利进行会计处理。

(3) 计算该项投资计入20×3年年末资产负债表"长期股权投资"项目的金额。(单位:万元)

【业务题四】目的 练习长期股权投资权益法的会计处理。

资料 20×1年1月1日,A公司以银行存款1000万元,取得M公司有表决权股份的30%,对M公司的财务和经营政策具有重大影响。假定A公司取得该项投资时M公司可辨认净资产公允价值与其账面价值相等,可辨认净资产的公允价值为3000万元。不考虑相关费用。

20×1年6月12日,M公司宣告发放20×0年度的现金股利200万元,并于6月16日实际派发。20×1年度,M公司实现净利润1200万元。

20×2年5月26日,M公司宣告发放20×1年度的现金股利300万元,并于5月30日实际派发。20×2年度,M公司发生净亏损1000万元。

20×2年12月31日,A公司经对M公司长期股权投资进行减值测试,预计可收回金额为880万元。

20×3年度,M公司实现净利润250万元。

假定除上述交易或事项,M公司未发生导致其所有者权益发生变动的其他交易或事项。

要求 (1) 对A公司20×1~20×3年持有M公司长期股权投资的相关业务进行会计处理。(列示"长期股权投资"账户的明细账户名称;单位:万元)

(2) 计算该项投资计入20×3年年末资产负债表"长期股权投资"项目的金额。

【业务题五】目的　练习长期股权投资权益法的会计处理。

资料　C公司于20×1年1月3日同D公司达成一项投资协议。合同约定C公司以一批库存商品对D公司进行投资,占D公司股份总额的20%,可以实施重大影响。该批库存商品的账面成本为460万元,投资当日该批商品的公允价值和计税价格均为500万元,增值税税率为16%,不考虑其他税费。假定C公司与D公司不存在关联方关系,接受投资时D公司所有者权益账面价值及可辨认净资产公允价值相等,可辨认净资产的公允价值为2 500万元。

D公司20×1年实现净利润1 200万元。20×2年D公司发生净亏损5 000万元。假定C公司账上另有应收D公司长期应收款170万元,无清收计划,系对D公司的长期财务支持。20×3年D公司实现净利润2 000万元。

要求　对C公司取得D公司的该项长期股权投资及投资收益的确认业务进行会计处理。(单位:万元)

【业务题六】目的　练习长期股权投资从取得到处置的会计处理。

资料　E公司20×1年1月1日以950万元,其中包含支付的手续费等相关费用10万元,购入F公司股票400万股,每股面值1元,占F公司发行在外股份的20%,可以对F公司实施重大影响。

假定E公司与F公司不存在关联方关系,接受投资时F公司所有者权益账面价值为3 900万元,可辨认净资产的公允价值为4 000万元,系F公司的一项商标权增值100万元所致,该商标权预计尚可使用年限为5年,按直线法摊销。20×1年度F公司利润表中的净利润为620万元,提取盈余公积150万元。

20×2年F公司利润表中净利润820万元,提取盈余公积200万元,宣告发放现金股利100万元,E公司已经收到。20×2年F公司由于分类为以公允价值计量且其变动计入其他综合收益的金融资产所增加的其他综合收益200万元。20×2年年末该项股权投资的可收回金额为1 200万元。

20×3年1月3日E公司出让F公司的全部投资,实际收到价款1 300万元。

要求　根据上述资料编制E公司上述有关投资业务的会计分录(单位:万元)。

四、复习题参考答案

(一)思考题(略)

(二)判断题

1.(×)　2.(√)　3.(×)　4.(√)　5.(√)　6.(×)　7.(×)　8.(×)

9.(√)　10.(√)

(三)单项选择题

1.(D)　2.(D)　3.(A)　4.(C)　5.(B)　6.(D)　7.(B)　8.(A)

9.(C)　10.(A)

(四)多项选择题

1.(ACD)　2.(AD)　3.(ABD)　4.(ADE)　5.(BCDE)

6.(ACDE)　7.(ABE)　8.(AC)　9.(ACE)　10.(BCE)

(五)业务题

【业务题一】　对P公司的长期股权投资初始投资成本为2 280万元。

【业务题二】 对 RT 公司长期股权投资的初始投资成本为 960 万元;投资后 2 年内收到 RT 公司发放的现金股利,应确认投资收益共计 150 万元。

【业务题三】 对 Z 公司长期股权投资的初始投资成本为 1 500 万元;投资后 3 年内收到 Z 公司发放的现金股利,应确认投资收益共计 512 万元。该项投资计入 20×3 年年末资产负债表"长期股权投资"项目的金额为 1 500 万元。

【业务题四】 权益法下对 M 公司的长期股权投资初始投资成本为 1 000 万元;20×1 年 6 月 A 公司收到 M 公司现金股利应冲减长期股权投资——成本 60 万元,应确认投资收益 360 万元,长期股权投资——损益调整增加 360 万元;20×2 年 A 公司收到 M 公司现金股利应冲减长期股权投资——损益调整 90 万元,年末应确认投资损失 300 万元,长期股权投资——损益调整减少 300 万元;年末 A 公司对 M 公司的长期股权投资计提减值准备 30 万元;20×3 年应确认投资收益 75 万元。该项投资计入 20×3 年年末资产负债表"长期股权投资"项目的金额为 955 万元。

【业务题五】 权益法下对 D 公司的长期股权投资初始投资成本为 580 万元;20×1 年应确认的投资收益为 240 万元,长期股权投资——损益调整增加 240 万元;20×2 年年末应确认的投资损失为 1 000 万元,而此时 C 公司长期股权投资账面价值为 820 万元,不足以冲减投资损失;因此长期股权投资——损益调整减少 820 万元,另冲减在账的 D 公司长期应收款 170 万元,超额亏损 10 万元备查登记;20×3 年 D 公司实现净利润 2 000 万元,应确认收益 400 万元,先冲减未确认的亏损额 10 万元,然后恢复长期应收款 170 万元,再确认投资收益 220 万元。

【业务题六】 权益法下对 F 公司的长期股权投资初始投资成本为 950 万元;20×1 年应确认的投资收益为 120 万元;20×2 年年末应确认的投资收益为 160 万元,增加长期股权投资——损益调整 140 万元,增加其他综合收益和长期股权投资——其他综合收益各 40 万元,同时年末计提减值准备为 50 万元;20×3 年 1 月 5 日 E 公司将 F 公司的全部股权转让,取得转让收益 100 万元,同时处置 F 公司股权由其他综合收益账户转入的收益为 40 万元。

第九章 资产减值

一、内容概要解析

(一) 资产减值的迹象

资产减值是指资产的可收回金额等价值表现低于其账面价值的现象。资产减值损失,是指资产账面价值高于资产未来可收回金额等价值表现的差额。

企业判断资产是否存在可能发生减值的迹象,主要可从外部信息来源和内部信息来源两方面加以判断:

从企业外部信息来源来看,如果出现了债务人发生重大财务困难;资产的市价在当期大幅度下跌,其跌幅明显高于因时间的推移或者正常使用而预计的下跌;企业经营所处的经济、技术或者法律等环境以及资产所处的市场在当期或者将在近期发生重大变化,从而对企业产生不利影响;市场利率或者其他市场投资报酬率在当期已经提高,从而影响企业计算资产预计未来现金流量现值的折现率,导致资产可收回金额大幅度降低;企业所有者权益的账面价值远高于其市值等,均属于资产可能发生减值的迹象。

从企业内部信息来源来看,如果有证据表明资产已经陈旧过时或者其实体已经损坏;资产已经或者将被闲置、终止使用或者计划提前处置;企业内部报告的证据表明资产的经济绩效已经低于或者将低于预期,如资产所创造的净现金流量或者实现的营业利润远远低于原来的预算或者预计金额、资产发生的营业损失远远高于原来的预算或者预计金额、资产在建造或者收购时所需的现金支出远远高于最初的预算、资产在经营或者维护中所需的现金支出远远高于最初的预算等,均属于资产可能发生减值的迹象。

(二) 资产减值损失的计量基础

资产减值有"已发生损失"减值模型和"预期信用损失"减值模型两种不同的计量基础。"已发生损失"减值模型只有在存在减值迹象的情况下才计提减值准备,一定程度上延迟确认了金融资产的减值损失。"预期信用损失"减值模型要求:对于有客观证据表明尚未发生但预计未来可能发生(无论其发生可能性为多少)的减值将要导致的信用损失,均应通过计提减值准备进行确认。"预期信用损失"减值模型有助于揭示和防范金融资产的信用风险。

IASB2014年7月发布的IFRS9和我国2017年3月修订印发的CAS22,对金融资产减值,由目前的"已发生损失模型"改为"预期信用损失模型"。

(三) 资产减值损失的计量方法

1. 金融资产减值损失的计量方法

以摊余成本计量的金融资产、以公允价值计量且其变动计入其他综合收益的债权投资,其减值损失即信用损失,为企业应收取的合同现金流量与预期收取的现金流量之间差额的现值。预期信用损失,是指以发生违约的风险为权重的金融工具信用损失的加权平均值。

对于以摊余成本计量的金融资产。以及以公允价值计量且其变动计入其他综合收益的债权投资，预计其未来现金流量的现值，应以初始确认该金融资产时确定的实际利率进行折现。短期应收款项的预计未来现金流量与其现值相差很小的，在确定相关减值损失时，可不对其预计未来现金流量进行折现。

在实务中，对金融资产可根据具有类似的信用风险特征组合进行减值测试。例如，可按资产类型、账龄长短、行业分布、区域分布、担保物类型、逾期状态等进行组合。

2. 存货减值损失的计量方法

存货减值损失即跌价损失，为存货成本高于其可变现净值的差额。

在确定存货的可变现净值时，应注意下列问题：

（1）关注企业持有存货的目的。对于为生产而持有的材料等，如果用其生产的产成品的可变现净值高于产品成本，该材料仍应按其成本计量，即使该材料的市场价格低于其成本也无需对该材料计提减值准备；如果材料价格的下降表明产成品的可变现净值低于成本，该材料应当按照可变现净值计量，即以所生产产成品的估计售价减去至完工时估计将要发生的成本、估计的销售费用以及相关税费后的金额确定其可变现净值。

（2）根据有无合同约定价区别处理。为执行销售或劳务合同而持有的存货，其可变现净值应以合同价格为基础计算。未签订合同的存货，其可变现净值应以一般销售价格为基础计算。同一项存货，部分有合同价格约定，其余部分未签订合同，应分别确定其可变现净值，分别确定其跌价准备计提或转回的金额。

3. 部分长期资产减值损失的计量方法

固定资产、无形资产（包括资本化的开发支出）、长期股权投资（对子公司、合营企业、联营企业的投资）、投资性房地产（采用成本模式后续计量）、商誉等长期资产的减值损失，为资产账面价值高于其可收回金额之差额。

资产可收回金额的估计，应当根据其公允价值减去处置费用后的净额与资产预计未来现金流量的现值两者之间较高者确定。

（1）资产的公允价值减去处置费用后的净额。该净额通常反映的是资产如果被出售或者处置时可收回的现金净流入。企业在估计资产的公允价值时，应按下列顺序确定：首先，应根据公平交易中资产的销售协议价格确定资产的公允价值；其次，在资产不存在销售协议但存在活跃市场的情况下，应根据该资产的市场价格确定，资产的市场价格通常按照资产的买方出价确定；再次，在既不存在资产销售协议又不存在资产活跃市场的情况下，企业应当以可获取的最佳信息为基础，估计资产的公允价值，如可以参考同行业类似资产的最近交易价格进行估计。

（2）资产预计未来现金流量的现值。该现值应按资产在持续使用过程中和最终处置时所产生的预计未来现金流量，选择恰当的折现率对其进行折现后的金额加以确定。企业在预计资产未来现金流量现值时，主要涉及以下三方面：资产的预计未来现金流量；资产的使用寿命；折现率。

预计资产未来现金流量，应建立在经企业管理层批准的最近财务预算或者预测数据之上，以资产的当前状况为基础进行估计。为使资产达到预定可使用状态、为维持资产正常运转或正常产出水平所发生的必要现金流出，应纳入资产未来现金流量的预计。但不应包括筹资活动产生的现金流量，因为所筹集资金的货币时间价值已通过折现予以考虑；也不应包括与所得税收付有关的现金流量，因为折现率要求以税前基础计算确定，以保持口径一致。

预计资产未来现金流量的折现率,应使用反映当前市场货币时间价值和资产特定风险的税前利率。该折现率是企业在购置或者投资资产时所要求的必要报酬率。需要说明的是,如果在预计资产的未来现金流量时已经对资产特定风险的影响作了调整的,折现率的估计不需要再考虑这些特定风险。

在估计资产的可收回金额时,需注意下列例外情况:资产的公允价值减去处置费用后的净额与资产预计未来现金流量的现值,只要有一项超过了资产的账面价值,就表明资产没有发生减值,不需再估计另一项金额;没有确凿证据或者理由表明,资产预计未来现金流量现值显著高于其公允价值减去处置费用后的净额的,可以将资产的公允价值减去处置费用后的净额视为资产的可收回金额;资产的公允价值减去处置费用后的净额如果无法可靠估计的,应当以该资产预计未来现金流量的现值作为其可收回金额。

（四）各类资产减值损失的账务处理

1. 金融资产减值损失的账务处理

对于应收款项、贷款、以摊余成本计量的债权投资,应以企业应收取的合同现金流量与预期收取的现金流量之间差额的现值,确认资产减值损失,计入当期损益。借记"资产减值损失"账户,贷记"坏账准备"或"金融资产减值准备"账户。前者属于损益类账户,后者属于资产备抵调整类账户。首次计提减值准备后,以后期间计提时,计入当期损益的资产减值损失,应按照累计应确认的资产减值损失扣除已计提的资产减值准备准备后的余额计量。

对于以公允价值计量且其变动计入其他综合收益的债权投资,确认资产减值损失时,不必再计提减值准备来减少资产账面价值了,因为按公允价值计量已经包括减值因素了,只需将原已计入其他综合收益的减值损失,从其他综合收益转入当期损益即可。即借记"资产减值损失"账户,贷记"其他综合收益"账户。

2. 存货减值损失的账务处理

对于存货成本高于其可变现净值的差额,确认减值损失,扣除已计提的存货跌价准备后的余额,计入当期损益。借记"资产减值损失"账户,贷记"存货跌价准备"账户。如果存货的日常核算采用计划成本法,则存货的期末成本应为经调整后的实际成本。可变现净值并不等同于销售价格,它是未来现金净流入的概念。

3. 部分长期资产减值损失的账务处理

固定资产、无形资产（包括资本化的开发支出）、长期股权投资（对子公司、合营企业、联营企业的权益性投资）、投资性房地产（采用成本模式后续计量）、商誉等长期资产存在减值迹象的,应当估计其可收回金额,然后将所估计的资产可收回金额与其账面价值相比较,对于资产账面价值高于其可收回金额之差,确认相应的减值损失,扣除已计提的资产减值准备后的余额,计入当期损益。借记"资产减值损失"账户,贷记"×××减值准备"账户。

（五）资产组的认定及减值测试

在估计资产可收回金额时,原则上应当以单项资产为基础,企业难以对单项资产的可收回金额进行估计的,应当以该资产所属的资产组为基础确定可收回金额。资产组是企业可以认定的最小资产组合,其产生的现金流入应当基本上独立于其他资产或者资产组。

资产组能否独立产生现金流入是认定资产组的最关键因素。认定资产组还应考虑的因素有:企业管理层对生产经营活动的管理或者监控方式和对资产的持续使用或者处置的决策方式等。比如,3台机器设备相互关联、互相依存地产生独立于其他资产或资产组的现金流入,其使用和处置是一体化决策的,这3台机器设备可认定为一个资产组。

根据减值测试的结果,资产组的可收回金额如低于其账面价值的,应确认减值损失。减值损失金额应按以下顺序进行分摊:首先抵减分摊至资产组中商誉的账面价值;然后根据资产组中除商誉之外的其他各项资产的账面价值所占比重,按比例抵减其他各项资产的账面价值。

上述资产账面价值的抵减,应作为各单项资产(包括商誉)的减值损失处理,计入当期损益。抵减后的各资产的账面价值不得低于以下三者中最高者:该资产的公允价值减去处置费用后的净额、该资产预计未来现金流量的现值和零。

(六)涉及总部资产的减值测试

总部资产的显著特征是难以脱离其他资产或者资产组产生独立的现金流入,而且其账面价值难以完全归属于某一资产组。因此,总部资产通常难以单独进行减值测试,需要结合其他相关资产组或者资产组组合进行。资产组组合,是指由若干个资产组组成的最小资产组组合,包括资产组或者资产组组合,以及按合理方法分摊的总部资产。

在资产负债表日,如果有迹象表明某项总部资产可能发生减值的,企业应计算确定该总部资产所归属的资产组或资产组组合的可收回金额,然后与包括已分摊总部资产价值的资产组或资产组组合的账面价值相比较,据以确认和计量减值损失。

(七)商誉的减值测试

由于商誉难以独立产生现金流量,应当结合与其相关的资产组或者资产组组合进行减值测试。进行减值测试时,因企业合并形成的商誉的账面价值,应自购买日起按照合理的方法分摊至相关的资产组;难以分摊至相关的资产组的,应将其分摊至相关的资产组组合,在此基础上进行商誉减值测试。

(八)资产减值损失的转回

对于应收款项、以摊余成本计量的债权投资及贷款、以公允价值计量且其变动计入其他综合收益的债权投资、存货等资产,如果发现以前导致资产减值的影响因素已经消除的,资产减记的金额应当予以恢复,并在原已确认损失的金额范围内转回,计入当期损益。

对于长期股权投资(对子公司、合营企业、联营企业的权益性投资)、投资性房地产(采用成本模式后续计量)、固定资产、无形资产(包括资本化的开发支出)、商誉等长期资产,根据我国企业会计准则规定,其减值损失一经确认,在以后会计期间不得转回。

(九)资产减值的列报

各项资产所计提的减值准备,在资产负债表中未专设项目单独列示。各类资产在资产负债表中的项目金额(账面价值),反映的是已经被减值准备等抵减后的净额。资产减值损失虽然在利润表中专设项目单独列示,但只是总括反映所有资产当期减值损失的净额。因此,关于资产减值的报表附注列报就显得尤为重要。

涉及资产减值金额的附注以附表形式列报:资产减值准备变动表和资产减值损失明细表。其可向投资者(债权人)等提供分类的、可比的资产减值信息,以及分析各类资产减值准备增减变动原因的重要线索,有助于报表使用者评价企业各类资产经济利益减损及其影响,以满足他们进行经济决策的基本信息需求。

本章以上海创兴资源开发股份有限公司(以下简称创兴资源)2014 年度报告有关资产减值的报表附注为例,具体说明资产减值的列报,见表 9-1 和表 9-2。

需要说明的是,由于《企业会计准则第 22 号——金融工具确认和计量》将于 2018 年 1 月 1 日起分期分批施行,故举例说明金融资产减值的具体列示方法时,创兴资源的财务报表中对金融资产仍以该准则修订前的分类列报。

表 9-1　无形资产原值、摊销、减值和账面价值变动(报表附注 12)　单位:元

项目	采矿权	神龙矿业一期用地	零星用地	合计
一、账面原值				
1. 期初余额	319 000 000.00	9 255 269.88	684 870.00	328 940 139.88
2. 本期增加金额			66 314.00	66 314.00
(1) 购置			66 314.00	66 314.00
(2) 内部研发				
(3) 企业合并增加				
3. 本期减少金额			270 000.00	270 000.00
(1) 处置				
(2) 其他			270 000.00	270 000.00
4. 期末余额	319 000 000.00	9 255 269.88	481 184.00	328 736 453.88
二、累计摊销				
1. 期初余额	6 020 179.06	746 345.11	4 565.81	6 771 089.98
2. 本期增加金额	888 037.06	192 292.09	13 697.39	1 094 026.54
(1) 计提	888 037.06	192 292.09	13 697.39	1 094 026.54
3. 本期减少金额				
(1) 处置				
4. 期末余额	6 908 216.12	938 637.20	18 263.20	7 865 116.52
三、减值准备				
1. 期初余额				
2. 本期增加金额	312 091 783.89			312 091 783.89
(1) 计提	312 091 783.89			312 091 783.89
3. 本期减少金额				
(1) 处置				
4. 期末余额	312 091 783.89			312 091 783.89
四、账面价值				
1. 期末账面价值		8 316 632.68	462 920.80	8 779 553.48
2. 期初账面价值	312 979 820.95	8 508 924.77	680 304.19	322 169 049.91

表 9-1 中的采矿权系子公司神龙矿业所有的老龙塘铁矿采矿权,采矿许可证编号为 C4300002009042130011548。该采矿权于 2009 年 4 月取得并投入开采,公司对该无形资产依据已探明矿山储量采用产量法进行摊销。

由于铁矿石市场价格持续下滑,截至 2014 年 12 月 31 日处于低位,采矿权发生明显的减值迹象,根据企业会计准则的规定,公司对其进行减值测试。由于截至报表日,采矿权的公允价值无法可靠估计,公司以预计未来现金流量的现值作为其可收回金额。经减值测试,截至 2014 年 12 月 31 日,该采矿权可收回金额为 0,公司对其全额计提减值准备,故老龙塘铁矿采矿权账面价值为 0。

除上述采矿权外,公司对神龙矿业所有土地使用权进行减值测试,未出现可收回金额低于账面价值的情形,不计提减值准备。

表 9-2 资产减值损失发生额(报表附注 34) 单位:元

项目	本期发生额	上期发生额
一、坏账损失	104 299.00	886 973.43
二、存货跌价损失	2 703 330.89	
三、可供出售金融资产减值损失		
四、持有至到期投资减值损失		
五、长期股权投资减值损失		
六、投资性房地产减值损失		
七、固定资产减值损失		27 559 916.27
八、工程物资减值损失		
九、在建工程减值损失		
十、生产性生物资产减值损失		
十一、油气资产减值损失		
十二、无形资产减值损失	312 091 783.89	
十三、商誉减值损失		
十四、其他		
合 计	314 899 413.78	28 446 889.70

资料来源:创兴资源 2014 年度报告。

二、背景资料

(一)资产减值与相关会计准则

企业的各类资产在发生减值时,都应及时予以确认和计量。但由于不同类别的资产特性不同,其减值会计处理也有所差别,我国企业会计准则采取与国际财务报告准则相同的做法,在不同的会计准则中对有关资产减值的会计问题进行规范。

《企业会计准则第 8 号——资产减值》(以下简称资产减值准则)主要规范了企业下列非流动资产的减值会计问题:对子公司、联营企业和合营企业的长期股权投资;采用成本模式进行后续计量的投资性房地产;固定资产;生产性生物资产;无形资产;商誉;探明石油天然气矿区权益和井及相关设施等。

其他类别资产的减值,分别适用下列不同的具体会计准则。存货的减值,适用《企业会计准则第1号——存货》;采用公允价值模式计量的投资性房地产的减值,适用《企业会计准则第3号——投资性房地产》;消耗性生物资产的减值,适用《企业会计准则第5号——生物资产》;建造合同形成的资产的减值,适用《企业会计准则第15号——建造合同》;递延所得税资产的减值,适用《企业会计准则第18号——所得税》;融资租赁中出租人未担保余值的减值,适用《企业会计准则第21号——租赁》;《企业会计准则第22号——金融工具确认和计量》规范的金融资产的减值,适用《企业会计准则第22号——金融工具确认和计量》;未探明石油天然气矿区权益的减值,适用《企业会计准则第27号——石油天然气开采》。

为了便于教材使用者比较各类资产减值的会计处理的异同,本教材在资产的各章中只是概要地介绍了有关其减值的会计处理,而在第九章集中阐述了除货币资金以外各类资产减值的确认、计量的原则和方法。

(二) 我国企业会计准则与 IFRS 关于资产减值的实质性差异

关于除商誉以外的资产减值损失,能否转回存在两种不同观点。

反对转回资产减值损失的人认为:减值损失的转回与历史成本会计核算体系相矛盾,转回减值损失与重估资产增值没有什么不同;减值损失的转回将导致报告收益的变动;减值损失的转回为收益平滑化或盈余操纵提供了空间;证实减值损失是否转回将花费成本。

主张转回资产减值损失的人认为:减值损失的转回不属于重估价模式,只要资产减值损失的转回没有导致资产账面价值超过其初始成本减去累计折旧或摊销后的余额,其与历史成本核算体系是一致的,转回的结果就如同损失没有确认;减值损失计量的变动与会计估计变更相类似,即重新评估以前没有预期会由资产流入的未来经济利益变成很可能流入;减值损失的转回向财务报告使用者提供了有关单项资产或一组资产未来经济利益的潜在迹象;能够更加公允地表述当期和未来期间的经营活动成果。

对于部分长期资产减值准备的转回,我国企业会计准则与国际财务报告准则有关规范存在实质性差异。

根据《国际会计准则第36号——资产减值》(IAS 36:Impairment of Assets)规定,只有当用于确定资产可收回金额的估计在上次确认减值损失后发生了变化,才应转回以前年度确认的除商誉外资产的减值损失。

根据我国资产减值准则规定,长期股权投资(对子公司、合营企业、联营企业的权益性投资)、投资性房地产(采用成本模式后续计量)、固定资产、在建工程、生产性生物资产、油气资产、无形资产(包括资本化的开发支出)、商誉等长期资产,其减值损失一经确认,在以后会计期间不得转回。

我国企业会计准则上述规定主要基于下列原因:固定资产、无形资产等价值较大的非流动资产发生减值,按照资产减值准则计提减值损失后,价值恢复的可能极小或不存在,发生的资产减值应当视为永久性减值;资产减值损失的转回往往被一些企业作为调节利润的手段,增加监管的难度。

(三) 改革金融工具减值会计准则的背景和主要内容

自2008年国际金融危机发生后,二十国集团要求国际会计准则理事会加紧修订金融工具等会计准则,以解决现行金融工具分类随意性较大、企业对金融资产减值计提不及时、不足额以及套期会计与企业风险管理实务脱节等问题。IASB于2009年启动了金融工具准则改革项目。2009 年 11 月 5 日,IASB 发布了《金融工具:摊余成本和减值(征求意见稿)》,对于以摊余成本计量的金融工具的减值,拟以预期损失模型替代已发生损失模型,在会计理念上带来极具争议的变化。

1. 改革金融工具减值会计准则的背景和目标

金融危机发生后,许多银行家和金融监管机构认为,已发生损失模型不能充分反映金融资产的信用质量,基于该模型计提减值准备无法及时反映金融资产所发生的损失,从而导致市场高估金融资产、虚增收入。为缓解这一问题,减轻顺周期效应对企业资产和损益的影响,G20 要求 IASB 考虑采用预期损失模型计量金融资产减值的可行性。

IASB 经多次讨论为改革金融工具减值准则确立三项具体目标:一是通过改进贷款损失准备和金融资产信用质量的透明度,提高财务报表信息的有用性;二是通过考虑预期损失,更及时地确认损失,改进贷款损失的会计处理;三是通过在利息收入确认过程中考虑信用成本,更全面地反映贷款业务的实际经济收益。

2. 改革金融工具减值会计准则的主要建议

金融工具减值准则(征求意见稿)建议采用预期损失模型计提以摊余成本计量的金融工具的减值。IASB 所建议的预期损失减值模型要求会计主体:① 在取得金融资产时,根据包括预期信贷损失的预期现金流量,确定实际利率(可能低于约定的利率);② 在金融资产存续期间,按照考虑信贷损失确定的实际利率,分配合同利息收入和初始预期损失,即按合同性利息收入减去预期信贷损失的方法确定净利息收益;③ 在金融资产存续期间的每一会计期间对未来现金流量持续重估,若后期预期损失超过先前的预期数时,计提信贷损失准备,若后期预期损失低于先前的预期数时,冲回信贷损失准备;④ 预期信贷损失发生的任何变化应立即计入当期损益。

3. 采用预期损失模型需进一步考虑的问题

(1) 主体内部管理能否胜任? 预期损失模型需要主体预计金融工具整个寿命期的信用损失,对预期的现金流量进行持续评估,在实际操作中面临极大的复杂性,主体的业务流程、内部控制、数据库建设均面临挑战。

(2) 预期损失模型的成本有多大? 是否需要根据内部管理、财务报告、纳税、监管机关的不同需求而建立不同的系统? 成本效益原则面临挑战。

(3) 与税务机关如何协调? 税务机关是否接受较低的利息收入? 如果需要纳税调整,更增加主体实务操作的复杂性。

(4) 能否可靠计量损失准备? 已发生损失与预期损失的区分在实务中有时很难界定,当贷款减损准备按资产组计量时,按两种方法计提的准备是否有重大区别?

(5) 会否成为操纵利润的工具? 预期损失模型如果滥用,将增大盈余操纵的空间。

(6) 审计机构和监管部门能否适应? 预期损失模型一旦采用,确认减值损失不需要触发事件或减值迹象出现,盈余操纵空间和估计误差变动增大等,都将使注册会计师、监管部门面临挑战。

(7) 能否真正起到减轻顺周期效应的结果? 能否将"日子好过时多提准备,以备日子不好过时弥补可能的损失"这一愿望付诸实现?

为解决预期损失模型面临的上述问题,IASB 组建专家工作组。专家工作组主要由金融机构、金融监管机构、会计准则制定机构、风险管理机构等代表组成。该专家工作组将通过定期召开会议的方式,将全球各方面在应用预期损失模型时可能遇到的问题和解决建议反馈给 IASB。

IASB 于 2014 年发布了《国际财务报告准则第 9 号——金融工具》(IFRS 9)，将于 2018 年 1 月 1 日生效并取代现行《国际会计准则第 39 号——金融工具》(IAS 39)。IFRS 9 简化了金融资产分类，引入了预期信用损失模型作为金融工具减值的基础，简化了嵌入衍生工具的会计处理，提升了套期会计的适用性。

为切实解决我国企业相关会计实务问题，实现我国企业会计准则与国际财务报告准则的持续全面趋同，按照《中国企业会计准则与国际财务报告准则持续趋同路线图》(财会〔2010〕10 号)的要求，财政部借鉴 IFRS 9 相关内容并结合我国实际情况和需要，修订了相应的金融工具相关企业会计准则，并于 2017 年相继发布修订后的金融工具相关企业会计准则，包括《企业会计准则第 22 号——金融工具确认和计量》《企业会计准则第 23 号——金融资产转移》《企业会计准则第 24 号——套期会计》和《企业会计准则第 37 号——金融工具列报》。

阅 读 文 献

1. 葛家澍："关于公允价值会计的研究——面向财务会计的本质特征"，《会计研究》2009 年第 5 期。

2. 财政部会计准则委员会编(课题主持人：刘玉廷、戴德明、夏大慰)：《会计准则研究文库：资产减值会计》，大连出版社 2005 年版。

3. 谢诗芬主编：《公允价值：国际会计前沿问题研究》，湖南人民出版社 2004 年版。

4. 张雪琴："我国上市公司盈余管理动机下的资产减值会计"，《财会研究》2015 年第 10 期。

5. 陈燕华、王洁："透视新金融工具准则(上)"，《中国会计报》2017 年 5 月 12 日第 007 版。

6. 陈燕华、王洁："透视新金融工具准则(下)"，《中国会计报》2017 年 6 月 16 日第 007 版。

7. 孙苏勇："新金融工具准则预期损失模型与精细化信用风险管理浅析"，《中国会计报》2017 年 10 月 20 日第 004 版。

三、复习题

(一) 思考题

1. 试从企业外部和内部分析导致其资产减值的因素可能有哪些？

2. 金融工具减值确认和计量的预期信用损失模型与已发生损失模型相比，有何不同？

3. 试比较以摊余成本计量的债权投资与以公允价值计量且其变动计入其他综合收益的债权投资，两者的减值会计处理有何不同？

4. 企业如何进行应收款项的减值测试？你认为应当如何体现重要性原则的要求？

5. 企业如何进行存货的减值测试？为什么对存货进行减值测试时要考虑企业持有存货的目的？

6. 对长期资产进行减值测试时其可收回金额应如何确定？应注意哪些问题？

7. 如果固定资产、无形资产发生减值，对其以后的折旧或摊销有何影响？

8. 为什么进行减值测试需要认定资产组？如何认定资产组？

9. 存在总部资产的情况下,如何进行减值测试?

10. 你认为对商誉进行减值测试及会计处理时应当注意哪些问题?为什么?

11. 我国企业会计准则对于长期资产减值的转回有何特殊规定?试分析其背景及现实意义。

12. 企业在确定可收回金额时,对于公允价值应按怎样的顺序估计?

13. 企业在预计资产未来现金流量时,为什么不应包括筹资活动产生的现金流量和缴纳所得税有关的现金流量?

14. 资产减值的列报有何特点?你认为资产减值的列报可以提供哪些有用的信息?

15. 请选择一家或若干家上市公司,对其有关资产减值的列报进行分析。

(二)判断题

1. 按照 2017 年 3 月修订发布的《企业会计准则第 22 号——金融工具确认和计量》的要求,在初始取得金融资产时就应确认预期的损失。　　　　　　　　(　　)

2. 在对固定资产、无形资产等进行减值损失计量时,可收回金额按公允价值减去处置费用后的净额与资产预计未来现金流量的现值两者孰低者确定。　　(　　)

3. 甲车间是某企业一个生产零部件的车间,所生产的产品不存在活跃市场,其现金流入依赖于乙车间组装成最终产品的销售,进行减值测试时甲车间资产不应当认定为单独的资产组。　　　　　　　　　　　　　　　　　　　　　　　　(　　)

4. 总部资产可以对其他资产或资产组产生现金流量发挥作用,但不能独立产生现金流入。　　　　　　　　　　　　　　　　　　　　　　　　　　　　　(　　)

5. 对于已经确认的商誉减值损失,我国企业会计准则和国际财务报告准则均不允许在以后期间转回。　　　　　　　　　　　　　　　　　　　　　　　　　(　　)

6. 在资产负债表内列示的各类资产价值,是已经扣除减值损失和累计折旧或摊销后的净额。　　　　　　　　　　　　　　　　　　　　　　　　　　　　　(　　)

7. 存货的可变现净值不等同于其销售价格。　　　　　　　　　　　　(　　)

8. 能否独立产生现金流入,是认定资产组的最关键因素。　　　　　　(　　)

9. 各类资产价值损失除有特别规定外,均应在利润表中的营业外支出项目列示。
　　　　　　　　　　　　　　　　　　　　　　　　　　　　　　　(　　)

10. 在对固定资产、无形资产等长期资产进行减值测试时,资产的公允价值减去处置费用后的净额与资产预计未来现金流量的现值,两者均须超过资产的账面价值,才表明资产没有发生减值。　　　　　　　　　　　　　　　　　　　　　　　　(　　)

(三)单项选择题

1. 在某一会计期末,某项固定资产的账面余额为 100 万元,累计折旧为 30 万元,计提的减值准备为 16 万元,则该项资产计入资产负债表中"固定资产"项目期末数的金额为(　　)万元。

　　A. 100　　　　　B. 70　　　　　C. 84　　　　　D. 54

2. 某公司本年 12 月 31 日对一项固定资产进行减值测试,该资产期末账面价值为 900 万元,预计未来现金流量总额为 920 万元,预计未来现金流量现值为 830 万元,公允价值为 825 万元,处置费用为 10 万元,则该项固定资产本年年末的可收回金额为(　　)万元。

　　A. 900　　　　　B. 920　　　　　C. 830　　　　　D. 815

3. 某公司对用于生产甲产品而持有的乙材料采用计划成本进行日常核算。某报告期末,"原材料——乙材料"余额为 1 100 万元,"材料成本差异——乙材料"有贷方余额 100 万元,该项乙材料可以加工成甲产品的估计售价为 1 600 万元,至完工估计还要发生的加工成本为 660 万元,假定不考虑其他税费,该项乙材料期末账面价值应为(　　) 万元。

    A. 940　　　　　　B. 1 000　　　　　　C. 1 200　　　　　　D. 840

4. 某公司报告期末"应收账款"账户有借方余额 3 500 万元,账龄均为 0.5~1 年,不具有重大融资成分,预期坏账损失率为 20%,所对应的坏账准备期初余额为 250 万元,本期核销坏账 50 万元,则本期应补提的坏账准备为(　　)万元。

    A. 450　　　　　　B. 500　　　　　　C. 400　　　　　　D. 950

5. 某公司报告期末"长期股权投资"账户有借方余额 6 000 万元,"长期股权投资减值准备"期初余额为 1 000 万元,该投资系对某联营企业 50% 的股权投资,本期该联营企业实现净利润 200 万元(已按投资时公允价值调整),期末预计该项投资的可收回金额为 5 600 万元,则该项长期股权投资的期末账面价值为(　　)万元。

    A. 5 600　　　　　　B. 5 100　　　　　　C. 6 100　　　　　　D. 5 700

6. 甲公司本年 1 月初支付 80 万元(未含应付股利)购入乙公司股票,分类为以公允价值计量且其变动计入当期损益的金融资产,2 月份收到乙公司宣告发放的现金股利 2 万元,2 月末该项股票按收盘价计量为 71 万元,均已做账务处理。3 月末该项股票按收盘价计量为 50 万元,则该项股票 3 月末账面价值应减少的金额为(　　)万元。

    A. 30　　　　　　B. 28　　　　　　C. 21　　　　　　D. 19

7. 下列关于存货可变现净值的表述中,正确的是(　　)。

    A. 可变现净值是指存货的合同价

    B. 可变现净值等于存货的销售价格

    C. 可变现净值是指销售存货产生的现金流量的现值

    D. 可变现净值是指存货未来产生的现金净流入

8. 在无形资产、固定资产等减值测试时,计算资产未来现金流量的现值所用的折现率,是反映当前市场(　　)和资产特定风险的税前利率。

    A. 资产的使用寿命　　　　　　　　　B. 货币时间价值

    C. 资产的经营风险　　　　　　　　　D. 资产的可变现净值

9. 某公司上年末购入一台设备,入账价值为 378 万元,预计使用寿命 10 年,预计净残值 18 万元。本年年末发现该设备存在减值迹象,经测试可收回金额为 270 万元,预计使用寿命和净残值不变。从下一年开始该设备的年折旧额应为(　　)万元。

    A. 36　　　　　　B. 30　　　　　　C. 28　　　　　　D. 27

10. 某公司本年末 B 商品结存 100 件,单位成本为 470 元,其中有 20 件已签订合同,每件合同价为 500 元,该商品的一般销售价为每件 450 元,无论是否签订合同,预计 B 商品销售费用 20 元/件。假定 B 商品年初无跌价准备,本年应计提跌价准备为(　　)元。

    A. 3 200　　　　　　B. 3 000　　　　　　C. 1 600　　　　　　D. 1 000

(四)多项选择题

1. 预计资产未来现金流量,包括下列(　　)等。

    A. 筹资活动产生的现金流量

    B. 与所得税收付有关的现金流量

C. 为维持资产正常运转发生的必要现金流出

D. 资产在持续使用过程中产生的预计未来现金流入

E. 为使资产达到预定可使用状态发生的必要现金流出

2. 下列资产中,按照我国会计准则规定,当随后的会计期间公允价值或可变现净值已上升且客观上与确认原减值损失后发生的事项有关的,原已确认的减值损失可以转回,并计入当期损益的有(　　)。

A. 应收账款

B. 以摊余成本计量的金融资产

C. 以公允价值计量且其变动计入当期损益的股票投资

D. 存货

E. 以公允价值计量且其变动计入其他综合收益的债权投资

3. 下列关于预计资产未来现金流量现值的表述中,正确的有(　　)。

A. 采用的折现率应为税后利率

B. 无需考虑资产的预计使用寿命

C. 通常使用单一的折现率

D. 通常在不同期间使用不同的折现率

E. 预计未来现金流量所依据的财务预算应当经企业管理层批准

4. 企业下列项目中,通常可以认定为资产组的有(　　)。

A. 能独立产生现金流入的某一生产线

B. 能独立产生现金流入的某营业网点

C. 能独立产生现金流入的某生产车间

D. 人力资源部

E. 为矿山生产和运输服务的某矿业公司内部专用铁路

5. 企业在认定资产组时,应当考虑的因素有(　　)。

A. 能否独立产生现金流入

B. 企业管理层对资产持续使用的决策方式

C. 与总部资产的关系是否密切

D. 企业管理层对资产处置的决策方式

E. 企业管理层对市场经营的管理或监控方式

6. 下列对估计资产可收回金额有关方法的表述中,正确的有(　　)。

A. 资产的公允价值减去处置费用后的净额与资产预计未来现金流量的现值,只要有一项超过了资产账面价值,就表明资产未发生减值,不需再估计另一项金额

B. 资产的公允价值减去处置费用后的净额如果无法可靠估计的,应以该资产预计未来现金流量的现值作为其可收回金额

C. 没有确凿证据或理由表明,资产预计未来现金流量现值显著高于其公允价值减去处置费用后的净额的,可将资产公允价值减去处置费用后的净额视为资产的可收回金额

D. 资产可收回金额的估计,应根据其公允价值减去处置费用后的净额与资产预计未来现金流量的现值两者中较高者确定

E. 企业难以对单项资产的可收回金额进行估计的,应以该资产所属的资产组为基

础确定资产组的可收回金额

7. 下列内容属于总部资产特征的有(　　)。

　　A. 与企业的生产经营无关

　　B. 其账面价值难以完全归属于某一资产组

　　C. 其账面价值往往比较小

　　D. 其可收回金额能够单独确定

　　E. 难以脱离其他资产或资产组产生独立的现金流入

8. 金融资产的信用风险特征,可包括(　　)等。

　　A. 账龄　　　　　　　　　　　　B. 债务人所处区域

　　C. 债务人所属行业　　　　　　　D. 逾期状态

　　E. 抵押物类型

9. 在确定以摊余成本计量的金融资产的减值损失时,下列表述正确的有(　　)。

　　A. 短期应收款项的预计未来现金流量与其现值相差很小的可不对其折现

　　B. 单项金额重大的应当单独进行减值测试

　　C. 已确认的减值损失转回时不得计入当期损益

　　D. 确认的减值损失是利润总额的构成内容

　　E. 单项金额不重大且信用风险特征类似的金融资产可组合进行减值测试

10. 出现下列迹象,通常表明资产可能发生减值的有(　　)。

　　A. 资产市价当期大幅下跌且跌幅明显高于因时间推移或正常使用而预计的下跌

　　B. 企业所有者权益的账面价值远高于其市值

　　C. 企业经营所处的环境及资产所处市场在当期或将在近期发生重大不利变化

　　D. 企业内部报告的证据表明资产的经济绩效已经低于或者将低于预期

　　E. 有证据表明资产已经陈旧过时或者其实体已经损坏

(五)业务题

【业务题一】目的　练习应收账款坏账损失的确认与计量。

资料　大华公司对应收 H 公司货款,作为单项金额重大的应收账款单独进行减值测试。该项应收款项属于收入准则规范的交易形成的不具有重大融资成分的短期应收账款。

(1) 20×7 年年末,"应收账款——H 公司"账户有借方余额 1 000 万元(系该年一笔大额订单赊销形成),预期发生坏账损失的比例为 10%。

(2) 20×8 年 6 月末,"应收账款——H 公司"账户余额 1 000 万元未发生变动,获悉 H 公司财务状况恶化,预期发生坏账损失的比例为 60%。

(3) 20×8 年 11 月,H 公司破产清算,对大华公司的该项债务实际按照 38% 的偿债率清算,大华公司收到 H 公司支付的偿债款项 3 800 000 元,存入银行。

要求　根据上述资料编制有关会计分录。

【业务题二】目的　练习存货跌价准备计提与转回的会计处理。

资料　黎明公司对原材料采用实际成本进行日常核算,本年有关资料如下:

(1) 6 月 30 日,黎明公司 A 材料的账面成本为 200 万元,A 材料系生产甲产品的专用材料,由于 A 材料市场价格下跌,导致由 A 材料所产生甲产品的可变现净值低于其成本。该批库存 A 材料所生产甲产品的预计售价为 305 万元,该批 A 材料加工成甲产品的加工成本预计 130 万元,销售税费预计 5 万元。该公司此前对 A 材料未确认减值损失。

(2)9 月 30 日,A 材料的账面成本为 210 万元,A 材料与甲产品的市场价格均有所回升,预计 A 材料的可变现净值为 200 万元。

(3)12 月 31 日,A 材料的账面成本为 190 万元,A 材料与甲产品的市场价格继续上升,预计 A 材料的可变现净值为 215 万元。

要求 (1)根据上述资料编制计算 A 材料 6 月 30 日的可变现净值。

(2)根据上述资料编制黎明公司 6 月 30 日、9 月 30 日、12 月 31 日有关会计分录。

【业务题三】目的 练习存货跌价准备计提与转销的会计处理。

资料 (1)某商品流通企业 20×8 年年末有库存商品 100 件,单件成本 10 万元,一般销售单价为 9 万元,假定无销售税费。该批库存商品中只有 1 件订有合同,合同价格为 12 万元。假定以前未对库存商品计提跌价准备。

(2)20×9 年 3 月该企业将 99 件已计提跌价准备的商品售出。

要求 根据上述资料编制该企业 20×8 年年末计提存货跌价准备、20×9 年 3 月结转已销商品成本和已提跌价准备的会计分录。

【业务题四】目的 练习以公允价值计量且其变动计入其他综合收益的债权投资减值损失的会计处理。

资料 20×8 年 1 月 2 日,E 公司按面值 2 000 000 元购入 F 公司同日发行的 3 年期分期付息债券(每年 1 月 10 日付息),票面利率和实际利率均为 4%。该公司将其分类为以公允价值计量且其变动计入其他综合收益的金融资产。

(1)20×8 年 12 月 31 日,该批债券的市场价格为 1 900 000 元,按照初始确认时的实际市场利率预期收取的现金流量现值为 1 930 000 元。

(2)20×9 年,F 公司发生严重财务困难,但仍可支付该债券当年的票面利息。20×9 年 12 月 31 日,该批债券的公允价值下降为 1 600 000 元。按照初始确认时的实际市场利率预期收取的现金流量现值为 1 650 000 元。

要求 根据上述资料编制 E 公司购入该债券时、20×8 年年末和 20×9 年年末有关会计分录。假定不考虑相关税费。

【业务题五】目的 练习固定资产减值损失的确认与计量。

资料 东方公司于 20×0 年年末对一项大型机器设备进行减值测试。该设备账面价值为 8 596 万元(尚未确认减值损失),预计尚可使用年限为 7 年。该设备的公允价值减去处置费用后的净额难以确定,因此,企业需计算其未来现金流量的现值,确定资产的可收回金额,公司采用 12% 作为其折现率(税前)。

(1)经公司管理层批准的财务预算显示:公司将于 20×4 年更新该项设备的发动机系统,预计为此发生资本性支出 620 万元,这一支出将降低设备能耗,提高资产的运营绩效。

(2)公司管理层批准的 20×0 年年末的该设备预计未来现金流量和折现系数,见表 9-3。

表 9-3 该设备预计未来现金流量和折现系数 单位:万元

年度	预计未来现金流量(不包括改良的影响金额)	预计未来现金流量(包括改良的影响金额)	以折现率 12% 的折现系数
20×1	1 680	1 680	0.8629
20×2	1 660	1 660	0.7972

续表

年度	预计未来现金流量 （不包括改良的影响金额）	预计未来现金流量 （包括改良的影响金额）	以折现率12% 的折现系数
20×3	1 630	1 630	0.7118
20×4	1 610	990	0.6355
20×5	1 600	1 980	0.5674
20×6	1 560	1 930	0.5066
20×7	1 530	1 900	0.4523

要求　（1）确定该项设备 20×0 年年末的可收回金额。

（2）编制 20×0 年年末确认该项设备减值损失的会计分录。

【业务题六】目的　练习资产组减值损失的确认与计量。

资料　南海公司有一条生产线，属于一个资产组，由 A、B、C 三部机器构成。本年度该生产线所生产的产品有替代产品上市，导致销路锐减，年末对该生产线进行减值测试。

（1）至 12 月 31 日，整条生产线预计尚可使用 5 年，A、B、C 三部机器的账面价值分别为250 000 元、350 000 元、400 000 元。机器 A、B 均无法合理估计其公允价值减去处置费用后的净额以及未来现金流量的现值，机器 C 的公允价值减去处置费用后的净额能够预计，为320 000 元。

（2）本年年末根据其未来 5 年的现金流量和恰当的折现率，预计该生产线未来现金流量的现值为 560 000 元。公司无法合理估计该生产线的公允价值减去处置费用后的净额。

要求　（1）根据上述资料计算该生产线的减值损失，并将其分配到 A、B、C 三部机器。

（2）根据上述计算与分摊结果编制有关会计分录。

【业务题七】目的　练习涉及总部资产的资产组减值损失的确认与计量。

资料　（1）中华公司拥有甲、乙、丙三条生产线，各为一个资产组。在本年年末，这三个资产组的账面价值分别为 300 万元、400 万元和 500 万元，预计剩余使用寿命分别为 20 年、10 年和 20 年，采用年限平均法计提折旧，没有商誉。由于出现对公司产品的重大不利影响，公司于本年年末对各资产组进行减值测试。

（2）中华公司的经营管理活动由总部负责，总部资产包括一栋办公大楼和一个研发中心，在本年年末，办公大楼的账面价值为 200 万元，研发中心的账面价值为 120 万元。办公大楼的账面价值根据各资产组的账面价值和剩余使用寿命加权平均计算的账面价值分摊比例进行分摊，但研发中心的账面价值难以在合理和一致的基础上分摊至各相关资产组。

（3）各资产组和资产组组合的公允价值减去处置费用后的净额难以确定，公司根据预计的未来现金流量现值确定其可收回金额。资产组甲、乙、丙的可收回金额分别为 384 万元、396 万元和 570 万元，包括研发中心在内的最小资产组组合（即中华公司）的可收回金额为 1 500 万元。

要求　根据上述资料计算下列项目：

（1）各资产组应分摊办公大楼账面价值的比例。

（2）各资产组包括办公大楼分摊金额的账面价值。

（3）各资产组应确认减值损失。

（4）经减值测试后甲、乙、丙资产组、办公大楼、研发中心各自的账面价值。

【业务题八】目的　练习资产减值的列报。

资料　康健公司本年关于资产减值准备变动的财务报表附注见表 9-4。

表 9-4　康健公司 20×0 年资产减值准备变动表　　单位:万元

项　目	年初余额	本期增加	本期减少		期末余额
			转回	转销	
坏账准备	120		30		90
债权投资减值准备	10		10		0
存货跌价准备	185	90		25	250
长期股权投资减值准备	100	80			180
固定资产减值准备	200				200
合　计	615	170	40	25	720

资产减值准备本期转销说明:本期存货跌价准备转销系相关库存商品在本期售出所致。

要求　(1)根据所提供资料分别汇总编制康健公司本年年末计提资产减值准备、转回资产减值准备、转销资产减值准备的会计分录。

(2)计算康健公司本年计入利润表"资产减值损失"项目的金额。

四、复习题参考答案

(一)思考题(略)

(二)判断题

1.(√)　2.(×)　3.(√)　4.(√)　5.(√)　6.(√)　7.(√)　8.(√)

9.(×)　10.(×)

(三)单项选择题

1.(D)　2.(C)　3.(A)　4.(B)　5.(B)　6.(C)　7.(D)　8.(B)　9.(C)

10.(A)

(四)多项选择题

1.(CDE)　2.(ABDE)　3.(CE)　4.(ABC)　5.(ABDE)　6.(ABCDE)

7.(BE)　8.(ABCDE)　9.(ABDE)　10.(ABCDE)

(五)业务题

【业务题一】　分别应确认坏账损失 1 00 000 元、5 000 000 元、200 000 元。

【业务题二】　A 材料 6 月 30 日的可变现净值为 1 700 000 元。

提示:恢复 A 材料的账面价值应以已计提的存货跌价准备余额冲减至零为限。

【业务题三】　20×8 年年末应确认资产减值损失 990 000 元。

提示:转销已销商品计提的跌价准备应冲减主营业务成本,即会计处理的最终结果是:按照 99 件商品的账面价值结转售成本 8 910 000 元(9 900 000—990 000)。

【业务题四】　20×8 年 12 月 31 日,该债券账面价值 1 900 000 元,计入资产减值损失70 000 元,计入其他综合收益的公允价值变动损失为 30 000 元。

20×9 年 12 月 31 日,该债券账面价值 1 600 000 元,计入资产减值损失 280 000 元,计入其他综合收益的公允价值变动损失为 20 000 元,累计 50 000 元。

【业务题五】 该设备 20×0 年年末可收回金额为 7 346 万元。

提示:在 20×0 年年末预计资产未来现金流量时,应当以资产当时的状况为基础,即以不包括资产改良影响金额的未来现金流量为基础加以计算。

【业务题六】 机器 A、机器 B、机器 C 应分摊减值损失分别为 150 000 元、210 000 元、80 000 元。

提示:按照分摊比例,机器 C 应分摊减值损失 176 000 元(440 000×40%),但由于机器 C 的公允价值减去处置费用后的净额为 320 000 元,因此,机器 C 分摊减值损失后的账面价值不应低于 320 000 元,只能确认减值损失 80 000 元(400 000—320 000),剩余的减值损失 360 000 元在机器 A、B 之间按照账面价值的比例分配。

【业务题七】 资产组甲、乙、丙分摊办公大楼账面价值的比例分别为 30%、20%、50%。

经过上述减值测试后,资产组甲、乙、丙和办公大楼的账面价值分别为 300 万元、360 万元、475 万元和 191 万元,研发中心的账面价值仍为 120 万元。

提示:包括研发中心在内的最小资产组组合(即中华公司)的账面价值总额为 1 446 万元,低于其可收回金额 1 500 万元,因此,公司不必再进一步确认减值损失。

【业务题八】 计入利润表"资产减值损失"项目的金额为 130 万元。

提示:转销已销商品所提存货跌价准备 25 万元应冲减营业成本。

第十章 应付和应交款项

一、内容概要解析

(一) 负债特征及确认条件

(1) 负债的特征。负债是指企业过去的交易或者事项形成的,预期会导致经济利益流出企业的现时义务。负债具有三方面特征:

第一,负债承担的义务是现时的。这是指企业过去与债权人之间的交易或事项,使债权人现在就具有求偿权。很多情况下,求偿权源于法律、合同等的规定,债务人的偿债义务为法定义务,但不局限于此,还包括由债务人公开承诺、一贯做法等引发的推定义务。

第二,负债的清偿具有可预期性。这是指很多情况下企业承担的义务具有确定的偿还时间和偿还金额,必须以相同金额的资产来抵偿。即使有些负债的偿还时点不能具体确定,或金额不能精确计算,但是能够合理估计偿债的时间段或金额。

第三,负债的清偿具有优先权。这是指在企业解散时,按照法定的清算程序,负债,即债权人权益,比所有者权益优先得到偿还,体现了法律对债权人的保护。

(2) 负债的确认条件。一项现时义务符合负债的定义,并同时满足以下两个条件时,应确认为负债:① 与该义务有关的经济利益很可能流出企业。② 未来流出的经济利益的金额能够可靠地计量。

上述条件与负债的清偿具有可预期性并不矛盾。如果将经济利益不是很可能流出企业的义务确认为负债,会导致虚列义务;如果不能合理预计则无法确认。

(二) 应付和应交款项的核算内容

应付和应交款项的核算内容见表 10-1。

表 10-1 应付和应交款项的核算内容

应付和应交款项	核 算 内 容	特 点
应付账款	在购买环节产生的应付购买材料、商品或劳务的价款,或相关的增值税款等	具有流动性;一般按未来偿付金额进行初始计量
预收账款	企业按照销售或服务合同的规定预收的货款、服务款项	
其他应付款	除购买与销售及结算工薪、利息、股利、税金等款项以外的应付或暂收的款项	具有流动性;一般按未来偿付金额进行初始计量
应付股利	已批准分配的现金股利或利润。企业派发的股票股利不在此核算	
应交税费	按照税法规定计算的各种应交纳的税金和附加费,包括增值税、消费税、营业税、所得税等	

应付和应交款项	核　算　内　容	特　　点
长期应付款	因融资租入固定资产的应付款或延期付款购置资产等形成的偿还期较长的应付款项	具有非流动性、融资性；按未来偿付金额的现值进行初始计量，采用实际利率法按摊余成本进行后续计量

（三）应付和应交款项的计量

应付、应交款项包括应付票据、应付账款、预收账款、其他应付款、应付利息、应付股利、长期应付款与应交税费等，是企业在各项经济活动中形成的现时义务。

（1）短期应付及应交款项的计量。应付、应交款项应按其未来偿付金额的现值进行初始计量，并采用实际利率法按摊余成本进行后续计量。实务中对偿还期较短的应付款项，直接按市场交易价格与相关交易费用组成的偿付金额进行初始计量；应交款项直接按未来应交纳金额计量。因为偿还期较短的应付、应交款项的偿付金额与其现值的差异不大。

（2）长期应付款的计量。长期应付款按最低租赁付款额进行初始计量，最低租赁付款额中除了以现金支付的每期租金外，还包括期满后以现金支付购买租赁资产的价款，或者承诺到期归还的租赁资产应该具有的价值，但不包括或有租金与履约成本，以反映租赁负债的到期值；作为"长期应付款"账户抵减账户的"未确认融资费用"则反映了融通资金的全部代价；两者相抵后在资产负债表中反映租赁负债的现值。

（四）应付款项的账务处理

1. 应付票据逾期未偿还

对到期未偿还的商业承兑汇票，将票据到期值从"应付票据"账户结转至"应付账款"账户，表示与供应商的债权债务关系依然存在；对到期未偿还的银行承兑汇票，则将票据到期值结转至"短期借款"账户，表示与供应商的债权债务关系转为与承兑银行的债权债务关系，并将此后银行加收的罚息计入财务费用作为占用资金的代价。

2. 实务中应付账款初始确认时点

应在购入货物或劳务的风险和报酬转移时确认相关负债。对于所购货物已验收入库但至月末仍未收到发票账单的经济业务，应在月末将货物和应付账款估计入账，并在下月初用红字冲销。

3. 与长期应付融资租赁款相关的主要账务处理

（1）初始确认。融资租赁固定资产应以其公允价值与最低租赁付款额现值两者中较低者与初始直接费用之和计价入账；长期应付款以最低租赁付款额计价入账；而未确认融资费用则以租赁资产公允价值与最低租赁付款额现值两者中较低者与最低租赁付款额的差额计价入账。

（2）分摊融资费用。需要注意的是，采用实际利率法计算未确认融资费用的分摊金额时，必须结合租赁资产的入账价值来选定分摊率：以最低租赁付款额的现值为其入账价值的，分摊率即为最低租赁付款额的折现率；以租赁资产公允价值为其入账价值的，分摊率即为以租赁资产公允价值为现值、且以最低租赁付款额为终值重新计算确定的折现率。

（五）应交税费的账务处理

应交税费是指企业按照税法规定计算的各种应缴纳的税金和附加费，包括增值税、消费税、所得税、资源税、土地增值税、城市维护建设税、房产税、城镇土地使用税、车船税、教育费附加、矿产资源补偿费以及企业代扣代交的个人所得税等。

1. 应交税费的确认时点

企业按照税法或其他相关规定,在经济活动中或经营期间形成纳税义务的,应在该义务形成时,以法规规定的金额确认为一项负债。

2. 应交税费一般账务处理

大多数税费通过"应交税费"账户核算。对于印花税、耕地占用税等不需要申报应交金额和清缴结算的税金,可不通过"应交税费"账户核算。

3. 应交增值税的账务处理

增值税是针对货物、劳务、服务、无形资产、不动产的增值部分普遍征收的税。货物是指有形动产,包括原材料、库存商品等存货,以及机器、设备和运输工具等生产经营用固定资产。劳务是指加工、修理修配劳务。服务是指交通运输、邮政、电信、建筑、金融、现代、生活等服务。

一般纳税人应在"应交税费——应交增值税"明细账下开设三级明细账户,全面反映增值税的应交、缴纳、抵扣、减免、退税等情况。

(1)一般纳税人的账务处理。一般情况下,企业购进资产、接受劳务服务并取得增值税专用发票等完税凭证的,应将增值税进项税额与资产或劳务服务的成本分别核算,用于抵扣应交的增值税额;企业销售货物、提供劳务、销售服务以及无形资产或不动产的,不论出具的是增值税专用发票还是普通发票,都应将增值税销项税额与货物、劳务服务、无形资产或不动产的销售收入分别核算,以便与进项税额抵扣后确定应缴纳的增值税额。期末,"应交增值税"各专栏的发生额抵轧后为贷方余额的,表示企业应交而未交的增值税,应在税法规定的期限内缴纳;抵轧后为借方余额的,表示企业预交、多交的增值税,或尚未抵扣的可留待下期继续抵扣的进项税额。

有关增值税的账务处理需要注意以下三个问题:

一是关于未取得增值税专用发票而按规定允许抵扣部分增值税款的处理。税法允许企业在收购农产品未取得增值税完税凭证的活动中,按规定的扣除率和依据,计算增值税进项税额并予以在销项税额中抵扣。与取得增值税专用发票的外购业务相比,这类业务的进项税额需要按扣除率计算确定。

二是关于按照税法规定不能抵扣的进项税额的处理。如果购进货物、劳务、服务、无形资产或不动产时即能认定不能抵扣的进项税额,应计入购入货物(劳务、服务等)的成本。如果购进货物、劳务服务等时已将进项税额与购买成本分离,以后用于进项税额不予抵扣的事项,则应将相应的进项税额转出,计入有关的成本、费用或损失。例如,外购原材料因气候原因遭受非正常损失的,应当将与该材料相关的进项税额转出,计入营业外支出。

三是关于税法上视同销售的增值税会计处理。对税法上视同销售的业务,需要区分会计上是否确认销售实现。如果会计上也确认为销售实现,就要确认收入和结转成本。例如,将外购或自产的存货对外投资,由于货物所有权及相关的风险、报酬和继续管理权等不再由原会计主体保留,而是转移给了被投资方,并减少了以货币资金等其他资产对外投资所需要发生的经济资源流出,所以会计上将其视为以自产存货销售取得现金流入后同时发生现金流出对外投资的业务处理。如果会计上不确认销售实现,就不能确认收入。例如,将自产的存货用于厂房改扩建等在建工程,由于货物与在建工程都属同一会计主体所有,该项业务并未带来新的经济利益流入或减少经济利益流出,所以,不符合会计上确认收入的条件,而只能将货物或劳务服务等的账面价值与按税法规定应承担的增值税销项税额计入相关工程的成本。

(2)小规模纳税人的账务处理。小规模纳税人采用简易核算办法,无进项税额抵扣问题,所以无须在"应交税费——应交增值税"下设三级明细账户。但是在销售资产或提供劳务服务的账务处理中,仍应将价税分离,分别记入相关的收入账户和"应交税费——应交增值税"账户核算。

4. 应交消费税的账务处理

消费税是对征收增值税货物中的部分高档消费品加收的税。

在销售应税消费品时,作为价内税的消费税已包含在销售价款中,而非另外再向购买方收取,所以账务处理时也不将其从收入中分离,而是在确认消费税负债时,作为与收入配比的费用记入"税金及附加"账户核算。这与增值税的核算截然不同。对于税法视同销售而会计未作为销售处理的业务,应将确认的消费税负债计入相关的成本、费用或损失。

对委托加工应税消费品征收的消费税,应根据其后续用途作不同的处理:收回后用于连续生产应税消费品的,支付或应支付的消费税单独记入"应交税费——应交消费税"账户的借方,以便在最终销售该应税消费品时从应交消费税额中抵扣;收回后用于直接对外销售的,支付或应支付的消费税计入加工成本。

5. 先征后返税款的账务处理

由于大多数税款的返还要经过税务部门的审批,返还税款的时点与金额都不能确定,所以先征后返的税款一般在实际收到返还税款时,才作为营业外收入予以确认。

(六)职工薪酬的确认与计量

(1)职工薪酬的范围和内容。职工薪酬是指企业为获得职工提供的服务或与之解除劳动关系而给予各种形式的报酬或补偿,由短期薪酬、离职后福利、辞退福利和其他长期职工福利等组成。

这里需要注意的是"职工"与"薪酬"的广义性。"职工"包括了为企业提供服务的一切人员。"薪酬"可以是货币形式,也可以是非货币形式;既包括直接发放给职工个人的工资奖金,又包括企业承担的为职工缴纳的各项保险费、公积金和其他经费等;不但涵盖传统的工资薪酬,而且涵盖辞退福利和以现金结算的股份支付。对于职工薪酬范畴的规定,有利于完整反映企业的人工成本。

(2)职工薪酬的确认原则。① 对短期薪酬、离职后福利的确认,应于接受职工提供服务或实际发生福利费支出当期,将由此产生的所有义务确认为负债,通过"应付职工薪酬"账户核算。② 对辞退福利的确认,应当在企业不能单方面撤回因解除劳动关系计划或裁减建议所提供的辞退福利时、企业确认涉及支付辞退福利的重组相关的成本或费用时两者孰早日,确认辞退福利产生的职工薪酬负债,并计入当期管理费用。

(3)一般职工薪酬的计量。以货币资金发放或缴纳的,按实际发生数确定;以自产产品作为职工薪酬提供的,应以该商品的公允价值及相关税费计算确定;以向职工提供资产使用权作为职工薪酬的,则以该资产每期计提的折旧或摊销的价值、或应付租金等计算确定;职工没有选择权的辞退计划,应当根据计划规定的具体条款计算确定辞退福利负债金额;职工有选择权的辞退计划,应当根据预计的职工数量和每一职位的辞退补偿预计辞退福利负债金额。

(4)一般职工薪酬的账务处理。对于辞退福利以外的职工薪酬,在确认为负债的同时,应根据受益原则,将其分配计入相关资产的成本或当期期间费用。有些难以确定或无法确定受益对象的职工薪酬,则计入管理费用。而对于辞退福利,一概在确认应付职工薪酬的同时计入管理费用。

另外,还应该注意到以下两个问题:一是区分不同对象承担的各项社会保险费和公积金。由企业承担为职工交纳的,在计提时计入有关成本费用;由职工个人承担的,由企业从应付职工的薪酬中代扣代缴。二是区分货币性薪酬与非货币性福利。发放非货币性福利时,如提供自产产品的,应确认销售收入;如提供企业资产给员工无偿使用的,应将有关折旧费和摊销费通过"应付职工薪酬"账户予以归集和分配。

(七)以现金结算的股份支付及其账务处理

股份支付,是指企业为获取职工和其他方提供服务而授予权益工具或者承担以权益工具为基础确定的负债的交易,也是因企业接受服务而向相关人员支付职工薪酬的事项。

(1)以现金结算的股份支付的计量。与传统的职工薪酬计量不同,其初始计量与后续计量都采用公允价值,并与企业自身权益工具的市场价值紧密联系。但需要注意的是,现金股票增值权的公允价值与该股票的公允价值是有区别的,前者是以后者为计量基础采用估值方法计算确定的。

(2)以现金结算的股份支付的账务处理。对授予后不可立即行权的以现金结算的股份支付,账务处理中应关注:① 授予日不作账务处理。② 等待期内的资产负债表日,遵循权责发生制原则和受益原则,按照该日现金股票增值权的公允价值确认股份支付的相关负债和成本费用。③ 可行权日后至实际行权日之间现金股票增值权的公允价值变动则记入"公允价值变动损益"账户,同时调整与股份支付相关的负债。

(八)流动负债的列报

企业集团应当在其合并资产负债表和母公司资产负债表列报流动负债的可比数据,为使报表使用者更好地解读资产负债表内的各项流动负债数据,还应列报相应的会计政策和报表项目附注,提供投资者(债权人)等进一步财务分析的线索,如企业当前或近期偿付的资金压力、流动负债的结构、未来收入的现金保障程度、应付职工薪酬具体构成及其增减变动等,以满足报表使用者进行经济决策的信息需求。这里以内蒙古伊利实业集团股份有限公司(以下简称伊利股份)有关流动负债的表内列报和相应的报表项目附注为例,具体说明流动负债的列报。

(1)伊利股份流动负债的表内列报,见表10-2。

表 10-2 伊利股份合并资产负债表部分项目

2016 年 12 月 31 日 单位:元

项 目	附注	期末余额	期初余额
流动负债:			
短期借款		150 000 000.00	6 190 000 000.00
......			

续表

项　目	附注	期末余额	期初余额
应付票据		337 619 879.05	563 109 677.86
应付账款		6 752 911 591.08	6 078 848 281.58
预收款项		3 591 668 262.20	2 035 534 262.54
……			
应付职工薪酬		2 315 174 484.06	1 692 010 368.46
应交税费		490 228 209.95	368 019 071.23
应付利息		67 375.00	2 931 747.17
应付股利		49 930 411.78	39 647 713.91
其他应付款		1 155 154 021.77	1 147 759 098.56
……			
一年内到期的非流动负债			
其他流动负债		64 700 478.79	84 163 127.43
流动负债合计		14 907 454 713.68	18 202 023 348.74

（2）伊利股份主要流动负债项目的附注列报，见表10-3至表10-6。

表 10-3　附注 37：应付职工薪酬列示　　　　单位：元

项目	期初余额	本期增加	本期减少	期末余额
一、短期薪酬	1 670 625 349.80	5 686 015 327.13	5 050 877 910.83	2 305 762 766.10
二、离职后福利—设定提存计划	19 487 093.54	538 379 087.54	548 944 035.93	8 922 145.15
三、辞退福利	1 897 925.12	48 691 764.71	50 100 117.02	489 572.81
四、一年内到期的其他福利				
合　计	1 692 010 368.46	6 273 086 179.38	5 649 922 063.78	2 315 174 484.06

表 10-4　附注 37：短期薪酬列示　　　　单位：元

项目	期初余额	本期增加	本期减少	期末余额
一、工资、奖金、津贴和补贴	1 407 773 381.22	4 891 635 746.73	4 278 473 514.86	2 020 935 613.09
二、职工福利费		242 108 887.31	242 108 887.31	
三、社会保险费	10 993 930.38	255 582 737.21	262 548 527.47	4 028 140.12
其中：医疗保险费	7 699 857.71	208 025 801.11	212 308 413.57	3 417 245.25
工伤保险费	1 373 095.95	15 232 189.46	16 391 304.73	213 980.68

续表

项目	期初余额	本期增加	本期减少	期末余额
生育保险费	1 124 478.76	16 297 178.72	17 173 028.16	248 629.32
少儿英才险		259 658.76	259 658.76	
残疾人保障基金	796 497.96	15 767 909.16	16 416 122.25	148 284.87
四、住房公积金	3 998 298.05	145 893 584.98	145 918 885.56	3 972 997.47
五、工会经费和职工教育经费	245 994 039.13	117 987 022.19	87 615 777.26	276 365 284.06
六、短期带薪缺勤				
七、短期利润分享计划				
八、劳务派遣费	1 865 701.02	32 724 166.74	34 130 935.82	458 931.94
九、其他		83 181.97	81 382.55	1 799.42
合　计	1 670 625 349.80	5 686 015 327.13	5 050 877 910.83	2 305 762 766.10

表 10-5　附注 37:设定提存计划列示　　　　　　单位:元

项目	期初余额	本期增加	本期减少	期末余额
1. 基本养老保险	16 346 037.43	511 670 958.24	519 406 702.01	8 610 293.66
2. 失业保险费	3 141 056.11	26 708 129.30	29 537 333.92	311 851.49
3. 企业年金缴费				
合　计	19 487 093.54	538 379 087.54	548 944 035.93	8 922 145.15

其他说明:
应付职工薪酬期末余额较期初增加原因:需在下年度发放的薪酬费用增加所致。

表 10-6　附注 38:应交税费列示　　　　　　单位:元

项目	期末余额	期初余额
增值税	106 339 121.65	162 453 980.41
消费税		
营业税		886 146.37
企业所得税	308 065 848.93	128 291 926.08
个人所得税	7 941 340.99	12 319 917.82
城市维护建设税	10 981 936.61	10 335 694.82
印花税	5 951 728.99	5 895 665.16
土地使用税	4 978 696.05	4 061 389.20
房产税	5 442 575.52	4 249 926.39
教育费附加	8 388 140.44	8 296 663.63
水利建设基金	30 682 135.83	27 615 996.83
其他	1 456 684.94	3 611 764.52
合　计	490 228 209.95	368 019 071.23

其他说明:
应交税费期末余额较期初增加原因:主要是期末应交的企业所得税增加所致。
资料来源:伊利股份 2016 年年报。

二、背景资料

（一）税制改革及其对会计的影响

1. 增值税税制改革主要内容与作用

我国的税收制度经过了多次改革。其中 1994 年税制改革是新中国成立以来最大的一次,共设立了 25 种税收。其中增值税制改革选择了生产性增值税模式,企业新购进机器设备所含的增值税进项税额不允许在销项税额中抵扣,这在当时一方面抑制了盲目扩张固定资产投资,达到宏观经济调控的目的,另一方面也阻止了财政收入占 GDP 的比重不断下滑的趋势。这场增值税制改革符合我国当时的国情需要,为持续大幅增加财政收入、促进中国经济的快速发展作出了重要贡献。

然而,随着社会主义市场经济的不断深入发展,增值税制新的不适应之处逐渐显现。比如,生产型增值税未能完全避免重复征税,在一定程度上加重了企业的税负,影响了企业设备更换和技术更新,这种影响对固定资产占整个资产比例较高的资本密集型企业尤为明显;1994 年的增值税制为一般纳税人设有不同档次的增值税率,不同行业的小规模纳税人的征收率也不统一,而且与其他国家增值税率相比税率较高,这些不仅有损公平税负原则,还在一定程度上增加了征收增值税的复杂性和难度。为了确保我国经济的持续快速发展,新一轮的税制改革已经展开。这次的增值税改革不是将原增值税制整体推倒重来,只是对其不适应处进行改动,所以也被称为"增值税转型",其主要改变体现在以下几方面:

（1）实现增值税从"生产型"向"消费型"的转变,其最核心的内容就是增值税一般纳税人新购进的机器、设备和运输工具等生产经营用固定资产所含进项税额,可以从销项税额中抵扣。

（2）将矿产品增值税税率改为 17%。

（3）将小规模纳税人的征收率从 6%(或 4%)降低为 3%;并明确纳税人自用的应征消费税的高档消费品,如摩托车、汽车、游艇等的进项税额不得从销项税额中抵扣。

（4）取消进口设备增值税免税政策和外商投资企业采购国产设备增值税退税政策。

转型后的增值税制允许购入设备等固定资产的进项税额用于抵扣,一是极大地减少了生产型增值税制下存在的重复征税因素,对固定资本占整体资本比重较高的资本密集型或技术密集型企业而言,更是极大地降低了设备投资的税收负担,在一定程度上刺激这类企业扩大投资,从而引导企业注重新设备的投入和科技进步,促进其向着更好的方向发展;二是这一结果同时也促进了我国装备制造业的发展,对我国产业结构的调整及经济增长方式的转变等,都起到了积极的作用;三是增值税转型后,将矿产品增值税税率由 13% 恢复到 17%,有利于保持开采地与其他地区在税收收入方面的公平,同时也能促进矿产资源的节约与综合利用,促进对不可再生资源与环境的保护;四是将小规模纳税人的多种征收率统一降至 3%,使没有进项税额可以抵扣的小规模纳税人的税负也有实质性的降低,既达到一般纳税人与小规模纳税人的税负公平,又简化税率结构,有助于税收征管。

转型后的增值税制从 2009 年起实施,现已逐步显示出效应。绝大多数的一般纳税人企业在增值税转型后,由于增加了可抵扣的增值税额,其生产成本和费用会有所下降,企业税负总体上有所减轻,因而减少了缴纳税费的现金流出量,有利于提高企业用先进的高科技设备装备企业的积极性。

2. 增值税税制改革对会计的影响

由于转型后的增值税制规定一般纳税人购进固定资产（指使用期限超过12个月的机器、机械、运输工具以及其他与生产经营有关的设备、工具、器具等，但是不包括不动产）承担的进项税额可以从销项税额中抵扣，所以与转型前相比，对会计核算的影响主要体现在与机器、设备、运输工具等固定资产相关的进项税额的不同处理：

（1）对外购取得的固定资产或用于固定资产建造的工程物资，应将购买价款作价税分离，将在购买环节承担的增值税单独记入"应交税费——应交增值税（进项税额）"账户核算，从而减少固定资产的初始计量价值和后续折旧金额。

（2）对自行安装或建造固定资产领用生产用料，新增值税法允许对应进项税额用于抵扣，不需作转出处理。

（3）对出售固定资产所得价款应作价税分离，将不含增值税价格贷记"固定资产清理"账户，将增值税额单独记入"应交税费——应交增值税（销项税额）"账户贷方核算。

3. 营业税改征增值税的全面推行

尽管增值税实行税款抵扣制有效地避免了商品、劳务在流转过程中的重复征税问题，但是在过去很长一段时期内，我国增值税的征收范围并未覆盖到货物流通的全部环节，更未涉及服务行业，企业销售服务征收的是营业税，这就使得货物与服务的税收制度不统一，而且因营业税不采用税款抵扣制，导致在现代服务业、先进制造业等行业中还是存在重复征税的问题，这在一定程度上增加了相关企业的税负，不利于企业的发展。为了公平税负，增强各个行业企业的经营活力与转型升级能力，财政部与国家税务总局联合颁发了《关于全面推开营业税改征增值税试点的通知》（财税〔2016〕36号），要求从2016年5月1日起，将建筑业、房地产业、金融业、生活服务业等全部营业税纳税人由缴纳营业税改为缴纳增值税。从此营业税全面退出我国历史舞台。

营业税改征增值税后，增值税的征收范围全面覆盖了货物、劳务与服务，打通了增值税的抵扣链；同时还将因属于购建不动产不予抵扣的进项税额纳入可抵扣范围，使增值税的"税收中性"特点与"消费型"特征都能得到更完整的体现，既有助于公平税负与社会分工协作，也促进了企业经营能力的提升与长远发展。

4. 增值税税制改革的逐步完善

为了进一步减轻市场主体的税负，不断优化营商环境，2018年3月国务院常务会议作出了多项关于增值税税制改革的决定，其中包括从2018年5月1日起，制造业等行业的增值税税率从17%降至16%，交通运输、建筑、基础电信服务等行业及农产品等货物的增值税税率从11%降至10%，以促进实体经济转型升级，激发市场活力和社会创造力。

（二）传统薪酬制度与现代企业薪酬激励机制

1. 传统的应付工资总额与会计准则中的应付职工薪酬

在2006年《企业会计准则第9号——职工薪酬》出台前，我国企业的人工成本是指传统意义上的工资总额，主要包括企业向在职职工支付的工资、奖金、津贴和补贴等报酬，非本单位员工的薪酬不包括在内。企业为在职职工承担的医疗保险费、养老保险费、失业保险费等各项社会保险费与住房公积金，一律不作为人工成本，不纳入"应付工资"的核算范围，更不需要按照受益原则将这些企业承担的费用计入相关的受益对象的成本。与《国际会计准则第19号——雇员福利》（IAS 19：Employee Benefits）中的相关概念相比，我国传统的工资总额包含的内容比较狭窄，未能全面反映企业的用人成本，从而影响了生产成本计算的准确性。在我国的对外贸易中,这些会计方面的差异又发展成为我国企业在倾销案例中败诉的决定性因素之一,成为一些西方国家否定我国市场经济国家地位的理由。

正是在这样的背景下,财政部于 2006 年 2 月第一次为企业的用人成本单独制定会计规范,即《企业会计准则第 9 号——职工薪酬》。该准则对"职工薪酬"这一概念从职工的范围和薪酬的内容两方面进行了扩大,使职工薪酬能全面反映企业的用人成本,并实现了与 IAS 19 的等效趋同。

2. 传统的薪酬激励与现代企业的股权激励

传统薪酬制度下的薪酬激励,主要表现为发放年终奖金或其他奖金,目的是回报企业高管或普通员工为企业已经做出的成绩、贡献等,奖金的多少与该员工对企业的贡献有关。这种建立在对过往业绩、短期业绩进行评估上的激励制度,未能着眼于企业未来,事实证明不利于企业的长期发展,更不适宜在现代的股份制企业中运用。现代企业中,往往股东与经营者相分离,股东与经营者的"委托—代理"关系,导致了股东与经营者之间的利益分离:股东追求的是股权价值最大化,经营者则追求自身价值最大化。所以,现代企业的激励机制还应该具有使股东与经营者的目标一致的功能。股权激励机制就是在这种需求背景下产生的,它使企业的经营者(也称为企业高管,包括董事、监事、经理等高级管理人员和关键技术人员等)与股东形成企业利益的共同体,让经营者能够分享股权价值最大化的成果,所以这是一种企业长期发展的激励手段。从理论上讲,所有依赖于人才的企业都有建立股权激励机制的愿望。

20 世纪末,我国上市公司和国有企业中建立股权激励机制的企业逐步出现。2005 年 12 月,中国证监会发布了《上市公司股权激励管理办法(试行)》,2006 年 2 月,财政部制定并颁布《企业会计准则第 11 号——股份支付》,同年 9 月,国务院国有资产监督管理委员会和财政部又发布了《国有控股上市公司(境内)实施股权激励试行办法》。这些法规的出台,为企业制订与实施股权激励计划创造了条件。其中,《企业会计准则第 11 号——股份支付》,在企业按规定实施股权激励计划的会计处理,以及相关信息披露等方面,作出了具体规范。

在已经公布股权激励方案的企业中,高科技企业比例较高。截至 2009 年,我国上市公司中已有 146 家公布股权激励方案,其中高科技企业(包括医药、信息技术、电子三个行业)有 55 家(中国股权激励年度报告 2009,和君咨询),占 1/3 以上。这是因为高科技企业对高端人才的依赖远远超出一般企业。

(三)租赁国际会计准则的变化趋势

2008 年全球金融危机爆发后,人们一直在反思危机爆发的原因。除了经济结构失衡、金融创新过度、资本市场的监管缺位等原因以外,还有一个重要原因就是因为会计准则允许"表外融资"的存在(沙泉,2010 年 6 月)。根据《世界租赁年鉴 2009》,2007 年全球租赁总金额达 7 600 亿美元,但其中很多租赁合同没有反映在主体的财务状况表上(财政部会计司,2009 年 5 月)。这就使得一些企业的财务状况未能得到真实反映。

国际财务报告准则和美国公认会计原则将租赁划分为经营性租赁和融资性租赁,并规定只在承租人报表中确认融资租赁资产与负债,而将经营租赁的应付租赁款确认为租赁期间的费用,这样就使很多经营租赁合同没能反映在承租人的资产负债表上,报表使用者无法直接根据报表数据评价经营租赁合同对资产和负债所产生的影响。此规定不仅造成融资租赁与经营租赁因采用不同的会计处理方法使结果失去可比性,而且还给承租人为满足特定需要进行租赁分类构造提供了可能。比如,承租人将一项固定资产出售给出租人,又以经营租赁方式回租,这样承租人既增加了出售当期的利润,获得出售固定资产的现金净流入量,提高流动比率,改善了一系列财务指标;后期分期支付经营租赁的租金,缓解了承租人的现金压力;而经营租赁的固定资产及后期应付而未付的租金因未纳入资产负债表内反映,不会给财务指标带来不利影响。与承租人将固定资产出售后以融资租赁方式回租的结果相比,两种情况下的资产负债率、流动比率等财务指标都有较大不同。

为了建立与完善高质量的国际性会计准则,提高会计信息的透明度,国际会计准则理事会与美国财务会计准则理事会于2009年3月发布了《租赁》(讨论稿),其中提出承租人应根据其获得的符合资产定义的租赁物的使用权单独确认一项资产,而不区分租赁属于融资性质还是经营性质;同时根据承租人由包括或有租金和担保余值产生的支付义务单独确认一项负债。但在一些细节问题上,两大理事会并未完全达成一致,如在承租人租金支付义务的计量问题上,国际会计准则协会理事会认为应包括或有租金的加权平均估计值和担保余值,但美国财务会计准则理事会则认为应基于最可能发生的租金支付来量度或有租金。此外,讨论稿还针对出租人的会计处理问题进行讨论(康书生、王涵生,2009年12月)。《租赁》(讨论稿)的此番修改消除了承租人操纵租赁分类的可能,有助于将承租人拥有的租赁资产使用权和支付租金的义务在表内反映,有效地提高了会计信息的明晰性和有用性。

阅 读 文 献

1. 北京和君咨询有限公司:“2009年中国股权激励年度报告”,http://www.hjcn.com.cn/download/down2/32458491068.shtml。

2. 沙泉:“浅析国际会计准则的修改对中国融资租赁业的影响”,http://www.chinaleasing.org/doc4/doc5726.htm,2010年6月19日。

3. 财政部会计司:“以控制标准界定终止确认 不再区分融资租赁和经营租赁”,《会计最新动态》2009年第5期。

4. 康书生、王涵生:“关于租赁会计准则修订的概况与分析”,《会计之友》2009年第12期(上)。

5. 刘霞. 增值税实务政策解析与操作指南[M]. 上海:立信会计出版社 2017.

6. 盖地. 全面推开“营改增”及其对会计与税务筹划影响探析[J]. 会计之友,2016(14).

7. 杜烨旻. 全面推进“营改增”对传统服务业的影响分析[J]. 财会研究,2016(6).

8. 国宇洁.“营改增”对我国现代服务业的影响[J]. 广东经济,2017(14).

三、复习题

(一)思考题

1. 负债有哪些特征?请说明负债确认条件。

2. 如何确认与计量应付账款?

3. 长期应付款主要包括哪些内容?其中融资租入固定资产应付款的初始计量有何特点?

4. 一般纳税人应交增值税主要有哪些核算环节?分别如何进行会计处理?

5. 委托加工应税消费品时,应交消费税如何进行会计处理?

6. 职工薪酬的含义是什么？包括哪些具体内容？

7. 股份支付的计量与传统薪酬相比，有何特点？请具体说明以现金结算的股份支付对企业损益的影响。

8. 辞退福利在确认、计量及账务处理上有什么特点？

9. 企业如何进行非货币性职工薪酬的核算？

10. 请说明我国企业的职工薪酬计入成本费用的原则。为什么采用该原则？

11. 请说明"未确认融资费用"账户的作用，该账户余额在编制资产负债表时如何处理？

12. 企业购买符合固定资产确认条件的生产设备，所付的增值税款对企业的资产价值、成本费用、纳税负担、现金流量等有何影响？

13. 与一般制造业相比，第三产业经营过程中材料消耗少、人力成本高，按现行增值税抵扣规定人力成本不属抵扣范围，有人提出延长增值税抵扣链，将人力成本纳入可抵扣范围。你赞成这一观点吗？请说明理由。

（二）判断题

1. 负债是企业承担的偿付义务，其金额不一定都通过精确计算而确定。　（　　）

2. 负债应按未来偿付金额的现值进行计量，但是实务中，应付账款、预收账款、其他应付款和长期应付款等应付款项均可按实际交易价格计量。　（　　）

3. 银行承兑汇票到期后付款人不能及时付款的，应当将应付票据的面值结转至短期借款账户核算。　（　　）

4. 预收账款总分类账户的期末余额应计入资产负债表的"预收账款"项目。　（　　）

5. 企业分期支付融资租入固定资产租赁款时，一般会同时减少企业资产、负债和利润。　（　　）

6. 企业将自产的产品发给职工作为福利，应当按相关产品的实际成本计入职工薪酬。　（　　）

7. 企业在购买商品、接受劳务服务时承担的增值税、消费税等，若可以在后续环节中得到抵扣，应记入"应交税费"账户的借方单独核算。　（　　）

8. 职工出差报销的差旅费不属于企业为获得职工提供的服务而给予的报酬。　（　　）

9. 企业支付给职工的薪酬核算，应按受益对象计入相关的成本费用；企业为职工支付的社会保险费，应计入管理费用。　（　　）

10. 以现金结算的股份支付应当在授予日进行账务处理，确认相关的股权激励成本。　（　　）

（三）单项选择题

1. 下列各项中，不能在"应付账款"账户核算的是（　　）。
   A. 预付的购货款　　　　　　　　B. 应付的购货款
   C. 提供周转包装物收取的押金　　D. 应付供应商代垫的运费

2. 某企业年初购买一台设备，总价款620万元，按合同约定分三次在每年末等额支付，该设备款的现值为500万元。该项应付设备租赁款项初始确认应当（　　）。
   A. 增加应付账款620万元　　　　B. 增加其他应付款620万元
   C. 增加长期应付款620万元　　　D. 增加长期应付款500万元

3. 一般纳税企业委托加工一批应税消费品，取得的增值税专用发票中税额16 000元，另外代扣代交的消费税5 000元，该消费品收回后直接对外销售。此项业务使该企业"应交税费"账户(　　)元。

    A. 增加 21 000　　　　　　　　　　B. 增加 16 000

    C. 减少 21 000　　　　　　　　　　D. 减少 16 000

4. 一般纳税企业 A 公司将一辆自产的小轿车向 B 公司投资,取得 B 公司 28%的股权,并能对 B 公司实施重大影响。该车的生产成本 1 200 000 元,市场售价 2 000 000 元,适用的增值税税率 16%、消费税税率 5%。A 公司的该项长期股权投资初始投资成本为(　　)元。

    A. 1 520 000　　　B. 2 320 000　　　C. 1 620 000　　　D. 2 420 000

5. 企业将自行开采的铁矿石用于冶炼生铁而需承担的资源税,应记入(　　)账户。

    A. "生产成本"　　　　　　　　　　B. "制造费用"

    C. "主营业务成本"　　　　　　　　D. "税金及附加"

6. 某一般纳税企业本月发生增值税进项税额 10 万元,销项税额 40 万元,进项税额转出 4 万元;发生应交消费税 18 万元。该公司适用的城市维护建设税税率为 7%,则应确认本月应交城市维护建设税(　　)万元。

    A. 4.06　　　　　B. 3.64　　　　　C. 3.36　　　　　D. 2.03

7. 下列各项中,不属于职工薪酬的是(　　)。

    A. 职工报销由企业负担的住房租金

    B. 职工休假期间享有的薪酬

    C. 职工报销由企业负担的产品展销会务费

    D. 发放给职工的防暑降温用品

8. 企业因解除与生产工人的劳动关系而承担的辞退补偿支出,应列入(　　)账户的借方。

    A. "生产成本"　　　B. "制造费用"　　　C. "管理费用"　　　D. "应付职工薪酬"

9. 下列关于以现金结算的有等待期的股份支付会计处理中,错误的是(　　)。

    A. 授予日不需要进行账务处理

    B. 等待期内确认相关负债时以公允价值计量

    C. 等待期内确认相关负债的公允价值变动损益

    D. 可行权日后相关负债的公允价值变动计入公允价值变动损益

10. 甲公司从乙公司融资租赁一台生产设备,按合同甲公司应在 5 年租赁期间,每年年末支付租金(不含增值税)200 万元,担保的资产余值 80 万元。甲公司每年的履约成本需 20 万元。则甲公司的最低租赁付款额为(　　)万元。

    A. 300　　　　　　B. 1 000　　　　　C. 1 080　　　　　D. 1 180

(四)多项选择题

1. 企业应根据下列经济活动确认一项负债的有(　　)。

    A. 签订一份购买设备的合同　　　　B. 根据贷款合同取得银行借款

    C. 公司对外宣告将发放股票股利　　D. 出租包装物的同时收取押金

    E. 在现金股票增值权授予后的等待期内各资产负债表日,估计可行权职工人数和该日股票增值权的公允价值

2. 某公司签发一张面值 200 000 元、票面利率 1.2%、承兑期为 1 个月的商业承兑汇票,用以结算购料款。票据到期确认该票据利息并以银行存款支付票据本息时,产生的影

响包括( )。

A. 减少应付账款 200 000 元
B. 减少应付票据 200 000 元
C. 增加财务费用 200 元
D. 增加财务费用 2 400 元
E. 减少银行存款 202 400 元

3. 某企业以融资租赁方式租入一台设备,其公允价值为 200 万元,最低租赁付款额 186 万元,最低租赁付款额现值 178 万元,并在租赁过程中支付印花税、手续费、律师费等初始直接费用共计 3.6 万元。则该企业下列会计处理中,正确的有( )。

A. 长期应付款增加 186 万元
B. 长期应付款增加 178 万元
C. 固定资产入账价值 200 万元
D. 固定资产入账价值 203.6 万元
E. 未确认融资费用增加 8 万元

4. 某公司自 20×1 年 1 月 1 日起实施一项以现金结算的股份支付协议,等待期为两年,可行权日为 20×3 年 1 月 1 日,实际行权分别为 20×3 年 8 月 10 日、20×4 年 5 月 20 日。下列时点一般应当进行股份支付相关会计处理的有( )。

A. 授予日
B. 等待期内各资产负债表日
C. 可行权日
D. 实际行权日
E. 可行权日至行权日之间的各资产负债表日

5. 某一般纳税企业本期发出委托加工的物资本期收回后全部直接实现了销售,下列项目中,影响本期损益的有( )。

A. 与委托加工有关的增值税
B. 由受托加工方代收代交的消费税
C. 加工成本
D. 发出加工与收回的往返运费
E. 由委托加工应交增值税、消费税引起的城市维护建设税等

6. 一般纳税企业下列事项的发生会增加发生当期应交增值税额的有( )。

A. 外购的生产用材料发生非正常损失
B. 厂房改建的在建工程领用生产用原材料
C. 向社会福利院捐赠本企业生产的电脑
D. 作为福利向职工发放本企业生产的电脑
E. 向小规模纳税人销售货物开具普通销售发票

7. A 公司为一般纳税企业,适用 16% 的增值税税率;B 公司为小规模纳税企业,适用 3% 的增值税扣除率。本月 A、B 公司购入原材料,均取得增值税专用发票,且价税合计均 116 000 元;都向另一小规模纳税企业销售产品,各自开具的普通发票金额均为 477 920 元。关于上述业务,下列说法中,正确的有( )。

A. 本月 A 公司进项税额 16 000 元
B. 本月 A 公司应交增值税 49 920 元
C. 本月 A 公司应交增值税 65 920 元
D. 本月 B 公司应交增值税 49 920 元
E. 本月 B 公司应交增值税 13 920 元

8. 下列因素中,可能与以现金结算的股份支付(非立即行权)所形成负债的初始计量有关的因素有( )。

A. 预计可行权的员工人数
B. 授予日有关权益工具的公允价值

    C. 可行权日有关权益工具的公允价值

    D. 行权日有关权益工具的公允价值

    E. 等待期内第一个资产负债表日有关权益工具的公允价值

9. 企业在分配人工费用时,应将(　　　)。

    A. 生产产品工人的薪酬计入所生产产品的成本

    B. 生产车间管理人员的薪酬计入制造费用

    C. 购建固定资产负担的薪酬计入在建工程的成本

    D. 发放给生产工人的非货币性福利计入管理费用

    E. 由企业负担的为全体职工缴纳的社会保险费计入管理费用

10. 下列事项中,发生会增加当期期末资产负债表中流动负债金额的有(　　　)。

    A. 期末对外宣告公司派发现金股利的决议

    B. 不带息的商业汇票持有到期后因资金紧缺未予兑付

    C. 期末按不可撤销的解除劳动协议预计一项负债

    D. 年末计提下一年年初发放的本年职工年终奖金

    E. 按合同约定支付本期应付的融资租赁固定资产应付款

(五) 业务题

【业务题一】目的　练习应付款项的会计处理。

资料　A公司为一般纳税企业。本年12月,公司发生部分业务如下:

(1) 一张承兑期3个月的无息商业承兑汇票到期,面值20 000元,A公司未支付票款。

(2) 购入一批原材料,取得的增值税专用发票中价税合计23 200元,款项未付;取得运费增值税专用发票,价税合计1 100元,以银行存款支付;原材料已验收入库,采用计划成本计价,其计划成本为22 000元。运费适用10%增值税税率。

(3) 向T公司销售产品,开具的增值税专用发票中价税合计348 000元,上月预收T公司货款100 000元,余款已用银行存款结清。因向T公司提供产品搬运器具,收取现金900元作为押金。

(4) 签发支票按合同约定支付全年融资租赁设备租金500 000元、相关增值税进项税额80 000元,并确认融资费用75 000元。本年初"长期应付款"账户余额为1 700 000元。

要求　根据上述资料编制本年12月份A公司的相关会计分录,并说明A公司本年末资产负债表中"长期应付款"项目的金额。

【业务题二】目的　练习长期应付款的会计处理。

资料　B公司与C设备租赁公司于20×0年11月17日签订生产线租赁合同。合同规定:起租日为20×0年12月31日;租赁期4年,从20×0年12月31日开始至20×4年12月30日;租赁期内,每年12月28日B公司收到由C公司出具的增值税专用发票,支付租金与增值税合计5 800 000元;租赁期满,B公司将生产线归还C公司,预计该生产线的余值1 200 000元,其中B公司的母公司担保余值1 000 000元,其余余值未作担保;合同规定利率5%;该生产线全新,公允价值23 000 000元,预计使用年限5年。生产线于起租日运达B公司,随即投入使用,采用年限平均法计提折旧。在租赁合同签订过程中发生差旅费15 000元,佣金及其他相关费用32 300元。租赁期间,每年发生生产线日常修理费80 000元。融资租赁服务适用16%增值税税率。

要求　根据上述资料(本题计算精确到元)：

(1) 计算各年分摊融资费用金额。

(2) 编制下列经济业务的会计分录：租入生产线；20×1年年末计提折旧；支付20×1年生产线日常修理费；20×1年12月28日支付租金和分摊融资费用；租赁期满归还生产线。

(3) 计算该生产线计入20×1年年末资产负债表中"固定资产"项目和"长期应付款"项目的金额。

【业务题三】目的　练习增值税、消费税及其他税费的会计处理。

资料　D公司为一般纳税企业，对存货采用实际成本计价。D公司本月初"应交税费"借方余额2万元，为尚未抵扣的增值税额。本月有关业务如下：

(1) 购买原材料，增值税专用发票中价款10万元，增值税额1.6万元，D公司以面值11.6万元的银行承兑汇票结算。该票据承兑期6个月，票面利率1%。原材料已验收入库。

(2) 销售产品，增值税专用发票中价款50万元，增值税额8万元，款项尚未收取，公司代垫的运费0.2万元已以支票结算。

(3) 收购农产品，出具的发票中收购金额5万元，可按10%扣除率计算进项税额用于抵扣。农产品作为原材料验收入库，款项以面值5万元的银行汇票结清。

(4) 销售应税消费品，增值税专用发票中价款10万元，增值税额1.6万元，款项已收存银行。该应税消费品适用消费税税率为10%。

(5) 结算委托加工原材料的加工费，增值税专用发票中加工费2万元，增值税额0.32万元，另外代扣代交的消费税0.5万元，材料收回后需继续加工，至月末该材料尚未验收入库，款项以银行存款支付。

(6) 结算本月应交的城市维护建设税，适用税率为7%。

要求　(1) 计算本月应交的增值税、消费税和城市维护建设税的金额。

(2) 计算D公司本月末资产负债表中"应交税费"项目的金额。

(3) 计算D公司本月利润表中"税金及附加"项目的金额。

(4) 编制相关的会计分录。

【业务题四】目的　练习增值税、消费税及其他税费的会计处理。

资料　H公司为一般纳税企业，以产品的生产与销售为主营业务，适用的增值税税率16%，消费税税率10%；房屋租赁适用10%的增值税税率；城市维护建设税税率7%。7月初"应交税费"各明细账户贷方余额为：应交增值税28 800元；应交消费税15 200元；应交城市维护建设税3 080元。7月份公司有关业务如下：

(1) 上缴上月未交的各项税费。

(2) 收到第三季度出租房屋的租金66 000元，款项存入银行。该房屋租约规定每月租金22 000元(租约其他资料略)。租金含增值税。

(3) 销售消费税应税产品，增值税专用发票中价款100 000元，增值税额16 000元，款未收。

(4) 本月公司增值税进项税额9 000元，结合上述业务，计算、确认本月应负担的城市维护建设税。

要求　根据上述资料编制相关的会计分录，并计算7月末资产负债表中"应交税费"项目的金额。

【业务题五】目的 练习增值税的会计处理。

资料 F公司为一般纳税企业,所有存货均适用16%的增值税税率,并采用实际成本计价。本月公司有关业务如下:

(1) 销售产品,增值税专用发票中价款60 000元,增值税额9 600元,款项未收。该产品生产成本51 750元。

(2) 职工宿舍改建工程领用公司自产产品一批,生产成本34 500元,公允价值和计税价格均为40 000元;领用原材料一批,外购成本10 000元,与公允价值和计税价格相同,外购时支付增值税款1 600元。

(3) 将一批自产产品和部分原材料用于对外投资,并能对被投资单位实施重大影响。产品生产成本69 000元,公允价值和计税价格均为80 000元;原材料外购成本20 000元,与公允价值和计税价格相同,外购时支付增值税款3 200元。

(4) 将自产产品作为福利提供给职工,其生产成本31 500元,公允价值和计税价格均为36 000元。

要求 根据上述资料编制相关的会计分录,并分别计算上述经济业务对本月资产负债表中"应交税费"项目与利润表中"利润总额"项目的影响金额。

【业务题六】目的 练习应付职工薪酬的会计处理。

资料 F公司为股份制企业,产品适用16%的增值税税率,职工薪酬中有60%为生产工人的薪酬,10%为车间管理人员的薪酬,30%为企业管理人员的薪酬。本月公司有关业务如下:

(1) 根据F公司股东大会决议,向股东提供100只自产的X-Ⅱ型电熨斗作为分配部分股利,每只电熨斗生产成本345元,市场不含税售价400元。

(2) 作为福利将200只自产的X-Ⅱ型电熨斗提供给本企业全体员工。

(3) 向职工个人工资账户发放本月工资285 000元,并承担银行手续费30元;结转职工薪酬中的各项代扣代交款至"其他应付款"或"应交税费"账户,其中涉及离职后福利的养老与失业保险费30 313元,医疗等各项社会保险费6 737元,住房公积金23 380元,个人所得税1 870元。

(4) 月末分配结转上述发放的职工薪酬(包括非货币性的职工福利)。

(5) 计提企业为职工承担与缴纳的涉及离职后福利的养老与失业保险费83 350元,医疗等各项社会保险费45 150元,住房公积金23 380元,工会经费7 240元,教育经费5 430元。

(6) 通过"其他应付款"账户上缴企业为职工承担与缴纳以及替职工代扣代交的涉及离职后福利的养老与失业保险113 663元,医疗等各项社会保险费51 887元,住房公积金46 760元,工会经费7 240元。上缴个人所得税1 870元。

要求 根据上述资料编制相关的会计分录,并计算本月计入产品成本和期间费用的职工薪酬。

【业务题七】目的 练习股份支付的会计处理。

资料 G公司为一上市公司。20×1年1月1日,公司股东大会审议通过了股份支付协议:向50名管理人员每人授予20万股现金股票增值权,条件是:被授予人必须从20×1年1月1日起在公司连续服务3年;公司每年净利润增长率不低于10%,而且行权前一年不低于15%等。行权从20×4年1月1日开始,到20×5年12月31日行使完毕,行权条件不能全部满足时不得行权。

从20×1年起,公司每年年末估计等待期内无人离职,与实际情况一致。20×1年1月1日及20×1~20×5年各年年末,公司根据估值模型估算而得的股票增值权公允价值分别为 3 元、4.2 元、5.4 元、6 元、7 元和 8 元,而且从 20×1~20×4 年公司各年净利润增长率均高于 10%,但只有 20×4 年才超出 15%。20×5 年中,授予的股票增值权全部行权,公司共支付现金 75 600 000 元。

要求 (1) 计算 20×1~20×5 年各年确认的股份支付费用与负债金额。

(2) 编制 20×1~20×5 年与上述股份支付协议相关事项的会计分录。

(3) 计算 G 公司实施该项股份支付协议累计影响企业利润总额的金额。

四、复习题参考答案

(一) 思考题(略)

(二) 判断题

1. (√)　2. (×)　3. (×)　4. (×)　5. (√)　6. (×)　7. (√)　8. (√)

9. (×)　10. (×)

(三) 单项选择题

1. (C)　2. (C)　3. (D)　4. (B)　5. (A)　6. (B)　7. (C)　8. (C)

9. (C)　10. (C)

(四) 多项选择题

1. (BDE)　2. (BC)　3. (AE)　4. (BDE)　5. (BCDE)

6. (ACDE)　7. (ABE)　8. (AE)　9. (ABC)　10. (ACD)

(五) 业务题

【业务题一】 A 公司本年年末资产负债表中"长期应付款"项目的金额为 1 275 000 元。

【业务题二】 (1) 各年末分摊融资费用分别为 927 635 元、724 017 元、510 218 元和 285 430 元,其中最后一年分摊额应包括计算误差的调整(2 447 300－927 635－724 017－510 218)。

(2) 租赁期满时长期应付款账户余额为 1 000 000 元。

(3) 20×1 年年末资产负债表中:"固定资产"项目金额为 14 200 000 元,"长期应付款"项目金额为 14 480 335 元。

【业务题三】 (1) 本月应交增值税额为 5.18 万元,应交消费税额为 0.5 万元,本月应交城市维护建设税额为 0.397 6 万元。

(2) 本月末资产负债表中"应交税费"项目金额为 6.077 6 万元。

(3) 本月利润表中"税金及附加"项目的金额为 1.397 6 万元。

【业务题四】 本月应负担的城市维护建设税为 1 330 元;月末资产负债表中"应交税费"项目金额为 20 330 元。

【业务题五】 影响本月资产负债表中"应交税费"项目金额增加 39 360 元;影响本月利润表中"利润总额"项目金额增加 23 750 元。

【业务题六】 本月计入产品成本的职工薪酬为 423 255 元;计入期间费用的职工薪酬为 181 395 元。

【业务题七】 (1) 20×1 年股份支付费用与负债金额均为 1 400 万元;20×2 年股份支付费用与负债金额均为 2 200 万元;20×3 年股份支付费用与负债金额均为 2 400 万元;20×4 年股份支付费用为 0,负债与计入公允价值变动损益的金额均为 1 000 万元;20×5 年股份支付费用与负债金额均为 0。

(2) 实施协议共计影响利润总额 75 600 000 元。

第十一章 银行借款及应付债券

一、内容概要解析

（一）银行借款

银行借款包括短期借款和长期借款。短期借款，是指企业向银行或其他金融机构等借入的期限在 1 年以下（含 1 年）的各种借款。短期借款的本金通过"短期借款"账户核算。在资产负债表日，应按实际利率计算确定的短期借款利息的金额，予以资本化或费用化处理。如果短期借款的实际利率与合同约定的名义利率差异不大，也可以采用合同约定的名义利率计算确定利息费用。如果利息是按季支付或到期时一次性支付的，且金额不大，根据重要性原则，也可在实际支付时对利息费用进行处理。

长期借款是企业向银行或其他金融机构借入的期限在 1 年以上（不含 1 年）的借款。企业借入长期借款，通过"长期借款"账户核算。资产负债表日，应按摊余成本和实际利率计算确定的长期借款的利息费用，予以资本化或费用化处理。如果长期借款的实际利率与合同约定的名义利率差异不大，也可以采用合同约定的名义利率计算确定利息费用。

（二）应付债券

企业为筹集长期资金而发行的债券本金和利息通过"应付债券"核算，"应付债券"下设"面值""利息调整""应计利息"明细账户。债券存续期内，企业应在计息日按债券面值和票面利率计提利息，并同时进行利息调整，即按实际利率法摊销溢折价及发行费等辅助费用。资产负债表日，应按摊余成本和实际利率计算确定的长期债券的利息费用。债券到期时，无论是折价发行还是溢价发行，溢价或折价均已摊销完毕，发行公司按面值偿还。

（三）借款费用

1. 借款费用资本化的条件

借款费用的范围包括借款利息、折价或者溢价的摊销、辅助费用以及因外币借款而发生的汇兑差额等。我国企业会计准则规定，企业发生的借款费用，可直接归属于符合资本化条件的资产的购建或者生产的，应当予以资本化，计入相关资产成本。其他借款费用，应当在发生时根据其发生额确认为费用，计入当期损益。借款费用资本化要满足以下条件：

首先，符合借款费用资本化条件的资产，是指需要经过相当长时间的购建或者生产活动才能达到预定可使用或者可销售状态的资产，这些资产主要是固定资产、投资性房地产和存货等。其中"相当长时间"，是指为资产的购建或者生产所必要的时间，通常为 1 年以上（含 1 年）。

其次，为购建或生产符合资本化条件的资产的专门借款，或者为购建或生产符合资本化条件的资产而占用的一般借款，其借款费用才能资本化。

再次，只有在资本化期间，符合条件的借款费用才能够予以资本化。资本化期间，是指从借款费用开始资本化时点到停止资本化时点的期间，但借款费用暂停资本化的期间不包括在内。开始资本化的条件包括：资产支出已经发生，借款费用已经发生，为使资产达到预定可使用或者可销售状态所必要的购建或者生产活动已经开始。购建或者生产符合资本化条件的资产达到预定可使用或者可销售状态时,借款费用应当停止资本化。符合资本化条件的资产在购建或者生产过程中发生非正常中断,且中断时间连续超 3 个月的,应当暂停借款费用的资本化。

2. 借款费用资本化金额的计算

(1)借款利息的资本化金额的计算。为购建或者生产符合资本化条件的资产而借入专门借款的,应当以专门借款当期实际发生的利息费用,减去将尚未动用的借款资金存入银行取得的利息收入或进行暂时性投资取得的投资收益后的金额,计算确定应予资本化的利息金额。

为购建或者生产符合资本化条件的资产而占用了一般借款的,企业应当根据累计资产支出超过专门借款部分的资产支出加权平均数乘以所占用一般借款的资本化率,计算确定应予资本化的利息金额。

(2)折价或溢价摊销额的处理。借款存在折价或者溢价的,应当按照实际利率法确定每一会计期间应摊销的折价或者溢价金额,从而将名义利息调整为实际利息费用。因此,折价或溢价的摊销不用单独处理,而是与利息费用"捆绑"在一起予以处理。

(3)辅助费用的处理。专门借款发生的辅助费用,在所购建或者生产的符合资本化条件的资产达到预定可使用或者可销售状态之前发生的,应根据其发生额予以资本化,计入符合资本化条件的资产的成本;在所购建或者生产的合格资产达到预定可使用或者可销售状态之后发生的,应根据其发生额确认为费用,计入当期损益。值得注意的是,上述资本化或计入当期损益的辅助费用的发生额,是按照实际利率法所确定的辅助费用对每期利息费用的调整额。

一般借款发生的辅助费用,由于不能直接归属于合格资产的购建或者生产,所以无论是否资本化期间发生的,应当在发生时根据其发生额确认为费用,计入当期损益。同样,上述发生额是按照实际利率法所确定的辅助费用对每期利息费用的调整额。

(4)外币借款汇兑差额的处理。在资本化期间内,外币专门借款本金及利息的汇兑差额,应当予以资本化,计入符合资本化条件的资产的成本。其他汇兑差额,应计入当期损益。

以上各种借款费用,如果实际利率与合同约定的名义利率差异不大,也可以采用名义利率计算确定。

(四)具有权益特征的公司债券

如果在债券契约中规定,债券持有者可以在特定时期按照约定的转换比率或转股价格将持有的债券转换为发行公司的股票(通常为普通股),这种债券就称为可转换公司债券。

在可转换公司债券初始确认时,将相关负债和权益进行分拆:先对负债成分的未来现金流量按照市场利率进行折现计算确定负债部分的初始入账金额,再按发行收入扣除负债部分初始入账金额的差额确认权益部分的初始入账金额。发行可转换公司债券发生的交易费用,应当在负债成份和权益成份之间按各自的相对公允价值进行分摊。即:

负债部分的初始入账金额＝以市场利率为折现率的债券未来现金流量的现值

权益部分的初始入账金额＝发行收入－负债部分初始入账金额

当可转换公司债券持有人将债券转换为股票时,按应付债券的账面价值转换,即以转换时债券的账面价值作为股票账面价值入账,其中所转换的股份的总面值记入股本,债券账面价值与股票面值的差额作为资本公积处理。如果持有人在转股期内未转股,则可转换公司债券仍然保持普通债券的特性,其会计处理与普通债券到期相同。

(五)短期融资券

短期融资券是企业为筹集短期资金而发行的约定在一定期限内还本付息的无担保短期债券。企业发行短期融资券时,按扣除利息和发行费用后实际收到的金额作为初始入账金额。如果短期融资券的发行日和到期日在同一个会计期间,可于到期时一次确认利息费用(包括折价和发行费用)。如果短期融资券的发行日和到期日不在一个会计期间,在资产负债表日应按实际利率法摊销确认本期的利息费用(包括折价和发行费用)。

(六)银行借款及应付债券的列报

资产负债表中,"短期借款""长期借款""应付债券"等项目,反映企业期末尚未偿还的短期借款、长期借款和应付债券,以相关负债的期末摊余价值列示。这里以万科股份有限公司(以下简称万科 A)有关银行借款和应付债券的表内列报和相应的报表项目的附注为例,说明银行借款及应付债券的列报。

1) 万科 A 主要银行借款和应付债券项目列报,见表 11-1。

表 11-1　万科 A 合并资产负债表部分项目　　　　单位:元

负债及股东权益	附注五	2016 年 12 月 31 日	2015 年 12 月 31 日
流动负债:			
短期借款	18	16 576 589 202.38	1 900 087 965.52
……			
流动负债合计		579 998 485 463.07	420 061 826 880.58
非流动负债:			
长期借款	27	56 406 061 283.42	33 828 584 225.36
应付债券	28	29 108 375 807.96	19 015 812 338.88
……			
非流动负债合计		88 999 157 180.07	54 924 123 487.69
负债合计		668 997 642 643.14	474 985 950 368.27

2) 万科 A 短期借款的附注列报。

(1) 短期借款分类,见表 11-2。

表 11-2　附注 18:短期借款分类　　　　单位:元

	2016 年		2015 年	
	原币	折人民币	原币	折人民币
银行借款				
信用借款				
一人民币	2 270 608 535.21	2 270 608 535.21	471 321 298.85	471 321 298.85

续表

	2016 年		2015 年	
	原币	折人民币	原币	折人民币
质押借款*1				
—人民币	6 054 975 366.37	6 054 975 366.37	300 000 000.00	300 000 000.00
—英镑	101 000 000.00	868 390 000.80	—	—
小计		9 193 973 902.38		771 321 298.85
其他借款				
信用借款				
—人民币	6 954 952 000.00	6 954 952 000.00	1 128 766 666.67	1 128 766 666.67
抵押借款*2				
—人民币	427 663 300.00	427 663 300.00	—	—
小计		7 382 615 300.00		1 128 766 666.67
合计		16 576 589 202.38		1 900 087 965.52

*1 以上质押借款由本公司的子公司提供存单质押担保。

*2 以上抵押借款由本公司的子公司提供土地使用权(存货)抵押担保。

（2）本集团本年末无逾期未偿还的短期借款情况（2015 年：无）。

3）万科 A 长期借款的附注列报见表 11-3。

表 11-3　附注 27:长期借款分类　　　　　单位:元

2016 年				
种类	原币	汇率	折人民币	借款条件
银行借款				
其中:人民币	40 192 500 000.00	1.000 0	40 192 500 000.00	信用*1
	1 182 700 000.00	1.000 0	1 182 700 000.00	抵押*2
	153 000 000.00	1.000 0	153 000 000.00	质押*3
港币	427 516 958.33	0.898 8	384 252 242.15	抵押*2
	13 088 526 709.34	0.898 8	11 763 978 511.40	质押*3
美元	1 703 995 548.52	6.976 1	11 887 243 346.03	质押*3
英镑	83 916 023.12	8.597 9	721 503 320.64	质押*3
小计			66 285 177 420.22	
减:一年内到期的长期借款				
其中:人民币	19 006 500 000.00	1.000 0	19 006 500 000.00	信用*1
	291 000 000.00	1.000 0	291 000 000.00	抵押*2
	8 000 000.00	1.000 0	8 000 000.00	质押*3
港币	783 936 223.24	0.898 8	704 608 864.80	质押*3
美元	277 520 000.00	6.976 1	1 936 007 272.00	质押*3

续表

2016 年				
种类	原币	汇率	折人民币	借款条件
小计			21 946 116 136.80	
其他借款				
其中:人民币	13 856 000 000.00	1.000 0	13 856 000 000.00	信用*4
	570 000 000.00	1.000 0	570 000 000.00	质押*5
小计			14 426 000 000.00	
减:一年内到期的长期借款				
其中:人民币	2 189 000 000.00	1.000 0	2 189 000 000.00	信用*4
	170 000 000.00	1.000 0	170 000 000.00	质押*5
小计			2 359 000 000.00	
合计			56 406 061 283.42	

2015 年				
种类	原币	汇率	折人民币	借款条件
银行借款				
其中:人民币	23 714 566 065.15	1.000 0	23 714 566 065.15	信用*1
	1 611 587 045.09	1.000 0	1 611 587 045.09	抵押*2
港币	7 088 739 905.06	0.837 8	5 938 804 517.66	信用*1
美元	464 303 750.00	6.493 6	3 015 002 831.00	信用*1
	89 612 161.00	6.493 6	581 905 528.67	质押*3
小计			34 861 865 987.57	
减:一年内到期的长期借款				
其中:人民币	12 110 179 796.00	1.000 0	12 110 179 796.00	信用*1
	511 129 450.53	1.000 0	511 129 450.53	抵押*2
港币	144 456 000.00	0.837 8	121 022 347.68	信用*1
美元	22 630 000.00	6.493 6	146 950 168.00	信用*1
小计			21 946 116 136.80	
其他借款				
其中:人民币	22 715 000 000.00	1.000 0	22 715 000 000.00	信用*4
减:一年内到期的长期借款				
其中:人民币	10 859 000 000.00	1.000 0	10 859 000 000.00	信用*4
小计			11 856 000 000.00	
合计			33 828 584 225.36	

*1 以上信用借款的借款利率在 3.80%和 7.84%之间(2015 年:2.00%和 8.00%之间)。

*2 以上抵押借款主要由本集团的存货和投资性房地产作为抵押,借款利率为香港同业拆借利率(Hibor)按约定比例上浮至 8.00%(2015 年:4.89%至 8.40%)。

*3 以上质押借款主要由本公司持有的子公司的股权作为质押,借款利率为伦敦同业拆借利率(Libor)按约定比例上浮至 4.28%。(2015 年:伦敦同业拆借利率按约定比例上浮)。

*4 以上信用借款的借款利率区间为 4.90%至 7.90%(2015 年:5.51%至 7.90%)。

*5 以上质押借款的借款利率区间为 5.46%至 5.70%(2015 年:无)。

4) 万科 A 应付债券的附注列报见表 11-4。

表 11-4　附注 27:应付债券分类

债券名称	币种	面值	发行日期(年/月/日)	债券期限	发行金额	年初余额(原币)	年初余额(折人民币)	本年发行(原币)	按面值计提利息(原币)	折/溢价摊销(原币)	本年还款(原币)	年末余额(原币)	年末余额(折人民币)	其中:一年内到期的部分(折人民币)
1 美元债券(i)	美元	80 000万元	2013/3/13	5年	780 934 780.71	785 078 365.50	5 097 984 874.20	—	20 833 312.50	3 809 431.78	—	788 887 797.28	5 503 360 162.62	—
2 新加坡币债券(ii)	新加坡币	14 000万元	2013/11/06	4年	139 357 251.80	139 678 344.38	640 774 404.84	—	4 585 000.00	169 163.65	—	139 847 508.03	674 386 637.96	674 386 637.96
3 人民币债券(ii)	人民币	100 000万元	2013/12/04	5年	994 771 181.78	996 689 609.80	996 689 609.80	—	45 000 000.00	992 938.50	—	997 682 548.30	997 682 548.30	—
4 人民币债券(ii)	人民币	100 000万元	2013/12/16	3年	994 414 463.60	998 122 294.76	998 122 294.76	—	38 925 000.00	1 877 705.24	1 000 000 000.00	—	—	—
5 美元债券(ii)	美元	40 000万元	2014/6/04	5年	393 201 265.85	395 157 373.86	2 565 993 922.93	—	18 000 000.00	1 322 879.05	—	396 480 252.91	2 765 885 892.37	—
6 2014年中期票据(iii)	人民币	180 000万元	2014/12/24	3年	1 781 213 300.00	1 787 404 423.09	1 787 404 423.09	—	84 600 000.00	6 390 135.90	—	1 793 794 558.99	1 793 794 558.99	1 793 794 558.99
7 2015年公司债(iv)	人民币	500 000万元	2015/9/25	5年	4 969 390 000.00	4 970 893 141.66	4 970 893 141.66	—	175 000 000.00	5 826 901.46	—	4 976 720 043.12	4 976 720 043.12	—
8 2015年第一期中期票据(v)	人民币	150 000万元	2015/11/06	5年	1 477 400 000.00	1 478 035 981.18	1 478 035 981.18	—	56 700 000.00	4 254 144.55	—	1 482 290 125.73	1 482 290 125.73	—
9 2015年第二期中期票据(v)	人民币	150 000万元	2015/11/06	5年	1 477 400 000.00	1 478 035 981.18	1 478 035 981.18	—	56 700 000.00	4 254 144.55	—	1 482 290 125.73	1 482 290 125.73	—

续表

债券名称	币种	面值	发行日期(年/月/日)	债券期限	发行金额	年初余额(原币)	年初余额(折人民币)	本年发行(原币)	按面值计提利息(原币)	折/溢价摊销(原币)	本年还款(原币)	年末余额(原币)	年末余额(折人民币)	其中:一年内到期的部分(折人民币)
10 2016年中第一期中期票据(vi)	人民币	150 000万元	2016/3/11	5年	1 477 400 000.00	—	—	1 477 400 000.00	38 666 666.67	3 427 121.57	—	1 480 827 121.57	1 480 827 121.57	—
11 2016年中第二期中期票据(vi)	人民币	150 000万元	2016/3/11	5年	1 477 400 000.00	—	—	1 477 400 000.00	38 666 666.67	3 427 121.57	—	1 480 827 121.57	1 480 827 121.57	—
12 港币债券(ii)	港币	137 500万元	2016/4/13	3年	1 367 059 375.00	—	—	1 367 059 375.00	24 533 390.41	1 851 228.39	—	1 368 910 603.39	1 230 376 850.33	—
13 港币债券(ii)	港币	62 500万元	2016/4/18	3年	621 390 625.00	—	—	621 390 625.00	10 937 500.00	825 733.60	—	622 216 358.60	559 248 063.11	—
14 港币债券(ii)	港币	165 000万元	2016/4/29	3年	1 640 200 000.00	—	—	1 640 200 000.00	27 631 849.32	2 148 478.64	—	1 642 348 478.64	1 476 142 812.60	—
15 美元债券(ii)	美元	22 000万元	2016/10/14	5年	216 676 250.00	—	—	216 676 250.00	1 406 166.66	111 461.28	—	216 787 711.28	1 512 332 752.66	—
16 美元债券(ii)	美元	60 000万元	2016/12/23	3年	596 360 000.00	—	—	596 360 000.00	526 666.67	17 945.88	—	596 377 945.88	4 160 392 188.25	—

（1）公司之子公司 Bestgain Real Estate Limited 于 2013 年 3 月 13 日向机构投资者公开发行美元债券 8 亿元。该债券期限为 5 年，票面年利率为 2.625％，在债券存续期内固定不变，采取单利按半年派息，不计复利，由本公司之子公司万科地产（香港）有限公司（以下简称"万科地产香港"）提供不可撤销连带责任保证担保。

（2）公司之子公司 Bestgain Real Estate Lyra Limited（以下简称"Lyra"）之美元 20 亿元中期票据发行计划（以下简称"中期票据计划"）已于 2013 年 7 月 16 日经香港联合交易所有限公司批准上市。公司于 2016 年 9 月 7 日在董事会授权范围内将该中期票据计划规模更新为 32 亿美元。基于该中期票据计划信托协议的相关条款，公司、万科地产香港以及票据受托人于 2016 年 12 月 30 日订立经修正并重述的信托协议和其他相关协议，约定以万科地产香港替代 Lyra 作为中期票据计划以及该计划项下所有已经发行和未来将要发行之票据的发行人并自即日起生效。具体而言，自 2016 年 12 月 30 日起，万科地产香港取代 Lyra 成为该中期票据计划及其项下已发行或将发行票据的主要债务人，与此同时 Lyra 作为发行人的责任即时解除，而万科地产香港作为担保人的担保责任也相应解除。截至 2016 年 12 月 31 日，公司在此发行计划进行了九次提取，其中第三次发行的债券已于到期日还本付息。

（3）本公司于 2014 年 12 月 24 日在中国银行间市场交易商协会获准注册并发行人民币 18 亿元中期票据（简称"14 万科 MTN001"），代码为"101451061"。该债券无担保，期限为 3 年，到期日为 2017 年 12 月 26 日。票面年利率为 4.70％，在债券存续期内固定不变，取单利按年派息。

（4）本公司经中国证券监督管理委员会"证监许可〔2015〕1915 号"文核准向合格投资者公开发行面值总额不超过人民币 90 亿元的公司债券。其中，本公司于 2015 年 9 月 25 日发行的公司债券（第一期）发行规模为 50 亿元，简称为"15 万科 01"。债券无担保，期限为 5 年，年利率为 3.5％。万科企业股份有限公司截至 2016 年 12 月 31 日止年度财务报表 200

（5）本公司于 2015 年 11 月 6 日在中国银行间债券市场分别完成了《接受注册通知书》（中市协注〔2015〕MTN202 号）和《接受注册通知书》（中市协注〔2015〕MTN203 号）项下的首期发行，发行金额合计为人民币 30 亿元。发行情况如下：2015 年第一期中期票据简称"15 万科 MTN001"，代码"101551083"，期限 5 年，发行年利率 3.78％，兑付日期为 2020 年 11 月 6 日。2015 年第二期中期票据简称"15 万科 MTN002"，代码"101569033"，期限 5 年，发行年利率 3.78％，兑付日期为 2020 年 11 月 6 日。

（6）本公司于 2016 年 3 月 9 日和 2016 年 3 月 10 日在中国银行间债券市场分别完成了《接受注册通知书》（中市协注〔2015〕MTN202 号）和《接受注册通知书》（中市协注〔2015〕MTN203 号）项下的第二期发行，发行金额合计为人民币 30 亿元。发行情况如下：2016 年第一期中期票据简称"16 万科 MTN001"，代码"101651012"，期限 5 年，发行年利率 3.2％，兑付日期为 2021 年 3 月 11 日。2016 年第二期中期票据简称"16 万科 MTN002"，代码"101669006"，期限 5 年，发行年利率 3.2％，兑付日期为 2021 年 3 月 11 日。

资料来源：万科 A2016 年年报。

二、背景资料

（一）银行借款及应付债券相关会计准则

本章主要介绍了短期借款、长期借款、应付债券、可转换公司债券以及短期融资券的确认、计量和报告问题。其中，短期借款、长期借款、应付债券以及短期融资券的确认和计量接受《企业会计准则第 22 号——金融工具确认和计量》的规范。而可转换公司债券由于属于含有权益和债务的混合型债务工具，接受《企业会计准则第 37 号——金融工具列报》的规范。

《企业会计准则第 22 号——金融工具的确认和计量》将金融负债分为以下两大类：① 以公允价值计量且其变动计入当期损益的金融负债；② 其他金融负债。短期借款、长期借款、应付债券以及短期融资券即属于"其他金融负债"。准则规定，其他金融负债初始确认时，应当按照公允价值计量，同时相关交易费用应当计入初始确认金额。其他金融负债后续计量时，应当采用实际利率法，按摊余成本进行计量。

可转换公司债券属于包含负债和权益成份的金融负债。《企业会计准则第 37 号——金融工具列报》规定，企业发行的非衍生金融工具包含负债成份和权益成份的，应当在初始确认时将负债和权益成份进行分拆，分别进行处理。在进行分拆时，应当先确定负债成份的公允价值并以此作为其初始确认金额，再按照该金融工具整体的发行价格扣除负债成份初始确认金额后的金额确定权益成份的初始确认金额。发行该非衍生金融工具发生的交易费用，应当在负债成份和权益成份之间按照各自的相对公允价值进行分摊。

（二）借款费用准则的历史沿革

1982 年 11 月，为了规范借款费用的会计处理，国际会计准则委员会（IASC）发布了《IAS 23——借款费用的资本化》的征求意见稿，并于 1984 年 3 月发布了正式稿。该准则允许企业将借款费用作为期间费用或者对符合规定的，在资产取得、建造或经营过程中发生的借款费用进行资本化处理。1993 年，《国际会计准则第 23 号——借款费用资本化》改名为《国际会计准则第 23 号——借款费用》（IAS 23：Borrowing Costs）。

近年来，IASB 努力推进会计准则的国际化进程，特别是谋求与美国公认会计原则（GAAP）的趋同。IASB 制定了一项短期趋同计划，由 IASB 和美国财务会计准则委员会（FASB）共同执行。作为该计划的一部分，IASB 于 2007 年 3 月 29 日发布了新的 IAS 23，旨在缩小 IAS 23 与美国《SFAS 34——利息费用的资本化》的差异。

与原 IAS 23 相比，新准则的主要变化是那些需要相当一段时间才可使用或销售的资产的有关借款费用不再允许被计入当期费用，即删除了"借款费用所允许的备选处理方法"即费用化方法。IASB 认为，直接归属于相关资产的购置、建造或生产的借款费用是该资产成本的一部分。将与相关资产有关的借款费用立即予以费用化的做法不会提高会计信息的可比性，而且内部开发的资产和从第三方获取的资产之间的可比性也将会降低。此修订消除了 IAS 23 与美国《SFAS 34——利息费用的资本化》的主要差异，虽然两者之间仍存在重大的计量差异。准则的修订版适用于资本化开始日为 2009 年 1 月 1 日或以后日期的、符合条件的资产相关的借款费用，允许提前采用。

2006 年 2 月，我国在原《企业会计准则——借款费用》的基础上，发布了《企业会计准则第 17 号——借款费用》。新的借款费用准则扩大了借款费用资本化的资产范围，同时也扩大了可资本化的范围，明确借款费用资本化的资产包括需要相当长时间才能达到可销售状态的固定资产、投资性房地产以及存货等，并将借款费用中一般借款的费用也纳入可予以资本化的范围。虽然在某些细节上还存在差异，总体来看，新的准则实现了与《IAS 23——借款费用》的趋同。

（三）我国的借款费用准则与国际会计准则的差异比较

（1）借款费用内容的差异。我国的准则规定的借款费用包括借款利息、折价或者溢价的摊销、辅助费用以及因外币借款而发生的汇兑差额等。IAS 23 所指的借款费用，除了因借款而发生的利息、折价或溢价的摊销和辅助费用，以及因外币借款利息调整额而发生的汇兑差额外，还包括银行透支利息及依照《国际会计准则第 17 号——租赁》(IAS 17: Leases)确认的融资租赁所形成的融资租赁费。

（2）资本化对象的差异。我国的准则规定符合资本化条件的资产，是指需要经过相当长时间的购建或者生产活动才能达到预定可使用或者可销售状态的固定资产、投资性房地产和存货等资产。IAS 23 规定，符合条件的资产包括：存货、制造车间、电力设备、无形资产和投资性房地产；金融资产以及制造或其他在较短生产周期内生产的存货，则不是相关资产。那些在购置时就已有预定用途或预备销售的资产不是相关资产。

（3）资本化金额计量中的差异。我国的准则规定，一般借款的利息费用资本化金额，根据累计资产支出超过专门借款部分的资产支出加权平均数乘以所占用一般借款的资本化率计算确定，资本化率应当根据一般借款加权平均利率计算确定。而国际会计准则是按企业当期尚未偿还的所有借款来确定资本化率的。

（4）资本化期间的差异。关于资本化期间，我国准则和 IAS 23 的差异主要体现在"开始资本化应满足的条件"中。我国准则规定"购建或生产活动已经开始"，而 IAS 23 规定"为实现资产预定用途所必需的准备活动正在进行"，这样使资本化开始期间涵盖了预备建造阶段、在建阶段和建造后阶段的全过程，对会计人员的职业判断提出了更高的要求。

（5）资本化暂停期限的差异。我国准则规定，符合资本化条件的资产在购建或者生产过程中发生非正常中断，且中断连续超过 3 个月的，应当暂停借款费用的资本化。在中断期间发生的借款费用应当确认为费用，计入当期损益，直至资产的购建或者生产活动重新开始。而 IAS 23 虽然规定，较长中断期内发生的借款费用属于持有部分完工的资产而发生的费用，不具备资本化的条件，应暂停资本化，但未规定"较长中断期"的时间界限。

阅 读 文 献

1. Anne McGeachin, Eduardo Manso. Accounting for Borrowing Costs. Accountancy，Aug 2006.

2. 李常青、林晓丹："关于新借款费用准则的若干认识"，《财会月刊》2006 年第 10 期。

3. 周立贵："关于借款费用问题的探析"，《商场现代化》2006 年 10 月（中旬刊）。

三、复习题

（一）思考题

1. 短期借款和长期借款的核算有什么相同点和不同点？

2. 债券溢价发行或折价发行是怎样形成的？

3. 什么是溢折价摊销的实际利率法？和直线法相比，哪种方法能更准确地反映实际利息费用？为什么？

4. 到期还本分期付息债券和到期一次还本付息债券的核算有什么相同点和不同点？

5. 什么是借款费用？借款费用分为哪几种？

6. 借款费用有哪两种处理方法?这两种方法对企业的财务状况的影响有什么不同?

7. 借款费用资本化的资产范围是什么?

8. 借款费用资本化开始的条件是什么?

9. 可转换公司债券有什么特点?简述它的核算要点。

10. 什么是短期融资券?简述它的核算要点。

(二)判断题

1. 可转换公司债券自发行至转换为股份前,其会计处理与一般公司债券相同。( )

2. 对于溢价发行的分期付息债券,在采用实际利率法进行摊销时,各期确认的实际利息费用会逐期减少。( )

3. 在资本化期间内,外币专门借款本金及利息的汇总差额应予资本化。( )

4. 企业为购建符合资本化条件的资产而取得专门借款支付的辅助费用,应在支付当期全部予以资本化。( )

5. 债券的溢价或折价是在债券存续期内对利息费用的一种调整,因此,债券溢价摊销将增加当期的财务费用,债券折价摊销将减少当期的财务费用。( )

6. 债券折价发行的主要原因是债券票面利率大于市场利率,债券溢价发行的主要原因是债券票面利率小于市场利率。( )

7. "短期借款"账户和"长期借款"账户的期末余额,反映企业尚未支付的各种借款的本金和利息。( )

8. 企业为购建固定资产而发生的借款费用应全部计入所购建固定资产的价值。( )

9. 与实际利率法相比,采用直线法摊销债券溢价和折价更加精确。( )

10. 如果某项长期负债将于资产负债表日后的1年内到期,在资产负债表中应将其归入流动负债反映。( )

(三)单项选择题

1. 债券的溢价或折价是在债券存续期间内对( )的一种调整。

　　A. 利息费用　　　　　　　　　　B. 管理费用

　　C. 投资收益　　　　　　　　　　D. 营业外收入

2. 就发行债券的企业而言,所获债券溢价收入实质是( )。

　　A. 为以后少付利息而付出的代价　　B. 为以后多付利息而得到的补偿

　　C. 本期利息收入　　　　　　　　D. 以后期间的利息收入

3. 为购建固定资产发生的长期借款费用,在该资产投入生产经营期间应计入( )。

　　A. 固定资产　　　B. 管理费用　　　C. 财务费用　　　D. 开办费

4. 20×2年1月1日,某公司为扩建厂房借入两年期专门借款1 000万元。20×2年12月1日,厂房扩建工程达到预定可使用状态;20×3年1月1日,工程验收合格;20×3年2月1日,厂房投入使用;20×3年2月28日,办理工程竣工结算。假定不考虑其他因素,甲公司借入专门借款利息费用停止资本化的时点是( )。

　　A. 20×2年12月1日　　　　　　B. 20×3年1月1日

　　C. 20×3年2月1日　　　　　　　D. 20×3年2月28日

5. 某企业按季计算利息费用资本化金额。20×2年1月1日,该企业取得专门借款1 000万元用于当日开工建造的生产线,当年累计发生建造支出800万元。20×3年1月1

日,取得一般借款 600 万元,年利率为 5%,当天发生建造支出 400 万元。不考虑其他因素,20×3 年第一季度该企业应予资本化的一般借款利息费用为( )万元。

A. 1.25 B. 2.5 C. 5 D. 7.5

6. 某公司本年 1 月 1 日决定建造厂房,1 月 30 日取得专门借款存入银行;2 月 1 日向施工方支付工程款项;3 月 1 日施工方正式开工建造。该公司专门借款利息开始资本化的时间为( )。

A. 1 月 1 日 B. 1 月 30 日 C. 2 月 1 日 D. 3 月 1 日

7. 当公司债券的票面利率与发行时的市场利率相同时,债券的市场价值( )债券面值。

A. 等于 B. 大于 C. 小于 D. 不确定

8. 甲公司经批准于本年 1 月 1 日以 50 000 万元的价格(不考虑相关税费)发行面值总额为 50 000 万元的可转换公司债券。该可转换公司债券期限为 5 年,每年 1 月 1 日付息、票面年利率为 4%,实际利率为 6%。利率为 6%、期数为 5 期的普通年金现值系数为 4.212 4,利率为 6%、期数为 5 期的复利现值系数为 0.747 3。本年 1 月 1 日发行可转换公司债券时应确认的权益成份的公允价值为( )万元。

A. 45 789.8 B. 4 210.2 C. 50 000 D. 0

9. 甲公司本年 1 月 1 日发行 3 年期可转换公司债券,实际发行价款 100 000 万元,其中负债成份的公允价值为 90 000 万元。假定发行债券时另支付发行费用 300 万元。甲公司发行债券时应确认的"应付债券"的金额为( )万元。

A. 9 970 B. 10 000 C. 89 970 D. 89 730

10. 某股份有限公司于本年 1 月 1 日发行 3 年期,每年 1 月 1 日付息、到期一次还本的公司债券,债券面值为 200 万元,票面年利率为 5%,实际利率为 6%,发行价格为 194.65 万元。按实际利率法确认利息费用。该债券下一年度确认的利息费用为( )万元。

A. 11.78 B. 12 C. 10 D. 11.68

(四)多项选择题

1. 在符合借款费用资本化条件的会计期间,下列有关借款费用的会计处理中,符合会计准则规定的有( )。

A. 购建或者生产符合资本化条件的资产达到预定可使用或者可销售状态时,借款费用应当停止资本化

B. 专门借款资本化的利息金额,不应超过当期专门借款实际发生的利息

C. 购建固定资产活动发生正常中断且中断持续时间超过 3 个月的,中断期间的利息应计入建造成本

D. 购建固定资产活动发生正常中断且中断持续时间超过 3 个月的,中断期间的利息应计入财务费用

E. 购建固定资产活动发生的非正常中断且中断时间未超过 3 个月的,中断期间的利息应计入建造成本

2. 下列各项中,表明所购建固定资产达到预定可使用或可销售状态的有( )。

A. 所购建固定资产与设计要求或合同要求相符或基本相符时

B. 固定资产的实体建造工作已经全部完成或实质上已经完成时

C. 继续发生在所购建固定资产上的支出金额很少或者几乎不再发生时

D. 需要试生产的固定资产在试生产结果表明资产能够正常生产出合格产品时

E. 固定资产建造工程完成竣工决算时

3. 下列项目中,属于借款费用的有(   )。

A. 外币借款发生的汇兑差额   B. 发行公司债券发生的利息

C. 发行公司股票的佣金   D. 向银行借款发生的手续费

E. 发行债券的溢价或折价的摊销

4. 下列关于符合借款费用资本化条件的资产的表述中,正确的有(   )。

A. 符合资本化条件的资产,是指需要经过相当长时间的购建或生产活动才能达到预定可使用或者可销售状态的资产

B. 符合资本化条件的资产的购建或生产所需的相当长的时间通常为1年以上

C. 符合资本化条件的资产,只能是固定资产

D. 符合资本化条件的资产,可以是固定资产、投资性房地产和存货

E. 购入后需要安装且所需安装时间较长的固定资产

5. 下列各项目中,属于长期负债的有(   )。

A. 应付债券   B. 长期借款

C. 长期应付款   D. 可转换公司债券

E. 其他应付款

6. 根据我国会计准则指南,企业为了核算对外的公司债券,应当在"应付债券"账户下设置的明细账户有(   )。

A. 面值   B. 溢折价摊销

C. 应付利息   D. 应计利息

E. 利息调整

7. 长期借款所发生的利息费用,根据借款的使用方向,可以将其直接计入的项目有(   )。

A. 财务费用   B. 在建工程

C. 制造费用   D. 管理费用

E. 开发成本

8. 下列专门借款费用,涉及"财务费用"科目核算的有(   )。

A. 符合资本化条件的资产在购建过程中发生正常中断连续超过3个月的,其中断期间发生的借款费用

B. 符合资本化条件的资产在购建过程中发生正常中断连续超过3个月的,其中断期间闲置资金产生的利息收入

C. 符合资本化条件的资产完工后发生的专门借款本金及利息汇兑差额

D. 符合资本化条件的资产在购建过程中发生非正常中断连续超过3个月的,其中断期间发生的借款费用

E. 符合资本化条件的资产在购建过程中发生非正常中断连续超过3个月的,其中断期间闲置资金产生的利息收入

9. 下列各项中,属于建造过程发生非正常中断,应暂停借款费用资本化的有(   )。

A. 由于劳务纠纷而造成连续超过3个月的固定资产的建造中断

B. 由于资金周转困难而造成连续超过3个月的固定资产的建造中断

C. 由于发生安全事故而造成连续超过 3 个月的固定资产的建造中断

D. 由于季节性的冰冻天气影响而造成连续超过 3 个月的固定资产的建造中断

E. 因工程质量例行检查而导致连续超过 3 个月的工程停工

10. 下列关于可转换公司债券的表述中,正确的有(　　　　)。

A. 企业发行的可转换公司债券,应当在初始确认时将其包含的负债成份和权益成份进行分拆,将负债成份确认为应付债券,将权益成份确认为资本公积

B. 可转换公司债券在进行分拆时,应当对负债成份的未来现金流量进行折现,确定负债成份的初始确认金额

C. 可转换公司债券的负债成份,在转换为股份前,按照实际利率和摊余成本确认利息费用

D. 发行可转换公司债券发生的交易费用,应当直接计入当期损益

E. 发行可转换公司债券发生的交易费用,也要分拆为负债和权益两部分

（五）业务题

【业务题一】目的　练习借款费用的计算和会计处理。

资料　甲公司于 20×7 年 12 月 31 日开工建造一栋办公楼,有关资料如下:

(1) 20×7 年 12 月 1 日,专门向银行借款 1 000 万元,期限 3 年,年利率 6%,按年付息到期一次还本。

(2) 工程建设期间另占用了一笔一般借款,该笔借款本金 200 万元,年利率 7%,期限 2 年,每年年末计提利息,20×9 年 6 月 30 日到期。

(3) 工程采用出包方式,20×8 年 1 月 1 日,用银行存款支付工程价款 300 万元。工程因质量纠纷于 20×8 年 3 月 1 日到 20×8 年 6 月 30 日发生非正常中断。20×8 年 9 月 1 日用银行存款支付工程价款 800 万元,工程于 20×9 年 1 月 31 日达到预定可使用状态。甲公司借款费用按年资本化。

要求　(1) 计算 20×8 年专门借款利息资本化的金额。

(2) 计算 20×8 年一般借款利息资本化的金额。

(3) 编制甲公司 20×8 年年末计提利息的有关会计分录。

【业务题二】目的　练习借款费用的计算和会计处理。

资料　某公司于 20×8 年 1 月 1 日动工兴建一幢厂房,工程采用出包方式,每半年支付一次工程进度款。工程于 20×9 年 6 月 30 日完工,达到预定可使用状态。资料如下:

(1) 建造工程资产支出。20×8 年 1 月 1 日,支出 3 500 万元;20×8 年 7 月 1 日,支出 8 500 万元,累计支出 12 000 万元;20×9 年 1 月 1 日,支出 3 500 万元,累计支出 15 500 万元。

(2) 专门借款。甲公司为建造办公楼于 20×8 年 1 月 1 日取得专门借款 6 000 万元,借款期限为 3 年,年利率为 5%,按年支付利息。除此之外,无其他专门借款。

(3) 一般借款。办公楼的建造还占用两笔一般借款:① 20×7 年 12 月 1 日取得长期借款 6 000 万元,借款期限为 3 年,年利率为 6%;② 20×8 年 1 月 1 日,发行公司债券 4 000 万元,期限为 5 年,年利率为 7%,按年付息。

闲置专门借款资金存入银行,月存款利率为 0.5%。假定全年按 360 天计算。

要求　(1) 计算 20×8 年专门借款利息资本化金额。

(2) 计算 20×8 年一般借款利息资本化金额。

(3) 计算 20×8 年借款利息资本化金额和费用化金额,并编制有关会计分录。

(4) 计算 20×9 年 6 月 30 日专门借款利息资本化金额。

(5) 计算 20×9 年 6 月 30 日一般借款利息资本化金额。

(6) 计算 20×9 年借款利息资本化金额和费用化金额,并编制有关会计分录。

【业务题三】目的　练习短期借款的核算。

资料　A 股份有限公司于本年 1 月 1 日向银行借入一笔生产经营用短期借款,共计 120 000 元,期限为 9 个月,年利率为 5%。根据与银行签署的借款协议。该项借款的本金到期后一次归还;利息分月预提,按季支付。

要求　编制该短期借款有关的会计分录。

【业务题四】目的　练习长期借款的核算。

资料　某企业为建造一条生产线,20×7 年 1 月 1 日借入 2 年期的长期专门借款 2 000 000 元,款项已存入银行。借款年利率为 4.5%,每年 12 月 31 日付息一次,到期一次偿还本金。20×7 年年初,以银行存款支付工程价款共计 1 500 000 元,20×8 年年初又以银行存款支付工程费用 800 000 元。该生产线于 20×8 年 6 月底完工,达到预定可使用状态。假定不考虑闲置资金存款的利息收入或者投资收益。

要求　编制长期借款有关的会计分录。

【业务题五】目的　练习应付债券的计算和会计处理。

资料　为满足生产经营资金需要,某公司于 20×8 年 1 月 1 日发行 5 年期公司债券,每年 12 月 31 日支付利息,到期一次还本。该公司债券票面利率为 5%,面值总额为 300 000 万元,发行价格总额为 313 387 万元。支付发行费用 130 万元,发行期间冻结资金利息收入为 140 万元。债券发行的实际利率为 4%。

要求　(1) 计算该债券 20×8 年 1 月 1 日的摊余成本。

(2) 计算该债券 20×8 年实际利息费用、年末摊余成本。

(3) 计算该债券 20×9 年实际利息费用、年末摊余成本。

(4) 编制该债券 20×8 年年末、20×9 年年末有关的会计分录。

(5) 计算该应付债券列入 20×9 年 12 月 31 日资产负债表中"应付债券"项目的金额。

【业务题六】目的　练习应付债券的会计处理(溢价发行)。

资料　20×1 年 12 月 31 日,为建造一幢厂房,某公司经批准发行 5 年期一次还本、分期付息的公司债券 10 000 000 元。债券利息在每年 12 月 31 日支付,票面利率为年利率 6%。假定债券发行时的市场利率为 5%。某公司该批债券实际发行价格为 10 432 700 元。借款费用按实际利率法确定。厂房于 20×2 年 1 月 1 日开工建设,20×3 年 12 月 31 日达到预订可使用状态。

要求　(1) 编制债券发行时的会计分录。

(2) 编制债券存续期每年年末相关的会计分录。

(3) 编制债券到期时的会计分录。

【业务题七】目的　练习应付债券的会计核算(折价发行)。

资料　为筹集建造厂房所需资金,A 公司于 20×1 年 1 月 1 日,以 7 755 万元的价格发行 3 年期分期付息债券,该债券面值为 8 000 万元,票面年利率为 4.5%,实际年利率为 5.64%。各年利息于次年 5 日支付,20×3 年 12 月 31 日到期偿还本金和最后一年利息。厂房于 20×1 年 1 月 1 日开始动工,20×2 年 12 月 31 日达到预定可使用状态。假定不考虑其他因素。

要求　（1）编制债券发行会计分录。

（2）编制债券存续期各年年末相关的会计分录。（单位：万元）

（3）编制债券到期时的会计分录。

【业务题八】目的　练习可转换债券的会计处理。

资料　某公司有关发行可转换债券的业务如下：

（1）20×2年1月1日,按每份面值100元发行了5 000份可转换债券,发行总价格510 000元。该债券期限为3年,票面年利率为3%。利息每年末计息一次,于次年1月3日支付;每份债券均可在债券发行1年后转换为该公司普通股,初始转股价为每股10元,股票面值为每股1元。该公司发行该债券时,二级市场上与之类似但没有转股权的债券的市场利率为5%。

（2）发行可转换公司债券所筹资金用于厂房改造项目。20×2年1月1日支出510 000元用于该项目。厂房改造工程于当日开工,20×2年12月31日达到预定可使用状态。

（3）20×3年1月3日,某债券持有者将面值为100 000元可转换公司债券申请转换股份,并于当日办妥相关手续。假定按照当日可转换债券的面值计算转换股数。

要求　（1）计算负债部分和权益部分的初始入账金额。

（2）编制有关发行可转换公司债券的会计分录。

（3）编制20×2年12月31日计息和次年支付利息的会计分录。

（4）编制20×3年1月3日转换股份的会计分录。

【业务题九】目的　练习可转换债券的会计处理。

资料　甲公司为筹集生产经营资金,于20×7年1月1日发行可转换债券,发行价格480万元。该债券期限为3年,面值为500万元,票面年利率为3%,利息按年支付;每份债券均可在债券发行1年后转换为80股该公司普通股。该公司发行该债券时,二级市场上与之类似但没有转股权的债券的市场利率为6%。已知现值系数(P/V,3,6%)＝0.839 62,年金现值系数(P/A,3,6%)＝2.673 01。

要求　（1）计算负债部分和权益部分的初始入账金额,并编制可转换债券发行时的会计分录。计算结果保留两位小数。

（2）编制该可转换债券20×7年、20×8年年末的相关会计分录。

（3）假定20×9年年初全部可转换债券实现转股,编制相关的会计分录。

【业务题十】目的　练习短期融资券的会计处理。

资料　某公司为了筹集营运资金,于20×6年12月1日发行了10 000万元、3个月期的短期融资券。面值100元/张,发行价格为99元/张,另发生手续费等11万元。20×7年3月1日,该短期融资券到期按面值偿还并结算利息。假定按直线法摊销利息费用。

要求　（1）编制该项短期融资券发行时的会计分录。

（2）编制该项短期融资券20×6年年末的会计分录。

（3）请分别说明该项短期融资券对20×6年年末资产负债表中流动负债有关项目的影响,包括影响的项目名称和金额。

（4）编制该项短期融资券到期偿还时的会计分录。

四、复习题参考答案

(一) 思考题(略)

(二) 判断题

1. (×) 2. (√) 3. (√) 4. (×) 5. (×) 6. (×) 7. (×) 8. (×)
9. (×) 10. (√)

(三) 单项选择题

1. (A) 2. (B) 3. (C) 4. (A) 5. (B) 6. (D) 7. (A) 8. (B)
9. (D) 10. (A)

(四) 多项选择题

1. (ABCE) 2. (ABCD) 3. (ABDE) 4. (ABDE) 5. (ABCD)
6. (ADE) 7. (ABCE) 8. (CDE) 9. (ABC) 10. (ABCE)

(五) 业务题

【业务题一】 (1) 20×8 年专门借款利息计入财务费用 20 万元。

(2) 20×8 年一般借款利息计入财务费用 11.67 万元。

(3) 20×8 年借款利息应予以资本化的金额 42.33 万元,应予以费用化的金额 31.67 万元。

【业务题二】 (1) 20×8 年专门借款利息资本化金额 225 万元。

(2) 20×8 年一般借款利息资本化金额 192 万元。

(3) 20×8 年借款利息资本化金额合计 417 万元。

(4) 20×9 年 6 月 30 日专门借款利息资本化金额 150 万元。

(5) 20×9 年 6 月 30 日一般借款利息资本化金额 304 万元。

(6) 20×9 年借款利息资本化金额合计 454 万元。

【业务题三】 1 月末计提当月利息费用 500 元;2 月末计提利息费用 500 元。

【业务题四】 20×8 年 6 月底,达到预定可使用状态,结转固定资产价值为 243.5 万元。

【业务题五】 该应付债券列入 20×9 年年末资产负债表"应付债券"项目的金额为 308 348.56 万元。

【业务题六】 各年末摊销利息调整额分别为 78 365 元、82 283.25 元、86 397.41 元、90 717.28 元、94 937.06 元。

【业务题七】 各年末摊销利息调整额分别为 77.38 万元、81.75 万元、85.87 万元。

【业务题八】 负债部分的初始入账金额 472 767.52 元;权益部分的初始入账金额 37 232.48 元。

【业务题九】 (1) 20×7 年 1 月 1 日,可转换债券发行时负债部分的公允价值 459.91 万元;权益部分的公允价值 20.09 万元。

(2) 各年末摊销利息调整额 12.594 6 万元、13.350 3 万元、14.145 1 万元。

【业务题十】 发行该短期融资券时的初始确认金额为 9 889 万元,计入 20×6 年年末资产负债表中的"其他流动负债"项目的金额为 9 889 万元,记入"应付利息"项目的金额为 37 万元。

第十二章 预计负债

一、内容概要解析

(一) 或有事项及其特征

或有事项是指过去的交易或者事项形成的、其结果须由某些未来事项的发生或不发生才能决定的不确定事项。常见的或有事项主要有商业汇票贴现或背书转让、未决诉讼或未决仲裁、债务担保、产品质量保证(含产品安全保证)、亏损合同、重组义务、承诺、环境污染整治、税务纠纷、企业罚款等。或有事项具有以下特征:

(1) 或有事项是由过去交易或事项形成的。即指或有事项的现存状况是由过去交易或事项引起的客观存在。如企业因侵权而被起诉,被起诉是现存的一种状况,但其诉讼结果具有不确定性,因此,未来将要发生的事项不是或有事项。

(2) 或有事项的结果具有不确定性。即指或有事项的结果是否发生具有不确定性,或者或有事项的结果预计将会发生,但发生的具体时间或金额具有不确定性。

(3) 或有事项的结果由未来事项决定。即指或有事项的结果只能由未来不确定事项的发生或不发生才能决定。

(4) 影响或有事项结果的不确定因素不能由企业控制。或有事项本身的不确定性,从一个侧面说明了,影响或有事项结果的不确定因素不是企业能控制的。

(二) 或有负债和或有资产

或有事项的结果可能产生或有负债、或有资产,或者预计负债,其中预计负债属于负债。

或有负债是指过去交易或事项形成的潜在义务,其存在须通过未来不确定事项的发生或不发生予以证实;或者由过去交易或事项形成的现时义务,履行该义务不是很可能导致经济利益流出企业或该义务的金额不能可靠地计量。因此,或有负债,涉及两种义务,一是潜在义务;二是现时义务。或有负债无论是潜在义务,还是现时义务都不符合负债确认条件,不能确认为企业负债。

或有资产是指过去交易或事项形成的潜在资产,其存在须通过未来不确定事项的发生或不发生予以证实。或有资产不符合资产确认条件,不能确认为企业资产。

(三) 预计负债的确认

源于或有事项的预计负债,是指与或有事项相关的义务,同时满足该义务是企业承担的现时义务、履行该义务很可能导致经济利益流出企业、该义务的金额能够可靠地计量等三个条件时,才能确认为预计负债。具体而言:

(1) 该义务是企业承担的现时义务,是指与或有事项相关的义务是企业已承担的现时义务,而不是潜在义务。

(2) 履行该义务很可能导致经济利益流出企业,是指履行与或有事项相关的现时义务时,导致经济利益流出企业的可能性在 $50\%\sim95\%$ 之间。

（3）该义务的金额能够可靠地计量，是指因或有事项产生的现时义务的金额能够合理地估计。

（四）预计负债的计量

预计负债计量主要包括最佳估计数的确定和预期可获得补偿的处理。

1）确定最佳估计数。预计负债的初始计量应当按照履行相关现时义务所支出的最佳估计数计算，其最佳估计数按下列两种情况确定。

（1）若所需支出存在一个金额范围，其最佳估计数应按该范围的上限和下限金额的平均数确定。为保证平均值的准确性，该支出范围应是一个连续范围，且该范围内各种结果发生的可能性相同。

（2）若所需支出不存在一个金额范围，其最佳估计数按如下方法确定：① 或有事项涉及单个项目的，其最佳估计数按最可能发生金额确定；② 或有事项涉及多个项目的，其最佳估计数按各种可能结果及相关概率计算确定。

2）预期可获得的补偿。企业清偿预计负债所需支出预期全部或部分由第三方或其他各方补偿的，补偿金额只有在基本确定能够收到时才能作为资产单独确认，且确认的补偿金额不能超过预计负债的账面价值。

（五）涉及预计负债的若干或有事项的应用

（1）未决诉讼或未决仲裁事项。涉及诉讼或仲裁的企业，在法院判决或仲裁机构裁决结果出来之前，企业应当根据诉讼或仲裁的实际进展情况，依据所掌握的证据，在符合预计负债确认条件时，及时确认为预计负债。按估计诉讼或仲裁费借记"管理费用"账户，按预计赔偿金借记"营业外支出"账户，按预计支付金额贷记"预计负债——未决诉讼或未决仲裁"账户。

（2）债务担保事项。对外提供债务担保通常会涉及法律诉讼，企业应根据法院审理情况分别进行处理：已判决败诉的，企业应按照判决应承担的损失金额，确认为预计负债；已判决败诉，但企业正在上诉，或经上一级法院裁定暂缓执行，或由上一级法院发回重审等，企业应当根据判决结果合理估计损失金额，确认为预计负债；若法院尚未判决的，企业应当向其律师或法律顾问等征求书面意见，当败诉的可能性大于胜诉的可能性，并且损失金额能够合理估计的，确认为预计负债。

（3）产品质量保证事项。对于提供的产品质量保证，企业应当在符合预计负债确认条件的情况下，在销售成立时确认预计负债，借记"销售费用"账户，贷记"预计负债——产品质量保证"账户；实际支付维修费借记"预计负债"账户，贷记"银行存款"等账户。

（4）亏损合同事项。待执行合同变为亏损合同，且该亏损合同产生的义务符合预计负债确认条件的，应确认为预计负债，按预计损失金额借记"营业外支出"账户，贷记"预计负债——亏损合同"账户。但是，当待执行合同变为亏损合同时，对于不需要支付任何补偿即可撤销的亏损合同不应确认为预计负债；对于存在标的资产的亏损合同，应对标的资产按规定计提减值损失，企业通常不确认为预计负债。

（5）重组义务。重组是指企业制定和控制的，将显著改变企业的组织形式、经营范围、经营方式的计划实施行为，重组不同于企业合并、债务重组、企业破产。企业因重组而承担的重组义务，只有符合预计负债确认条件的，才能确认为预计负债，并按照与重组有关的直接支出（如员工遣散费）确定其金额。

（六）或有事项的列报

1）或有事项的披露要求。

（1）关于预计负债。应在资产负债表中单独设置"预计负债"项目披露，并归于非流动负债类。与此同时，与预计负债有关的支出或费用，应在利润表相关项目中反映，比如：销售费用、管理费用、营业外支出等项目。此外，预计负债还应在报表附注中披露下列信息：① 预计负债的种类、形成原因以及经济利益流出不确定性的说明；② 预计负债的期初、期末余额和本期变动情况；③ 与预计负债有关的预期补偿金额和本期已确认的预期补偿金额。

（2）关于或有负债。不符合负债定义，不应确认为负债，不能在表内披露，一般应在报表附注中披露下列信息：① 或有负债的种类及形成原因、包括已贴现商业承兑汇票、未决诉讼、未决仲裁、对外提供债务担保等形成的或有负债；② 经济利益流出不确定性的说明；③ 预计产生的财务影响，以及获得补偿的可能性；无法预计的，应当说明原因。

（3）关于或有资产。作为一种潜在资产，不应确认为资产，不能在表内反映，而且，出于稳健性考虑，企业通常不对或有资产进行披露。但是如果或有资产很可能（发生概率大于95％）会给企业带来经济利益的，企业应在报表附注中披露其形成的原因、预计产生的财务影响等信息。

下面我们将以中粮地产（集团）股份有限公司 2009 年年度报告为例说明预计负债等相关或有事项的披露。

2）中粮地产（集团）股份有限公司关于或有事项的表内列报（见表 12-1）。

中粮地产（集团）股份有限公司（以下简称"中粮地产"），是以房地产开发和销售为主的国有大型企业，1993 年 10 月 8 日在深圳证券交易所挂牌交易。中粮集团有限公司持有公司 50.65％股份，是公司控股股东及实际控制人。公司总股本为 18.14 亿元，总资产为 132.87 亿元。2009 年，公司实现营业收入 20.14 亿元，净利润 3.74 亿元，每股收益 0.21元，每股净资产 3.27 元。

表 12-1 中粮地产资产负债表部分项目

2009 年 12 月 31 日　　　　　　　　　　　　　　　　单位：元

项　目	年　末　余　额		年　初　余　额	
	合　并	母公司	合　并	母公司
非流动负债：				
预计负债	138 172.18	0	0	0
……				

3）中粮地产 2009 年度财务报表关于或有事项的附注列报。

附注八：或有事项

（1）2007 年 9 月 4 日，本公司与中国建设银行股份有限公司成都第九支行签订保证合同（合同编号：2007-保证 001），为中国建设银行股份有限公司成都第九支行与子公司成都天泉置业有限责任公司签订的编号为 2007-015 的主借款合同的债务履行提供连带责任担保，保证范围：债权本金 12 000 万元及利息（包括复利和罚息）、违约金、赔偿金和中国建设银行股份有限公司成都第九支行为实现债权而发生的费用，担保期间：2007 年 9 月 4 日至

2010 年 9 月 3 日。

(2) 2009 年 2 月 26 日,本公司与中国农业银行深圳宝安支行签订保证合同(合同编号:81901200900001137),为中国农业银行深圳宝安支行与控股子公司深圳市宝安福安有限公司签订的主合同金额为 8 000 万元(借款合同编号:8110120090000034)的履行提供保证,保证方式为连带责任保证。

(3) 2009 年 9 月 24 日,本公司与中国农业银行股份有限公司深圳宝安支行签订借款合同(合同编号:NO. 81101200900002065),借款金额为人民币 2 亿元,借款用途为收购成都天泉置业有限责任公司股权,借款利率为央行同期基准利率下浮 10% 的优惠利率,执行年利率 5.184%,借款期限为 2009 年 10 月 10 日至 2014 年 9 月 24 日,保证人系控股子公司深圳市宝安福安有限公司(保证合同编号:81901200900007281),同时本公司以股权出质为上述借款提供质押担保(权利质押合同编号:81904200900001327,质押物:本公司拥有成都天泉置业有限责任公司的股权,权利质押清单编号:ZLDC 2009001)。

(4) 深圳市宝安区人民法院(2009)深宝法民一初字第 63 号《民事判决书》就中粮地产集团深圳物业管理有限公司(以下简称"物业公司")负责管理的新庭小区居民陈瑜坠楼事件,判决物业公司与新庭小区电梯维护保养公司深圳市舒达电梯工程有限公司共同承担事故医疗费、护理费、残疾赔偿金、精神抚慰金等经济损失 138 172.18 元,物业公司按全额计提预计负债。物业公司已上诉至深圳市中级人民法院,截至 2009 年 12 月 31 日尚未判决。

资料来源:中粮地产 2009 年年报。

二、背景资料

对于或有事项的会计处理,中国与国际会计准则基本一致,而与美国会计准则的处理有所不同。下面,我们就国际财务报告准则、美国财务会计准则、中国企业会计准则等关于或有事项的规定,作必要阐述,以期更好地理解或有事项的确认、计量和披露。本章主要依据包括:《国际会计准则第 37 号——准备、或有负债和或有资产》(IAS 37:Provisions,Contingent Liabilities and Contingent Assets)、《美国会计准则委员会第 450 号——或有事项》(US ASC 450:Contingencies)、中国《企业会计准则第 13 号——或有事项》及其应用指南。

(一) 关于预计负债的确认

在中国会计准则和国际会计准则中,将满足确认条件的或有事项确认为预计负债,不满足确认条件的或有事项分为或有负债和或有资产。美国会计准则将或有事项划分为损失或有事项和利得或有事项两类,满足确认条件的损失或有事项应予以确认。

中国和国际会计准则要求,与或有事项有关的义务同时满足"该义务是企业承担的现时义务、履行该义务很可能导致经济利益流出企业、该义务的金额能够可靠计量"等三个条件的,应确认为预计负债。美国会计准则要求,当同时满足"资产负债表报出日前有证据表明,在资产负债表日一项资产很可能遭受损失或一项负债很可能已经发生;损失的金额能够可靠计量"等两个条件时,损失或有事项的估计损失应确认为负债增加或资产减少。

由此可见,中国、美国、国际会计准则,在确认或有事项导致损失时的基本原则上是一致的,但是中国和国际会计准则都将此确认为预计负债,而美国会计准则是作为负债增加或资产减少。

"很可能"是上述预计负债确认条件中都使用的概念,美国会计准则中"很可能"代表

"十分可能发生",但并未给出具体的概率区间;在中国会计准则和国际会计准则中"很可能"代表"发生的可能性高于不发生的可能性",且"很可能"的概率区间:国际会计准则为超过50%;中国是大于50%但小于或等于95%。我们认为,中国的做法,显然更便于操作。

（二）关于"最佳估计数"的确定

确认为负债的或有事项,应按"最佳估计数"确定预计负债金额,但对于最佳估计数的定义有所不同。

在中国和国际会计准则中,当所需支出存在一个连续范围,且该范围内各种结果发生的可能性相同的,最佳估计数应当按照该范围内的中间值确定;美国会计准则认为,估计数为一个区间范围且无法确定最可能发生额时,该区间的最小值为"最佳估计数"。在其他情况下,中国和国际会计准则通常偏向于采用统计方法确定最佳估计数,比如涉及多个项目的"最佳估计数"按照各种可能结果及相关概率计算确定,单个项目的"最佳估计数"按最可能发生金额确定。而美国会计准则规定,当最可能发生金额能够确定时,该金额即为最佳估计数。我们认为,"最佳估计数"的确定,中国与国际会计准则基本相同,其计算较美国更科学、合理,但相关事件概率测算并非易事,与此相比,美国的做法却更加直接、简单。

（三）关于预计负债等或有事项的披露

或有事项的披露,一个最突出的特点就是要体现稳健性原则,针对不同的或有事项应该谨慎地予以披露。

（1）对于确认为负债的或有事项（预计负债）。① 中国和国际会计准则要求,除单独设置"预计负债"项目在资产负债表内披露外,还应该附注披露:各类预计负债的期初、期末余额和本期变动情况;预计负债的种类、形成原因以及经济利益流出不确定性的说明;与预计负债有关的预期补偿金额和本期已确认的预期补偿金额。另外,国际会计准则还要求披露预计支出发生的时间。② 美国会计准则,通常并不要求附注披露其期初、期末余额以及期间变动情况,除非特别规定需要提供（如产品质量保证等）;如果只有披露才能不造成误解时,应披露其性质以及在某些情况下所确认的金额;当确认金额最近可能发生变化的,应披露该可能性。由此可见,美国对于确认为负债的或有事项的披露显得比中国和国际会计准则更加谨慎。

（2）对于不满足确认条件但可能造成损失的或有事项（或有负债）。中国和国际会计准则要求,披露包括已贴现商业承兑汇票、未决诉讼、未决仲裁、对外提供债务担保等或有负债项目（不包括可能性极小事项）,同时附注说明或有负债种类及形成原因、预计产生的财务影响（无法预计的应说明理由）、获得补偿的可能性等内容。美国会计准则,仅要求附注披露或有负债的性质和估计值,可能性极小的或有事项不予披露。

（3）对于可能带来利得的或有事项（或有资产）。中国和国际会计准则要求,只有当利得很可能发生时,才能披露该或有资产,同时披露其性质、预计产生的财务影响、财务影响无法估计的应说明理由。美国会计准则要求"充分披露"（但并未对"充分"作出具体规定）可能带来利得的或有事项,同时,应注意不要误导对实现该利得可能性的认识。

阅 读 文 献

1. 德勤会计师事务所:"中国新旧会计与国际财务报告准则的比较",2006 年 6 月。

2. IASB 37: International Accounting Standard,2008.

3. 财政部会计司编写组:《中国企业会计准则讲解(2008)》,人民出版社 2008 年版。

4. 财政部会计司翻译组:《国际财务报告准则(2008)》,中国财政经济出版社 2008 年版。

三、复习题

(一) 思考题

1. 什么是或有事项? 其有何特征? 或有事项主要包括哪些?

2. 何谓或有负债? 如何理解或有负债是一种特殊的现时义务?

3. 或有负债与预计负债有何区别?

4. 试举例说明如何确认预计负债。预计负债如何在报表中披露?

5. 预计负债应按"最佳估计数"进行初始计量,请举例说明其"最佳估计数"应该如何确定。

6. 什么是或有资产? 或有资产在什么情况下应进行附注披露?

7. 或有负债披露的基本原则是什么? 其披露的内容有哪些?

8. 企业清偿预计负债时,其预期可获得的补偿金额应怎样处理?

9. 预计负债有哪些主要特点? 预计负债确认应符合哪些条件?

(二) 判断题

1. 或有负债发生时可能是一种潜在义务,但是最终会转变为现时义务。 (   )

2. 预计负债可以是现时义务,也可以是潜在义务。 (   )

3. 或有事项具有不确定性,因此,会计处理中的不确定性事项都是或有事项。 (   )

4. 企业应当根据谨慎性原则确认或有负债而不确认或有资产。 (   )

5. 或有资产是指由企业过去交易或事项形成的潜在资产,其存在须通过未来不确定事项的发生或不发生予以证实。 (   )

6. 或有负债作为一项潜在义务,其结果须通过未来不确定事项的发生或不发生予以证实。 (   )

7. 确认预计负债的必要条件之一是,该或有事项产生的义务是现时义务,包括法定义务和推定义务。 (   )

8. 待执行合同变为亏损合同时,该亏损合同产生的相关义务应当确认为预计负债。 (   )

9. 或有资产一般情况下不应在报表附注中披露,但是,当或有资产很可能会给企业带来未来经济利益时,则应在报表附注中予以披露。 (   )

10. 因或有事项形成的预计负债应作为非流动负债类,在资产负债表内单独设置"预计负债"项目进行列示。 (   )

(三) 单项选择题

1. 会计或有事项具有不确定性,下列各项中,能够正确表述其"不确定性"的是(   )。

    A. 或有事项的不确定性,是指或有事项由未来发生的交易和事项引起的

    B. 或有事项具有不确定性,是指或有事项的结果是否发生具有不确定性

    C. 影响或有事项不确定性因素,可由企业控制

    D. 会计估计就是或有事项的不确定性

2. 关于会计或有事项,下列表述中,不正确的是(   )。

    A. 或有事项是由过去交易或事项形成的

B. 或有事项结果具有不确定性

C. 或有事项结果由未来事项决定

D. 或有事项都应进行报表披露

3. 下列有关或有事项的表述中,正确的是( )。

    A. 或有负债与预计负债有联系,由现时义务产生的或有负债,就是预计负债

    B. 预计负债与或有事项有联系,或有事项符合一定条件时,就形成预计负债

    C. 或有事项与或有负债相联系,有或有事项就有或有负债

    D. 对于或有事项,既要确认或有负债,又要确认或有资产

4. 对于或有资产定义,下列各项表述中,正确的是( )。

    A. 或有资产是指由企业过去交易或事项形成的潜在资产,其存在须通过未来不确定事项的发生或不发生予以证实

    B. 或有资产是指由企业未来经济交易或事项形成的潜在资产,其存在须通过过去不确定事项的发生或不发生予以证实

    C. 或有资产是指由企业过去交易或事项形成的潜在资产,其存在须通过过去不确定事项的发生或不发生予以证实

    D. 或有资产是指由企业未来交易或事项形成的潜在资产,其存在须通过未来不确定事项的发生或不发生予以证实

5. 辉煌公司向法院起诉光明企业商标侵权案,案件尚在审理中。据有关专家预计,辉煌公司可能获得赔偿80万元。在这种情况下,辉煌公司对该事项应计入资产负债表中资产类项目的金额是( )万元。

    A. 80   B. 50   C. 20   D. 0

6. 甲公司本年度因与乙企业发生经济纠纷,被乙企业起诉索赔100万元。由于相关法律法规尚未明确规定,案情颇为复杂,年末该诉讼的最后结果实难确定。对此诉讼案件,甲公司应做的正确处理是( )。

    A. 计入预计负债100万元   B. 作为或有资产披露

    C. 作为或有负债披露   D. 不做任何披露

7. 甲公司本年度因侵犯丙企业的商标权,被丙企业起诉,要求赔偿500万元,年末法院尚未判决。甲公司根据所聘律师意见,经研究认为,侵权事实成立,本案败诉的可能性为80%,最可能赔偿金额为380万元。则甲公司的处理应是( )。

    A. 确认预计负债400万元   B. 确认预计负债380万元

    C. 确认预计负债500万元   D. 以或有负债附注披露

8. 甲公司本年度全年销售额为5 000万元。公司规定:商品售出后1年内,如发生质量问题将免费负责修理。根据以往的经验,发生较小质量问题的修理费为销售额的1%;发生较大质量问题的修理费为销售额的3%。据预测,本年度已售产品中,90%不会发生质量问题,发生较小质量问题的概率为8%,发生较大质量问题的概率为2%。则甲公司年末应确认的预计负债金额为( )万元。

    A. 7   B. 4   C. 3   D. 0

9. 甲公司本年度发生一起严重的化学泄漏事故,事故尚在处理之中。据有关部门对该事故初步认定,公司很可能要承担2 100万元的环境污染费。另外,公司预计可从保险公司获得保险赔偿金190万元,公司通过追究相关责任人的经济责任,可能获赔偿35万元,上述

赔偿金额基本确定能够收到。则甲公司年末应作的正确处理是(　　)。

    A. 确认或有负债 2 100 万元;确认或有资产 225 万元

    B. 确认预计负债 2 100 万元;确认或有资产 225 万元

    C. 确认预计负债 1 875 万元

    D. 确认预计负债 2 100 万元;确认其他应收款 225 万元

10. 甲公司本年度因提供一项债务担保而被确认很可能要承担连带还款责任,还款金额为 2 500 万元,同时基本确定可以从第三方获得金额为 500 万元的补偿。对此情形,甲公司在本年度利润表中的正确处理是(　　)。

    A. 管理费用 2 500 万元;营业外收入 500 万元

    B. 营业外支出 2 500 万元;营业外收入 500 万元

    C. 管理费用 2 000 万元

    D. 营业外支出 2 000 万元

(四) 多项选择题

1. 对于清偿预计负债所需支出预期可从第三方获得补偿,下列有关会计处理中,正确的有(　　)。

    A. 补偿只有在基本确定能收到时才能予以确认

    B. 补偿确认金额不能超过相关预计负债的账面价值

    C. 符合确认条件的补偿应作为一项资产确认而不能冲减已确认的相关预计负债

    D. 在利润表中符合确认条件的补偿可以冲减相关预计负债当期发生的损失

    E. 在利润表中符合确认条件的补偿不能冲减相关预计负债当期发生的损失

2. 下列各项中,关于或有事项的表述中,正确的有(　　)。

    A. 或有事项是由过去交易或事项引起的一种客观存在的状况,其结果究竟如何发展,现在尚不能完全肯定,要取决于将来发生的情况

    B. 或有事项是未来将要发生的事项

    C. 或有事项的结果是否发生具有不确定性

    D. 影响或有事项结果的不确定因素不能由企业控制

    E. 或有事项的结果预计将会发生,但发生的具体时间或金额具有不确定性

3. 企业在确认和披露或有事项时,应注意的要求或处理原则包括(　　)。

    A. 稳健性　　　　B. 可能性　　　　C. 充分性披露　　D. 持续性测试

    E. 区分潜在义务与现时义务进行不同处理

4. 下列有关或有负债的各项表述中,理解正确的有(　　)。

    A. 可能为过去交易或事项形成的潜在义务,其存在须通过未来不确定事项的发生或不发生予以证实

    B. 可能为过去交易或事项形成的现时义务,履行该义务不是很可能导致经济利益流出企业

    C. 可能为过去交易或事项形成的现时义务,履行该义务很可能导致经济利益流出企业,但是该义务的金额不能可靠地计量

    D. 可能为过去交易或事项形成的现时义务,履行该义务很可能导致经济利益流出企业,同时金额能可靠地计量

    E. 属于过去交易或事项形成的潜在义务或现时义务

5. 对于预计负债的确认,下列各项中,表述正确的有(   )。

   A. 可能是企业承担的潜在义务或现时义务

   B. 该义务一定是企业承担的现时义务

   C. 履行该义务很可能导致经济利益流出企业

   D. 履行该义务不是很可能导致经济利益流出企业

   E. 履行该义务的金额能够可靠地计量

6. 对已确认的预计负债,同时还应在报表附注中披露的相关信息包括(   )。

   A. 预计负债的种类

   B. 预计负债形成原因

   C. 预计负债经济利益流出不确定性的说明

   D. 与预计负债有关的预期补偿金额和本期已确认的预期补偿金额

   E. 预计负债的期初、期末余额和本期变动情况

7. 企业将产品质量保证确认为一项预计负债时,下列有关注意事项的表述中,正确的有(   )。

   A. 不得对产品质量担保的预计比例进行调整

   B. 若发现保证费用的实际发生额与预计数相差较大,应对预计比例进行调整

   C. 如果企业针对特定批次产品确认预计负债,则在保修期结束时,应将该项"预计负债——产品质量保证"余额冲销

   D. 已对其确认预计负债的产品,如企业不再生产了,那么应在相应的产品质量保证期满后,将该项"预计负债——产品质量保证"余额冲销

   E. 已对其确认预计负债的产品,如企业不再生产了,那么无论其产品质量保证期是否已满,都应将该项"预计负债——产品质量保证"余额冲销

8. 对于涉及法律诉讼的对外提供债务担保,企业应根据法院审理判决情况分别进行处理,下列处理中,正确的有(   )。

   A. 法院尚未判决的,企业不能将该项债务担保确认为预计负债

   B. 法院尚未判决的,如果败诉的可能性大于胜诉的可能性,并且损失金额能够合理估计的,企业应当将预计损失金额确认为预计负债

   C. 法院已作出终审判决败诉的,企业应按终审判决的承担损失金额,确认为一般负债,前已确认为预计负债的应转为一般负债,并调整金额

   D. 法院已判决败诉,但企业正在上诉的,不能将该项债务担保确认为预计负债

   E. 法院已判决败诉,但企业已上诉,由上一级法院发回重审的,不能将该项债务担保确认为预计负债

9. 对于亏损合同事项的处理,下列表述中,正确的有(   )。

   A. 若与亏损合同相关的义务不需要支付任何补偿即可撤销,企业不应确认预计负债

   B. 若与亏损合同相关的义务不可撤销,企业就存在现时义务,故应将其确认为预计负债

   C. 若与亏损合同相关的义务不可撤销,且该现时义务很可能导致经济利益流出企业及金额能够可靠计量的,应确认为预计负债

   D. 待执行合同变为亏损合同时,合同不存在标的资产的,亏损合同相关的义务满足

有关确认条件时,应确认预计负债

 E. 待执行合同变为不可撤销的亏损合同时,如合同存在标的资产的,企业应先确认资产减值损失

10. 根据或有事项会计准则,下列各项中,属于重组事项的有( )。

 A. 因经营困难,与债权方进行的债务重组

 B. 对企业的组织结构进行较大调整

 C. 出售或终止企业的部分经营业务

 D. 关闭企业部分经营场所,或将营业活动由一个国家或地区迁移到其他国家或地区

 E. 企业破产清算

(五)业务题

【业务题一】目的 练习产品质量担保的会计处理。

 资料 辉煌公司 20×2 年第一季度、第二季度、第三季度、第四季度销售其产品分别为 1 000 台、800 台、600 台和 900 台,单位售价均为 12 万元/台。辉煌公司承诺:凡购买其产品的客户,产品售出后 3 年内如出现非意外事故造成的故障和质量问题,公司免费保修(含零部件更换)。根据历史经验,经测算估计发生的保修费一般为销售金额的 1‰~5‰。假定公司 20×2 年第一季度、第二季度、第三季度、第四季度实际发生的维修费分别为 120 万元、192 万元、288 万元、420 万元(假定实际维修费中:材料占 60%、工资占 30%、以存款支付的其他费占 10%);同时,已知 20×1 年"预计负债——产品质量保证"账户期末余额为 110 万元。

 要求 (1)按季度计算"预计负债——产品质量保证"账户期末余额。

 (2)按季度编制预计负债的产品质量保证相关账务处理。

【业务题二】目的 练习亏损合同的会计处理。

 资料 光辉电气公司,20×1 年 4 月 20 日,与乙企业签订了一份商品销售合同,在 20×1 年 12 月销售 100 台高压变频设备,单位售价 120 万元/台,合同总价款为 12 000 万元;同时约定:光辉电气公司如果不能按期交货,延期 1 个月内交货的商品单位售价降为 72 万元/台,否则,按每台 120 万元的 20% 支付违约金。20×1 年 12 月 2 日,光辉电气公司由于生产线损坏,估计还有 5 台高压变频设备要延期到 20×2 年 1 月交货。假定该设备单位生产成本为 84 万元/台。

 要求 (1)分析该份亏损合同是否应该确认为预计负债,为什么?

 (2)若该份亏损合同能够确认为预计负债,请作相关账务处理。

【业务题三】目的 练习未决诉讼的会计处理。

 资料 本年 7 月 15 日,光辉电气公司被友谊软件公司起诉,诉光辉电气公司侵犯了其软件版权,要求光辉电气公司予以赔偿,赔偿金额为 120 万元。本年 12 月,光辉电气公司根据法院审理情况以及所聘律师的意见,认为公司很可能败诉,最有可能发生的赔偿金额在 60 万~100 万元之间,败诉所需承担的诉讼费为 4 万~6 万元;另据悉,光辉电气公司诉讼所涉及的软件主体部分是有偿委托明月科技公司开发的,若这套软件确有侵权问题,明月科技公司应当承担连带责任,对光辉电气公司予以赔偿。根据案件审理情况,光辉电气公司基本可以确定能够从明月科技公司得到一定补偿,最有可能获得的赔偿金额是 40 万元。

 要求 (1)根据上述资料对未决诉讼进行相关账务处理。

（2）说明该或有事项计入该年年末资产负债表中"预计负债"项目的金额，以及计入该年度利润表中"营业外支出"项目的金额。

【业务题四】目的 练习债务担保的会计处理。

资料 20×1年10月，辉煌公司与甲企业和乙企业分别签订了债务担保协议：为甲企业从工商银行取得的2 500万元、1年期的银行贷款提供全额担保，为乙企业从中国银行取得的2 000万美元、1.5年期的外币贷款提供50%的担保。20×1年12月31日，被担保的贷款企业情况如下：① 甲企业由于经营困难，陷入财务危机，无法归还到期的贷款，11月1日已被工商银行起诉，担保人辉煌公司成为相关诉讼的第二被告。根据公司所聘律师的书面意见，估计败诉的可能性为80%；如败诉，担保人辉煌公司很可能要承担还款连带责任，承担还款金额为2 500万元，目前法院尚未判决。② 乙企业商品主要销往美国，由于金融危机影响，出口美国的商品受到很大影响，来自美国客户订单锐减，可能无法按时偿还中国银行的美元贷款。

要求 （1）辉煌公司提供给甲企业和乙企业的债务担保是否应该确认为预计负债，为什么？

（2）若辉煌公司提供的债务担保能够确认为预计负债，请作相关账务处理。

四、复习题参考答案

（一）思考题（略）

（二）判断题

1.（×） 2.（×） 3.（×） 4.（×） 5.（√） 6.（√） 7.（√） 8.（×）
9.（√） 10.（√）

（三）单项选择题

1.（B） 2.（D） 3.（B） 4.（A） 5.（D） 6.（C） 7.（B） 8.（A）
9.（D） 10.（D）

（四）多项选择题

1.（ABCD） 2.（ACDE） 3.（ABCD） 4.（ABCE） 5.（BCE）
6.（ABCDE） 7.（BCD） 8.（BC） 9.（ACDE） 10.（BCD）

（五）业务题

【业务题一】 第一季度"预计负债——产品质量保证"账户期末余额为350万元。第二季度"预计负债——产品质量保证"账户期末余额为446万元。第三季度"预计负债——产品质量保证"账户期末余额为374万元。第四季度"预计负债——产品质量保证"账户期末余额为278万元。

【业务题二】 该项销售合同属亏损合同，应在资产负债表日确认为一项预计负债，其金额应按履行合同亏损数与违约金中较低者确定为60万元[5台×(84−72)]。

【业务题三】 该未决诉讼应确认预计负债为85万元[(4+6)/2+(60+100)/2]，计入资产负债表中"预计负债"项目为85万元，计入利润表中"营业外支出"项目为40万元。

【业务题四】 （1）辉煌公司为甲企业提供的债务担保，应确认预计负债为2 500万元。

（2）辉煌公司为乙企业提供的债务担保，其担保义务仅仅可能发生，不符合预计负债确认的条件，不能确认为预计负债。

第十三章 所有者权益

一、内容概要解析

(一)所有者权益的内容

所有者权益是指企业资产扣除负债后由所有者享有的剩余权益。它表明在一定会计期间的任何时点,企业对预期净经济利益的拥有或控制。所有者权益按其产生或形成的来源不同,可分为所有者投入的资本、直接计入所有者权益的利得和损失、留存收益等。一般而言,所有者权益金额取决于资产和负债的计量,即在资产负债表中反映的所有者权益是按各种会计程序和方法计量资产和负债所产生的结果,所有者权益本身并没有特殊的计量问题。

所有者权益具有以下基本特征:

其一,所有者权益不是资源,而是资源中属于投资人的所有权。

其二,所有者权益的价值相当于资产减去负债后的剩余权益。

(二)投入资本及投入资本的变动

投入资本是投资者(股东)以各种形式投入企业的资本金及投入资本金本身的增值,投入资本按法定要求可分为实收资本(股本)和资本溢价(股本溢价)两部分。此外,诸如股本权证的发行与行权、权益结算的股份支付、可转换公司债券的分拆与转股、股票回购、减资等也会使得投入资本发生变化。

1. 实收资本(股本)

实收资本(股本)是投资者以各种形式投入企业的资本金,它是企业确认投资者(股东)在注册资本中享有的份额。企业收到投资时,一般应根据有关原始凭证(如投资清单、实物财产产权转让凭证、银行收款通知单等),分别按实际收到的现金金额、投资合同或协议约定的非货币财产价值(投资合同或协议约定价值不公允的除外),借记相关资产账户,按在注册资本中应享有的份额贷记"实收资本(股本)"账户。

2. 股票发行

股份有限公司(简称股份公司)的全部资本由等额股份构成并通过发行股票的方式进行筹集。股份公司的注册资本划分为等额的股份,每单位为一股,股票的面值与股份总数的乘积即为股本。股票是股份公司发给股东的、用以证明其出资的产权凭证。股票可以从不同的角度进行分类:

(1)按股票的票面是否载明其名义价值,可以分为有面值股票和无面值股票。

(2)按股票是否记名,可以分为记名股票和无记名股票。

(3)按股东享有的权利,可以分为普通股和优先股。

按照我国《公司法》的规定,股票可以按面值发行,也可以超过面值按溢价发行,但不得低于面值按折价发行。而股份是股份公司很重要的指标,股票的面值与股份总数的乘积为股本,股本应等于企业的注册资本。

与发行股票直接相关的手续费、佣金等交易费用,直接冲减资本公积——股本溢价。

3. 实收资本(股本)增减变动

1) 实收资本(股本)的增加。

(1) 企业增加资本的一般途径。企业增加资本的途径一般有三条:一是将资本公积转为实收资本(股本);二是将盈余公积转为实收资本(股本);三是所有者(包括原企业所有者和新投资者)追加投入。

(2) 股份有限公司发放股票股利。股份有限公司可以采用发放股票股利实现增资。股票股利是企业用增发的股票代替现金派发给股东的股利。

企业股利(利润)的支付方式有多种,常见的有现金股利和股票股利。企业应选择合适的股利分派形式,制定股利分派政策。现金股利和股票股利对企业财务状况影响的比较详见表13-1。

表 13-1　现金股利和股票股利对企业财务状况影响的比较

影响项目	宣告现金股利	支付现金股利	宣告和分配股票股利
留存收益	减少	—	减少
股本	—	—	增加
总资产	—	减少	—
所有者权益总额	减少	—	—

(3) 认股权证到期的行权。认股权证是由标的证券发行人或以外的第三人发行,约定持有人在规定期间或特定到期日,有权利按约定价格向发行人购买或出售标的证券,或以现金结算等方式收取结算差价的权益性工具。

认股权证根据发行人的不同,可以分为股本权证与备兑权证两类。与公司投入资本有关的业务主要是股本权证。权证到期持有人行权时,按照行权价格借记"银行存款",按股票面值与股票数量的乘积贷记"股本"账户,差额记入"资本公积——股本溢价"账户。

(4) 以权益结算的股份支付的行权。企业以权益结算的非立即可行权的股份支付换取职工或其他方提供服务的,按权益工具授予日的公允价值确定成本费用,同时增加"资本公积——其他资本公积"。在行权日,应按实际行权的权益工具数量计算确定的金额,扣除股本后转入"资本公积——股本溢价",同时结转等待期内确认的"资本公积——其他资本公积"。

(5) 可转换公司债券持有人行使转换权利。企业发行的可转换公司债券应当在初始确认时将其包含的负债成份和权益成份进行分拆,将负债成份确认为应付债券,将权益部分确认为其他权益工具。可转换公司债券持有者在债券存续期间内行使转换权利时,按股票面值和转换的股数计算的股票面值总额为"股本",差额部分为"资本公积——股本溢价",同时按行使转换权利的可转换公司债券的余额,冲减"应付债券——可转换公司债券(面值、利息调整、应计利息)",以及权益成份的"其他权益工具"。

2) 实收资本(股本)的减少。有限责任公司和一般企业减资的会计核算比较简单,按法定程序报经批准减少注册资本即可。但股份有限公司由于采用的是发行股票的方式筹集股本,则应采用回购本公司股票的方式减资,通过设置"库存股"科目进行会计核算,减资时按股票面值和注销股数计算的股票面值总额减记"股本"账户。

(三) 资本公积与其他综合收益

1. 资本公积

资本公积是归企业投资者共享的、非收益转化形成的资本准备金,主要包括资本溢价(或股本溢价)和其他资本公积。其中,资本溢价(或股本溢价)反映企业收到投资者的出资超出其在注册资本或股本中所占的份额的部分;其他资本公积是指除资本溢价(或股本溢价)项目以外所形成的资本公积,一般属于直接计入所有者权益的利得和损失。

资本溢价(或股本溢价)主要包括的内容有:① 投资者超额缴入资本或溢价发行股票形成的资本准备;② 同一控制下企业合并中合并(或投资)方取得的净资产账面价值(或投资初始投资成本)与支付对价账面价值之间的差额等。其他资本公积金主要包括的内容包括:① 企业根据以权益工具结算的股份支付协议授予员工或其他方的权益工具的公允价值;② 长期股权投资采用权益法核算的,在持股比例不变的情况下,被投资单位除净损益、其他综合收益和利润分配以外的其他所有者权益变动引起的长期股权投资账面价值的变动等。

权益性交易又称资本性交易,它是与所有者以其所有者身份进行的交易。权益性交易与损益性交易相对应,权益性交易不得确认损益,而损益性交易须确认损益。权益性交易主要可分为两大类:第一类是企业与所有者之间的交易,如企业发行股票取得的发行收入增加所有者权益、企业向投资者分配股利减少所有者权益等。第二类是企业所有者与所有者之间的交易,如在母公司没有丧失控制权的情况下,母公司增持或减持子公司的股份,实质上就是母公司与子公司的少数股东这两种类型的所有者之间发生的交易。

在符合有关法规、制度的条件下,经办理增资手续后,资本公积可以转增实收资本或股本,一般按投资者在注册资本中所占比例转增各投资者的投资金额。

2. 其他综合收益

其他综合收益,是指企业根据会计准则规定,未在当期损益中确认的各项利得和损失。它是企业非日常经营活动形成的、当期未实现且不计入当期利润、会导致所有者权益变化的,与所有者投入资本无关的经济利益的净流入,相当于直接计入当期所有者权益中的利得和损失,它不属于净利润的组成部分,而是与净利润并列,共同构成企业当期的"综合收益"。其他综合收益不一定会影响企业将来的损益,报告为其他综合收益的项目,主要有两类:

一是以后会计期间不能重分类进损益的其他综合收益项目。

二是以后会计期间在满足规定条件时将重分类进损益的其他综合收益项目。

(四) 留存收益

留存收益是企业通过其生产经营而创造积累的、为分配或限制分配给投资者的净利润,属于企业的资本增值部分,它包括盈余公积和未分配利润两部分。

(1) 盈余公积。企业提取盈余公积的主要目的是为了增强企业自我发展和承受风险的能力,而对投资者分配利润或分派股利的一种限制。

企业应按税后利润(净利润)的 10% 提取法定盈余公积,同时经股东会或者股东大会决议,还可以从税后利润(净利润)中提取任意盈余公积,提取比例由企业自行决定。企业提取的盈余公积主要用途有下列两项:一是用于弥补亏损;二是扩大生产经营或者转为增加资本。若股份有限公司用盈余公积抵补亏损以后,为维护其股票信誉,经股东大会特别决议,也可用盈余公积支付股利。

（2）未分配利润。未分配利润是企业留待以后年度进行分配的结存利润,也是企业所有者权益的组成部分。从数量上来讲,未分配利润是期初未分配利润,加上本期实现的净利润,减去提取的各种盈余公积和分出利润后的余额。

在会计处理上,未分配利润是通过"利润分配"科目进行核算的,"利润分配"科目应当分别"提取法定盈余公积""提取任意盈余公积""应付现金股利或利润""转作股本的股利""盈余公积补亏"和"未分配利润"等进行明细核算。

（五）所有者权益的列报

所有者权益的列报包括两部分:所有者(股东)权益变动表和资产负债表及附注。所有者(股东)权益变动表是一般企业编制的四张主表之一,它是反映企业所有者(股东)权益组成项目在一定会计期间内增减变动情况的报表;而资产负债表中所有者权益部分包括:实收资本、资本公积、其他综合收益、盈余公积和未分配利润等五个项目,有些公司还可能包括额外项目,比如库存股、专项储备、外币报表折算差额等。在资产负债表中的所有者权益部分,披露实收资本和留存收益,这明确了实收资本的特殊来源。这里以上海汽车集团股份有限公司(以下简称上汽集团)2016年资产负债表和有关项目附注、2016年所有者(股东)权益变动表为例,具体说明所有着权益的列报。

（1）上汽集团资产负债表中所有者权益的列报,见表13-2

表 13-2　上汽集团合并资产负债表部分项目

2016 年度　　　　　　　　　　　　　　　　　　　　　　单位:元

项目	附注	期末余额	期初余额
所有者权益			
股本	(八)57	11 025 566 629.00	11 025 566 629.00
资本公积	(八)59	39 807 249 252.90	38 939 769 815.73
减:库存股			
其他综合收益	(八)61	9 966 472 713.03	10 916 793 233.7
专项储备		335 356 348.86	275 789 416.38
盈余公积	(八)63	32 254 579 593.08	26 728 261 764.70
一般风险准备		1 738 792 163.43	844 919 712.17
未分配利润	(八)64	96 792 960 860.43	86 397 638 086.22
归属于母公司股东权益合计		191 920 977 560.73	175 128 738 657.93
少数股东权益		43 175 396 443.03	35 788 547 062.28
所有者权益合计		235 096 374 003.76	210 917 285 720.21

（2）上汽集团资产负债表所有者权益部分项目的附注列报(见表13-3至表13-7)。

表 13-3　附注(八)57:股本

单位:元

	期初余额(股)	本次变动增减(＋、一)					期末余额(股)
		新股发行	送股	公积金转股	其他	小计	
股份总数	11 025 566 629					—	11 025 566 629

表 13-4　附注(八)59:资本公积　　　　　单位:元

项目	期初余额	本期增加	本期减少	期末余额
股本溢价	37 952 429 864.29	811 774 445.98		38 764 204 310.27
其中:投资者投入的资本	37 147 780 115.58	—		37 147 780 115.58
同一控制下企业合并形成的差额	1 454 026 130.62	—		1 454 026 130.62
对子公司持股比例变更的影响	−649 376 381.91	811 774 445.98		162 398 064.07
其他资本公积	987 339 951.44	55 704 991.19		1 043 044 942.63
合　计	38 939 769 815.73	867 479 437.17		39 807 249 252.90

表 13-5　附注(八)61:其他综合收益　　　　　单位:元

项目	期初余额	本期发生金额				期末余额
		本期所得税前发生额	减:所得税费用	税后归属于母公司	税后归属于少数股东	
一、以后不能重分类进损益的其他综合收益	713 283 968.08	−342 057 942.69	—	−326 278 439.57	−15 779 503.12	387 005 528.51
其中:重新计算设定受益计划净负债和净资产的变动	713 283 968.08	−340 223 217.69	—	−325 208 427.95	−15 014 789.74	388 075 540.13
权益法下在被投资单位不能重分类进损益的其他综合收益中享有的份额	—	−1 834 725.00	—	−1 070 011.62	−764 713.38	−1 070 011.62
二、以后将重分类进损益的其他综合收益	10 203 509 265.65	−1 152 014 768.17	489 292 674.28	−624 042 081.13	−38 680 012.76	9 579 467 184.52
其中:权益法下在被投资单位以后将重分类进损益的其他综合收益中享有的份额	−88 951 389.30	92 512 148.38		85 449 035.00	7 063 113.38	−3 502 354.30

右上角：续表

项目	期初余额	本期发生金额				期末余额
		本期所得税前发生额	减:所得税费用	税后归属于母公司	税后归属于少数股东	
可供出售金融资产公允价值变动损益	9 813 439 832.45	−2 020 126 506.26	489 292 674.28	−1 335 080 324.33	−195 753 507.65	8 478 359 508.12
外币财务报表折算差额	479 020 822.50	775 599 589.71	—	625 589 208.20	150 010 381.51	1 104 610 030.70
其他综合收益合计	10 916 793 233.73	−1 494 072 710.86	489 292 674.28	−950 320 520.70	−54 459 515.88	9 966 472 713.03

表 13-6　附注(八)63:盈余公积　　　单位:元

项目	期初余额	本期增加	本期减少	期末余额
法定盈余公积	14 173 232 135.62	2 763 158 914.19	—	16 936 391 049.81
任意盈余公积	12 555 029 629.08	2 763 158 914.19	—	15 318 188 543.27
合计	26 728 261 764.70	5 526 317 828.38	—	32 254 579 593.08

表 13-7　附注(八)63:未分配利润　　　单位:元

项　目	本期	上期
调整前上期末未分配利润	86 397 638 086.22	76 085 680 916.97
调整期初未分配利润合计数(调增＋ 调减—)	—	—
调整后期初未分配利润	86 397 638 086.22	76 085 680 916.97
加:本期归属于母公司所有者的净利润	32 008 610 688.65	29 793 790 723.65
减:提取法定盈余公积	2 763 158 914.19	2 446 049 928.48
提取任意盈余公积	2 763 158 914.19	2 446 049 928.48
应付普通股股利(注 1)	14 994 770 615.44	14 333 236 617.70
财务公司及通用金融提取一般风险准备	893 872 451.26	—
财务公司提取外币资本准备金	691 909.88	1 641 152.55
子公司提取职工奖励及福利基金	197 635 109.48	254 855 927.19
期末未分配利润	96 792 960 860.43	86 397 638 086.22

注 1:本年度股东大会批准的上年度现金股利根据本公司于 2016 年 5 月 26 日召开的公司 2015 年度股东大会决议,以本公司总股本 11 025 566 629 股为基准,每 10 股派发现金红利人民币 13.60 元(含税),计人民币 14 994 770 615.44 元。

(3) 上汽集团合并所有者权益变动表,详见表 13-8。

表 13-8 上汽集团合并所有者权益变动表

2016 年 1~12 月

单位：元

项目	归属于母公司股东权益							少数股东权益	所有者权益合计
	股本	资本公积	其他综合收益	专项储备	盈余公积	一般风险准备	未分配利润		
一、上年期末余额	11 025 566 629.00	38 939 769 815.73	10 916 793 233.73	275 789 416.38	26 728 261 764.70	844 919 712.17	86 397 638 086.22	35 788 547 062.28	210 917 285 720.21
二、本年期初余额	11 025 566 629.00	38 939 769 815.73	10 916 793 233.73	275 789 416.38	26 728 261 764.70	844 919 712.17	86 397 638 086.22	35 788 547 062.28	210 917 285 720.21
三、本年增减变动金额		867 479 437.17	−950 320 520.70	59 566 932.48	5 526 317 828.38	893 872 451.26	10 395 322 774.21	7 386 849 380.75	24 179 088 283.55
（一）综合收益总额			−950 320 520.70	—	—	—	32 008 610 688.65	11 898 891 493.81	42 957 181 661.76
（二）所有者投入和减少资本								5 688 827 866.09	5 688 827 866.09
1. 股东投入的普通股									
2. 其他权益工具持有者投入资本									
3. 股份支付计入所有者权益的金额									

项目									
4. 其他									
(三) 利润分配		691 909.88			5 526 317 828.38	893 872 451.26	−21 613 287 914.44	−9 261 927 816.53	−24 454 333 541.45
1. 提取盈余公积					5 526 317 828.38	—	−5 526 317 828.38	—	—
2. 提取一般风险准备					—		−14 994 770 615.44	−9 032 296 312.50	−24 027 066 927.94
3. 对所有者（或股东）的分配					—	893 872 451.26	−893 872 451.26	—	—
4. 其他		691 909.88					−198 327 019.36	−229 631 504.03	−427 266 613.51
(四) 所有者权益内部结转									
(五) 专项储备				59 566 932.48				9 619 037.82	69 185 970.30
1. 本期提取				89 562 781.54				24 589 881.36	114 152 662.90
2. 本期使用				29 995 849.06				14 970 843.54	44 966 692.60
(六) 其他								−948 551 200.44	−81 773 673.15
本期期末余额	11 025 566 629.00	39 807 249 252.90		335 356 348.86	32 254 579 593.08	1 738 792 163.43	96 792 960 860.43	43 175 396 443.03	235 096 374 003.76

资料来源：上汽集团 2016 年年报。

二、背景资料

(一) 所有者权益的定义

所有者权益是一个重要的财务报表要素。关于所有者权益的定义,各方的共识多于分歧。美国财务会计准则委员会(FASB)发布的第 6 号概念公告《财务报表要素》中将所有者权益定义为:"所有者权益或净资产是某个主体的资产减去负债后的剩余权益。"国际会计准则理事会(IASB)在其《编报财务报表的框架》中也有类似的定义:"所有者权益是企业的资产中扣除企业的全部负债后的剩余权益。"而我国《企业会计准则——基本准则》中规定"所有者权益是指企业资产扣除负债后由所有者享有的剩余权益。所有者权益按其产生或形成的来源不同,可分为所有者投入的资本、直接计入所有者权益的利得和损失、留存收益等。"可见,上述关于所有者权益的含义均侧重从定量角度进行界定,即"资产-负债=所有者权益"。这种定义方法明确地指出了所有者权益的数量内涵,便于对所有者权益进行计量,具有较强的可操作性。

所有者权益实质上是一种财产权利,它包括所有者对其投入资产的所有权、占用权、处置权以及收益分配权。但是,所有者权益又是一种剩余权益,就是说,当企业进行清算时,变现后的资产首先要用于偿还债务,剩余资产才能在投资者之间进行分配,因而投资者的要求权是剩余索取权。

(二) 所有者权益的确认与计量

1. 所有者权益的确认

所有者权益的性质与不同的权益理论有着明确的关系,目前财务会计中对所有者权益确认的理论中较有代表性的是业主权理论和主体理论。

(1) 业主权理论。这一理论的基本立论是:会计主体与其所有者终极所有者是一个完整不可分割的整体。资产是所有者拥有的权利,负债是所有者承担的义务,所有者权益代表企业所有者拥有的企业净值;收入增加即为所有者权益的增加,费用即为所有者权益的减少,收入大于费用而形成的净收益,直接归属于业主权益的增长;发放现金股利应视为业主资本的撤出,留存收益则是所有者权益的一部分。总之,会计主体只是其终极所有者财富的存在形式或载体,会计主体就是所有者的化身。其理论依据的会计等式为"资产-负债=所有者权益",即业主居于权利的中心,它突出地体现了确认、计量和报告所有者权益是财务会计的核心目标。业主权理论与现代会计的主体假设是背离的,所以业主权理论特别适合独资企业。

(2) 主体理论。这一理论的基本立论是:会计主体与其终极所有者是相互分离、彼此独立存在的个体,会计主体被视为在法律和制度所认可的具有自己独立人格的存在主体。资产是会计主体自身获取经济利益的权利,负债是会计主体自身偿付的义务,权益(净资产)是会计主体对其终极所有者的义务;收入代表会计主体的经营成果,费用代表会计主体为了获取经营成果而付出经营代价的即为所有者权益的减少,净收益代表会计主体的经营成果的净额。会计主体向终极所有者发放的现金股利,即减少会计主体的财富存量,同时也部分地解除了会计主体对其所有者承担的义务。总之,会计主体的资产、负债、净资产、收入、费用以及相关的交易与事项与其终极所有者截然分开。其理论依据的会计等式为"资产=负债+所有者权益",即所有者不再是财务会计的唯一中心,而是与债权人居于同等地位,所有者和债权人都是会计主体的资金提供者,两者的差别在于债权人的权益优于所有者权益,可见,主体理论是现代财务会计中主体假设的理论基础。主体理论主要适用于公司组织。

2. 综合收益与所有者权益计量

会计收益主要由收入和费用两个要素所决定和构成,但由于历史成本和实现原则的限制,会计收益无法确认在既定期间内持有资产的价值增减,从而不利于反映本期实际收益。FASB 在《财务报表要素》中提出两个不同的收益概念:盈利和综合收益。盈利就是现行会计实务中的净收益,而综合收益应包括"在一个期间内来自非业主交易的权益(净资产)的全部变动",也就是包括已实现和未实现的所有者权益(净资产)的变动。由于综合收益除了现行会计实务中的净收益外,还应包括各个期间内的其他非业主交易的权益变动(如金融资产持有的公允价值变动、投资价值变动等)。因此综合收益目前已成为趋势。

IASB 于 2007 年 9 月发布《国际会计准则第 1 号——财务报表的列报》(IAS 1: Presentation of Financial Statements)的修订版第 10 段规定,一套完整的财务报表包括 4 张表,即财务状况表、综合收益表、权益变动表和现金流量表。我国财政部 2009 年 6 月发布了《企业会计准则解释公告第 3 号》规定企业应当在利润表"每股收益"项下增列"其他综合收益"项目和"综合收益总额"项目。

(三) 我国企业会计准则关于所有者权益的新动态

财会函〔2008〕60 号《财政部关于做好执行会计准则企业 2008 年年报工作的通知》中规定:企业购买上市公司,被购买的上市公司不构成业务的,购买企业应按照权益性交易的原则进行处理,不得确认商誉或确认计入当期损益。企业接受的捐赠和债务豁免,按照会计准则规定符合确认条件的,通常应当确认为当期收益;如果接受控股股东或控股股东的子公司直接或间接的捐赠,从经济实质上判断属于控股股东对企业的资本性投入,应作为权益性交易,相关利得计入所有者权益(资本公积)。

财政部 2009 年 6 月发布的《企业会计准则解释公告第 3 号》中规定:高危行业企业按照国家规定提取的安全生产费时计入相关产品成本或当期损益,同时计提形成的"专项储备"不符合负债的定义,作为所有者权益的组成项目,在资产负债表所有者权益项下"盈余公积"下专设"专项储备"项目反映。

2014 年 1 月 26 日财政部发布财会〔2014〕7 号文件,关于印发修订《企业会计准则第 30 号——财务报表列报》的通知。在借鉴国际财务报告准则有关改进意见和《企业会计准则解释公告第 3 号》(财会〔2009〕8 号)规定,在利润表中增加"其他综合收益"和"综合收益总额"项目,对财务报表列报进行了有效改进和补充的基础之上,同时结合随着金融工具的不断创新,公允价值计量在财务报表中得到日益广泛的应用,会计确认和计量中出现了越来越多的其他综合收益项目。修订后的财务报表列报准则采用列举的方式列举了其他综合收益的项目,进一步改进完善了其他综合收益的列报问题。同时增设"其他综合收益"科目,明确了其他综合收益会计处理的具体科目使用。

阅　读　文　献

1. 黄世忠主编:《财务报表分析(理论·框架·方法与案例)》,中国财政经济出版社 2007 年版。

2. 陈少华主编:《财务会计研究》,中国金融出版社 2007 年版。

3. 汤云为、钱逢胜主编:《会计理论》,上海财经大学出版社 1997 年版。

4. 葛家澍主编:《中级财务会计学(下)》,中国人民大学出版社 1999 年版。

5. 中国会计准则委员会组织翻译:《国际财务报告准则(2015)》,中国财政经济出版社 2015 年版。

三、复习题

(一)思考题

1. 所有者权益与负债有何区别?

2. 所有者权益的来源包括哪些? 划分投入资本与留存收益的主要目的何在?

3. 试分析普通股股东和优先股股东在享有权利上的主要区别。

4. 什么是认股权证? 在会计上,认股权证应如何核算?

5. 什么是库存股? 试分析库存股对企业产生的影响。

6. 在财务报表中,库存股如何披露? 在库存股的交易中,企业应记录利得或损失吗? 请解释。

7. 分析以权益结算的股份支付和以现金结算的股份支付在会计核算上的区别。

8. 什么是资本公积? 其他资本公积的主要内容包括哪些?

9. 什么是其他综合收益? 其他综合收益有哪些特征?

10. 什么是留存收益? 留存收益包括哪些主要内容?

11. 分派现金股利与发放股票股利对企业股本总额、股东权益总额、每股净资产、每股收益的影响有何不同?

12. 股票股利的计价方法有按面值计价和按市价计价两种。你认为应按何种方法计价?

13. 简述权益性交易与损益性交易的区别。

(二)判断题

1. 一般而言,股份有限公司的法定注册资本就是公司发行的股票面值的总额。( )

2. 库存股的购买是所有者权益的减少,而不是公司的一项资产的取得。( )

3. 企业实际发放股票股利时会增加股本总额但不会增加所有者权益总额。( )

4. 持有优先股股票的股东比持有普通股股票的股东享有更多的表决权。( )

5. 库存股的购入与发行股票的作用正好相反,即发行股票增加公司的资产和权益,而购买库存股则减少公司的资产和权益。( )

6. 任意盈余公积是公司根据实际经营需要任意提取的,其数额不受限制。( )

7. 企业实际发放股票股利时不需要进行会计处理。( )

8. 企业取得收入能导致企业所有者权益的增加,但扣除相关成本费用后的净额,可能减少所有者权益。( )

9. 对企业管理人员以权益结算的股份支付,在可行权日之后应付职工薪酬的公允价值变动,应当计入管理费用。( )

10. 公司以每股 10 元的价格发行每股 1 元的普通股股票 1 000 万股,则可以使公司资本额增加 1 000 万元。( )

11. 实收资本与资本公积都是所有者共同享有的投入资本。( )

12. 其他综合收益不一定会影响企业当期的损益,也不一定会影响企业未来的损益。

( )

（三）单项选择题

1. 股份有限公司采用回购本公司股票方式减资的,下列说法中,正确的是(　　)。

　　A. 应按股票面值和注销股数计算的股票面值总额减少股本

　　B. 应按股票面值和注销股数计算的股票面值总额减少库存股

　　C. 应按股票面值和注销股数计算的股票面值总额增加股本

　　D. 应按股票面值和注销股数计算的股票面值总额增加库存股

2. 企业发行可转换公司债券时,收到的款项当中属于权益成份的公允价值部分应记入(　　)科目。

　　A. "其他综合收益"　　　　　　　　B. "资本公积——资本溢价"

　　C. "资本公积——其他资本公积"　　D. "其他权益工具"

3. 企业增资扩股时,投资者实际缴纳的出资额大于其按约定比例计算的其在注册资本中所占份额的部分,应作为(　　)。

　　A. 资本公积——资本溢价　　　　　B. 实收资本

　　C. 直接计入所有者权益的利得　　　D. 营业外收入

4. A 股份公司 20×8 年 4 月按照每股 4 元从股票交易市场收购本公司每股面值 1 元的股票 1 000 万股实现减资,并按交易金额 5‰ 支付相关税费,假设该公司有足够的资本公积——股本溢价,注销库存股时,该企业的会计处理是(　　)。

　　A. 冲减库存股 1 000 万元

　　B. 冲减股本 1 000 万元,冲减资本公积 3 980 万元

　　C. 冲减股本 1 000 万元,冲减资本公积 3 020 万元

　　D. 冲减库存股 1 000 万元,冲减资本公积 3 000 万元

5. 某公司于 20×9 年 1 月 1 日按每份面值 1 000 元发行了期限为 2 年、票面年利率为 7% 的可转换公司债券 30 万份,利息每年年末支付。每份债券可在发行 1 年后转换为 200 股普通股。发行日市场上与之类似但没有转换股份权利的公司债券的市场利率为 9%,假定不考虑其他因素。20×9 年 1 月 1 日,该交易对所有者权益的影响金额为(　　)万元。（四舍五入取整数）

　　A. 0　　　　　　　B. 1 055　　　　　　C. 3 000　　　　　　D. 28 945

6. 企业对其员工实施以权益结算的股份支付时,在等待期内的每个资产负债表日,确定计入相关资产成本或当期费用的股份支付金额的计量基础是(　　)。

　　A. 权益工具在授权日的公允价值

　　B. 权益工具在每个资产负债表日的公允价值

　　C. 权益工具在可行权日的公允价值

　　D. 权益工具在行权日的公允价值

7. 公司资本最基本的两种来源是(　　)。

　　A. 投入资本和留存收益　　　　　　B. 实收资本和资本公积

　　C. 实收资本和其他综合收益　　　　D. 留存收益和股利

8. 在资产负债表中,库存股是下列(　　)的抵减项目。

　　A. 实收资本和留存收益总额　　　　B. 留存收益

　　C. 所有者权益总额　　　　　　　　D. 实收资本和资本公积

9. 下列关于股票股利的叙述中,不正确的是(　　)。

A. 可以使企业发行在外的股票数量增加

    B. 对每股股票的面值没有影响

    C. 对企业资产总额和负债总额没有影响

    D. 对企业留存收益没有影响

10. 企业应在( )编制现金股利的会计分录。

    A. 宣告日和发放日   B. 登记日和发放日

    C. 宣告日、登记日和发放日   D. 宣告日和登记日

(四) 多项选择题

1. 下列事项中,不会导致股本发生增减变动的有( )。

    A. 资本公积转增资本   B. 盈余公积转增资本

    C. 盈余公积弥补亏损   D. 派送新股

    E. 股份公司收购本企业股票作为库存股

2. 以下可能会影响资本公积的有( )。

    A. 同一控制下的控股合并形成长期股权投资

    B. 被投资单位溢价增发股票

    C. 本企业发行可转换公司债券分拆的权益初始确认金额

    D. 被投资单位发行可转换公司债券分拆的权益初始确认金额

    E. 被投资单位处置长期股权投资

3. 下列项目中,应通过资本公积账户核算的有( )。

    A. 权益结算的股份支付在授予日权益工具的公允价值

    B. 权益结算的股份支付在等待日对权益工具公允价值的调整

    C. 现金结算的股份支付在等待日对权益工具公允价值的调整

    D. 注销回购的库存股减资

    E. 同一控制下企业合并的成本与被投资单位所有者权益账面价值份额的差额

4. 下列表述中,关于股票股利不正确的有( )。

    A. 分配股票股利使得企业每股净资产减少

    B. 分配股票股利使得企业每股净资产增加

    C. 企业分配股票股利时不需要进行会计处理

    D. 投资企业收到股票股利时不需要确认投资收益

    E. 分配股票股利只引起所有者权益结构的变动,不对负债与权益比例产生影响

5. 下列交易或事项中形成的其他综合收益或资本公积时,在处置相关资产时可以转入当期损益的有( )。

    A. 采用权益法核算的长期股权投资,因被投资单位指定为以公允价值计量且其变动计入其他综合收益的非交易性权益工具形成的其他综合收益变动,投资方按持股比例计算应享有或分担的份额部分

    B. 自用房地产转为以公允价值计量的投资性房地产在转换日计入其他综合收益的部分

    C. 采用权益法核算的长期股权投资,因被投资单位除净损益、其他综合收益以及利润分配以外所有者权益的其他变动投资方按持股比例计算应享有或分担的份额部分

    D. 企业购入的分类为以公允价值计量且变动计入所有者权益的金融资产,在持有期间因公允价值变动形成的其他综合收益部分

    E. 同一控制下控股合并中确认长期股权投资初始成本时形成的资本公积部分

6. 股份有限公司采用收购本公司股票方式减资的,下列说法中,不正确的有(　　)。

    A. 按股票面值和注销股数计算的股票面值总额减少股本

    B. 按股票面值和注销股数计算的股票面值总额减少库存股

    C. 按所注销库存股的账面余额减少库存股

    D. 购回股票支付的价款低于面值总额的,应按股票面值总额,借记"实收资本"账户或"股本"账户,按所注销库存股的账面余额,贷记"库存股"账户,按其差额,贷记"资本公积——股本溢价"账户

    E. 按股票面值和注销股数计算的股票市价总额减少股本

7. 下列关于所有者权益的表述中,正确的有(　　)。

    A. 在企业持续经营期间不得减少

    B. 在企业清算时,负债的清算优先于所有者权益的清偿

    C. 它在数量上等于资产总额减去负债总额后的余额

    D. 它包括所有者投入的资本、直接计入所有者权益的利得和损失、留存收益等

    E. 它在资产负债表上总是以正数列示

8. 依据我国企业会计准则的规定,下列有关资本公积的表述中,正确的有(　　)。

    A. 资本公积中的资本溢价可转增资本

    B. 资本公积可以用于弥补亏损

    C. 与发行权益性证券直接相关的手续费、佣金等交易费用,应直接冲减资本公积溢价部分

    D. 长期股权投资采用权益法核算的,在持股比例不变的情况下,被投资方除净损益、其他综合收益,以及利润分配以外的其他所有者权益变动引起的长期股权投资账面价值的变动,应当确认为资本公积

    E. 企业控股股东向企业直接或间接的捐赠、债务豁免等行为,应视为权益性交易确认为资本公积

（五）业务题

【业务题一】**目的**　练习投入资本的核算。

资料　某企业本期发生下列经济业务:

(1) 收到联营单位的投资,投资各方合同确认的价值为:材料 800 000 元,增值税进项税额136 000 元;库存商品 2 000 000 元,增值税进项税额 340 000 元;固定资产(建筑物)的原账面价值为 1 000 000 元,已提折旧 200 000 元,确认的价值为 900 000 元,增值税进项税额 90 000 元。上述资产已验收入库或投入使用。

(2) 企业决定用资本公积 1 500 000 元转增资本。

要求　根据上述资料编制有关的会计分录。

【业务题二】**目的**　练习投入资本的核算。

资料　甲、乙、丙三方各出资 1 500 万元组建 A 有限责任公司,A 公司注册资本 4 500 万元。1 年后 A 公司增加注册资本至 6 000 万元,投资者丁投入银行存款 1 800 万元,占 A 公司增资后注册资本的 25%。

　　要求　根据上述资料编制 A 公司与收到投资者丁投入资本有关的会计分录。

　　【业务题三】目的　练习其他综合收益和资本公积的核算。

　　资料　甲公司 20×9 年发生下列经济业务：

　　(1) 拥有 A 公司 20% 的股权份额，投资采用权益法核算。A 公司 20×9 年 3 月购入某公司股票并指定为以公允价值计量且其变动计入其他综合收益的非交易性权益工具投资，初始成本 200 万元，20×9 年 12 月 31 日公允价值 300 万元。

　　(2) 拥有 B 公司 50% 的股权份额，投资采用权益法核算。B 公司 20×9 年 9 月份将原自用房屋转作经营性出租，并以公允价值模式对投资性房地产计价，该房产原价 2 200 万元，已提折旧 300 万元，转换日公允价值 2 100 万元，20×9 年 12 月 31 日公允价值 2 150 万元。

　　(3) 20×9 年 7 月 10 日，以每股 5 元的价格增发面值 1 元的股票 2 000 万股，扣除按照股票发行款 0.5% 计算的相关税费后，款项已经存入银行。

　　(4) 20×9 年 11 月 1 日，以银行存款 8 000 万元自乙公司购入 C 公司 80% 的股份。乙公司系甲公司的母公司的全资子公司。C 公司 20×9 年 11 月 1 日股东权益总额账面价值为 11 000 万元，可辨认净资产的公允价值为 13 000 万元。

　　(5) 20×9 年 12 月 1 日，以每股 3 元的价格回购 500 万股公司发行在外的普通股，股票面值为 1 元。12 月 31 日公司按法定程序将回购的库存股注销。

　　要求　根据上述资料编制有关的会计分录。

　　【业务题四】目的　练习权益工具结算股份支付的核算。

　　资料　20×6 年 1 月 1 日，甲上市公司经股东大会批准与 40 名高级管理人员签署股份支付协议。协议规定：① 甲公司向 40 名高级管理人员每人授予 15 万份股票期权，行权条件为这些高级管理人员从授予股票期权之日起连续服务 3 年，公司 3 年平均净利润增长率达到 12%；② 符合行权条件后，自 20×9 年 1 月 1 日起 1 年内，每持有 1 份股票期权可以每股 7.5 元的价格购买甲公司 1 股普通股票，在行权期内未行权的股票期权将失效。甲公司估计该股票期权在授予日 (20×6 年 1 月 1 日) 的公允价值为每股 12 元。

　　20×6～20×9 年，甲公司与股票期权有关的资料如下：

　　(1) 20×6 年，甲公司有 1 名高级管理人员离开公司，本年净利润增长率为 10%。该年末预计未来两年将有 3 名高级管理人员离开公司，预计 3 年平均净利润增长率可达到 12%。每股股票期权的公允价值为 15 元。

　　(2) 20×7 年，甲公司没有高级管理人员离开公司，本年净利润增长率为 14%。该年末预计未来 1 年将有 2 名高级管理人员离开公司，预计 3 年平均净利润增长率可达到 12.5%。每股股票期权的公允价值为 17 元。

　　(3) 20×8 年，甲公司有 2 名高级管理人员离开公司，本年净利润增长率为 15%。该年末每股股票期权的公允价值为 20 元。

　　(4) 20×9 年 5 月，37 名高级管理人员全部行权，甲公司共收到款项 4 162.5 万元，相关股份的变更手续已办理完毕。

　　要求　(1) 计算甲公司 20×6 年、20×7 年和 20×8 年因股份支付应确认的费用金额。

　　(2) 编制甲公司与股份支付相关的全部会计分录。

　　(3) 假定 20×9 年 5 月 37 名高级管理人员行权时的股票期权来源为回购的本公司股票。20×6 年 4 月甲公司自二级市场回购本公司股票 600 万股作为库存股待行权时使用，共支付款项 5 100 万元。

【业务题五】目的　练习权益性交易的核算。

资料　(1)甲公司为上市企业,其控股股东在3年之前甲公司重大资产重组时对其重组后连续3年的业绩有承诺,本年度(业绩承诺的第三年)甲公司未完成预期的利润,控股股东于本年12月25日以银行存款向甲公司支付5 400万元补足差额。

(2)甲公司于本年12月28日接受其控股股东捐赠现金500万元、其他社会机构捐赠现金200万元,上述两笔款项已存入银行。

(3)由于甲公司经营不善、连年亏损,财务负担严重,其控股股东于本年12月30日决定豁免其长期积欠的经营债务2 000万元。

要求　根据上述资料编制有关的会计分录。

【业务题六】目的　练习所有者权益的分类及报表列示。

资料　甲公司和乙公司投资兴办丙公司。丙公司注册资本为20 000万元。甲公司投入厂房一幢,其账面价值为10 000万元,已提折旧7 000万元,投资双方确认的价值为9 000万元,增值税进项税额900万元,另投入货币资金6 100万元。乙公司投入非专利技术一项,投资双方确认的价值为3 000万元,增值税进项税额180万元,另投入货币资金820万元。丙公司已将甲、乙公司投入资本按确认数登记入账。

丙公司接受投资第一年至第四年的有关情况如下:

(1)第一年发生经营亏损200万元。

(2)第二年丙公司购买某公司股票指定为以公允价值计量且其变动计入其他综合收益的非交易性权益工具投资,初始成本100万元,年末的公允价值130万元。当年实现利润总额400万元,用税前会计利润弥补上年亏损200万元,计提当年所得税费用50万元,提取盈余公积30万元,并用现金分派利润50万元。

(3)第三年实现净利润1 250万元,提取盈余公积250万元,用现金分派利润500万元。本年度丙公司将原自用房屋转作经营性出租,并以公允价值模式对投资性房地产计价,该房产原价3 000万元,截至转换日已提折旧375万元,转换日公允价值为2 900万元。

(4)第四年实现净利润1 800万元,提取盈余公积360万元,用现金分派利润600万元。

要求　计算丙公司第四年年末资产负债表中所有者权益总额及各组成项目的金额。

【业务题七】目的　练习所有者权益的分类及报表列示。

资料　甲股份有限公司有关业务资料如下:

(1)20×6年年初,甲公司股东权益总额为30 000万元,其中股本20 000万元(假定股票面值为1元/股),资本公积6 000万元(其中股本溢价4 000万元,其他资本公积2 000万元),盈余公积3 000万元,未分配利润1 000万元。甲公司按照年度净利润的10%提取法定盈余公积,在以前年度亏损尚未弥补之前不得提取法定盈余公积。

(2)20×6年,甲公司实现净利润5 000万元。

(3)20×7年4月10日,甲公司股东大会批准20×6年度利润分配方案如下:①用20×6年年末的未分配利润,以20×6年12月31日的股份总额为基础,向股东分配每10股1元的现金股利,同时向股东分配每10股送1股的股票股利;②以20×6年12月31日的股份总额为基础,用资本公积转增股本,每10股转增1股。甲公司于20×7年5月8日办妥了上述资本公积转增股本及发放股票股利的相关手续。

(4)20×7年度,甲公司实现净利润2 500万元,本年度利润不分配。

(5)20×8年度,甲公司实现净利润1 000万元。

(6) 20×9 年 4 月 10 日,甲公司股东大会批准 20×8 年度利润分配方案如下:用 20×8 年年末的未分配利润,以 20×8 年 12 月 31 日的股份总额为基础,向股东分配每 10 股 1 元的现金股利。

(7) 20×9 年 7 月 1 日,甲公司以每股 4 元的价格回购本公司股票 500 万股并注销。

(8) 20×9 年度甲公司发生净亏损 2 000 万元。

要求 根据上述经济业务编制相关的会计分录并计算甲公司 20×9 年年末资产负债表所有者权益各项目列报金额。

四、复习题参考答案

(一)思考题(略)

(二)判断题

1.(×) 2.(√) 3.(√) 4.(×) 5.(√) 6.(×) 7.(×) 8.(√)
9.(×) 10.(×) 11.(×) 12.(√)

(三)单项选择题

1.(A) 2.(C) 3.(A) 4.(C) 5.(B) 6.(A) 7.(A) 8.(D)
9.(D) 10.(A)

(四)多项选择题

1.(CE) 2.(ABDE) 3.(ADE) 4.(BC) 5.(BCD) 6.(BE)
7.(BCD) 8.(ACDE)

(五)业务题

【业务题一】 业务(1)确认的实收资本金额为 4 266 000 元。

【业务题二】 确认的资本公积溢价金额为 300 万元。

【业务题三】 确认的其他综合收益金额为 120 万元,资本公积溢价金额为 7 550 万元。

【业务题四】 各年确认费用与资本公积分别为 2 160 万元、2 280 万元、2 220 万元。

【业务题五】 甲公司本年度因上述事项增加的资本公积共计 7 900 万元。

【业务题六】 丙公司第四年年末资产负债表中所有者权益各项目金额如下:股本 20 000 万元、其他综合收益 305 万元、盈余公积 640 万元、未分配利润 1 410 万元,所有者权益总额为 22 355 万元。

【业务题七】 甲公司 20×9 年年末资产负债表所有者权益各项目金额如下:股本 23 500 万元、资本公积 2 500 万元、盈余公积 3 850 万元、未分配利润 250 万元。

第十四章 收入和费用

一、内容概要解析

（一）收入的定义与范围

收入是指企业在日常活动中所形成的、会导致所有者权益增加的、与所有者投入资本无关的经济利益的总流入。收入的基本特征是企业净资产的增加。

收入有广义和狭义之分。广义的收入是指所有那些导致企业经济利益的有利属性，包括营业收入和利得等。狭义的收入则仅指营业收入，它是指企业日常活动中所形成的、会导致所有者权益增加的、与所有者投入资本无关的经济利益的总流入。我国会计准则所规范的收入是狭义概念上的收入。

按照企业从事日常活动性质的不同，收入可以分为销售商品的收入、提供劳务的收入和让渡资产使用权的收入。

按照企业经营业务的主次不同，收入可以分为主营业务收入和其他业务收入。

（二）收入的确认与计量

1. 收入的确认

收入确认的基本原则是企业应当在基于与客户订立合同的基础之上，履行了合同中的履约义务，即在客户取得相关商品或服务控制权时确认收入。

根据收入确认的原则，收入的确认模型由下列五方面的内容构成：

（1）识别与客户订立的合同。合同应当同时满足下列条件：① 合同各方已批准该合同并承诺将履行各自义务；② 该合同明确了合同各方与所转让商品或提供劳务相关的权利和义务；③ 该合同有明确的与所转让商品相关的支付条款；④ 该合同具有商业实质，即履行该合同将改变企业未来现金流量的风险、时间分布或金额；⑤ 企业因向客户转让商品而有权取得的对价很可能收回。

一般而言，收入确认的模型适用于单个合同。但在满足一定条件的情况下，可以合同合并或者合同变更。

（2）识别合同中的单项履约义务。履约义务是指合同中企业向客户转让可明确区分商品或服务的承诺。因此，在合同一开始，企业就应当对合同进行评估，如果可明确区分识别该合同所包含的各单项履约义务的，则分别确定各单项履约义务是在某一时段内履行，还是在某一时点履行，然后，在履行了各单项履约义务时分别确认收入进行会计处理。对于无法满足条件可明确区分的商品或服务，则不能作为单项履约义务，企业应将该商品或服务与合同中承诺的其他商品或服务进行组合确认收入进行会计处理。

（3）确定交易价格。交易价格，是指企业因向客户转让商品或服务而预期有权收取的对价金额。在确定交易价格时，交易价格可以是固定的客户对价金额，但有时也可能包含可变对价或非现金对价。交易价格还应当就货币的时间价值影响（若合同中存在重大融资成分）及任何应付客户对价作出调整。

(4)将交易价格分摊至各单项履约义务。合同中包含两项或多项履约义务的,企业应当在合同开始日,按照各单项履约义务所承诺商品的单独售价的相对比例,将交易价格分摊至各单项履约义务。如果单独售价无法直接观察,企业应当综合考虑其能够合理取得的全部相关信息,采用市场调整法、成本加成法、余值法等方法合理估计单独售价。

(5)履行每一单项履约义务时确认收入。企业应当在履行了合同中的履约义务时(或履约过程中),即在客户取得相关商品控制权时确认收入。对于在某一时点履行的履约义务,企业应当在客户取得相关商品或服务的控制权时点确认收入。对于在某段时间被履行的履约义务,企业应当在该段时间内按照履约进度确认收入,但履约进度不能合理确定的除外。

2. 收入的计量

企业确认收入的方式应当反映向客户转让商品或服务的模式,按照分摊至各单项履约义务的交易价格计量收入。收入的计量采用以交易价格分摊为基础,企业代第三方收取的款项以及企业预期将退还给客户的款项,应当作为负债进行会计处理,不计入交易价格。

在确定交易价格时,企业应当根据合同条款,并结合其以往的习惯做法确定交易价格。企业应当考虑可变对价、合同中存在的重大融资成分、非现金对价、应付客户对价等因素的影响。

对于在某段时间内履行的履约义务,企业应当在该段时间内按照履约进度确认收入。企业应当考虑商品的性质,采用产出法或投入法确定恰当的履约进度。

当履约进度不能合理确定时,企业已经发生的成本预计能够得到补偿的,应当按照已经发生的成本金额确认收入,直到履约进度能够合理确定为止。采用产出法确定履约进度时包括测量、评估已实现的结果、已达到的里程碑、流逝的时间、已生产或交付的单位等,这种方法的缺点是履约进度往往不易直接观察。采用投入法确定履约进度时包括消耗的资源、花费的工时、机器运转工时、发生的成本、流逝的时间等,这种方法的缺点是已发生的成本与履约进度不成比例。

另外,企业应当根据其在向客户转让商品前是否拥有对该商品的控制权,来判断其从事交易时的身份是主要责任人还是代理人。企业在向客户转让商品前能够控制该商品的,该企业为主要责任人,应当按照已收或应收对价总额确认收入;否则,该企业为代理人,应当按照预期有权收取的佣金或手续费的金额确认收入,该金额应当按照已收或应收对价总额扣除应支付给其他相关方的价款后的净额,或者按照既定的佣金金额或比例等确定。

3. 特定交易的处理

(1)附有销售退回条款的销售。对于附有销售退回条款的销售,企业应当在客户取得相关商品控制权时,按照因向客户转让商品而预期有权收取的对价金额(即,不包含预期因销售退回将退还的金额)确认收入,按照预期因销售退回将退还的金额确认负债;同时,按照预期将退回商品转让时的账面价值,扣除收回该商品预计发生的成本(包括退回商品的价值减损)后的余额,确认为一项资产,按照所转让商品转让时的账面价值,扣除上述资产成本的净额结转成本。

(2)售后回购。售后回购是指企业销售商品的同时承诺或有权选择日后再将该商品(包括相同或几乎相同的商品,或以该商品作为组成部分的商品)购回的销售方式。对于售后回购交易,企业因存在与客户的远期安排而负有回购义务或企业享有回购权利的,表明客户在销售时点并未取得相关商品控制权,企业应当作为租赁交易或融资交易进行相应的会计处理。

(3)预收款销售。企业向客户预收销售商品款项的,应当首先将该款项确认为负债,待履行了相关履约义务时再转为收入。当企业预收款项无需退回，且客户可能会放弃其全部或部分合同权利时，企业预期将有权获得与客户所放弃的合同权利相关的金额的，应当按照客户行使合同权利的模式按比例将上述金额确认为收入；否则，企业只有在客户要求其履行剩余履约义务的可能性极低时，才能将上述负债的相关余额转为收入。

（4）附有质量保证条款的销售。对于附有质量保证条款的销售，企业应当评估该质量保证是否在向客户保证所销售商品符合既定标准之外提供了一项单独的服务。企业提供额外服务的，应当作为单项履约义务进行会计处理；否则，质量保证责任应当按照或有事项准则规定进行会计处理。

（5）向客户收取的无需退回的初始费。企业在合同开始（或接近合同开始）日向客户收取的无需退回的初始费（如俱乐部的入会费等）应当计入交易价格。企业应当评估该初始费是否与向客户转让已承诺的商品相关。该初始费与向客户转让已承诺的商品相关，并且该商品构成单项履约义务的，企业应当在转让该商品时，按照分摊至该商品的交易价格确认收入；该初始费与向客户转让已承诺的商品相关，但该商品不构成单项履约义务的，企业应当在包含该商品的单项履约义务履行时，按照分摊至该单项履约义务的交易价格确认收入；该初始费与向客户转让已承诺的商品不相关的，该初始费应当作为未来将转让商品的预收款，在未来转让该商品时确认为收入。

（6）向客户授予知识产权许可。企业向客户授予知识产权许可的，应当按照准则相关规定评估该知识产权许可是否构成单项履约义务，构成单项履约义务的，应当进一步确定其是在某一时段内履行还是在某一时点履行。企业向客户授予知识产权许可，并约定按客户实际销售或使用情况收取特许权使用费的，应当在下列两项孰晚的时点确认收入：① 客户后续销售或使用行为实际发生；② 企业履行相关履约义务。

（7）主要责任人与代理人。企业应当根据其在向客户转让商品前是否拥有对该商品的控制权，来判断其从事交易时的身份是主要责任人还是代理人。企业在向客户转让商品前能够控制该商品的，该企业为主要责任人，应当按照已收或应收对价总额确认收入；否则，该企业为代理人，应当按照预期有权收取的佣金或手续费的金额确认收入，该金额应当按照已收或应收对价总额扣除应支付给其他相关方的价款后的净额，或者按照既定的佣金金额或比例等确定。

（8）附有客户额外购买选择权的销售。企业应当评估该选择权是否向客户提供了一项重大权利。企业提供重大权利的，应当作为单项履约义务，按照准则规定将交易价格分摊至该履约义务，在客户未来行使购买选择权取得相关商品控制权时，或者该选择权失效时，确认相应的收入。客户额外购买选择权的单独售价无法直接观察的，企业应当综合考虑客户行使和不行使该选择权所能获得的折扣的差异、客户行使该选择权的可能性等全部相关信息后，予以合理估计。

（四）费用的确认与计量

（1）费用的定义及特征。费用是指企业在日常活动中发生的、会导致所有者权益减少的、与向投资者分配利润无关的经济利益的总流出。

费用有广义和狭义之分。广义的费用泛指企业生产经营中的资产消耗或负债的承诺，包括企业的各种费用和损失；狭义的费用仅指与当期营业收入直接相配比的费用。但无论费用是否包括损失，任何一项支出若构成企业的费用，就必须具备以下三个特征：费用是企业日常活动中形成的，并与企业收入的活动密切相关；费用最终会导致企业资源的减少；费用最终会减少企业的净资产。

(2) 费用的分类。一般认为,将费用作恰当分类有助于使用者的决策。

以制造业为例,费用按照经济用途的不同,可以分为直接材料、直接人工、燃料和动力、制造费用和期间费用五类;费用按照经济内容的不同,可以分为外购材料、外购燃料、外购动力、职工薪酬、折旧费、税费和其他费用七类。

(3) 费用的确认。费用的确认应遵循权责发生制,同时还必须考虑与收入的配比性。即首先考虑费用与收入之间是否存在直接的因果关系,称为"直接配比";企业在经营过程所发生的全部费用中,有大量的费用与收入之间不存在直接的因果关系,但凭借某些基础可与当期收入相联系,对这部分费用的确认,就需要"系统且合理的摊配";若某些支出没有确凿证据证明它与某一部分收入相关,却又是不可或缺的,则将这部分支出与其发生的期间相联系,如期间费用,称为"期间配比"。

(4) 生产成本。成本与费用是两个既有联系,又有区别的概念,两者是相互转化的。一方面成本是对象化的费用,生产成本是相对于一定的成本计算对象所发生的费用,它是按照产品品种等成本计算对象对当期发生的费用进行归集和分配所形成的。另一方面费用是某一期间为进行生产而发生的,它与一定的期间相联系;产品成本是企业为生产某一产品或几种产品而消耗的费用,它与一定种类和数量的产品相联系。

某一期间的费用将构成本期完工产品成本的主要部分,但是,本期完工产品成本并不都是由本期发生的费用所形成,它可能还包括部分期初结转的未完工产品的成本——上期所发生的费用;同样,本期的全部费用也不都形成本期的完工产品成本,它可能包括一些应结转至下期的期末未完工产品上的支出,还包括一些不归入具体产品成本的期间费用。

(五) 收入和费用的列报

收入和费用是收益的重要组成部分,既反映了企业一定时期内经营活动的成果,也可以通过对两者的分析了解企业的利润质量,是极具价值的会计信息。收入和费用的列报主要是利润表,但由于我国会计准则对利润表各项目的披露要求采用费用功能法,这样虽然能够简单、清晰地披露各项收入与费用的信息,但却未揭示一些重要的收入与费用构成情况,所以,为了向报表使用者提供更加详细的信息,应当在利润表附注中披露下列重要信息:营业收入项目的构成、按费用性质披露的各项费用构成表等。另外,随着企业跨行业和跨地区经营,为了反映不同产品(劳务)、不同地区经营风险和报酬的信息,分析每种商品(服务)在不同地区的经营业绩,借此评估企业整体的风险和报酬,还需要提供和披露企业在不同业务和不同地区经营的分部报告与分部收入等信息。这里以上海汽车集团股份有限公司(以下简称上汽集团)2016 年利润表和有关项目附注为例,具体说明收入、费用的列报。

(1) 上汽集团利润表中收入、费用的列报,见表 14-1。

表 14-1　2016 年度

单位:元

项目	附注	本年累计数	上年累计数
一、营业总收入		756 416 165 065.29	670 448 223 139.34
其中:营业收入	(八)65	746 236 741 228.56	661 373 929 792.65
利息收入		9 117 963 901.15	8 295 161 232.11

续表

项目	附注	本年累计数	上年累计数
手续费及佣金收入		1 061 459 935.58	779 132 114.58
二、营业总成本		738 563 673 025.25	656 253 568 393.27
其中：营业成本	（八）65	650 218 105 936.37	585 832 883 216.26
利息支出		2 118 097 016.20	2 347 899 980.15
手续费及佣金支出		67 820 339.84	44 605 113.33
税金及附加	（八）68	7 520 718 033.98	6 544 198 929.46
销售费用		47 503 416 645.57	35 537 515 509.27
管理费用		28 258 363 189.63	23 329 485 273.44
财务费用	（八）71	−332 319 541.95	−231 192 097.17
……			

（2）上汽集团利润表部分收入、费用项目的附注列报，见表 14-2 至表 14-6。

表 14-2　附注（八）65（1）：营业收入、营业成本　　单位:元

产品名称	本期发生额		上期发生额	
	收入	成本	收入	成本
主营业务	729 555 823 879.29	635 731 187 989.11	650 377 398 413.60	576 705 258 472.85
其他业务	16 680 917 349.27	14 486 917 947.26	10 996 531 379.05	9 127 624 743.41
合计	746 236 741 228.56	650 218 105 936.37	661 373 929 792.65	585 832 883 216.26

表 14-3　附注（八）65（2）：主营业务　　单位:元

产品名称	本年累计数		上年累计数	
	营业收入	营业成本	营业收入	营业成本
整车业务	564 301 490 751.90	502 515 928 898.24	505 752 823 943.47	458 925 975 996.17
零部件业务	144 288 509 910.21	114 859 534 193.23	125 733 526 700.70	101 181 521 349.86
贸易	9 708 826 846.79	9 272 742 731.13	9 899 903 807.26	9 489 601 764.09
劳务及其他	11 256 996 370.39	9 082 982 166.51	8 991 143 962.17	7 108 159 362.73
合计	729 555 823 879.29	635 731 187 989.11	650 377 398 413.60	576 705 258 472.85

表 14-4　附注（八）65（3）：其他业务　　单位:元

	本年累计数		上年累计数	
	营业收入	营业成本	营业收入	营业成本
材料及废料销售	14 282 385 998.00	13 384 730 421.31	8 057 197 176.62	7 396 867 599.02
劳务	987 089 138.10	585 222 654.99	1 126 633 165.54	815 296 727.24
租赁	279 878 506.61	140 593 600.49	444 048 152.32	208 485 092.12

续表

| | 本年累计数 | | 上年累计数 | |
	营业收入	营业成本	营业收入	营业成本
其他	1 131 563 706.56	376 371 270.47	1 368 652 884.57	706 975 325.03
合计	16 680 917 349.27	14 486 917 947.26	10 996 531 379.05	9 127 624 743.41

表 14-5   附注(八)68:税金及附加   单位:元

项目	本期发生额	上期发生额
消费税	4 062 336 491.94	3 157 787 805.72
营业税	349 850 843.28	750 494 572.27
城市维护建设税	1 001 511 455.26	823 336 935.45
教育费附加	1 000 905 752.24	803 909 886.33
房产税	203 642 103.53	185 840 529.25
土地使用税	129 271 233.35	100 658 691.26
印花税	444 831 309.35	421 094 117.42
河道管理费及防洪基金	150 823 932.83	136 498 138.21
其他	177 544 912.20	164 578 253.55
合计	7 520 718 033.98	6 544 198 929.46

表 14-6   附注(八)71:财务费用   单位:元

项目	本期发生额	上期发生额
利息支出	757 711 561.89	775 397 924.90
减:已资本化的利息费用	−17 954 475.41	−11 173 734.14
减:利息收入	−1 120 812 023.58	−1 137 501 519.83
汇兑(收益)损失	−60 524 505.06	97 205 622.17
其他	109 259 900.21	44 879 609.73
合计	−332 319 541.95	−231 192 097.17

(3)上汽集团报告期内销售费用、管理费用、财务费用等财务列报数据,见表14-7。

表 14-7   销售费用、管理费用、财务费用等财务数据变化表   单位:元

项目	2016 年	2015 年	本年度比上年度增减
销售费用	47 503 416 645.57	35 537 515 509.27	33.67%
管理费用	28 258 363 189.63	23 329 485 273.44	21.13%
财务费用	−332 319 541.95	−231 192 097.17	−43.74%

注①:销售费用比去年同期增加 119.66 亿元,同比增长 33.67%,主要原因为公司本年促销奖励、运输费和三包费等较去年同期增加。

注②:财务费用比去年同期减少 1.01 亿元,同比下降 43.74%,主要原因为公司汇兑收益较去年同期增加。

（4）上汽集团主营业务分行业、分产品、分地区情况列报,见表 14-8 至表 14-10。

表 14-8　主营业务分行业情况表　　　　单位:元

分行业	营业收入	营业成本	毛利率	营业收入比上年增减	营业成本比上年增减	毛利率比上年增减
汽车制造业	746 236 741 228.56	6 650 218 105 936.37	12.87%	12.83%	10.99%	增加 1.45 个百分点
金融业	10 179 423 836.73	2 185 917 356.04	78.53%	12.18%	−8.63%	增加 4.90 个百分点
合计	756 416 165 065.29	9 652 404 023 292.41	13.75%	12.82%	10.91%	增加 1.49 个百分点

表 14-9　主营业务分产品情况表　　　　单位:元

分产品	营业收入	营业成本	毛利率	营业收入比上年增减	营业成本比上年增减	毛利率比上年增减
整车业务	564 301 490 751.90	502 515 928 898.24	10.95%	11.58%	9.50%	增加 1.69 个百分点
零部件业务	144 288 509 910.21	114 859 534 193.23	20.40%	14.76%	13.52%	增加 0.87 个百分点
贸易业务	9 708 826 846.79	9 272 742 731.13	4.49%	−1.93%	−2.29%	增加 0.35 个百分点
劳务及其他	27 937 913 719.66	23 569 900 113.77	15.63%	39.78%	45.17%	减少 3.14 个百分点
金融业务	10 179 423 836.73	2 185 917 356.04	78.53%	12.18%	−8.63%	增加 4.90 个百分点
合计	756 416 165 065.29	652 404 023 292.41	13.75%	12.82%	10.91%	增加 1.49 个百分点

表 14-10　主营业务分地区情况表　　　　单位:元

分地区	营业收入	营业成本	毛利率	营业收入比上年增减	营业成本比上年增减	毛利率比上年增减
中国	726 026 800 331.32	625 335 189 557.38	13.87%	10.66%	8.70%	增加 1.55 个百分点
其他	30 389 364 733.97	27 068 833 735.03	10.93%	111.75%	109.06%	增加 1.15 个百分点
合计	756 416 165 065.29	652 404 023 292.41	13.75%	12.82%	10.91%	增加 1.15 个百分点

资料来源:上汽集团 2016 年年报。

二、背景资料

(一)收入的性质与确认

1. 收入的性质

关于收入的定义,目前具代表性的观点着眼于企业在日常活动中所形成的经济利益的总流入,如国际会计准则委员会(IASC)发布的修订后的 IAS 18 中对收入的界定。这种论点一方面将收入定义为企业在日常活动中所形成的经济利益的总流入。其中,"日常活动"意为一个企业持续的、主要的或核心的业务活动,也就是指企业为完成其经营目标所从事的经常性活动以及与之相关的其他活动,如工业企业制造并销售产品、商品流通企业销售商品、保险公司签发保单、商业银行对外贷款、安装公司提供安装服务等。可见,收入的发生具有经常性和可合理预期等特点。另一方面收入也根据其对所有者权益的影响来解释,即收入的实质是所有者权益的增加,表现为资产的增加或负债的减少,或两者兼而有之。根据"资产一负债＝所有者权益"的等式原理,收入的取得必然导致企业所有者权益的增加。但收入扣除相关成本后的净额,则可能增加所有者权益,也可能减少所有者权益。这里仅指收入本身导致的所有者权益的增加,而不是收入扣除相关成本后对所有者权益的影响,因此,将收入定义为"经济利益的总流入"。

我国《企业会计准则——基本准则》和《企业会计准则第 14 号——收入》将收入定义为:收入是指企业在日常活动中所形成的、会导致所有者权益增加的、与所有者投入资本无关的经济利益的总流入。

2. 收入的确认

收入的确认与其他会计要素的确认一样,必须首先符合确认的基本标准,如符合收入的定义和特征。从理论上讲,一个持续经营企业的收入获得是个持续不断的过程,所有经营活动的目的都是赚取收入以获得盈利。因此选择确认收入的时点就成为一个关键的问题。实现原则是收入确认标准在收入这一特定会计要素上的具体运用,而实现原则的理论基础是权责发生制,它具体指导人们在收入概念范围内确定何时才可客观地将有关业务作为收入加以确认。

美国财务会计准则委员会(FASB)在《企业财务报表项目的确认与计量》中指出,收入通常在已经实现或可实现、已经赚取时才予以确认。在这个概念中,所谓已实现是指商品或劳务已交换成现金或已有了现金的求偿权,亦即已有交易发生;所谓可实现是指商品或劳务有公开的市场及明确的市价,随时可以出售变现,且无需支付重大的推销费用或蒙受重大的价格损失;所谓已赚取是指赚取收入的活动的全部或大部分投入。

与 FASB 不同,国际财务报告准则强调所售出资产在所有权上的重要风险和报酬是否已经转移给买方并以这一标准来界定收入的确认时点。其中所谓风险是指资产由于可能发生贬值、损坏或报废等原因形成的损失;报酬是指资产中包含的未来经济利益、包括资产因升值等给企业带来的经济利益。如果一项资产发生的任何损失均不需要由企业来承担,带来的经济利益也不归本企业所有,则意味着该资产所有权上的风险和报酬已经转移出企业。

我国 2006 年发布的企业会计准则在收入确认原则上与国际会计准则保持了一致。

(二)费用的性质与确认

1. 费用的性质

费用是企业的耗费。费用的发生会引起企业资产的减少或负债的增加,进而直接影响企业收益的大小。然而,企业的耗费又包括可以相应地产生收入的耗费和不能产生收入的耗费。这些耗费是否都能作为费用呢? 这就使得一些会计专业机构对费用的定义出现了两种不同的解释。

(1) 广义的费用。它是指企业的全部耗费,既包括产生营业收入的耗费(狭义的费用),也包括不产生营业收入的耗费(即损失)。这一观点的代表机构是 IASC。其于 1989 年 7 月公布的《编制财务报表的框架》(于 2001 年 4 月被国际企业准则理事会即 IASB 采纳)这一文件中,将费用定义为:费用是指会计期间内经济利益的减少,其形成表现为因资产流出、资产消耗或是发生负债而引起权益的减少,但不包括与对权益参与者分配有关的权益减少。这个费用定义是一个广义的费用定义,既包括那些在主体正常活动中发生的费用,也包括损失。该报告认为,损失是在企业日常活动之中或之外发生的符合费用定义的项目。损失也是经济利益的减少,这一点和其他费用在性质上没有差异,因此,不应将其作为一个单独的会计要素。

(2) 狭义的费用。它仅指企业在生产经营过程中发生的耗费,是从营业收入中扣除的已耗用成本,这一观点的代表机构是美国财务会计准则委员会。FASB 在 1985 年发表的第 6 号概念公告中,将费用定义为:费用是某一个体在其持续的、主要或核心业务中,因交付或生产了商品、提供了劳务或进行了其他活动而付出的或其他耗用的资产,或因而承担的负债(或两者兼而有之)。这是一个狭义的费用定义,即费用是进行主要经营活动而发生的耗费。同时指出:损失同样导致企业资产的减少,但其原因是出于偶然事件,不是企业所能够控制的;损失并不产生营业收入,因而在性质上不同于费用。

我国《企业会计准则——基本准则》将费用定义为:费用是指企业在日常活动中发生的、会导致所有者权益减少的、与向投资者分配利润无关的经济利益的总流出。

2. 费用的确认

根据费用的定义,在我国,费用只有在经济利益很可能流出企业从而导致企业资产的减少或者负债的增加且经济利益的流出金额能够可靠计量时才能予以确认。其中,企业为生产产品、提供劳务发生的可归属于产品成本、劳务成本的费用,应当在确认产品销售收入、劳务收入时,将已销售产品、已提供劳务的成本计入当期损益;企业发生的支出不产生经济利益的,或者即使能够产生经济利益但不符合或者不再符合资产确认条件的,应当在发生时确认为费用,计入当期损益;企业发生的交易或事项导致其承担了一项负债而又不确认一项资产的,应当在发生时确认为费用,计入当期损益。

总之,费用的确认与收入的确认密切相关,确认费用不能离开收入而单独进行,要求在两者之间找到一个恰当的关系,一般称为费用的配比。形成费用的支出,有的直接产生收入,有的间接产生收入,有的不产生收入;有的产生本期收入,有的产生其他各期收入。所以,遵循权责发生制原则,根据费用与收入的关系,可将费用分为直接配比、间接配比和期间配比三种情况。即:① 按费用与营业收入的因果关系确认。凡是与本期收入有因果关系的耗费,就是该期的费用,如营业成本的确认就是随同本期的营业收入确认为该期的费用。② 按合理、系统的分配方式确认。有些资本性支出形成的资产在多个会计期间为企业带来经济利益的流入,那么该项资产的成本就应当由多个期间负担其费用,这就需要采用一定的方法合理地、系统地进行分摊。如固定资产的价值,就是采用一定的折旧方法,分配确定各期的折旧费用等。当然,在具体分摊费用时,要求符合配比原则,即谁受益谁负担,受益多,分摊的费用也多的原则。③ 在支出时直接确认。企业所发生的支出中,有些是难以明确提供未来经济利益的,而且,这些支出与收入无直接关系,却与会计期间紧密相连,加之对这部分支出采用一定的方法进行分摊也无实际意义,故而采用发生时直接作为费用予以确认的方法计入当期损益,如期间费用等。

国际财务报告准则和我国企业会计准则对收入、费用的定义和确认标准,实质上贯彻的是资产负债观,按照资产负债观,收入和费用确认准则以报表要素定义为出发点,首先对交易和事项可望流入(出)和清偿(发生)的负债进行确认和计量,然后再以相关资产和负债的变动作为确定当期收益的基础,收入和费用项目成为资产负债表的从属项目,从而避免在资产负债表上确认一些不能产生现金流量的待摊和递延。企业的收益是当期净资产的净增长额(不包括投资者投入资本或向投资者分配利润的净资产变动),收益的确定不需要考虑实现问题;而收入费用观则以权责发生制和配比原则为出发点,直接确认已实现的每笔收入和费用,进而根据配比原则确定收益。与收入费用观相比而言,资产负债观更为注重交易和事项的实质,要求首先界定每笔交易和事项发生后对企业资产和负债变化的影响,确保企业各时点上的资产和负债的真实准确,从源头上厘清该交易或事项对企业财务状况和经营成果产生的影响及后果,提供的收益总额信息相关性强;而收入费用观由于强调收入的实现特征和配比原则的运用,因此确定的收益信息可靠性较强。

(三)收入确认的新变化

随着经济的不断发展,企业经济业务日益多样化和复杂化,市场创新、技术创新、金融创新层出不穷。实现收入的经济业务日渐增多,交易中涉及的业务内容、结算方式也越来越复杂,使得传统的收入确认方法不再简单适用了,收入确认面临着极大的挑战。于是,IASB 于 2008 年 12 月发布了题为《关于与客户签订合同中的收入确认的初步观点》的讨论稿,公开征求意见,并于 2010 年 6 月 24 日,发布了《与客户之间的合同产生的收入(征求意见稿)》。该征求意见稿对收入确认原则作了框架性的探讨,旨在建立一个能替代多数现行收入确认准则的模型,消除目前不同准则之间收入确认不一致的问题,从而提高收入确认的可比性和财务报表使用者对收入的可理解性。其主要内容包括:第一,收入的确认应以和约为基础。第二,提出五步法确认收入:(1)识别与客户的合同;(2)识别和分解合同中的履约义务;(3)确定交易价格;(4)在各履约义务之间分摊交易价格;(5)在各履约义务完成时确认收入。第三,明确收入的确认条件为主体履行了履约义务时确认收入,即在客户取得对商品或劳务控制权的时点上确认收入。这必将对现行的收入准则的理念和实务操作带来较大冲击。

国际会计准则委员会 2014 年 5 月正式发布了《国际财务报告准则第 15 号——客户合同收入》,并在 2016 年发布了《对〈国际财务报告准则第 15 号——客户合同收入〉的澄清》。2017 年 7 月 5 日,我国财政部正式发布了《关于修订印发〈企业会计准则第 14 号——收入〉的通知》(财会〔2017〕22 号)。修订后的 CAS14 继续保持了与国际财务报告准则的趋同,改革了现有的收入确认模型,明确收入确认的核心原则是"企业应当在履行了合同中的履约义务,即在客户取得相关商品或服务的控制权时确认收入",强调企业确认收入的方式应当反映其向客户转让商品或服务的模式,确认金额应当反映企业因交付该商品或服务而预期有权收取的金额。基于该核心原则,新 CAS14 设定了统一的收入确认计量的"五步法"模型,即识别与客户订立的合同、识别合同中的单项履约义务、确定交易价格、将交易价格分摊至各单项履约义务、履行每一单项履约义务时确认收入。

阅 读 文 献

1. 黄世忠主编:《财务报表分析(理论·框架·方法与案例)》,中国财政经济出版社2007年版。

2. 陈少华主编:《财务会计研究》,中国金融出版社2007年版。

3. 魏明海、龚凯颂主编:《会计理论》,东北财经大学出版社2009年版。

4. 汤云为、钱逢胜主编:《会计理论》,上海财经大学出版社1997年版。

5. 中国会计准则委员会组织翻译:《国际财务报告准则(2015)》,中国财政经济出版社2015年版。

三、复习题

(一)思考题

1. 试述收入的定义和特点。

2. 如何理解收入确认模型的五步法?

3. 如何理解收入确认条件中,商品或服务的控制权转移?

4. 举例说明商业折扣、现金折扣和销售折让对收入确认和计量的影响。

5. 企业发生销售退回时,应如何进行会计处理?

6. 简要说明收取手续费形式的委托代销商品主要责任人与代理人的关系。

7. 如何判断理解履约义务是在一段时间内履行还是在一个时点履行?

8. 履约义务在某一时段内履行时的履约进度如何确定? 从你的角度分析采用哪种方法更为适当?

9. 费用确认的原则是什么? 它包括哪些确认方法?

10. 什么是期间费用? 它包括哪些内容?

(二)判断题

1. 本期的产品成本一定要和本期的营业收入相配比。　　　　　　　　　(　)

2. 企业在确认销售商品收入金额时,还应考虑各种可变对价的影响。　　(　)

3. 收入是指在一定时期内经济利益的总流入,包括各种日常经营收入和非经营收入等。　　　　　　　　　　　　　　　　　　　　　　　　　　　　　　(　)

4. 如果企业销售商品后,承诺在以后某一会计期间回购,由于商品的控制权尚未转移,因此不可确认收入。　　　　　　　　　　　　　　　　　　　　　　(　)

5. 与客户之间的合同的存在是收入确认的前提。　　　　　　　　　　　(　)

6. 企业提供劳务时,如资产负债表日不能对交易的结果作出可靠估计,则应按已经发生并预计能够补偿的劳务成本确认收入,并按相同的金额结转成本。　　(　)

7. 企业将商品所有权上的主要风险和报酬转移给客户,是判断商品控制权转移的迹象之一。　　　　　　　　　　　　　　　　　　　　　　　　　　　　　(　)

8. 对于跨年度提供的劳务,在资产负债表日劳务的结果不能可靠估计的,虽已发生的成本能得到补偿,一般也不确认收入,只结转成本。　　　　　　　　　　(　)

9. 在交款提货方式下销售商品,商品控制权并未随之转移,而是要等到商品发出后才随之转移。　　　　　　　　　　　　　　　　　　　　　　　　　　　(　)

10. 不符合商品销售收入确认条件但已发出的商品的成本,应当在资产负债表的"存

货"项目中反映。 （   ）

11. 收入或费用的定义强调是由"日常活动所形成的"，非日常活动形成的经济利益流入或流出属于利得或损失。比如处置固定资产、出租无形资产形成的净收益等不属于收入。 （   ）

12. 在资产负债表日，建造合同的结果能够可靠估计的，应当根据完工百分比法确认合同收入和合同费用。 （   ）

13. 建造合同成本应当包括从合同签订开始至合同完成止所发生的、与执行合同有关的直接费用和间接费用。 （   ）

14. 建造合同成本不包括应当计入当期损益的管理费用、销售费用和财务费用。 （   ）

15. 在不符合收入确认条件但商品已经发出的情况下，企业不需要进行账务处理，只需在备查簿中登记。 （   ）

(三) 单项选择题

1. 采用预收款方式销售商品的，确认该商品销售收入的时点一般是（   ）。
   A. 货款全部付清时　　　　　　　　B. 首次付款
   C. 企业履行了相关履约义务时　　　D. 开出销售发票账单时

2. 某建筑公司与客户签订了总金额为 1 200 万元的建造合同，预计合同总成本 1 000 万元，一季度发生领用物资和人工费用等工程成本 400 万元，其中已经计入工程成本的工程领用物资中尚有 100 万元材料仍在施工现场堆放，没有投入使用，该建筑公司采用累计合同成本占合同预计总成本的比例方法确定工作量，则一季度的合同费用为（   ）万元。
   A. 400　　　　　B. 300　　　　　C. 100　　　　　D. 0

3. 下列关于收入确认的表述中，不正确的是（   ）。
   A. 卖方仅仅为了到期收回货款而暂时保留商品的控制权，相应的收入应予以确认
   B. 具有融资性质的分期收款销售，应当按照假定客户在取得商品控制权时即以现金支付的应付金额销售商品收入
   C. 销售商品涉及商业折扣的，应当按照扣除商业折扣后的金额确定销售商品收入
   D. 同一项销售收入和成本应在同一会计期间确认，成本不能计量，收入也不能确认

4. 报告年度销售或以前年度销售的商品，在年度终了后至年度财务报告批准报出前退回的，正确的处理方法是（   ）。
   A. 冲减本年度主营业务收入及相关的成本等
   B. 直接调整年初未分配利润
   C. 冲减报告年度主营业务收入及相关的成本等
   D. 冲减退回年度的收入、成本及税金

5. 工业企业发生的下列各项支出中，（   ）不属于销售费用。
   A. 专设销售机构经费　　　　　　　B. 广告费用
   C. 展览费　　　　　　　　　　　　D. 进货费用

6. 某企业当期出售产品价款 10 万元，出售材料价款 2 万元，出租固定资产租金收入 1 万元，与收益相关的政府补助 4 万元，转让无形资产使用权收入 3 万元，出售设备收入 5 万元，债券投资利息收入 6 万元。则该企业当期的营业收入为（   ）万元。

    A. 10　　　　　B. 16　　　　　C. 31　　　　　D. 12

7. 企业若采用收取手续费方式代销商品,受托方在商品销售后应按(　　)确认收入。

    A. 商品售价　　　　　　　　　　　B. 预期有权收取的手续费

    C. 销售价款和应收取的手续费之和　　D. 销售价款和增值税之和

8. 企业在确认商品销售收入时,对销售折让的处理是(　　)。

    A. 在确认商品销售收入时加以预计,作为商品销售收入的减项

    B. 在实际发生时作为当期销售收入的减项

    C. 在实际发生时计入当期的财务费用

    D. 在实际发生时计入当期的销售费用

9. 甲公司为增值税一般纳税人,适用的增值税税率为16%。20×9年1月甲公司董事会决定将本公司生产的500件产品作为福利发放给公司管理人员。该批产品的单件成本为1.2万元,市场销售价格为每件2万元(不含增值税)。不考虑其他相关税费,甲公司在20×7年因该项业务应计入管理费用的金额为(　　)万元。

    A. 600　　　　　B. 770　　　　　C. 1 000　　　　　D. 1 160

10. 20×1年1月1日,甲建筑公司与客户签订承建一栋厂房的合同,合同规定20×2年12月31日完工;合同总金额为1 800万元,预计合同总成本为1 500万元。20×3年12月31日,累计发生成本450万元,预计完成合同还需发生成本1 050万元。20×2年12月31日累计发生成本1 280万元,由于材料涨价,预计完成合同还需发生成本320万元。20×3年12月31日工程完工,累计发生成本1 700万元。假定甲建筑公司采用累计发生成本占预计合同总成本的比例确定完工进度,采用完工百分比法确认合同收入,不考虑其他因素。甲建筑公司20×2年度对该合同应确认的合同收入为(　　)万元。

    A. 540　　　　　B. 900　　　　　C. 1 200　　　　　D. 1 440

(四) 多项选择题

1. 关于让渡资产使用权产生的收入的确认与计量,下列说法中,正确的有(　　)。

    A. 让渡资产使用权收入同时满足"相关的经济利益很可能流入企业"和"收入的金额能够可靠地计量"时才能予以确认

    B. 让渡资产使用权收入同时满足"相关的经济利益很可能流入企业"和"发生的成本能够可靠地计量"时才能予以确认

    C. 使用费收入金额,按照实际收费时间计算确定

    D. 使用费收入金额,按照签订的合同或协议约定的收费时间和方法计算确定

    E. 利息收入金额,按照他人使用本企业货币资金的时间和实际利率计算确定

2. 下列有关建造合同收入的确认与计量的表述中,正确的有(　　)。

    A. 合同变更形成的收入应当计入合同收入

    B. 工程索赔、奖励形成的收入应当计入合同收入

    C. 建造合同的结果不能可靠估计但合同成本能够收回的,按能够收回的实际合同成本的金额确认合同收入

    D. 建造合同预计总成本超过合同预计总收入时,应将预计损失确认为当期费用

    E. 建造合同预计总成本超过合同预计总收入时,不能将合同预计损失确认为当期费用

3. 下列有关建造合同的会计处理中,正确的有(　　)。

    A. 建造合同结果能够可靠估计的,采用完工百分比法确认合同收入和合同费用

    B. 建造合同结果不能可靠估计且合同成本不能收回的,按合同成本确认合同收入

    C. 建造合同结果不能可靠估计且合同成本能够收回的,按能够实际收回的合同成本确认合同收入

    D. 建造合同结果不能可靠估计且合同成本不能收回的,合同成本在发生时计入费用

    E. 建造合同结果能够可靠估计的,采用完成合同法确认合同收入和合同费用

4. 下列各项中,支出在发生时直接确认为当期费用项目的有( )。

    A. 广告费支出   B. 固定资产安装工人工资支出

    C. 预计产品质量保证损失   D. 罚款支出

    E. 研究开发支出

5. 下列各项业务中,应计入财务费用的有( )。

    A. 购货方获得的现金折扣

    B. 销货方发生的现金折扣

    C. 购货方获得的销售折让

    D. 购进货物开出的带息商业汇票利息支出

    E. 票据贴现时发生的贴现差额

6. 下列各项中,通常应确认收入的有( )。

    A. 视同买断方式的委托代销的商品在商品发出时

    B. 订货销售在商品发出时

    C. 预收款销售在商品发出时

    D. 收取手续费方式的委托代销的商品在商品发出时

    E. 托收承付销售在商品发出时

7. "主营业务收入"账户借方登记的内容,可以包括( )。

    A. 发生的销售折让

    B. 发生销售退回时冲减的主营业务收入

    C. 发生的销售折扣

    D. 期末结转至"本年利润"账户的主营业务收入

    E. 发生的现金折扣

8. 关于销售商品收入的计量,下列说法中,正确的有( )。

    A. 企业应当按照从购货方已收或应收的合同或协议价款确定销售商品收入金额,但已收或应收的合同或协议价款不公允的除外

    B. 已收或应收的合同或协议价款不公允的,应当按照公允的交易价格确定收入金额,已收或应收的合同或协议价款与公允的交易价格之间的差额,不应当确认收入

    C. 合同或协议价款的收取采用递延方式,实质上具有融资性质,应当按照应收的合同或协议价款的公允价值确定销售商品收入金额

    D. 企业采用分期收款销售方式销售商品,应按合同约定的收款日期分期确认收入

    E. 企业采用分期收款销售方式销售商品,应按实际收款日期分期确认收入

9. 关于提供劳务收入的确认计量,下列说法中,正确的有( )。

A. 企业在资产负债表日提供劳务交易的结果能够可靠估计的,应当采用完工百分比法确认提供劳务收入

B. 企业应当按照从接受劳务方已收或应收的合同或协议价款确定提供劳务收入总额,但已收或应收的合同或协议价款不公允的除外

C. 企业应当在资产负债表日按照提供劳务收入总额乘以完工进度扣除以前会计期间累计已确认提供劳务收入后的金额,确认当期提供劳务收入

D. 企业与其他企业签订的合同或协议包括销售商品和提供劳务时,无论销售商品部分和提供劳务部分是否能够区分,均应当作为销售商品处理

E. 企业与其他企业签订的合同或协议包括销售商品和提供劳务时,销售商品部分和提供劳务部分能够区分且能够单独计量的,应当将销售商品的部分作为销售商品处理

10. 提供劳务交易的结果能够可靠估计,应同时满足的条件包括(   )。

A. 收入的金额能够可靠地计量

B. 相关的经济利益很可能流入企业

C. 交易中已发生的成本能够可靠地计量

D. 交易中将发生的成本能够可靠地计量

E. 交易的完工进度能够可靠地确定

(五)业务题

【业务题一】目的 练习销售折让及销售退回的核算。

资料 某公司系增值税一般纳税企业,其适用的增值税率为16%。产品售价为不含增值税价格。某年12月该公司发生如下经济业务:

(1) 12月5日,向甲企业赊销产品500件,单价15 000元,单位销售成本10 000元。

(2) 12月20日,乙企业要求退回本年2月份购买的20件及上年购买的16件产品。该产品销售单价15 000元,单位销售成本10 000元,其销售收入已确认入账,货款已收取。经查明原因,同意乙企业退货,并办理退货手续和开具红字增值税专用发票。

(3) 12月25日,甲企业提出12月5日购买的产品质量不完全合格,经协商同意按销售价款的10%给予折让,同时开具红字增值税专用发票。

要求 根据上述经济业务编制有关的会计分录。

【业务题二】目的 练习代销商品销售的核算。

资料 20×9年12月1日,A公司委托B公司销售商品600件,协议价为每件120元,该批商品的成本为每件80元,商品已发出,增值税税率为16%,A公司按照售价的10%向B公司支付手续费;20×9年12月31日,B公司实际对外销售500件,开出增值税专用发票上注明的销售价格为60 000元,款项已收到,A公司收到B公司开具的代销清单时,向B公司开具一张相同金额的增值税专用发票,假定A公司发出商品时纳税义务尚未发生,不考虑其他因素。

要求 分别编制A公司、B公司的相关会计分录。

【业务题三】目的 练习递延方式分期收款销售的核算。

资料 20×5年1月1日,甲公司采用分期收款方式向乙公司出售大型设备一套,合同约定的价款为20 000万元,分5年于每年年末分期收款,每年收取4 000万元。该套设备的成本为15 000万元,若购货方在销售当日支付货款,只须付16 000万元即可。假定甲公司

在发出商品时开具增值税专用发票,同时收取增值税税额3 200万元,企业经计算得出实际利率为7.93%。不考虑其他因素。

要求 (1) 计算20×5~20×9年每年未实现融资收益的摊销额。

(2) 编制20×5年1月1日至20×9年有关业务的会计分录。

【业务题四】目的 练习建造合同收入的核算。

资料 20×7年2月1日,甲公司与乙公司签订了一份住宅建造合同,合同总价款为36 000万元,建造期限2年,甲公司于开工时预付20%的合同价款。乙公司于20×7年3月1日开工建设,估计工程总成本为30 000万元。至20×7年12月31日,乙公司实际发生成本15 000万元。由于建筑材料价格上涨,乙公司预计完成合同尚需发生成本22 500万元。为此,乙公司于20×7年12月31日要求增加合同价款1 800万元,但未能与甲公司达成一致意见。20×7年结算合同价款10 000万元,实际收到价款9 000万元。

20×8年6月,甲公司决定将原规划的普通住宅升级为高档住宅,与乙公司协商一致,增加合同价款6 000万元。20×8年度,乙公司实际发生成本21 450万元,年底预计完成合同尚需发生4 050万元。20×8年结算合同价款25 000万元,实际收到价款23 000万元。

20×9年2月底,工程按时完工,乙公司累计实际发生工程成本40 650万元。20×9年结算合同价款7 000万元,实际收到价款10 000万元。

假定:该建造合同的结果能够可靠估计,乙公司采用累计实际发生合同成本占合同预计总成本的比例确定完工进度;乙公司20×7年度的财务报表于20×8年1月10日对外提供,此时仍未就增加合同价款事宜与甲公司达成一致意见。

要求 (1) 计算乙公司20×7~20×9年应确认的合同收入、合同费用。

(2) 编制乙公司与确认合同收入、合同费用以及计提和转回合同预计损失相关的会计分录。

【业务题五】目的 练习费用的核算。

资料 某公司某年12月发生如下业务:

(1)以银行存款支付:业务招待费2 400元;咨询费用800元;审计费用20 000元;生产车间水电费750元;消费税2 300元;交易性证券投资手续费110元;产品展览费6 000元;材料入库前挑选、整理费用150元;购入土地使用权1 250 000元;车间租入固定资产租金400元;印花税1 200元;第二年度报刊费9 800元。

(2) 计提本月份短期借款利息3 000元,本月份带息应付票据利息600元。

(3) 公司为高级管理人员租赁公寓,月租金为8 000元。

(4) 计提作为投资性房地产的已出租建筑物的本月折旧额10 000元。

要求 根据上述资料编制会计分录。

【业务题六】目的 练习劳务收入的核算。

资料 甲公司20×7年6月30日接受乙公司一项设备的安装劳务,合同期限为30个月,合同收入为750万元,分三年收取。原估计总成本为540万元(全部为职工薪酬)。20×7年实际发生成本135万元,估计总成本不变,预收货款225万元;截至20×8年年末累计发生的总成本为378万元,估计总成本不变,本年另收到货款350万元;截至20×9年年末累计发生的成本为540万元,但是由于乙公司经营业务方向的转变,乙公司财务出现困难,乙公司没法按期向甲公司支付货款,并且甲公司预计20×9年发生的成本全部不能得到补偿。假定适用的增值税税率为6%。

要求 编制甲公司 20×7 年、20×8 年、20×9 年确认收入相关的会计分录。

【业务题七】目的 练习收入、费用的核算及列报。

资料 甲公司为增值税一般纳税企业,适用的增值税税率为 16%,消费税税率 10%,营业税税率为 5%,销售价款均不含应向客户收取的增值税税额。该公司 20×9 年 12 月份发生如下业务。

(1) 甲公司向 A 公司销售一批商品,该商品为应税消费品,开出的增值税专用发票上注明的销售价格为 200 万元,增值税税额为 34 万元。该批商品成本为 160 万元;商品已经发出,款项已经收到。

(2) 甲公司与 B 公司签订一项购销合同,合同规定甲公司为 A 公司建造安装两台电梯,合同价款为 1 000 万元。按合同规定,B 公司在甲公司交付商品前预付不含税价款的20%,其余价款在甲公司将商品运抵 B 公司并安装检验合格后才予以支付。甲公司于本年12 月 25 日将完成的商品运抵 B 公司,预计于次年 1 月 31 日全部安装完成。该电梯的实际成本为 600 万元,预计安装费用为 20 万元。

(3) 甲公司向 C 企业转让某项非专利技术的使用权,为期 5 年,一次性收费 15 万元已存入银行,不提供后续服务。

(4) 甲公司本月委托 D 商店代销商品一批,代销价款为 150 万元。本月收到 D 商店交来的代销清单,代销清单列明已销售代销商品的 60%,D 商店按代销价款的 10% 收取手续费。该批商品的实际成本为 90 万元。

(5) 甲公司以本企业生产的产品作为福利提供给本企业 100 名职工。该产品的单位成本为 1 万元的,单位售价为 1.4 万元,已开具增值税专用发票。假定 100 名职工中 85% 为直接参加生产的职工,15% 为总部管理人员。

(6) 甲公司向 E 公司销售库存材料一批,价款 3 万元,该材料成本 2.5 万元,货款未收,甲公司已开出增值税专用发票。

(7) 甲公司向 F 公司销售一批商品,开出的增值税专用发票上注明的销售价格为 100万元,增值税税额为 17 万元。该批商品成本为 80 万元;商品已经发出,款项已经收到。销售协议约定,甲公司将于 6 个月后将所售商品购回,回购价为 130 万元(不含增值税)。回购的商品入库,款项支付。

(8) 甲公司向 G 公司销售产品,销售价款共计 50 万元,实际成本为 30 万元。甲公司为尽早收回货款而在合同中规定现金折扣条件为:"2/10,1/20,n/30"。G 公司在本月 20 天内付清全部货款(假定计算现金折扣时不考虑增值税)。

(9) 甲公司对其生产销售的产品实行产品质量保证政策,本月份计提的产品质量保证费用 8 万元。

(10) 甲公司的商品零售部门为促销推出奖励积分活动,当月销售商品 60 万元,增值税额 10.2 万元,销售的商品实际成本为 42 万元。假定授予客户积分的公允价值为 3 万元,该积分可于下年兑换指定商品。

(11) 结转本月销售应交城市维护建设税 1.1 万元,应交教育费附加 0.3 万元。

(12) 结转本月应发工资 100 万元,其中:生产部门直接生产人员工资 50 万元;生产部门管理人员工资 10 万元;公司管理部门人员工资 18 万元;公司专设产品销售机构人员工资5 万元;建造厂房人员工资 11 万元;内部开发系统人员工资 6 万元。

(13) 计提本月固定资产折旧 20 万元,其中:基本生产车间用固定资产 10 万元;公司管理部门用固定资产 6 万元;经营性租出固定资产 4 万元。

要求 (1)根据上述经济业务,编制甲公司 2009 年度相关会计分录。

(2)计算甲公司计入 20×9 年 12 月份利润表中营业收入、营业成本、税金及附加、管理费用、销售费用和财务费用等各项目列报金额。

四、复习题参考答案

(一)思考题(略)

(二)判断题

1. (×)   2. (√)   3. (×)   4. (√)   5. (√)   6. (√)   7. (√)   8. (×)

9. (×)   10. (√)   11. (×)   12. (√)   13. (√)   14. (√)   15. (×)

(三)单项选择题

1. (C)   2. (B)   3. (B)   4. (C)   5. (D)   6. (B)   7. (B)   8. (B)

9. (D)   10. (B)

(四)多项选择题

1. (ADE)   2. (ABCD)   3. (ACD)   4. (AC)   5. (ABDE)

6. (ABC)   7. (ABD)   8. (ABC)   9. (ABCE)   10. (ABCDE)

(五)业务题

【业务题一】 销售折让应冲减的主营业务收入为 750 000 元。

【业务题二】 20×9 年 12 月 31 日,委托方收到代销清单时应确认的主营业务收入为 60 000 元,受托方结算手续费时应确认的主营业务收入为 6 000 元。

【业务题三】 各年未实现融资收益摊销分别为 1 268.8 万元、1 052.23 万元、818.46 万元、566.16 万元、294.35 万元。

【业务题四】 各年建造合同完工进度分别为 40%、90%、100%。

【业务题五】 业务(1)中应确认的管理费用为 24 400 元。

【业务题六】 20×7 年、20×8 年的完工进度分别为 25%、70%,20×9 年发生的成本全部不能得到补偿,所以不确认收入。

【业务题七】 营业收入 555 万元,营业成本 392.5 万元,税金及附加 22.15 万元,管理费用 48.57 万元,销售费用 22 万元,财务费用 5.5 万元。

第十五章 利　　润

一、内容概要解析

（一）利润及相关概念

（1）利润。利润是企业一定时期的经营成果。它常被用作衡量企业的经营业绩，或作为其他指标的计算基础，如净资产收益率、每股收益等。与利润计量直接联系的要素是收入和费用。利润的确认与计量，依赖于收入和费用的确认与计量，部分取决于编制财务报表时采用的资本和资本保全概念。

（2）综合收益。综合收益是指会计期间内经济利益的增加，其形式表现为因资产流入、资产增加或负债减少而引起的权益增加，但不包括与权益参与者出资有关的权益增加。

综合收益包括净利润和其他综合收益两部分。其他综合收益反映企业尚未实现根据会计准则规定未在损益中确认的各项利得和损失扣除所得税影响后的净额。综合收益能够提供会计主体有关收益的更全面、更相关的信息。

（3）利得和损失。利得是除收入或所有者投资原因以外的所有者权益的增加。损失是除费用或向所有者分配原因以外的所有者权益的减少。利得代表了经济利益的增加，这一点与收入在本质上相同；损失代表了经济利益的减少，这一点与费用在本质上也没什么不同。但利得与收入、损失与费用发生的频率、产生的原因不同。

我国企业会计准则未将利得和损失作为独立的会计要素确认。利得和损失，一般情况下计入当期损益，作为利润要素进行界定；某些情况下发生的利得和损失，根据会计准则的要求直接计入所有者权益，作为所有者权益要素进行界定。利得和损失通常均以净额报告。

营业外收入和支出均属于计入当期利润的利得和损失，但计入当期利润的利得和损失并非都计入营业外收入、营业外支出项目。

（二）利润和综合收益的构成

对收入与费用项目进行分类并以不同的方式组合，可以形成反映企业经营业绩的不同指标，如营业毛利、营业利润、税前利润、税后利润等。

营业利润＝营业收入－营业成本－税金及附加－销售费用－管理费用－财务费用－

资产减值损失＋公允价值变动收益（－公允价值变动损失）＋

投资收益（－投资损失）＋资产处置收益（－资产处置损失）＋其他收益

上述营业利润的构成项目除其他收益外都在前面有关各章涉及。"其他收益"项目反映总额法下与日常活动相关的政府补助以及其他与日常活动相关且应直接计入的利得。

利润总额（税前会计利润）＝营业利润＋营业外收入－营业外支出

净利润（税后会计利润）＝利润总额－所得税费用

综合收益＝净利润＋其他综合收益

净利润的构成包括收入、费用、部分利得和部分损失。另一部分利得和损失（扣除所得税影响）计入其他综合收益。综合收益由净利润和其他综合收益构成，即包括收入、费用、全部利得和全部损失。综合收益的范围大于净利润。

需要说明的是,根据我国企业会计准则的规定,利得和损失是计入当期损益还是计入其他综合收益,并非绝对按照实现与否划分,有些未实现的利得或损失也计入当期损益,如以公允价值计量且其变动计入当期损益的金融资产的公允价值变动损益。属于其他综合收益的利得和损失主要包括:以公允价值计量且共变动计入其他综合收益的金融资产的公允价值变动额;按权益法核算的在被投资单位其他综合收益中所享有份额的变动额;非投资性房地产转换为采用公允价值计量的投资性房地产时(即转换日)公允价值大于账面价值的差额;现金流量套期中套期工具的公允价值变动额(有效套期部分);境外经营外币折算差额的变动额;其他直接计入其他综合收益的事项;与计入其他综合收益项目相关的所得税事项。

(三)利润分配

在企业弥补亏损、提取法定盈余公积之前,不得向所有者或股东分配利润。

向企业所有者分配利润的主要形式是现金分利和股票股利。两者的会计处理及其影响见表 15-1。

表 15-1 分派股利的会计处理及其影响比较

利润分配主要形式	对利润分配进行会计处理的时点	对股本总额的影响	对股东权益总额的影响	对每股净资产的影响	对每股收益的影响
现金分利	通过利润分配决议宣告发放	否	减少	减少	否
股票股利	办理增资手续	增加	否	减少	减少

(四)每股收益的计算

(1)基本每股收益的计算。

基本每股收益＝归属于普通股股东的当期净利润÷当期发行在外普通股的加权平均数

$$当期发行在外普通股的加权平均数 = 期初发行在外普通股股数 + 当期新发行普通股股数 \times \frac{报告期时间}{时间} - 当期回购普通股股数 \times \frac{报告期时间}{时间}$$

(2)稀释每股收益的计算。计算稀释每股收益基于稀释性潜在普通股于当期期初(或发行日)已经全部转换为普通股的假设。潜在普通股对每股收益具有稀释的可能性,是指在其存在期间。待实际转换,就变为对基本每股收益的影响。每股收益指标的分子(归属于普通股股东的当期净利润)的调整:应当考虑当期已确认为费用的稀释性潜在普通股的利息;稀释性潜在普通股转换时将产生的收益或费用;相关所得税的影响。每股收益指标的分母(当期发行在外普通股的加权平均数)调整:按照假定稀释性潜在普通股转换为已发行普通股而增加的普通股股份数的加权平均数进行调整。

存在多项潜在普通股的情况下,为使对基本每股收益的稀释效果达到最大化,考虑潜在普通股是具有稀释性还是具有反稀释性时,潜在普通股的各次发行应当单独考虑,分别判断其稀释性,而不能将它们作为一个总体考虑。存在多项潜在普通股的情况下,考虑潜在普通股时的顺序可能会对稀释每股收益的计算结果产生影响,应按其稀释程度从大到小的顺序分步计算稀释每股收益,直至稀释每股收益达到最小值。

（五）每股收益的列报

1. 比较报表每股收益的重新计算

（1）派发股票股利及以资本公积、盈余公积转增资本。在计算当期和比较报表所有列报期间发行在外普通股的加权平均数时，对于所发生的不改变企业资源但会引起企业发行在外普通股股数变动的事项，例如，因派发股票股利、公积金转增资本、拆股而增加或并股而减少发行在外普通股股数的，需重新计算所有列报期间的股份数，并按调整后的股数重新计算各列报期间的每股收益，以增强会计信息的可比性。

（2）同一控制下企业合并作为对价发行的普通股。同一控制下的企业合并，视同合并后形成的合并财务报表报告主体在以前期间就一直存在，作为合并对价发行的普通股，应视同在列报最早期间期初就已发行在外，计入各列报期间发行在外普通股的加权平均数。

2. 存在稀释性潜在普通股的每股收益列报

存在稀释性潜在普通股的企业，应当在利润表中同时列示基本每股收益和稀释每股收益。编制比较财务报表时，各列报期间中只要有一个期间列示了稀释每股收益，则所有列报期间均应当列示稀释每股收益，即使其金额与基本每股收益相等。

（六）所得税资产负债表债务法的特点和程序

1. 资产负债表债务法的特点

资产负债表债务法通过资产或负债的计税基础与其账面价值的比较确定暂时性差异，然后确认递延所得税资产或递延所得税负债，通过期末数与期初数的比较确定递延所得税资产或负债的增减变化，并结合当期应交所得税，确定本期全部所得税费用。资产负债表债务法的程序较全面地体现了"资产负债观"，将所得税费用的确认与计量，与企业资产、负债的增减变动（不包括所有者投资和向所有者分配引起的增减变动）相联系。

2. 资产负债表债务法的基本核算程序

（1）确定资产、负债的账面价值。

（2）确定资产、负债的计税基础。

（3）比较资产、负债的账面价值与计税基础，确定暂时性差异。

（4）确认递延所得税资产或递延所得税负债，按其增减变动确定递延所得税。

（5）根据税法规定确定本期应交所得税，即为当期所得税。

（6）根据当期所得税和递延所得税之和确定所得税费用。

（七）计税基础与暂时性差异的认定

1. 计税基础

暂时性差异是指资产或负债的账面价值与其计税基础的差异。税收法规与会计准则因各自目标不同，具体规定也有所不同，所以导致同一项资产或负债的账面价值与其计税基础可能产生差异。

资产的计税基础是指收回其账面价值过程中计算应纳税所得额时按税法规定可予税前扣除的金额。负债的计税基础是指负债的账面价值减去未来清偿债务计算应纳税所得额时按税法规定可予税前抵扣金额后的余额。

2. 暂时性差异

暂时性差异应根据对未来的所得税影响区分为应纳税暂时性差异和可抵扣暂时性差异，具体划分见表15-2。

表 15-2　暂时性差异的类别

项目	账面价值	计税基础	对未来纳税影响	暂时性差异类别	递延所得税性质
资产	较大	较小	增加	应纳税	递延所得税负债
资产	较小	较大	减少	可抵扣	递延所得税资产
负债	较大	较小	减少	可抵扣	递延所得税资产
负债	较小	较大	增加	应纳税	递延所得税负债

（八）递延所得税资产与负债的确认

递延所得税资产和递延所得税负债的确认,应当注意下列问题:

1. 谨慎确认递延所得税资产,足额确认递延所得税负债

基于谨慎性原则,除所得税准则中明确规定可不确认递延所得税负债的情况以外,企业对于所有的应纳税暂时性差异均应确认相关的递延所得税负债。但对于可抵扣暂时性差异确认递延所得税资产,应以未来期间很可能取得的用来抵扣可抵扣暂时性差异的应纳税所得额为限。

2. 不确认递延所得税资产或负债的特殊情况

（1）合并商誉的初始确认。由于合并商誉的初始确认,引起商誉的账面价值与其计税基础不同产生的应纳税暂时性差异,准则中规定不确认与其相关的递延所得税负债,原因在于:避免递延所得税负债和商誉价值量的变化不断循环;避免因确认递延所得税负债而进一步增加商誉账面价值从而影响会计信息的可靠性。

（2）既不影响会计利润又不影响应纳税所得额的交易或事项。除企业合并以外的其他交易或事项中,如果发生时既不影响会计利润又不影响应纳税所得额,因资产或负债的初始确认金额与其计税基础不同而形成暂时性差异的,交易或事项发生时不确认相关的递延所得税资产或递延所得税负债。其理由是:确认递延所得税资产或负债的直接结果是调整有关资产或负债初始确认的入账价值,违背历史成本原则,影响会计信息的可靠性。

（3）采用权益法核算且准备长期持有的股权投资。对于采用权益法核算的长期股权投资,其账面价值与计税基础产生的暂时性差异是否应确认相关的所得税影响,应考虑该项投资的持有意图。在长期持有的情况下,对于采用权益法核算的长期股权投资账面价值与计税基础之间的差异一般不确认相关的所得税影响,其理由是:该项差异预计未来不会转回。

（九）利润和其他综合收益的列报

利润和其他综合收益的列报包括两部分:表内列示和表外披露。利润表是一般企业编制的四张主表之一。为了提供更多有用的信息给财务报表使用者进行预测和决策,剔除非常因素的影响以评价企业的经营业绩、经营效率和持续盈利能力,对于利润构成的某些项目还需要在表外采用附注方式进行披露。我们在阅读利润表时,必须充分关注其构成项目的附注,例如投资收益、营业外收入、营业外支出、其他综合收益等项目的附注,对于所得税费用,还应当注意递延所得税资产和递延所得税负债项目的附注披露,获取有关重要项目、特殊项目、偶发项目、潜在因素的更多信息,分析其对企业财务状况、当期业绩、未来损益的影响。这里以京东方科技集团股份有限公司(以下简称京东方 A)2009 年利润表和有关项目附注为例,展示其对利润和其他综合收益的列报;并以该公司递延所得税资

产或负债在资产负债表内的列报和表外附注披露为例,具体说明递延所得税资产或负债的列报方法。

（1）京东方 A 利润表的列报,见表 15-3。

表 15-3　京东方 A 合并利润表部分项目

2009 年度　　　　　　　　　　　　　　　　　　　　　　　　　　　　单位:元

项　　目	附注	本　期　金　额	上　期　金　额
一、营业总收入		6 249 194 126.00	8 334 015 771.00
……			
加：投资收益(损失以"－"号填列)	44	115 557 757.00	206 027 654.00
其中：对联营企业和合营企业的投资收益		204 544 825.00	281 318 326.00
二、营业利润		－1 305 340 544.00	－1 060 303 372.00
加：营业外收入	45	1 226 330 345.00	136 176 234.00
减：营业外支出	46	2 937 077.00	5 224 158.00
三、利润总额		－81 947 276.00	－929 351 296.00
减：所得税费用	47	－16 683 383.00	67 419 800.00
四、净利润		－65 263 893.00	－996 771 096.00
五、每股收益			
（一）基本每股收益	48	0.008	－0.265
（二）稀释每股收益	48	0.008	－0.265
六、其他综合收益	49	274 786 073.00	－77 895 467.00
七、综合收益总额		209 522 180.00	－1 074 666 563.00
（一）归属于母公司所有者的综合收益总额		324 466 401.00	－885 420 940.00
（二）归属于少数股东的综合收益总额		－114 944 221.00	－189 245 623.00

（2）京东方 A 利润表部分项目的附注列报,见表 15-4 至表 15-8。

表 15-4　附注 44-1：投资收益类别

单位:元

项　　目	本　年　发　生　额	上　年　发　生　额
权益法核算的长期股权投资净损失	－204 544 825.00	－281 318 326.00
处置长期股权投资产生的投资收益	87 160 429.00	60 000 000.00
可供出售金融资产持有期间收到的分红款	1 826 639.00	15 290 672.00
合　　　计	－115 557 757.00	－206 027 654.00

表 15-5　附注 45-1：营业外收入类别　　　　　　　　　单位：元

项　目	本年发生额	上年发生额
非流动资产处置利得	6 902 206.00	418 013.00
政府补助(详见表 15-7)	699 504 502.00	60 898 346.00
罚款收入	6 395 050.00	11 557 469.00
收购子公司利得(合并时取得被购买方可辨认净资产公允价值份额高于合并对价的差额)	502 574 889.00	38 526 616.00
其他	10 953 698.00	24 775 790.00
合　计	1 226 330 345.00	136 176 234.00

表 15-6　附注 45-2：政府补助明细　　　　　　　　　　单位：元

项　目	本年发生额	上年发生额	说　明
京东方光电液晶显示器件项目政府贴息	320 000 000.00	24 135 844.00	财企〔2009〕260 号、京经信委发〔2009〕52 号
合肥京东方自主创新科研经费	260 000 000.00	—	由合肥新站综合开发试验区管委会拨付
成都光电研发经费补贴	50 000 000.00	—	《成都高新区管委会与成都京东方光电科技有限公司入区协议之补充协议》
大尺寸高清 HDTV 用 TFT-LCD 技术开发	19 200 000.00	—	国科发财〔2008〕595 号
TFT-LCD GOA 工艺技术研发及产业化	12 000 000.00	—	工信部运〔2008〕97 号
政府扶持资金	10 000 000.00	—	京开财企〔2009〕277 号
大尺寸 LCDTV 屏关键技术开发	—	9 382 572.00	
其他	28 304 502.00	27 379 930.00	
合　计	699 504 502.00	60 898 346.00	

表 15-7　附注 46：营业外支出类别　　　　　　　　　　单位：元

项　目	本 年 发 生 额	上 年 发 生 额
非流动资产处置损失合计	449 979.00	923 859.00
其中:固定资产处置损失	449 979.00	923 859.00
对外捐赠	1 500 000.00	1 343 767.00
罚款支出	41 986.00	2 433 735.00
其　他	945 112.00	522 797.00
合　计	2 937 077.00	5 224 158.00

表 15-8 附注 49：其他综合收益 单位：元

项 目	本 年 发 生 额	上 年 发 生 额
1. 可供出售金融资产当期利得（损失）变动额	40 041 599.00	−75 402 075.00
2. 分步企业合并产生的评估增值	234 119 765.00	—
3. 外币财务报表折算差额	624 709.00	−2 493 392.00
合 计	274 786 073.00	−77 895 467.00

（3）递延所得税资产和递延所得税负债的表内列报，见表 15-9。

表 15-9 京东方 A 合并资产负债表部分项目

2009 年 12 月 31 日 单位：元

项 目	附 注	年 末 余 额	年 初 余 额
资产			
流动资产：			
……			
非流动资产：			
……			
递延所得税资产	18	53 396 674.00	5 013 345.00
……			
负债			
流动负债：			
……			
非流动负债：			
……			
递延所得税负债	18	260 133 072.00	—
……			

（4）递延所得税资产和递延所得税负债的附注列报，见表 15-10 至表 15-12。

表 15-10 附注 18-1：已确认的递延所得税资产和递延所得税负债

单位：元

项 目	年 末 余 额	年 初 余 额
递延所得税资产：		
资产减值准备	4 519 854.00	4 733 994.00
折旧摊销差异	194 398.00	194 953.00
集团内部交易未实现损益	48 429 911.00	84 398.00

续表

项　　目	年末余额	年初余额
应付职工薪酬	252 511.00	—
小　　计	53 396 674.00	5 013 345.00
递延所得税负债:		
松下彩管资产评估增值	260 133 072.00	—
小　　计	260 133 072.00	—

表 15-11　附注 18-2:未确认递延所得税资产明细　　　单位:元

项　　目	年末余额	年初余额
递延所得税资产:		
可抵扣暂时性差异	1 171 461 929.00	409 705 799.00
可抵扣亏损	3 429 089 594.00	2 037 585 358.00
合　　计	4 600 551 523.00	2 447 291 157.00

表 15-12　附注 18-3:未确认递延所得税资产的可抵扣亏损的到期情况

单位:元

项　　目	年末余额	年初余额
递延所得税资产:		
2010 年	—	62 876 047.00
2011 年	748 666 617.00	749 350 904.00
2012 年	153 365 668.00	246 370 108.00
2013 年	978 988 300.00	978 988 299.00
2014 年	1 548 069 009.00	—
合　　计	3 429 089 594.00	2 037 585 358.00

资料来源:京东方 A 2009 年年报。

二、背景资料

(一)利润的确定:资产负债观与收入费用观

1. 影响利润计量的两种不同观点

利润的计量主要受以下两种观点影响:资产负债观和收入费用观。

(1)资产负债观(Asset-Liability View)。资产负债观基于资产和负债的增减变动来计量利润。按照资产负债观,确定利润的前提是资本保全,利润的实质是资本增值。该观点认为,利润是除了所有者与企业之间经济往来以外的、企业在某一会计期间内净资产(即所有者权益)的变动额。资本保全的概念提供了计量利润的参照标准,从而规定了资本与利润的联系。一般而言,如果会计主体的期末资本与期初资本相等,则该主体的资本得到保全;如果会计主体的期末资本大于保全期初资本所需要的金额,就会形成利润;如果会计主体的期末资本小于保全期初资本所需要的金额,就会发生亏损。

衡量资本保全有两种标准:财务资本保全和实物资本保全。财务资本保全的计量,可以采用名义货币单位或固定购买力单位。实物资本保全的计量,采用实物生产能力(或营运能力)单位。两者的主要区别是,对主体资产和负债的价格变动影响处理不同。在物价变动较大的情况下,真正意义上的资本保全应当为实物资本保全,但由于实物资本保全要求采用现行成本计量基础,实务操作较为困难。因此,目前按照资产负债观确定利润一般都是在财务资本保全的基础上进行计量的。

(2)收入费用观(Revenue-Expense View)。收入费用观基于收入与费用的配比来计量利润。按照收入费用观,确定利润的核心是收入与费用的直接配比。该观点认为,利润是在人为划分的各个会计期间内遵循实现原则将收入与费用配比的结果,产生损益后再据以计量资产和负债的增减变动。

2. 资产负债观与收入费用观的比较

(1)利润计量的模式。资产负债观与收入费用观关于利润或收益的概念有着显著不同。收入费用观下的会计收益是对企业一定时期内投入(所费)和产出(所得)的衡量结果,即成果超过努力的差额。资产负债观下的会计收益向经济学收益靠拢,强调收益是财富的增加,是某一时期内经济资源的增量(李勇,2006)。利润或收益概念的不同影响对收益的计量。

按照资产负债观:

$$利润或亏损=\left(\begin{matrix}期末\\资产\end{matrix}-\begin{matrix}期末\\负债\end{matrix}\right)-\left(\begin{matrix}期初\\资产\end{matrix}-\begin{matrix}期初\\负债\end{matrix}\right)-\left(\begin{matrix}本期所有者\\新增投资\end{matrix}-\begin{matrix}本期向所\\有者分配\end{matrix}\right)$$

按照收入费用观:

$$利润或亏损=收入-费用$$

(2)期间收益的范畴。对于期间收益范畴的界定,有两种不同的观念:当期营业观和总括收益观(损益满计观)。

当期营业观着眼于企业经营效率的衡量,认为企业业绩应当报告一定期间内经营活动的成果,即反映企业持续的、可重复的经营活动形成的核心利润。因此,利润或收益不应当包括非经常性损益、前期会计调整的累计影响等与本期经营无关的项目。按照收入费用观计量的收益范畴(可能包括非经常性损益等项目),大于当期营业观所界定的收益范畴,但小于总括收益观所界定的收益范畴。

总括收益观着眼于企业经济活动对净资产增减变动的总括影响和对未来损益的潜在影响,认为企业的业绩应当报告一定期间内全部的收益或损失,即报告期内所发生经济业务或事项(剔除企业与所有者之间交易)引起企业所有者权益的增减变动。因此,利润或收益应当包括非经常性损益、前期会计调整的累计影响等项目。总括收益观下的收益为综合收益。资产负债观对收益的计量采用综合收益的概念,总括收益观对于收益范畴的界定符合资产负债观确定利润的前提。随着会计准则制定理念转向资产负债观,期间收益范畴的确定必将倾向总括收益观,收益的概念也将随之转为总括收益(或综合收益)(李勇,2006)。

(3)未实现损益的确认。按照资产负债观,只要净资产增加(剔除企业与所有者的交易往来)就可以确认收益,确认收益无需考虑是否实现。因此,利润或收益应当包括引起企业净资产增减变动但尚未实现的损益。按照收入费用观,确认收益必须遵循实现原则,在实现的基础上进行收入与费用的配比,因此,利润或收益不能包括未实现的损益,例如金融资产的公允价值变动损益。

(二)综合收益的产生与发展

综合收益(Comprehensive Income)是按照资产负债观计量企业经济活动成果的具体体现。综合收益的概念最早由美国财务会计准则委员会(FASB)于 1980 年在其第 3 号概念公告《企业财务报表的要素》中提出。1985 年,FASB 发布第 6 号概念公告《财务报表要素》,取代了第 3 号概念公告。在第 6 号概念公告中,FASB 将综合收益定义为"企业在报告期内,从业主以外的交易以及其他事项和情况所产生的权益变动。它包括报告期内除业主投资和派给业主款外的一切权益上的变动"(娄尔行译,《论财务会计概念》第 145 页,中国财政经济出版社 1992 年版)。1997 年 6 月 FASB 发布《财务会计准则公告第 130 号——报告综合收益》,要求企业报告综合收益,其目的是反映企业在某一会计期间内由于已确认的交易和其他经济事项所引起的所有者权益的变动情况,这些变动并不是由于企业与所有者之间进行交易所产生的。综合收益既可以在损益表中列报,也可以用一张单独的报表列报。

2004 年 4 月,国际会计准则理事会(IASB)与 FASB 将财务报表列报作为联合项目开展研究。2006 年 3 月,IASB 发布了《对〈国际会计准则第 1 号〉的建议修改——修订后的列报》征求意见稿,建议国际会计准则第 1 号尽量与 FASB 发布的《财务会计准则公告第 130 号——报告综合收益》保持一致。在考虑了对征求意见稿的反馈意见后,IASB 于 2007 年 9 月发布《国际会计准则第 1 号——财务报表的列报》修订版。修订后的《国际会计准则第 1 号——财务报表的列报》第 10 段规定,一套完整的财务报表包括 4 张报表,即财务状况表、综合收益表、权益变动表和现金流量表。

2009 年 6 月,我国财政部发布了《企业会计准则解释第 3 号》(财会〔2009〕8 号)。其中涉及对利润表列报内容和披露要求的局部调整,调整依据源自 IASB 2007 年 9 月发布、自 2009 年 1 月 1 日开始生效的修改后《国际会计准则第 1 号——财务报表的列报》(IAS 1: Presentation of Financial Statements)。对利润表的调整主要包括:在利润表"每股收益"项下增列"其他综合收益"项目和"综合收益总额"项目,并且在报表附注中详细披露其他综合收益各项目及其所得税影响等信息。调整后的利润表更好地体现了现代会计理论中的资产负债观和总括收益观,实现了与国际的持续趋同。

(三)区分非经常性项目的争论

1. 我国证券监管部门对非经常性损益的定义

在我国,企业会计准则未对非经常性损益专门定义,对非经常性损益定义的是证券监管部门。针对一些公司利用非经常性损益调节利润给资本市场带来的负面影响,为保证上市公司、拟首次公开发行股票并上市的公司和其他公开发行证券的公司的财务信息披露质量,保护投资者的合法权益,1999 年中国证监会在《公开发行股票公司信息披露的内容与格式准则第二号——年度报告的内容与格式》中,首次要求上市公司在"主要财务数据与指标"中披露"扣除非经常性损益后的净利润",并且同时披露所扣除的项目与涉及的金额。2001 年中国证监会发布《公开发行证券的公司信息披露规范问答第 1 号——非经常性损益》,并于 2004 年、2007 年先后两次修订。在此基础上,2008 年 10 月中国证监会出台了《公开发行证券的公司信息披露解释性公告第 1 号——非经常性损益》,将非经常性损益定义为:与公司正常经营业务无直接关系,以及虽与正常经营业务相关,但由于其性质特殊和偶发性,影响报表使用人对公司经营业绩和盈利能力做出正常判断的各项交易和事项产生的损益。该项信息披露解释性公告第 1 号对非经常性损益采用列举法罗列了通常包括的项目。

从上述信息披露解释性公告第 1 号中对非经常性损益的定义中,可以看出界定非经常性损益的两个条件分别是非正常性与非经常性,即性质特殊性和频率偶发性,就此而言,非经常性损益如果称为非常项目更加确切。但该规定并未强调两个条件同时满足。我国证券监管部门对非经常性损益的定义涵盖:经常性的非正常经营业务损益,如采用公允价值模式进行后续计量的投资性房地产公允价值变动产生的损益等;非经常性的正常经营业务损益,如生产用固定资产处置损益等;非经常性的非正常经营业务损益,如遭受自然灾害而发生的财产损失等。综上所述,在认定非经常性损益方面,应以非经常性损益的定义为依据,同时关注交易的性质以及对报表使用者决策的影响。首先,关注交易是否具有"非正常"的性质,即是否与公司的正常业务不相关;其次,关注交易的发生频率,即发生频率是否具有偶发性;最后,关注损益的性质,即该项目能否作为判断公司持续性经营业绩和盈利能力的考虑因素。

2. 国际会计准则对非常项目的规定及变化

《国际会计准则第 8 号——当期净损益、重大差错和会计政策变更》(IAS 8:Accounting Policies,Changes in Accounting Estimates and Errors)(1993 年发布),将"非常项目"定义为"明显区别于企业正常活动、因此预计不会经常发生或定期发生事项或交易产生的收益或费用(例如征用和自然灾害)",并规定非常项目应在损益表中与正常活动产生的损益分别披露。2002 年国际会计准则理事会决定从国际会计准则第 8 号中删除非常项目的概念,并禁止将收益和费用项目作为"非常项目"在收益表和附注中列报。IAS 1(2003年发布)规定,无论在表内还是附注中,主体不应将任何收益和费用项目作为非常项目进行列报。按照修订后的该准则,没有收益和费用将作为产生于主体正常活动之外的项目列报。需要说明的是,对国际准则制定具有重要影响力的美国财务会计准则,规定可以采用非常项目,但只适用于不经常发生、非正常的和罕有的,且影响损益的项目。

3. 关于非经常性损益要否单独列报的争议

按照资产负债观和总括收益观,非常项目应当列入利润表或综合收益表,但在利润表或综合收益表中,要否区分经常性项目与非经常性项目,存在不同看法。

赞成单独列报非经常性项目(或非常项目)的人认为:非经常性项目与其他所有收益和费用项目截然不同。经常性的正常经营业务损益是企业的核心收益,具有持续性,投资者可以据此预测企业未来的盈利能力及判断企业的可持续发展能力。利润表或综合收益表应区分核心利润与非核心利润,以提供反映企业经营趋势的信息。评价企业的持续盈利能力和经营效率主要应当考虑盈利的正常性和经常性,非经常性项目(或非常项目)单独列报能够向财务报表使用者强调在预测主体未来业绩时应给予最低关注的收益和费用项目。

反对单独列报非经常性项目(或非常项目)的人认为:由主体面临的正常经营风险而产生的非经常性项目不应成为在利润表或综合收益表中单独列报的理由。决定交易或其他事项在利润表或综合收益表中如何列报的应当是其性质或功能,而非发生的频率。如果单独列报非经常性项目(或非常项目),则面临非常损益与经常性的正常经营业务损益的区分问题。非常损益难以通过定义和列举完全解决实务中的界定,主观判断因素和盈余管理动机可能导致隐蔽性更强的"分类转移",对会计信息质量带来不利影响。

按我国现行会计规范编制的利润表,列报内容包括非经常性损益(或非常项目),但未将此类项目与其他项目截然分开列报。

阅读文献

1. 葛家澍、杜兴强主编:《会计理论》,复旦大学出版社 2005 年版。

2. 汤云为、钱逢胜主编:《会计理论》,上海财经大学出版社 1997 年版。

3. 李勇主编:《资产负债观与收入费用观比较研究——兼论我国会计准则制定理念选择》,中国财政经济出版社 2006 年版。

4. 张莉、张虹、夏智会:"国际化背景下所得税会计模式比较及我国的选择",《财会通讯》2016 年第 22 期。

5. 周萍、孙光国:"上市公司综合收益列报研究与启示",《财会通讯》2016 年第 13 期。

三、复习题

(一) 思考题

1. 请说明你对利润指标的作用和局限性的认识。

2. 利润是否完全代表企业的全面收益或综合收益? 为什么?

3. 试比较收入与利得、费用与损失的联系及区别。

4. 对政府补助有哪些不同的会计处理方法? 请说明其理由。按照我国企业会计准则,对政府补助应如何进行核算?

5. 对所得税有哪些不同的会计处理方法? 请说明其根据。

6. 如何确定暂时性差异? 应纳税暂时性差异与可抵扣暂时性差异两者有何区别?

7. 试分析影响企业利润分配的因素有哪些? 请说明利润分配的一般程序。

8. 试比较分派现金股利和分派股票股利对企业将产生哪些不同影响? 应如何进行会计处理?

9. 用利润弥补亏损与用盈余公积弥补亏损相比较,在会计处理上有何不同?

10. 为什么要计算每股收益? 基本每股收益与稀释每股收益有何区别?

11. 请说明存在多项潜在普通股的情况下,如何计算稀释每股收益?

12. 资产的计税基础与其账面价值有何不同? 确定资产计税基础的依据是什么? 试就无形资产列举三种可能使其计税基础与账面价值产生差异的情况。

13. 负债的计税基础与其账面价值有何不同? 从成本费用中计提形成的负债,是否均会产生暂时性差异? 为什么?

14. 对于产生的暂时性差异,是否必须确认递延所得税资产或递延所得税负债? 请说明理由。

15. 请分析资产负债观在我国所得税会计准则中的体现。

16. 上市公司关于"递延所得税资产"和"递延所得税负债"项目的附注披露,能够揭示哪些问题?

17. 你认为上市公司在报表附注中分别披露营业外收支的明细项目有无必要? 为什么?

18. 你认为是否需要在利润表中区分经常性损益与非经常性损益? 为什么?

19. 与传统的利润列报相比,报告企业的综合收益对报表使用者有何优越性?

20. 请寻找一家或若干家上市公司年报,试从其对综合收益的表内列报和表外披露分析公司的盈利能力。

（二）判断题

1. 所有者权益的减少即为损失。 （ ）

2. 资产负债表债务法根据有关资产和负债的增减变动来计量所得税费用,将所得税费用的计量与企业净资产的增减变动(不包括所有者投资和向所有者分配引起的增减变动)相联系,体现了资产负债观的要求。 （ ）

3. 企业对于各种形式的政府补助,均应在取得时计入营业外收入。 （ ）

4. 用利润弥补亏损与用盈余公积弥补亏损,均须单独编制弥补亏损的会计分录。 （ ）

5. 长期股权投资采用权益法核算,其账面价值与计税基础产生的暂时性差异,是否确认相关的所得税影响,应当考虑该项投资的持有意图。 （ ）

6. 企业发生经营性亏损和计提资产减值准备均形成可抵扣暂时性差异,均须确认递延所得税资产。 （ ）

7. 暂时性差异的所得税影响,不一定计入所得税费用。 （ ）

8. 使用寿命不确定的无形资产,由于会计上不予摊销,会导致其账面价值与计税基础产生暂时性差异。 （ ）

9. 确认递延所得税资产会改变资产负债表中的资产总额,但不会改变利润表中的净利润。 （ ）

10. 我国利润表中的各项目均为已经实现的损益。 （ ）

（三）单项选择题

1. 我国所得税会计准则采用的会计方法是( )。

    A. 应付税款法   B. 利润表债务法

    C. 递延法   D. 资产负债表债务法

2. 企业对于确实无法支付非关联方的应付账款,经批准后将其( )。

    A. 转入资本公积   B. 冲减管理费用

    C. 转入营业外收入   D. 冲减营业外支出

3. 某公司本年初发行在外的普通股为 4 000 万股,4 月 1 日实施以资本公积每 10 股转增 10 股,无其他股本变动事项。则计算本年度基本每股收益时当期发行在外的普通股加权平均数为( )万股。

    A. 4 000   B. 8 000   C. 7 000   D. 5 000

4. 甲公司拥有乙公司 40% 表决权资本,能对其施加重大影响。本期乙公司持有的以公允价值计量且其变动计入其他综合收益的金融资产公允价值上升 200 万元,该公司适用的所得税税率为 25%,则甲公司本期因此而增加其他综合收益( )万元。

    A. 20   B. 60   C. 50   D. 150

5. 本年 1 月 2 日,甲公司以 3 000 万元货币资金取得乙公司 30% 的股权,当日乙公司可辨认净资产的公允价值为 14 000 万元,甲公司对乙公司具有重大影响。乙公司本年实现净利润 1 600 万元,按投资时可辨认净资产公允价值调整后的净利润为 1 200 万元。假定不考虑所得税因素,该项投资对甲公司本年度营业利润、利润总额的影响金额分别为( )。

    A. 480 万元、1 680 万元   B. 360 万元、1 560 万元

    C. 360 万元、840 万元   D. 480 万元、720 万元

6. 甲公司去年 10 月购入一项专利权,入账价值 600 万元,预计使用 5 年,按照年限平

均法进行摊销。本年 12 月 31 日进行减值测试有关数据如下：该专利权公允价值减去处置费用后的金额为 315 万元,预计持续使用的现金流量现值为 360 万元。该专利权的摊销和减值将减少本年利润总额( )万元。

    A. 90   B. 120   C. 210   D. 255

7. 某上市公司本年度实现的净利润为 5 610 万元,全年发行在外的普通股为 10 000 万股,本年初对外发行 1 000 万份认股权证,行权价格 4 元。该公司本年度普通股平均市场价格 5 元。计算本年度的稀释每股收益为( )元。

    A. 0.55   B. 0.56   C. 0.52   D. 0.57

8. 某企业因提供产品售后服务确认 75 万元预计负债,本期实际发生该产品保修费用 30 万元。税法规定,有关产品售后服务等与取得经营收入直接相关的费用于实际发生时允许税前列支。本期末该项预计负债的计税基础为( )万元。

    A. 0   B. 30   C. 45   D. 75

9. 企业当期发生研发支出 800 万元,其中 200 万元符合资本化条件而形成无形资产,其余均应予以费用化,则该项研发支出的发生将产生( )。

    A. 应纳税暂时性差异 600 万元   B. 可抵扣暂时性差异 100 万元
    C. 应纳税暂时性差异 200 万元   D. 可抵扣暂时性差异 200 万元

10. 以下关于政府补助的表述中,正确的是( )。

    A. 作为企业所有者投入的国家资本属于政府补助
    B. 总额法下,取得与资产相关的政府补助应冲减有关资产的成本
    C. 总额法下,收到与资产相关的政府补助一般先确认为递延收益
    D. 增值税出口退税属于政府补助

(四) 多项选择题

1. 依据企业会计准则规定,下列有关暂时性差异的表述中,正确的有( )。

    A. 资产的账面价值大于其计税基础时,形成应纳税暂时性差异
    B. 负债的账面价值大于其计税基础时,形成可抵扣暂时性差异
    C. 资产的账面价值小于其计税基础时,形成可抵扣暂时性差异
    D. 负债的账面价值小于其计税基础时,形成应纳税暂时性差异
    E. 暂时性差异的应纳税与可抵扣都是指对未来的纳税影响

2. 下列收益中,应当作为营业外收入核算的有( )。

    A. 债务人获部分债务豁免确认的债务重组收益
    B. 出售无形资产净收益
    C. 出租固定资产的收入
    D. 转让交易性金融资产的收益
    E. 接受社会团体捐赠的利得

3. 下列关于其他综合收益的表述中,正确的有( )。

    A. 其他综合收益与营业外收入均属于利得
    B. 其他综合收益是未来影响损益的因素
    C. 其他综合收益是我国上市公司利润表中的单列项目
    D. 综合收益包括净利润和其他综合收益
    E. 其他综合收益在金额上等于其他资本公积

4. A公司20×1年年初递延所得税资产与递延所得税负债均无余额,某项固定资产20×1年12月31日计提减值准备,假定以后实际发生损失允许在所得税前抵扣。该资产于20×2年12月1日处置。除该项资产以外,A公司其他资产或负债的账面价值与计税基础完全相同。该公司不存在其他纳税调整事项,预计未来有足够的应纳税所得额可供抵扣,则以下表述中,正确的有(　　　)。

    A. 20×1年应当确认递延所得税资产

    B. 20×1年应当确认递延所得税负债

    C. 20×1年的应纳税所得额小于利润总额

    D. 20×2年的应纳税所得额小于利润总额

    E. 20×2年年末递延所得税资产和递延所得税负债均无余额

5. 企业发生的下列会计处理错误,影响营业利润金额的有(　　　)。

    A. 误将坏账损失计入管理费用

    B. 误将商誉减值损失计入销售费用

    C. 误将固定资产减值损失计入营业外支出

    D. 误将持有以公允价值计量且其变动计入当期损益的金融资产的公允价值升值计入投资收益

    E. 误将以公允价值计量且其变动计入其他综合收益的金融资产的公允价值升值计入公允价值变动损益

6. 公司发生的下列交易或事项中,应计算稀释每股收益的有(　　　)。

    A. 派发股票股利

    B. 发行可转换公司债券

    C. 以资本公积或者盈余公积转增资本

    D. 发行股份期权且行权价格低于当期普通股平均市场价格

    E. 承诺以高于当期普通股平均市场价格的回购价格回购其股份

7. 下列项目中,有可能产生应纳税暂时性差异的有(　　　)。

    A. 计提资产减值准备

    B. 预计未决诉讼的损失

    C. 以公允价值计量且其变动计入当期损益的金融资产公允价值上升

    D. 会计上对使用寿命不确定的无形资产不摊销

    E. 发生的技术开发支出当期形成无形资产

8. 对于投资企业实际发放股票股利与宣告分配现金股利的会计处理结果的表述中,不正确的有(　　　)。

    A. 都会减少未分配利润   B. 都会减少所有者权益

    C. 均减少基本每股收益   D. 均增加实收资本

    E. 都增加应付股利

9. 发行可转换债券的公司,下列有关计算每股收益的表述中,正确的有(　　　)。

    A. 会影响稀释每股收益的计算

    B. 计算稀释每股收益时净利润无变化

    C. 计算稀释每股收益时需要考虑对净利润的影响

    D. 本期未发生转换也要假定转换以调整当期发行在外的普通股加权平均数

E. 本期未发生转换不需要调整当期发行在外的普通股加权平均数

10. 下列处理体现资产负债观要求的有( )。

A. 非经常性损益不纳入利润表

B. 存货发出采用后进先出法

C. 在资本保全的基础上计量利润

D. 所得税费用计量强调收入与费用配比

E. 根据有关资产和负债的增减变动确定所得税费用

11. 下列项目中,应当计入利润表中"其他综合收益"项目的有( )。

A. 以公允价值计量且其变动计入当期损益的金融资产的公允价值变动额

B. 以公允价值计量且其变动计入其他综合收益的金融资产的公允价值变动额

C. 按权益法核算的在被投资单位净利润中享有份额的变动

D. 按权益法核算的在被投资单位其他综合收益中享有份额的变动

E. 投资性房地产的公允价值变动额

(五) 业务题

【业务题一】目的　练习政府补助的会计处理。

资料　某环保产品制造企业本年度发生下列政府补助事项:

研发一项节能型产品获得专利,当地政府决定给予该企业如下补助:① 向该企业拨款120万元用于购置生产设备,扩大生产;② 拨付60万元为补偿前期研发费用;③ 销售节能型产品每件补助成本5元。该企业将研发费用计入管理费用。

本年4月份,该企业收到政府拨款180万元。以银行存款购置生产节能型产品的设备,经调试后当月投入生产。该设备总价值185万元,超出补助部分由企业自行解决。该设备预计使用寿命为5年。

该企业从本年5月份起按年限平均法计提折旧,预计净残值为5万元。

本年5月份销售6 600件节能型产品。财政部门按月结算应付节能型产品的成本补助。

要求　分别按总额法、净额法对上述有关政府补助事项编制本年4月份、5月份的有关会计分录。

【业务题二】目的　练习应纳税所得额的计算。

资料　A公司本年度利润总额为1 500万元,其中有关经济业务如下:

(1) 持有的以公允价值计量且其变动计入其他综合收益的金融资产本期公允价值上升100万元;持有的以公允价值计量且其变动计入当期损益的金融资产本期公允价值下跌60万元。

(2) 支付污水排放超标罚款15万元。

(3) 支付业务招待费200万元,按税法规定,企业发生的与生产经营活动有关的业务招待费支出,按照发生额的60%扣除,但最高不得超过当年销售(营业)收入的5‰。A公司本年度营业收入22 000万元。

(4) 拥有80%表决权股份且能够对其实施控制的B公司本期实现净利润200万元,根据B公司利润分配决议A公司应分得现金股利80万元,A公司与B公司均为居民企业。

(5) 为开发新技术发生研发支出818万元,其中研究阶段支出268万元,开发阶段符合资本化条件前发生的支出为310万元,符合资本化条件后至达到预定用途前发生的支出为240万元,开发的该项无形资产在当年7月份已达到预定用途并开始摊销。按税法规定,未形成无形资产而计入当期损益的研发支出,在据实列支的基础上,可再按其50%加计扣除;

形成无形资产的开发支出,按无形资产成本的 150% 摊销。假定会计与税法规定都按 10 年平均摊销。

(6) 因销售产品承诺提供 2 年的保修服务,本期提取 80 万元产品保修费,计入销售费用,同时确认为预计负债,按税法规定,与产品售后服务相关的费用在实际发生时允许税前扣除,本期发生 50 万元保修支出。

(7) 支付灾区救灾重建捐赠支出 200 万元,按税法规定,企业发生的公益性捐赠支出,不超过年度利润总额 12% 的部分,准予扣除。

(8) 本期计提坏账准备 26 万元。

要求 (1) 根据上述资料进行纳税调整,将 A 公司本年利润总额调整成应纳税所得额。

(2) 说明 A 公司上述事项中哪些会产生暂时性差异。

【业务题三】目的 练习利润及相关指标的计算。

资料 某企业本年 1 月份发生下列经济业务:

(1) 销售甲产品,不含增值税价格为 1 000 000 元,增值税税率 16%(下同),产品成本 760 000 元,产品已发出,开出增值税的专用发票,收到购货单位签发并承兑的商业汇票。企业在销售产品时,还领用不单独计价的包装物一批,其实际成本 10 000 元。

(2) 月末采用分期收款方式销售大型设备,该项设备价款 30 000 000 元(不含增值税),按合同分 3 年于每年末平均收款。假定该设备销售收款折现金额为 27 000 000 元,该项销售满足收入确认的条件。设备成本为 19 000 000 元。

(3) 拥有其 90% 股权的子公司宣告分配现金股利 600 000 元。母、子公司的所得税税率相同。

(4) 向某单位转让一项专利技术的使用权,转让收入 200 000 元存入银行,该项专利技术本期应摊销 150 000 元,适用的增值税税率为 6%。

(5) 清理一台报废设备,账面余额 88 000 元,累计折旧 73 000 元,未计提减值准备。

(6) 收到政府受灾补助 3 000 000 元,其中与已发生损失有关的为 300 000 元,与未来重建固定资产有关的为 2 700 000 元。该企业对政府补助采用总额法进行会计处理。

(7) 用银行存款支付管理费用 100 000 元,财务费用 73 000 元。

(8) 该企业及其子公司的所得税税率为 25%,无其他纳税调整事项。

要求 (1) 根据资料编制会计分录。

(2) 计算该企业 1 月份利润表下列项目金额:营业利润;利润总额;所得税费用;净利润。

【业务题四】目的 练习其他综合收益的计算。

资料 某技术咨询公司本年度发生下列经济业务:

(1) 持有的指定为以公允价值计量且其变动计入其他综合收益的金融资产的 L 公司股票,公允价值升值 600 000 元,该公司适用的所得税税率为 25%。

(2) 将以前年度购入的指定为以公允价值计量且其变动计入其他综合收益的金融资产的 K 公司股票出售 50%,K 公司股票购入后因公允价值升值计入其他综合收益的金额累计 380 000 元。

(3) 吸收新的投资者加入,根据投资协议约定,其以银行存款投入的资本 1 000 000 元中,有 800 000 元增加股本。

(4) 根据公司董事会批准的以权益结算的高管股权激励计划,本年度应当计入成本费用和资本公积的股权激励成本为 300 000 元。

(5) 该公司准备长期持有的拥有其 50% 股份的合营企业,本年度因以公允价值计量且其变动计入其他综合收益的金融资产的公允价值上升而计入其他综合收益 500 000 元。

要求 根据上述资料编制有关资本公积和其他综合收益变动的会计分录,并计算该公司本年度列入利润表中"其他综合收益"项目的金额。

【业务题五】目的 练习利润分配的会计处理。

资料 宝山公司系上市公司,有关利润分配的事项如下:

(1) 20×1 年实现净利润 20 000 万元,按净利润的 10% 提取法定盈余公积。

(2) 结转 20×1 年净利润及利润分配事项,假定 20×0 年和 20×1 年除了提取法定盈余公积以外均无其他的利润分配事项。

(3) 20×2 年 3 月 1 日该公司董事会对 20×1 年度的利润分配等事项作出决议如下:提取任意盈余公积 3 000 万元;分派现金股利 5 000 万元;分派股票股利 6 000 万元。

(4) 20×2 年 3 月 15 日经股东大会表决批准公司董事会上项决议并予以公告。

(5) 20×2 年 3 月 29 日实际发放现金股利 5 000 万元;办妥增资手续,实际发放股票股利 6 000 万元。

要求 根据上述资料编制宝山公司有关会计分录。

【业务题六】目的 练习以公允价值计量且其变动计入当期损益的金融资产公允价值变动的所得税会计处理。

资料 (1) 丁公司本年 12 月份支付 100 000 元购入某公司股票,将其划分为以公允价值计量且其变动计入当期损益的金融资产。

(2) 本年 12 月份该股票公允价值上升 20 000 元,所得税税率 25%,不考虑其他事项的所得税影响。

(3) 次年 1 月份出售该股票收到价款 130 000 元。

要求 根据上述资料编制从购入股票至出售以及相关所得税的会计分录(假定不考虑其他利润)。

【业务题七】目的 练习以公允价值计量且其变动计入其他综合收益的金融资产公允价值变动的所得税会计处理。

资料 (1) 丁公司本年 12 月份支付价款 100 000 元购入某公司股票,将其指定为以公允价值计量且其变动计入其他综合收益的金融资产。

(2) 本年 12 月份该股票公允价值上升 20 000 元,所得税税率 25%,不考虑其他事项的所得税影响。

(3) 次年 1 月份出售该股票收到价款 130 000 元。

要求 根据上述资料编制从购入股票至出售以及相关所得税的会计分录(假定不考虑其他利润)。

【业务题八】目的 练习长期股权投资的所得税会计处理。

资料 (1) 20×0 年年末,G 公司以 3 740 万元货币资金取得 H 公司 40% 的股权且准备长期持有,当时 H 公司可辨认净资产的公允价值为 10 000 万元,G 公司对 H 公司能够施加重大影响。

(2) H 公司 20×1 年实现净利润 300 万元,按投资时公允价值调整后的净利润为 250 万元。

（3）H公司20×2年年初宣告分派现金股利150万元,当即实施。H公司20×2年发生净亏损500万元(已按投资时公允价值调整)。

（4）假定20×2年年末G公司准备在近期内寻找合适机会转让对H公司的股权投资。G公司20×2年利润总额为900万元,无其他暂时性差异和纳税调整事项。G、H两家公司的所得税税率均为25%。

要求　（1）根据上述资料编制G公司长期股权投资的有关会计分录。

（2）计算该公司20×2年年末与该项长期股权投资有关的递延所得税资产或递延所得税负债余额。

（3）计算该公司20×2年应纳所得税额。

（4）编制该公司20×2年所得税有关会计分录。

【业务题九】目的　练习资产减值的所得税会计处理。

资料　南山公司本年度实现利润总额2 000万元,所得税税率为25%。除资产减值之外未发生其他暂时性差异,假定未来有足够的应纳税所得额可供抵扣,有关资产减值准备变动的资料见表15-13。

表15-13　南山公司本年度资产减值准备变动表　　单位:万元

项　　目	年初余额	本期计提	本期转回	期末余额
坏账准备	180	80		260
存货跌价准备	360		160	200
长期股权投资减值准备	0	200		200
在建工程减值准备	540	100		640
合　　计	1 080	380	160	1 300

要求　（1）根据所提供资料计算该公司本年度应纳税所得额。

（2）编制该公司本年度与所得税有关的会计分录。

【业务题十】目的　练习所得税的会计处理。

资料　华立公司20×1年年初递延所得税资产和递延所得税负债均无余额,20×1～20×3年未发生除表15-14之外的其他暂时性差异。该公司20×1～20×3各年的应纳税所得额均为1 000万元,所得税税率为25%。假定在此期间持有的指定为以公允价值计量且其变动计入其他综合收益的金融资产未出售。

表15-14　华立公司有关所得税会计处理资料　　单位:万元

项　　目	20×1年12月31日		20×2年12月31日		20×3年12月31日	
	账面价值	计税基础	账面价值	计税基础	账面价值	计税基础
其他权益工具投资公允价值变动	560	500	410	500	540	500
预计产品质量保证	180	0	120	0	160	0

要求　（1）计算20×1～20×3各年年末递延所得税资产和递延所得税负债的余额。

（2）编制20×1～20×3各年的所得税有关会计分录。

(3) 计算 20×1~20×3 各年计入利润表中"所得税费用"项目的金额。

【业务题十一】目的 练习弥补亏损及相关所得税会计处理。

资料 黎明公司 20×0 年年初"利润分配——未分配利润"账户有贷方余额 350 万元，20×0 年由于意外事件的影响发生亏损 320 万元。20×1 年实现利润总额 600 万元。无其他纳税调整事项和暂时性差异，所得税税率为 25%，提取盈余公积的比例为 10%。

要求 (1) 假定 20×0 年预计未来有足够的应纳税所得额可抵扣暂时性差异，计算 20×0 年、20×1 年的净损益，并编制 20×0 年、20×1 年有关所得税会计分录。

(2) 假定 20×0 年预计未来没有足够的应纳税所得额可抵扣暂时性差异，并计算 20×0 年、20×1 年的净损益，并编制 20×0 年、20×1 年有关所得税会计分录。

【业务题十二】目的 练习基本每股收益的计算。

资料 某上市公司 20×1 年 1 月 1 日发行在外普通股 16 000 万股，20×1 年 5 月 1 日按市价新发行普通股 3 000 万股；20×2 年 7 月 1 日分派股票股利，以 20×1 年 12 月 31 日总股本为基数，向全体股东每 10 股送 2 股。该公司 20×2 年度和 20×1 年度净利润分别为 30 780 万元和 27 000 万元。假设不存在影响股数变动的其他因素。

要求 计算 20×2 年利润表中以下指标：基本每股收益"本期金额"、基本每股收益"上期金额"。

【业务题十三】目的 练习存在多项潜在普通股的情况下每股收益的计算。

资料 某公司所得税税率为 25%，本年度实现净利润 47 200 万元，发行在外普通股加权平均数 118 000 万股。年初已发行在外的潜在普通股有：

(1) 按面值发行 5 年期可转换债券 25 000 万元，债券每张面值 100 元，票面利率为 4%，转股价格为每股 10 元，即每 100 元债券可转换 10 股面值为 1 元的普通股。

(2) 按面值发行的 3 年期可转换债券 72 000 万元，债券每张面值 100 元，票面利率 2.5%，转股价每股 8 元。

(3) 认股权证 12 800 万份，每份认股权证可以在行权日以 8.25 元的行权价购买 1 股本公司新发行股票。

假设不考虑可转换公司债券在负债和权益之间的分拆，债券票面利率与实际利率相等，有关借款费用均不符合资本化条件。本年度内没有认股权证被行权，也没有可转换债券被转换或赎回。当期该公司普通股平均市场价为 12 元。

要求 计算本年度利润表中基本每股收益和稀释每股收益（计算过程精确到 0.001 元）。

四、复习题参考答案

(一) 思考题(略)

(二) 判断题

1. (×) 2. (√) 3. (×) 4. (×) 5. (√) 6. (×) 7. (√) 8. (√)
9. (×) 10. (×)

(三) 单项选择题

1. (D) 2. (C) 3. (B) 4. (B) 5. (B) 6. (C) 7. (A) 8. (A)
9. (B) 10. (C)

（四）多项选择题

1.（ABCDE）　2.（AE）　3.（ABCD）　4.（ADE）　5.（CE）

6.（BDE）　7.（CD）　8.（BCDE）　9.（ACD）　10.（CE）　11.（BD）

（五）业务题

【业务题一】　总额法:4 月份收到节能产品补助确认递延收益 1 200 000 元和递延收益 600 000 元;5 月份计提折旧时按使用寿命结转递延收益并确认其他收益 20 000 元;5 月份销售时结算应收政府补助并确认其他收益 33 000 元。

净额法:4 月份收到节能产品补助分别冲减固定资产 1 200 000 元和管理费用 600 000 元;5 月份销售时结算应收政府补助并冲减产品销售成本 33 000 元。

【业务题二】　(1) 应纳税所得额为 1 366 万元。提示:持有以公允价值计量且其变动计入其他综合收益的金融资产本期的公允价值变动不计入利润总额。

(2) A 公司上述事项中会产生暂时性差异的有经济业务(1)、(5)、(6)、(8)。

【业务题三】　营业利润为 8 947 000 元;利润总额为 8 932 000 元;所得税费用为 2 098 000 元;净利润为 6 834 000 元。提示:符合税法所称的居民企业直接投资于其他居民企业取得的投资收益免征所得税。

【业务题四】　本年度列入利润表中"其他综合收益"项目的金额为 51 万元。

注意:根据以权益结算的高管股权激励计划计入资本公积(其他资本公积)的 300 000 元不属于其他综合收益,未来行权时将转入股本和资本公积(股本溢价)。

【业务题五】　提示:① 上市公司提取任意盈余公积、分派现金股利等利润分配事项须经股东大会批准方可进行账务处理;用盈余公积、资本公积转增资本的事项,除必须经股东大会批准外,还需办妥增资手续方可进行账务处理。② 实际发放股票股利进行会计处理时,不通过"应付股利"账户核算。

【业务题六】　提示:该项以公允价值计量且其变动计入当期损益的金融资产,出售时实现投资收益共计 30 000 元,两年计入所得税费用共计 7 500 元。

【业务题七】　提示:该项以公允价值计量且其变动计入其他综合收益的金融资产,出售时转入留存收益 22 500 元。

【业务题八】　20×2 年年末递延所得税负债余额为 25 万元。20×2 年应纳所得税额为 275 万元。

【业务题九】　本年度应纳税所得额为 2 220 万元。提示:本年度所得税费用为 500 万元。

【业务题十】　20×1 年年末递延所得税资产余额为 45 万元;递延所得税负债余额为 15 万元。20×2 年年末递延所得税资产余额为 52.5 万元;递延所得税负债余额为零。20×3 年年末递延所得税资产余额为 40 万元;递延所得税负债余额为 10 万元。

20×1～20×3 年各年计入利润表中"所得税费用"项目的金额分别为 205 万元、265 万元、240 万元。提示:以公允价值计量且其变动计入其他综合收益的权益工具投资,有关所得税影响,记入"其他综合收益"科目。

【业务题十一】　20×0 年净亏损为 240 万元;20×1 年净利润为 450 万元。20×0 年净亏损为 320 万元,20×1 年净利润为 530 万元。

提示:两种情况下,20×1 年应纳税所得额均为 280 万元。

【业务题十二】　20×2 年利润表中基本每股收益"本期金额"为 1.35 元;"上期金额"为 1.25 元。

【业务题十三】　基本每股收益为 0.40 元;稀释每股收益为 0.37 元。

第十六章　财务报表列报

一、内容概要解析

(一) 财务报告体系和财务报表的组成

(1) 财务报告体系。财务报告(财务会计报告)是指企业对外提供的反映企业某一特定日期的财务状况和某一会计期间的经营成果、现金流量等会计信息的文件。财务报告包括财务报表及其附注和其他应当在财务会计报告中披露的相关信息和资料。财务报告体系如图 16-1 所示。

$$
\text{财务报告}\begin{cases} \text{财务报表}\begin{cases} \text{表内列报}\longrightarrow\text{确认(主体)} \\ \text{附注列报}\longrightarrow\text{披露(补充、说明)} \end{cases} \\ \text{其他应披露的相关信息和资料} \end{cases}
$$

图 16-1　财务报告体系

(2) 财务报表的组成。财务报表是对企业财务状况、经营成果、现金流量的结构性表述。财务报表至少应该包括下列组成部分：资产负债表、利润表、所有者权益(或股东权益)变动表、现金流量表和财务报表附注。

(二) 财务报表列报的基本要求

财务报表列报应当符合下列基本要求：

(1) 企业应当以持续经营为基础编制财务报表。当企业处于非持续经营状态时,则应当编制非持续经营条件下的财务报表,并在附注中披露这一事实。

(2) 列报方式包括表内确认和附注披露。附注披露不能替代表内项目的确认和计量。

(3) 列报的项目应当在各个会计期间保持一致性,不得随意变更。

(4) 性质或功能不同的项目,应当单独列报,但不具重要性的项目可以合并列报。性质或功能类似的项目,可以合并列报,但其所属类别具有重要性的,应当按其类别单独列报。

(5) 列报的项目不能相互抵销。资产项目按扣除减值准备后的净额列示,以及非日常活动产生的损益直接以净额列示,不属于抵销。

(6) 列报的项目至少应当提供上一可比期间的比较数据。

(三) 资产负债表列报的内容

资产负债表反映企业在某一特定日期的财务状况,列报的内容分为资产、负债和所有者权益三个部分。除某些具有一定特殊性的会计主体(如金融机构)外,资产和负债按照流动性分为流动资产和非流动资产、流动负债和非流动负债,并分别列示各自的构成项目。所有者权益按形成来源,分别列示实收资本(或股本)、资本公积、盈余公积和未分配利润项目。

(四) 资产负债表中资产和负债的流动性划分

1. 符合下列条件之一的资产归类为流动资产

（1）预计在一个正常营业周期中变现、出售或耗用。

（2）主要为交易目的而持有。

（3）预计在资产负债表日起 1 年内（含 1 年，下同）变现。

（4）自资产负债表日起 1 年内，用于交换其他资产或清偿负债的能力不受限制的现金或现金等价物。

对于流动资产以外的资产归类为非流动资产。

2. 符合下列条件之一的负债归类为流动负债

（1）预计在一个营业周期中清偿。

（2）主要为交易目的而持有。

（3）自资产负债表日起 1 年内到期应予以清偿。

（4）企业无权自主地将清偿推迟至资产负债表日后 1 年以上。

对于流动负债以外的负债归类为非流动负债。

（五）资产负债表项目"期末余额"的填列

资产负债表中各项目"期末余额"的数据来源于有关账户的期末余额。填列资产负债表各项目"期末余额"时应注意以下几个方面：

（1）项目报告的内容涵盖几个总账所核算的内容的，该项目应根据有关总账账户期末余额计算填列。

（2）报告应收、应付账款和预收、预付款项等债权、债务的项目，应当根据有关总账账户所属明细账户余额的方向分析计算填列。

（3）报告长期债权、长期债务的非流动资产和非流动负债项目，应当根据有关总账账户期末余额，扣除其中已转化为流动资产和流动负债部分后的金额填列。按流动性已转化为流动资产和流动负债的部分，应一并在流动资产类内"一年内到期的非流动资产"项目和流动负债类内"一年内到期的非流动资产"项目中填列。

（4）资产项目凡已计提减值准备（包括坏账准备、存货跌价准备）、已计提折旧或已计提摊销额的，均应根据有关资产账户的期末余额，减去各自相应的减值准备账户的期末余额和"累计折旧"或"累计摊销""累计折耗"等账户的期末余额后填列净额。

（5）报告具有融资性质的长期应收款或长期应付款，应当根据有关账户余额，减去相应的未实现融资收益或未确认融资费用后的净额填列。

（六）利润表列报的内容

现行利润表不仅反映企业在一定会计期间实现的利润，还扩展提供了企业在该期间的综合收益（全面收益）等信息。利润表中所列项目报告的内容可以归纳为三个部分：

（1）净利润。

$$净利润＝收入－费用＋计入当期损益的各项利得和损失$$

其中，收入减去费用后的净额反映的是企业日常活动的经营业绩；计入当期损益的各项利得和损失反映的是企业非日常活动的业绩。

"净利润"项目下划分"（一）持续经营净利润"和"（二）终止经营净利润"两项目，分别反映净利润中与持续经营相关的净利润和与终止经营相关的净利润；如为净亏损，以"－"号填列。

（2）以净利润为基础计算的每股收益。

(3) 综合收益。

$$综合收益＝净利润＋其他综合收益$$

其中,其他综合收益是指根据会计准则规定未在损益中确认的各项利得和损失扣除所得税影响后的净额。

在利润表中列报综合收益,增强了利润表对于全面评价企业财务业绩的相关性,而且利润表提供的综合收益信息与所有者权益变动表中的有关信息相连接,增强了各报表在内在结构上的联系,有助于报表使用者从不同角度相互联系地了解企业在一定期间的经济活动情况。

(七) 现金流量表的编制基础

现金流量表是以现金及现金等价物为编制基础的。其涉及现金流量表编制的概念基础和方法基础。

(1) 现金流量表编制的概念基础。① 现金。现金流量表中"现金"的范围,包括库存现金、可随时支用的存款和现金等价物。可随时支用的存款是指在"银行存款"账户和"其他货币资金"账户中核算的那些随时可以动用的存款。现金等价物是指企业持有的期限短、流动性强、易于转换为已知金额现金、价值变动风险很小的投资。一项投资只有同时具备以上特征,其变现能力和价值的稳定性、安全性才能等同于现金,才能将其列入现金等价物的范畴。② 现金流量。现金流量是指引起现金总量变动的现金流入量和流出量。在现金流量表中除规定列示现金流量净额的项目外,均应分别列示现金流入或流出的总额。现金流入量和流出量不包括现金项目之间的流动,即现金形式的转换。

(2) 现金流量表编制的方法基础。现金流量表编制的方法基础为收付实现制(现金制)。

(3) 影响现金增减变化的因素与现金流量表的编制,见表 16-1。

表 16-1　影响现金增减变化的因素与现金流量表的编制

交易或事项的类型	对现金流量的影响	是否列入现金流量表
现金项目之间的增减变动	现金形式转换,不引起现金总量变动	否
非现金项目之间的增减变动	不涉及现金,不引起现金总量变动	其中重大的投资、筹资活动在补充资料中列报
现金项目与非现金项目之间的增减变动	导致现金流入或流出,引起现金总量变动	在现金流量表中按现金流量的分类列报

(八) 现金流量表中现金流量的分类

在现金流量表中,现金流量分为经营活动产生的现金流量、投资活动产生的现金流量以及筹资活动产生的现金流量三大类。

(1) 经营活动产生的现金流量。经营活动是指企业投资活动和筹资活动以外的所有交易和事项。

企业支付给职工以及为职工支付的现金,应根据职工服务的对象确定其归属现金流量的类别,其中与购建固定资产、研发无形资产的人员有关的现金支出,不属于经营活动产生的现金流量,应在投资活动的有关项目中反映。

（2）投资活动产生的现金流量。投资活动是指企业长期资产的购建和不包括在现金等价物范围的投资及其处置活动。

在现金流量表中，投资活动所涵盖的范围不仅仅是企业对外投资及其处置活动，还包括固定资产、无形资产和其他长期资产的购建与处置活动。

（3）筹资活动产生的现金流量。筹资活动是指导致企业资本及债务规模和构成发生变化的活动。

企业以发行股票、债券等方式筹集资金，由金融机构支付的佣金、手续费等发行费用应作为股票、债券发行收入的减项，分别在"吸收投资收到的现金""取得借款收到的现金"项目中反映；而由企业直接支付的审计、咨询等费用，则应在"支付其他与筹资活动有关的现金"项目中反映。

企业筹资发生的利息费用无论是作资本化或费用化处理，企业偿付利息所支付的现金均应在"分配股利、利润或偿付利息支付的现金"项目中反映。

（九）现金流量表中现金流量的列报方法

在现金流量表中列报现金流量的方法有直接法和间接法两种。企业会计准则规定，企业应采用直接法列报经营、投资和筹资活动产生的现金流量，同时应在现金流量表补充资料中采用间接法列报将净利润调节为经营活动现金流量净额的信息。

（1）直接法。直接法就是直接按照现金流入和现金流出的主要类别列示企业一定会计期间的现金流量的方法。

采用直接法可以通过分析有关账户记录获取反映企业现金收入、支出的数据资料，也可以根据资产负债表、利润表并结合有关账户的记录等资料分析计算出现金流量表各项目的现金流量。如，计算经营活动项目的现金流量一般是以利润表中的本期收入、费用项目为基数，加上或减去与经营活动相关的流动资产（应收账款、应收票据、存货、预付账款等）和流动负债（应付账款、应付票据、应交税费、预收账款等）的本期增减净额，将以权责发生制为基础确认的本期收入、费用转换为以收付实现制为基础的经营活动项目的现金流入和流出。

（2）间接法。采用间接法就是将以权责发生制为基础计算确定的净利润转换为以收付实现制为基础的经营活动现金流量净额。

在间接法下，以本期净利润为起算点，计算经营活动现金流量净额的过程如下：

经营活动现金流量净额＝本期净利润＋不减少现金但减少净利润的费用及损失项目－不增加现金但增加净利润的收入项目＋减少净利润但属于投资、筹资活动的费用及损失项目－增加净利润但属于投资、筹资活动的收益项目＋与经营活动有关的非现金流动资产的减少及流动负债的增加－与经营活动有关的非现金流动资产的增加及流动负债的减少。

（十）所有者权益变动表列报的内容和结构

所有者权益（或股东权益）变动表在于反映企业所有者权益各组成项目在一定会计期间内增减变动情况，其列报的内容可归纳为下列两个方面：

一是企业所有者权益各组成项目在一定会计期间内发生变化的具体原因。包括：净利润和直接计入所有者权益的各项利得和损失（扣除所得税影响后的净额）对所有者权益的影响；所有者投入和减少资本对所有者权益的影响；利润分配、所有者权益内部结转，以及前期会计政策变更和差错更正对所有者权益的影响。

二是通过揭示净利润和直接计入所有者权益的利得和损失（扣除所得税影响后的净额）对所有者权益的影响，反映了企业当期的综合收益（全面收益）。

所有者权益变动表为矩阵式结构,其纵向栏目反映引起所有者权益各组成项目发生变动的原因,横向栏目反映所有者权益各组成项目的变动金额。

(十一)所有者权益变动表与资产负债表和利润表之间的关系

在财务报表体系中,除现金流量表外,资产负债表、利润表、所有者权益(或股东权益)变动表都各有侧重地涉及所有者权益的列报,而且各报表的有关项目之间相互对应,勾稽关系明确。

资产负债表从反映企业的财务状况出发,列示了所有者权益各组成项目的年初余额和期末余额。利润表从反映企业的收益出发,列示了当期对所有者权益产生重要影响的"净利润"和"其他综合收益"的增减金额。而所有者权益变动表则从反映所有者权益各组成项目的变动情况出发,详细列示了当期引起所有者权益发生变动的具体原因及增减金额。它们之间形成的勾稽关系如下:

利润表中"净利润"项目的本年金额,应与所有者权益变动表中反映所有者权益本年增减变动的"净利润"项目的金额一致;

利润表中"其他综合收益"项目的本年金额,应与所有者权益变动表中反映所有者权益本年增减变动的"其他综合收益"项目的金额一致;

利润表中"综合收益总额"项目的本年金额,应与所有者权益变动表中反映所有者权益本年增减变动的"净利润"项目的金额与"其他综合收益"项目的金额的合计数一致;

所有者权益变动表中,所有者权益各组成项目的"上年年末余额""本年年末余额",应当分别与资产负债表中所有者权益各项目的年初余额、期末余额一致。

(十二)财务报表列报内容和方式展示

如前所述,财务报表至少应该包括资产负债表、利润表、所有者权益(或股东权益)变动表、现金流量表及其附注。这里以江苏舜天股份有限公司(以下简称江苏舜天)2009 年度母公司财务报表为例(见表 16-2 至表 16-6),完整展示企业财务报表表内列报的内容和方式。关于财务报表附注披露,已在前面各章节中予以介绍,在此不再重复。

二、背景资料

(一)综合收益(全面收益)报告的模式

目前,各国对全面收益的规范方式和报告方式并不完全一致。就规范的方式而言,美国和英国等国家采取制定报告财务业绩或报告全面收益准则的形式,国际会计准则理事会(IASB)采用制定财务报表列报准则的形式,而全面收益报告通常有下列三种模式:

(1)作为损益表的扩展部分(一表法)。采用这种模式,即在传统收益表中,通过扩展项目来报告全面收益。这种扩展了的收益表可称为"收益与全面收益表",该表的上半部分列示"净收益"及其组成部分,下半部分列示"其他全面收益"及其组成部分,最后列报"全面收益总额"。

(2)以全面收益表独立报告全面收益(两表法)。采用这种模式,即在传统收益表之外,单独编制一张新的报表——"全面收益表"。该表以传统收益表中的"净收益"为起点,而后列示"其他全面收益"及其组成部分,最后列报"全面收益总额"。

(3)作为所有者权益(或股东权益)变动表的一部分。在所有者权益变动表中报告全面收益与上两种模式相比,其特点是它侧重于揭示引起企业所有者权益各组成项目变动的各种原因,与此同时完成对企业全面收益的报告。

表 16－2　江苏舜天资产负债表

2009 年 12 月 31 日

单位：元

资　产	期末余额	年初余额	负债和所有者权益（或股东权益）	期末余额	年初余额
流动资产：			流动负债：		
货币资金	676 241 381.95	443 387 370.75	短期借款	970 405 510.03	1 177 342 320.11
交易性金融资产	12 876 250.14	9 266 918.15	交易性金融负债		
应收票据	4 637 897.00	7 997 896.04	应付票据	643 733 296.36	405 974 514.72
应收账款	47 826 273.04	70 637 439.28	应付账款	25 221 256.06	32 436 593.53
预付款项	365 268 819.91	218 371 811.60	预收款项	230 354 042.87	39 700 475.04
应收利息		2 116 000.00	应付职工薪酬	33 711 294.61	32 335 835.57
应收股利	5 325 622.00		应交税费	18 037 574.10	
其他应收款	792 664 180.91	826 003 517.17	应付利息	1 325 509.71	1 750 666.52
存货	107 568 369.65	108 183 740.37	应付股利		
一年内到期的非流动资产			其他应付款	151 262 488.98	63 982 579.06
其他流动资产			一年内到期的非流动负债		
流动资产合计	2 012 408 794.60	1 685 964 693.36	其他流动负债		
非流动资产：			流动负债合计	2 074 050 972.72	1 753 522 984.55
可供出售金融资产	2 805 000.00	10 113 307.66	非流动负债：		
持有至到期投资			长期借款	177 285 666.67	90 397 666.67

续表

资　产	期末余额	年初余额
长期应收款		
长期股权投资	840 047 543.52	699 056 448.49
投资性房地产		
固定资产	188 808 784.17	180 987 891.64
在建工程		
工程物资		
固定资产清理		
生产性生物资产		
油气资产		
无形资产	72 000.00	90 000.00
开发支出		
商誉		
长期待摊费用		
递延所得税资产	1 041 212.06	10 951 692.56
其他非流动资产		
非流动资产合计	1 032 774 539.75	901 199 340.35
资产总计	3 045 183 334.35	2 587 164 033.71

负债和所有者权益（或股东权益）	期末余额	年初余额
应付债券		
长期应付款		
专项应付款		
预计负债		
递延所得税负债		
其他非流动负债		
非流动负债合计	177 285 666.67	90 397 666.67
负债合计	2 251 336 639.39	1 843 920 651.22
所有者权益（或股东权益）：		
实收资本（或股本）	436 796 074.00	436 796 074.00
资本公积	225 459 284.00	227 495 567.25
减：库存股		
专项储备		
盈余公积	85 229 130.31	80 804 196.37
未分配利润	46 362 206.65	−1 852 455.13
所有者权益（或股东权益）合计	793 846 694.96	743 243 382.49
负债和所有者权益（或股东权益）总计	3 045 183 334.35	2 587 164 033.71

表 16-3　江苏舜天利润表

2009 年度　　　　　　　　　　　　　　　　　　　　　单位：元

项　　　目	附注	本期金额	上期金额
一、营业收入	十一、4	1 006 327 683.23	1 499 998 215.89
减：营业成本	十一、4	925 475 318.72	1 387 090 750.16
税金及附加		874 618.44	459 594.68
销售费用		51 118 716.86	57 719 392.57
管理费用		36 092 863.16	44 940 662.97
财务费用		20 035 525.77	18 423 823.91
资产减值损失		8 346 353.53	29 485 836.74
加：公允价值变动收益（损失以"－"号填列）		1 332 597.51	－6 397 491.58
投资收益（损失以"－"号填列）	十一、5	112 283 516.57	28 379 736.92
其中：对联营企业和合营企业的投资收益		－376 822.44	－1 674 831.66
二、营业利润（亏损以"－"号填列）		78 000 400.83	－16 139 599.80
加：营业外收入		50 365 294.24	4 561 688.27
减：营业外支出		55 520 146.55	276 664.29
其中：非流动资产处置损失		14 134.92	
三、利润总额（亏损总额以"－"号填列）		72 845 548.52	－11 854 575.82
减：所得税费用		20 205 952.80	－3 464 319.50
四、净利润（净亏损以"－"号填列）		52 639 595.72	－8 390 256.32
五、每股收益			
（一）基本每股收益		0.120 5	－0.019 2
（二）稀释每股收益			
六、其他综合收益		－2 036 283.25	－22 666 741.59
七、综合收益总额		50 603 312.47	－31 056 997.91

表 16-4　江苏舜天现金流量表

2009 年度　　　　　　　　　　　　　　　　　　　　　单位：元

项　　　目	附注	本期金额	上期金额
一、经营活动产生的现金流量：			
销售商品、提供劳务收到的现金		1 316 746 115.91	1 589 814 815.94
收到的税费返还		61 399 679.83	79 834 473.37
收到其他与经营活动有关的现金		283 879 564.42	186 877 837.90
经营活动现金流入小计		1 662 025 360.16	1 856 527 127.21
购买商品、接受劳务支付的现金		1 071 943 054.96	1 432 502 303.62
支付给职工以及为职工支付的现金		35 977 259.98	49 460 433.59
支付的各项税费		3 440 024.79	2 999 227.09

续表

项目	附注	本期金额	上期金额
支付其他与经营活动有关的现金		293 470 241.28	538 826 706.38
经营活动现金流出小计		1 404 830 581.01	2 023 788 670.68
经营活动产生的现金流量净额		257 194 779.15	−167 261 543.47
二、投资活动产生的现金流量:			
收回投资收到的现金		132 367 316.96	22 117 362.01
取得投资收益收到的现金		13 941 351.48	26 477 160.00
处置固定资产、无形资产和其他长期资产收回的现金净额		404 616.48	
处置子公司及其他营业单位收到的现金净额			
收到其他与投资活动有关的现金			144 107 000.00
投资活动现金流入小计		146 713 284.92	192 701 522.01
购建固定资产、无形资产和其他长期资产支付的现金		15 599 917.65	3 144 252.05
投资支付的现金		167 770 852.76	208 153 120.93
取得子公司及其他营业单位支付的现金净额			
支付其他与投资活动有关的现金			
投资活动现金流出小计		183 370 770.41	211 297 372.98
投资活动产生的现金流量净额		−36 657 485.49	−18 595 850.97
三、筹资活动产生的现金流量:			
吸收投资收到的现金			
取得借款收到的现金		1 675 665 857.95	1 751 280 233.48
收到其他与筹资活动有关的现金		150 170 001.85	
筹资活动现金流入小计		1 825 835 859.80	1 751 280 233.48
偿还债务支付的现金		1 804 373 651.01	1 359 269 049.29
分配股利、利润或偿付利息支付的现金		64 123 950.62	121 180 390.91
支付其他与筹资活动有关的现金		24 420 591.79	150 170 001.85
筹资活动现金流出小计		1 892 918 193.42	1 630 619 442.05
筹资活动产生的现金流量净额		−67 082 333.62	120 660 791.43
四、汇率变动对现金及现金等价物的影响		−27 030.28	−1 536 142.22
五、现金及现金等价物净增加额		153 427 929.76	−66 732 745.23
加:期初现金及现金等价物余额		150 440 777.01	217 173 522.24
六、期末现金及现金等价物余额		303 868 706.77	150 440 777.01

表 16-5 现金流量表补充资料

项 目	本期金额	上期金额
一、将净利润调节为经营活动的现金流量:		
净利润	52 639 595.72	−8 390 256.32
加:资产减值准备	8 346 353.53	29 485 836.74
固定资产折旧、油气资产折耗、生产性生物资产折旧	7 366 453.72	7 188 728.98
无形资产摊销	18 000.00	
长期待摊费用摊销	—	
处置固定资产、无形资产和其他长期资产的损失(收益以"−"号填列)	14 134.92	
固定资产报废损失(收益以"−"号填列)	—	
公允价值变动损失(收益以"−"号填列)	−1 332 597.51	6 397 491.58
财务费用(收益以"−"号填列)	71 827 460.33	96 762 755.01
投资损失(收益以"−"号填列)	−112 283 516.57	−28 379 736.92
递延所得税资产减少(增加以"−"号填列)	10 883 777.41	−773 014.41
递延所得税负债增加(减少以"−"号填列)	—	−3 029 945.71
存货的减少(增加以"−"号填列)	−34 161 357.01	82 524 106.85
经营性应收项目的减少(增加以"−"号填列)	−55 056 859.95	−165 026 662.31
经营性应付项目的增加(减少以"−"号填列)	308 933 334.56	−184 020 846.96
其他		
经营活动产生的现金流量净额	257 194 779.15	−167 261 543.47
二、不涉及现金收支的重大投资和筹资活动:		
债务转为资本		
一年内到期的可转换公司债券		
融资租入固定资产		
三、现金及现金等价物净变动情况:		
现金的期末余额	303 868 706.77	150 440 777.01
减:现金的期初余额	150 440 777.01	217 173 522.24
现金等价物的期末余额		
减:现金等价物的期初余额		
现金及现金等价物净增加额	153 427 929.76	−66 732 745.23

表 16-6 江苏舜天所有者权益变动表

2009 年度

单位：元

项 目	本 期 金 额						
	实收资本（或股本）	资本公积	减：库存股	专项储备	盈余公积	未分配利润	所有者权益合计
一、上年年末余额	436 796 074.00	227 495 567.25			80 804 196.37	−1 852 455.13	743 243 382.49
加：会计政策变更							
前期差错更正							
其他							
二、本期年初余额	436 796 074.00	227 495 567.25			80 804 196.37	−1 852 455.13	743 243 382.49
三、本期增减变动金额（减少以"−"号填列）		−2 036 283.25			4 424 933.94	48 214 661.78	50 603 312.47
（一）净利润						52 639 595.72	52 639 595.72
（二）其他综合收益		−2 036 283.25					−2 036 283.25
上述（一）和（二）小计		−2 036 283.25				52 639 595.72	50 603 312.47
（三）所有者投入和减少资本							
1. 所有者投入资本							
2. 股份支付计入所有者权益的金额							
3. 其他							

项目							
(四) 利润分配							
1. 提取盈余公积		4 424 933.94		−4 424 933.94			
2. 对所有者(或股东)的分配		4 424 933.94		−4 424 933.94			
3. 其他							
(五) 所有者权益内部结转							
1. 资本公积转增资本(或股本)							
2. 盈余公积转增资本(或股本)							
3. 盈余公积弥补亏损							
4. 其他							
(六) 专项储备							
1. 本期提取							
2. 本期使用							
四、本期期末余额	436 796 074.00	225 459 284.00		85 229 130.31		46 362 206.65	793 846 694.96

注: 因篇幅有限,本表"上期金额"部分从略。
资料来源:江苏舜天 2009 年年报。

根据我国财务报告目标的定位和为了适应资本市场的发展,我国 2006 年发布的企业会计准则将所有者权益变动表列作了企业的主要报表之一,并在该表中设计了列报综合收益的项目,从而开始了全面收益报告在我国的应用。随后,2009 年发布的《企业会计准则解释第 3 号》对利润表的列报项目作了调整,在利润表中增列了"其他综合收益"项目和"综合收益总额"项目,这标志着全面收益报告在我国的应用又迈出了重要的一步。

(二)革故鼎新——一场颠覆性的财务报表改革

一场全球性的、具有颠覆性的财务报表改革已经拉开序幕。国际会计准则理事会(IASB)和美国财务会计准则委员会(FASB)共同成立的财务报表列报项目组,计划于 2011 年 1 月 1 日,在全球上市公司执行改进后的财务报表列报模式。早在 2001 年,IASB 和 FASB 就各自开始了"财务报表列报研究"项目的研究。这一项目的目的,是构建高质量的财务信息列报会计准则,消除采取不同准则企业间财务报表列报格式、列报方法、列报内容等差异,使不同地域、不同国家的企业财务报表对使用者的认知发挥同等效用。2004 年,IASB 和 FASB 成立了两大准则协调项目组,达成了"国际财务报告准则与美国公认会计原则协调备忘录",并于 2008 年 10 月 16 日,发表了"改进财务报表列报咨询建议"。

(1)财务报表列报模式改革的动因。推动这场财务报表列报模式改革的原因主要在于以下三个方面:

第一,国际经济一体化进程的加速,推进了各国财务报表列报的趋同。财务报表列报的趋同最终将能够使各国投资者按相同标准理解不同国家、不同主体编制的财务报表,为在不同国家融资的企业提供统一的列报标准,减少不同标准的财务报表列报的转换成本。

第二,财务报表使用者需求的不断提高,决定了财务报表列报内容与结构的变革。随着企业经济活动的日益复杂,报表使用者要求财务报表不仅提供经济活动"结果"的信息,还要提供经济活动的"过程"信息,从而使报表使用者能够清晰地观察到企业财务状况变化的来龙去脉,了解经济活动结果的形成过程,判断会计信息的可靠性。

第三,现行财务报表列报存在的缺陷决定了改革势在必行。现行的财务报表之间的联系松弛,各表的内在结构不一致,不便于报表使用者进行财务状况、财务业绩、现金流量之间的横向分析,不便于报表使用者发现不同性质活动对企业过去及未来的影响。

(2)变革后的财务报表框架发生的主要变化。变革后的财务报表列报框架发生了颠覆性的变化(见表 16-7),主要表现为:财务报表列报突出的理念是将与企业核心目标联系紧密的经营活动与筹资活动信息分别列示;财务报表的结构上反映企业不同功能活动的过程与结果,加强"财务状况表""综合收益表"与"现金流量表"之间的内在联系。其所要达到的目的就是:通过上述三张报表能够从不同角度相互联系地为使用者绘制出企业一定时期经济活动的整体画面,从而提高财务信息透明度;通过报表项目的合理分类,以及项目之间的清晰关系和所形成的互补,以便使用者评估企业的财务状况、经营成果和未来现金流量的金额、时间和不确定性,进而提高会计信息的有用性。

表 16-7　财务报表列报框架

财务状况表	综合收益表	现金流量表
经营活动 ● 营业资产和负债 ● 投资资产和负债	经营活动 ● 营业收入和费用 ● 投资收入和费用	经营活动 ● 营业现金流量 ● 投资现金流量

续表

财务状况表	综合收益表	现金流量表
筹资活动 ● 筹资资产 ● 筹资负债	筹资活动 ● 筹资资产收入 ● 筹资负债支出	筹资活动 ● 筹资资产现金流量 ● 筹资负债现金流量
所得税	持续经营活动所得税	所得税
终止经营	终止经营损益（税后）	终止经营
	其他综合收益（税后）	
所有者权益		所有者权益

变革财务报表列报方式，统一全球会计语言是势之所趋。同时，它给会计理论与实务都带来了极大的挑战。比如，以企业经济活动的分类和计量为财务报告基础的理论研究问题；资产、负债等按企业经济活动的分类进行划分，一些边缘化的资产、负债可能会因其归类的不确定性而影响信息的可靠性问题；同行业企业在内部经营方式不同的情况下，按照各自的管理方式提供的信息可能缺乏足够的可比性问题，等等。而且，财务报表列报方式变革使财务分析的指标和体系也都会连带地发生变化，对报表使用者阅读财务报表的习惯也面临着挑战。总之，完成财务报表列报的变革不可能一蹴而就，尚需要付出足够的时间和艰辛的努力。

阅 读 文 献

1. 刘玉廷："关于中国企业会计准则与国际财务报告准则持续全面趋同问题"，《会计研究》2009 年第 9 期。

2. 陈敏："即将到来的报表革命"，《新理财》2009 年第 7 期。

3. 江笑云："财务报表归集趋同的重大进展——IASB 与 FASB《财务报表列报初步意见》之分析"，《税务与经济》2010 年第 3 期。

4. 朱国泓主编：《中级财务会计学》（"全国会计学术领军后备人才"组编教材），中国人民大学出版社 2009 年版。

5. 吴心驰："IASB 与 FASB 关于财务报表列报方式改革的建议及其影响分析"，《财会学习》，2014 年 01 期。

6. 曹献雨："其他综合收益：列报与改进——《企业会计准则第 30 号——财务报表列报》新变化"，《财会研究》2016 年第 2 期。

三、复习题

（一）思考题

1. 什么是财务报告？财务报告由哪几部分内容组成？

2. 根据财务会计报告的目标解释财务会计信息列报与披露的重要性。

3. 在资产负债表中，如何确定资产和负债的流动性？

4. 你对在利润表中列报企业的综合收益有何认识？

5. 你认为在利润表中单独列示"资产减值损失""公允价值变动损益"和"对合营企业、联营企业的投资收益"项目，对报表使用者来说有何意义？

6. 与资产负债表、利润表相比,现金流量表的编制基础有何不同?

7. 经营活动现金流量的列报有哪两种方法? 你对这两种方法有何认识?

8. 净利润与经营活动现金流量净额,两者的计算基础和构成内容有何不同?

9. 间接法的基本原理是什么? 在间接法下如何计算经营活动现金流量净额?

10. 你认为现金流量表比资产负债表和利润表更加重要吗? 为什么?

11. 什么是综合收益? 综合收益的构成包括哪几部分? 对综合收益的列报通常有哪几种模式?

12. 所有者权益变动表从哪些方面全面揭示了企业所有者权益各组成项目发生变动的原因?

13. 资产负债表、利润表和所有者权益变动表,这三张报表中的哪些项目之间存在着严密的勾稽关系?

14. 如何理解财务报表附注是财务报表不可或缺的重要组成部分?

15. 与财务报表表内确认相比,财务报表附注披露有何特点?

(二) 判断题

1. 财务报表的编制过程,实质上是对交易或事项对会计要素项目产生的影响进行再次确认的过程。 ( )

2. 在资产负债表中,资产项目的金额均应按相关资产账户的余额扣除有关抵减账户余额后的净额填列。 ( )

3. 当非流动资产或非流动负债的流动性发生变化时,已发生变化的部分应在资产负债表中流动资产类或流动负债类下单独列报。 ( )

4. 在资产负债表中,具有融资性质的长期应收款和长期应付款应分别按扣除相应的未实现融资收益和未确认融资费用后的净额列示。 ( )

5. 利润表中,"综合收益总额"项目的构成包括:净利润和直接计入所有者权益的利得和损失扣除所得税影响后的净额。 ( )

6. 企业购建固定资产发生的、符合资本化条件的借款利息的现金支出,应在现金流量表中的"购建固定资产、无形资产和其他长期资产支付的现金"项目中反映。 ( )

7. 企业支付职工工资以及为职工支付社会保险费用等的现金支出,均在现金流量表中的"支付给职工以及为职工支付的现金"项目中反映。 ( )

8. 现金流量表是反映企业一定期间现金流入和流出的财务报表,因此凡是不涉及现金收支的交易或事项都不需要在现金流量表或其补充资料中列报。 ( )

9. 利润表和所有者权益变动表都提供了企业在一定会计期间的综合收益信息,但两者的侧重点不同,前者主要在于全面反映企业的收益,而后者主要在于揭示引起所有者权益发生增减变动的原因。 ( )

10. 所有者权益变动表能提供直接计入所有者权益的利得和损失的信息,但不能提供包括了直接计入当期损益的利得和损失的相关信息。 ( )

(三) 单项选择题

1. 下列关于财务会计报告的表述中,不正确的是( )。

　　A. 财务报表中的资产项目按扣除减值准备后的净额列示

　　B. 财务报表中的资产与负债可以相互抵销

　　C. 财务报表列报的形式包括表内确认和表外披露

D. 附注披露不能替代表内的确认和计量

2. 在下列资产负债表的项目中,可直接根据相关总账账户余额填列,不存在其他影响因素的项目是(　　)。

　　A. 应付债券　　　　　　　　　　B. 持有至到期投资

　　C. 长期应收款　　　　　　　　　D. 交易性金融资产

3. 若"应收账款"账户所属明细账户中出现贷方余额,在资产负债表中应将其在(　　)项目中列示。

　　A. 应收账款　　B. 预收款项　　C. 应付账款　　D. 预付款项

4. 对于将于1年内到期的非流动负债,在资产负债表中填列的方法是(　　)。

　　A. 在"长期借款"项目填列　　　　B. 在"短期借款"项目填列

　　C. 在"其他非流动负债"项目填列　D. 在流动负债类下单独设置项目填列

5. 下列会计事项中,对利润表中"营业利润"项目不构成影响的是(　　)。

　　A. 计提坏账准备

　　B. 处置固定资产

　　C. 取得投资收益

　　D. 确认以公允价值计量且其变动计入当期损益的金融资产公允价值变动

6. 甲公司适用的所得税税率为25%,本年12月初支付价款220万元购入某股票,并划分为以公允价值计量且其变动计入其他综合收益的金融资产。本年末,该股票公允价值上升40万元。则甲公司本年利润表中"其他综合收益"项目因此而增加的金额为(　　)万元。

　　A. 40　　　　　B. 30　　　　　C. 10　　　　　D. 50

7. 下列现金流量中,不属于投资活动产生的现金流量的是(　　)。

　　A. 支付在建工程的工程款　　　　B. 向企业投资者支付现金股利

　　C. 支付购买无形资产的价款　　　D. 支付处置固定资产的费用

8. 某公司为增值税一般纳税人,本年度公司主营业务收入为1 000万元,增值税销项税额为170万元;应收账款期初余额为100万元,期末余额为150万元;预收账款期初余额为50万元,期末余额为60万元。假定不考虑其他因素,该公司本年度现金流量表中"销售商品、提供劳务收到的现金"项目的金额是(　　)万元。

　　A. 1 130　　　B. 1 190　　　C. 1 230　　　D. 1 290

9. 某企业本年发生财务费用200 000元,其中短期借款利息195 000元,销售商品应收票据的贴现息5 000元,则现金流量表补充资料中的"财务费用"项目应填列的金额为(　　)元。

　　A. 200 000　　B. 5 000　　　C. 195 000　　D. —195 000

10. 某企业当期净利润为600万元,投资收益为100万元,与筹资活动有关的财务费用为50万元,经营性应收项目增加75万元,经营性应付项目减少25万元,计提固定资产折旧为40万元,无形资产摊销为10万元。假设没有其他影响经营活动现金流量的项目,该企业当期经营活动产生的现金流量净额为(　　)万元。

　　A. 400　　　　B. 850　　　　C. 450　　　　D. 500

(四)多项选择题

1. 通过资产负债表提供的信息资料,有助于报表使用人了解和分析(　　)。

　　A. 企业的经济资源构成状况　　　B. 企业的债务和资本结构状况

    C. 企业的盈利能力　　　　　　　　　D. 企业的偿债能力

    E. 企业净资产的增减变动

2. 下列账户的期末余额,应在资产负债表"存货"项目中计列的有(　　)。

    A. 委托代销商品　　　　　　　　　　B. 委托加工物资

    C. 低值易耗品　　　　　　　　　　　D. 在途物资

    E. 存货跌价准备

3. 下列有关利润表提供的信息的表述中,正确的有(　　)。

    A. 反映了企业的净收益和全面收益

    B. 只反映了企业日常活动的经营业绩

    C. 反映了未在损益中确认的各项利得和损失扣除所得税影响后的净额

    D. 投资损益是营业利润的一个组成部分

    E. 所列损益均为已实现的损益

4. 利润表中"综合收益总额"项目的本期金额应根据(　　)计算填列。

    A. 本期利润总额

    B. 本期所得税费用

    C. 资本公积(其他资本公积)本期变动额

    D. 未在本期损益中确认的利得和损失

    E. 未在本期损益中确认的利得和损失对所得税影响额

5. 按现金流量的分类,企业投资活动现金流入或流出可能是由(　　)引起的。

    A. 增加和处置对外投资　　　　　　　B. 购建和处置固定资产

    C. 支付现金股利和利息　　　　　　　D. 收到现金股利和利息

    E. 接受权益性和债权性投资

6. 下列交易或事项产生的现金流量,不属于经营活动现金流量的有(　　)。

    A. 借入生产经营所需流动资金　　　　B. 购入生产经营用固定资产

    C. 发行股票增加经营资本　　　　　　D. 偿还银行借款本息

    E. 投资和筹资活动以外的所有交易或事项产生的现金流量

7. 将净利润调节为经营活动现金流量净额时,下列各项中,作加计调整处理的有(　　)。

    A. 本期确认的资产减值损失

    B. 应收股利本期净增加额

    C. 本期费用化处理的借款费

    D. 影响本期所得税费用的递延所得税负债的增加额

    E. 计入本期损益的公允价值变动损失

8. 一项投资要确认为现金等价物,其必须具有的特点包括(　　)。

    A. 企业持有的期限短　　　　　　　　B. 流动性强

    C. 易于转换为已知金额的现金　　　　D. 收益性很小

    E. 价值变动风险很小

9. 下列各项应在所有者权益变动表中反映的有(　　)。

    A. 净损益　　　　　　　　　　　　　B. 其他综合收益

    C. 实际发放的股票股利　　　　　　　D. 提取的盈余公积

E. 宣告分配的现金股利

10. 对于所有者权益变动表,以下说法中,正确的有(　　　)。

    A. 反映了企业当期综合收益对所有者权益的影响

    B. 反映了企业所有者行为导致的所有者权益的变化

    C. 反映了企业利润分配导致的所有者权益的减少或内部结转

    D. 反映了资本公积转增资本等所有者权益的内部结转

    E. 反映了企业"其他综合收益"的构成内容

（五）业务题

【业务题一】目的　练习资产负债表有关项目的填列。

资料　大跃公司本年末在对资产进行期末计价前,部分账户余额如表 16-8 所示。

表 16-8　部分账户余额表

账户名称	借方余额	账户名称	贷方余额
以公允价值计量且其变动计入当期损益的金融资产	82 000	应付账款	540 000
在途物资	88 000	预收账款	100 000
库存商品	1 200 000	坏账准备	40 000
委托加工物资	35 000	存货跌价准备	70 000
低值易耗品	47 000	累计折旧	280 000
应收账款	840 000	固定资产减值准备	75 000
固定资产	1 450 000		

该公司本年末其他资料如下:

(1) 有关明细账户余额。

以公允价值计量且其变动计入当期损益的金融资产明细账户:A 股票(成本)80 000 元;A 股票(公允价值变动)2 000 元。

应收账款明细账户:甲公司借方余额 980 000 元;乙公司贷方余额 140 000 元。

应付账款明细账户:丙公司贷方余额 780 000 元;丁公司借方余额 240 000 元。

预收账款明细账户:戊公司贷方余额 120 000 元;戊公司借方余额 20 000 元。

(2) 其他相关资料。以公允价值计量且其变动计入当期损益的金融资产的公允价值上升 18 000 元。根据应收账款的账龄和公司的相关政策,估计应收账款坏账率为 5%。一项原价为 200 000 元,累计折旧为 40 000 元的固定资产,其可收回金额为 145 000 元,该项固定资产未曾计提过减值准备。公司对存货中库存商品计提跌价准备,库存商品可变现净值为 1 150 000 元,原已计提跌价准备 70 000 元。

要求　(1)根据上述资料编制相关会计分录。

(2) 填列本年末资产负债表下列项目的期末余额:以公允价值计量且其变动计入当期损益的金融资产、应收账款、预付账款、存货、固定资产、应付账款、预收账款。

【业务题二】目的　练习利润表有关项目的填列。

资料　大华公司适用的所得税税率为 25%。本年度损益类账户的发生额和其他相关资料如下:

(1) 主营业务收入 700 万元,主营业务成本 420 万元,其他业务收入 120 万元,其他业务成本 65 万元,税金及附加 17.5 万元,管理费用 40 万元,销售费用 26.5 万元,财务费用 12 万元,营业外收入 6 万元,营业外支出 4 万元,投资收益(成本法下确认)35 万元,资产减值损失 24 万元,公允价值变动损失(以公允价值计量且其变动计入当期损益的金融资产公允价值下跌)10 万元。除后两项损益需纳税调整外,无其他纳税调整项目。

(2) 本年末持有的以公允价值计量且其变动计入其他综合收益的金融资产的公允价值上升 40 万元。

(3) 本年年初发行在外的普通股为 6 000 万股,3 月 2 日新发行 2 400 万股,12 月 1 日回购 1 500 万股,以备将来奖励职工。

该公司年初递延所得税资产、递延所得税负债均无余额。预计该公司未来能够产生足够的应纳税所得额。

要求 根据上述资料填列大华公司本年度利润表(工作底稿),见表 16-9。

表 16-9 大华公司本年度利润表(工作底稿)

项 目	计 算 过 程	金 额
营业利润(万元)		
利润总额(万元)		
所得税费用(万元)		
净利润(万元)		
基本每股收益(元)		
其他综合收益(万元)		
综合收益总额(万元)		

【业务题三】目的 练习现金流量表有关项目的填列。

资料 大兴公司为增值税一般纳税人,本年度发生的部分经济业务如下:

(1) 销售商品一批,售价 5 000 000 元,增值税额 800 000 元,实际成本 3 500 000 元,商品已发出。公司已于上年预收该项销货款 2 340 000 元,其余款项本年已如数收存银行。

(2) 购进存货,增值税专用发票上注明价款 1 000 000 元,增值税额 160 000 元;购进在建工程所需物资,增值税专用发票上注明价款 1 200 000 元,增值税额 192 000 元。上述全部款项已分别以银行汇票予以结算。

(3) 以银行存款支付在建工程进度款 1 500 000 元。

(4) 因提供劳务收到的一张不带息商业汇票到期,到期票款 490 000 元已收存银行。

(5) 收回到期一次还本付息的 3 年期持有至到期投资的本金 500 000 元,利息 30 000 元,款项已收存银行。

(6) 以银行存款偿付上年购进原材料的应付账款 400 000 元;偿付银行长期借款本金 3 200 000,利息 192 000 元(其中:计入在建工程 100 000 元,计入当期损益 92 000 元)。

(7) 从证券二级市场购入的股票列入以公允价值计量且其变动计入当期损益的金融资产,价款 350 000 已通过银行支付。

要求 根据上述资料填列现金流量表下列项目的金额：

销售商品、提供劳务收到的现金　　　　　购买商品、接受劳务支付的现金

购建固定资产支付的现金　　　　　　　　收回投资收到的现金

投资支付的现金　　　　　　　　　　　　取得投资收益收到的现金

偿还债务支付的现金　　　　　　　　　　分配股利、利润或偿付利息支付的现金

【业务题四】目的 练习现金流量表的有关项目的填列。

资料 大达公司为增值税一般纳税人,该公司部分账户 20×0 年度的数据如表 16-10 所示。

表 16-10　大达公司部分账户 20×0 年度资料　　单位：万元

账户名称	年初余额	借方发生额	贷方发生额	年末余额
主营业务收入		5 000	5 000	
主营业务成本		1 812		
应收账款	80	1 480	1 344	216
应收票据	32	136	32	136
预付账款	48	48	42	54
库存商品	60	1 800（购进）	1 812（销售）	48
应付票据	24	24	12	12
应付账款	60	168	180	72
预收账款	24	24	36	36
应交增值税		288（进项）	800（销项）	512

上述资料均与该公司的投资活动和筹资活动无关。应收账款发生额中包括收回前期已核销坏账 40 万元和债务人以非现金资产抵偿的 24 万元。应付账款发生额中包括该公司以非现金资产抵偿的 60 万元。

要求 根据上述资料填列现金流量表中"销售商品、提供劳务收到的现金"项目和"购买商品、接受劳务支付的现金"项目的金额。

【业务题五】目的 练习采用间接法计算经营活动产生的现金流量净额。

资料 大力公司 20×0 年净利润为 8 600 000 元,有关账户 20×0 年年初和年末余额见表 16-11。

表 16-11　大力公司有关账户 20×0 年年初、年末余额表　　单位：元

项　目	年初余额	年末余额
累计折旧	400 000	540 000
资产减值准备	350 000	500 000
应收账款	280 000	520 000
应收票据	350 000	250 000
存货	410 000	670 000
应付账款	360 000	490 000
预收账款	280 000	220 000

表 16-11 中所列账户余额均不含有非经营活动对其的影响额。

该公司 20×0 年其他相关资料如下:

(1) 出售一项不需用的固定资产,所得款项 560 000 元已收存银行。该项资产原价 700 000 元,处置时累计折旧 100 000 元,未计提减值准备。假定不考虑与该项交易相关的税费。

(2) 经股东大会批准转让对甲公司的长期股权投资(采用成本法核算),相关交接手续已办妥,该项投资账面余额 2 000 000 元,未计提减值准备,转让投资实收款项 2 800 000 元已存银行。

(3) 确认作费用化处理的短期借款利息 80 000 元。

要求 采用间接法计算确定大力公司 20×0 年经营活动产生的现金流量净额。

【业务题六】目的 练习所有者权益变动表有关项目的填列。

资料 大恒公司所得税税率为 25%。该公司股东权益各项目年初余额分别为:股本 2 000 万元,资本公积 220 万元,盈余公积 400 万元,未分配利润 128 万元。该公司拥有甲公司 30% 的有表决权股份,拟长期持有并能够对甲公司施加重大影响,采用权益法核算。大恒公司本年有关资料如下:

(1) 发行新股收到发行收入 600 万元(已扣除发行手续费 12 万元),其中 400 万元记作股本,其余为股本溢价。

(2) 用资本公积转增股本 70 万元。

(3) 因被投资单位甲公司增资扩股,长期股权投资账面价值调整增加 35 万元(假定不确认递延所得税影响)。

(4) 年末持有的以公允价值计量且其变动计入其他综合收益的金融资产的公允价值上升 60 万元。

(5) 实现净利润 1 400 万元,提取法定盈余公积 140 万元,向投资者宣告分配现金股利 450 万元。

要求 根据上述资料计算下列有关大恒公司本年股东权益变动及变动后的金额。

(1) 净损益对股东权益总额的影响额。

(2) 直接计入所有者权益的利得和损失(扣除所得税影响后的净额)对股东权益总额的影响额。

(3) 所有者投入资本对股东权益总额的影响额。

(4) 利润分配对股东权益总额的影响额。

(5) 股东权益各项目的年末余额。

【业务题七】目的 练习资产负债表、利润表、现金流量表和所有者权益变动表的编制。

资料 1) N 股份有限公司 20×8 年 12 月 31 日的资产负债表如表 16-12 所示。

表 16-12 资产负债表

编制单位:N 公司　　　　　　　　　20×8 年 12 月 31 日　　　　　　　　　单位:元

资　产	期末余额	年初余额 (略)	负债和所有者权益 (或股东权益)	期末余额	年初余额 (略)
流动资产:			流动负债:		
货币资金	3 178 000		短期借款	1 650 000	

续表

资　产	期末余额	年初余额（略）	负债和所有者权益（或股东权益）	期末余额	年初余额（略）
交易性金融资产			交易性金融负债		
应收票据	677 500		应付票据	520 000	
应收账款	1 018 500		应付账款	1 900 000	
预付款项			预收款项		
应收利息			应付职工薪酬	84 000	
应收股利			应交税费	120 000	
其他应收款			应付利息		
存货	3 278 000		应付股利		
其中：消耗性生物资产			其他应付款	66 000	
一年内到期的非流动资产			一年内到期的非流动负债		
其他流动资产			其他流动负债		
流动资产合计	8 152 000		流动负债合计	4 340 000	
非流动资产：			非流动负债：		
债权投资			长期借款	350 000	
其他权益工具投资			应付债券		
长期应收款			长期应付款		
长期股权投资	1 000 000		专项应付款		
投资性房地产			预计负债		
固定资产	3 840 125		递延所得税负债		
在建工程			其他非流动负债		
工程物资			非流动负债合计	350 000	
固定资产清理			负债合计	4 690 000	
生产性生物资产			股东权益：		
油气资产			股本	7 000 000	
无形资产			资本公积	100 000	
开发支出			减：库存股		
商誉			其他综合收益		

续表

资　产	期末余额	年初余额 (略)	负债和所有者权益 (或股东权益)	期末余额	年初余额 (略)
长期待摊费用			盈余公积	360 000	
递延所得税资产	7 875		未分配利润	850 000	
其他非流动资产			股东权益合计	8 310 000	
非流动资产合计	4 848 000				
资产总计	13 000 000		负债和所有者权益 (或股东权益)总计	13 000 000	

2) N 股份有限公司为增值税一般纳税企业,增值税税率为 16%,假定所得税税率为 25%。该公司 20×9 年发生的经济业务如下:

(1) 用银行存款支付购入原材料的价款 600 000 元及增值税额 96 000 元,材料已验收入库(材料按实际成本计价核算)。

(2) 购入不需要安装设备一台,价款 515 000 元及增值税额 82 400 元,运输费 5 000 元及增值税额 500 元。全部款项已用银行存款支付。设备已交付使用。

(3) 从二级市场购入 A 公司股票,交易价款共计 400 000 元、相关交易费用 8 000 元。另购入 B 公司股票,交易价款共计 100 000 元、相关交易费用 2 000 元。N 公司将 A 股票指定为以公允价值计量且其变动计入当期损益的金融资产,B 股票指定为以公允价值计量且其变动计入其他综合收益的金融资产,购买股票的款项已用银行存款支付。

(4) 销售产品一批,价款 5 000 000 元,增值税额 800 000 元,产品已发出,实际成本 3 000 000 元;已收款项 4 630 000 元存入银行。

(5) 收回应收账款 400 000 元和应收票据 200 000 元存入银行。

(6) 用银行存款偿还短期借款 650 000 元和利息 32 500 元(利息于借款到期时一次支付,并计入当期损益)。

(7) 用银行存款支付产品广告费等销售费用 250 000 元和公司日常办公经费 50 000 元。

(8) 出售所持有 A 公司股票的 50%(公允价值变动余额为零),实收金额 300 000 元存入银行。

(9) 基本生产领用原材料 480 000 元。

(10) 用银行存款支付到期商业承兑汇票 520 000 元。

(11) 本期应付职工工资 600 000 元,其中生产工人 300 000 元,车间管理人员 100 000 元,企业行政管理人员 200 000 元,工资已通过银行支付。计提职工医疗保险等社会保险费用 240 000 元,其中生产工人 120 000 元,车间管理人员 40 000 元,企业行政管理人员 80 000 元。

(12) 本期计提固定资产折旧 300 000 元,其中计入制造费用 220 000 元、管理费用 80 000 元。

(13) 计算并交纳本期主营业务负担的城市维护建设税 56 000 元、教育费附加 20 400 元。另交纳增值税 350 000 元。

(14) 计算并结转本期制造费用和完工产品生产成本(期初、期末均无在产品)。

（15）计提计入当期损益的分期付息、到期还本长期借款的利息 18 000 元（假定实际利率与合同利率的差异较小，按合同利率计算利息费用）。

（16）期末所持 A 股票和 B 股票的公允价值分别为 150 000 元和 142 000 元。

（17）假定 N 公司预期本期应确认的坏账损失为 23 100 元（期初坏账准备余额为 31 500 元）。

（18）假定按照国家相关规定，N 公司生产的某产品适用增值税先征后返政策，根据公司本期实际交纳的增值税额 350 000 元，公司收到返还的增值税款 140 000 元。

（19）损益类收支结转"本年利润"账户。

（20）递延所得税资产期初余额 7 875 元，递延所得税负债无期初余额，预计以后年度有足够的纳税所得可供抵扣。计算确定本期应交所得税、本期发生的可抵扣暂时性差异、应纳税暂时性差异和列入利润表的所得税费用，并结转所得税费用。

（21）按本期净利润的 10％提取法定盈余公积；向投资者分配现金股利 400 000 元。

（22）结转"本年利润"账户和"利润分配"有关明细账户的余额。

要求　根据上述资料编制 N 公司 20×9 年 12 月 31 日资产负债表和 20×9 年度利润表、现金流量表和所有者权益变动表。

四、复习题参考答案

（一）思考题（略）

（二）判断题

1.（√）　2.（√）　3.（√）　4.（√）　5.（√）　6.（×）　7.（×）　8.（×）
9.（√）　10.（×）

（三）单项选择题

1.（B）　2.（D）　3.（B）　4.（D）　5.（B）　6.（B）　7.（B）　8.（A）
9.（C）　10.（D）

（四）多项选择题

1.（ABDE）　2.（ABCDE）　3.（ACD）　4.（ABDE）　5.（ABD）
6.（ABCD）　7.（ACDE）　8.（ABCE）　9.（ABCDE）　10.（ABCDE）

（五）业务题

【业务题一】　（1）以公允价值计量且其变动计入当期损益的金融资产公允价值变动 18 000 元；计提坏账准备 10 000 元；计提固定资产减值准备 15 000 元；计提存货跌价准备 －20 000 元。

（2）以公允价值计量且其变动计入当期损益的金融资产 100 000 元；应收账款 950 000 元；预付账款 240 000 元；存货 1 320 000 元；固定资产 1 080 000 元；应付账款 780 000 元；预收账款 260 000 元。

【业务题二】　营业利润 240 万元；利润总额 242 万元；所得税费用 60.5 万元；净利润 181.5 万元；基本每股收益 0.023 元；其他综合收益 30 万元；综合收益总额 211.5万元。

【业务题三】　销售商品、提供劳务收到的现金 3 950 000 元；购买商品、接受劳务支付的现金 1 560 000 元；购建固定资产支付的现金 2 892 000 元；收回投资收到现金 500 000 元；投资支付的现金 350 000 元；取得投资收益收到现金 30 000 元；偿还债务支付的现金 3 200 000 元；分配股利、利润或偿付利息支付的现金 192 000 元。

【业务题四】　销售商品、提供劳务收到的现金 5 588 万元;购买商品、接受劳务支付的现金 2 034 万元。

【业务题五】　经营活动产生的现金流量净额 7 980 000 元。

【业务题六】　(1) 净损益对股东权益总额的影响额 1 400 万元。

(2) 直接计入所有者权益的利得和损失(扣除所得税影响后的净额)对股东权益总额的影响额 80 万元。

(3) 所有者投入资本对股东权益总额的影响额 600 万元。

(4) 利润分配对股东权益总额的影响额 450 万元(提示:提取盈余公积不影响股东权益总额)。

(5) 股东权益各项目的年末余额:股本 2 470 万元;资本公积 385 万元;其他综合收益 45 万元;盈余公积 540 万元;未分配利润 938 万元。

【业务题七】　(1) 资产负债表:期末递延所得税资产 26 150 元、递延所得税负债 10 000 元;资产总计 13 789 375 元。

(2) 利润表:所得税费用 343 000 元;净利润 1 029 000 元;综合收益总额 1 059 000 元。

(3) 现金流量表:经营活动产生的现金流量净额 2 827 600 元;投资活动产生的现金流量净额－812 900 元;筹资活动产生的现金流量净额－682 500 元。

现金流量表附注:财务费用 50 500 元;递延所得税资产减少－18 275 元;存货的减少 1 620 000 元;经营性应收项目的减少－570 000 元;经营性应付项目的增加 435 275 元。

(4) 所有者权益增减变动表:其他综合收益本期增加 30 000 元;所有者权益合计本期增加 1 059 000 元,本期减少 400 000 元,期末所有者权益合计 8 969 000 元。

第十七章　会　计　调　整

一、内容概要解析

(一)会计调整的含义和种类

会计调整是指,由于环境的变化、法规的修订或者发现前期差错等原因,企业变更会计政策、会计估计或者更正前期差错,调整以前期间的会计处理,重新提供有关期间财务状况和经营成果的会计信息。会计调整包括会计变更和前期差错更正。会计变更包括会计政策变更、会计估计变更和会计主体变更。

(二)会计调整的处理方法

(1)追溯调整法。采用追溯调整法,提供用于比较的前期财务报表时,需要调整的内容有:比较财务报表期间内各期资产、负债、所有者权益和损益的相关项目金额,其中比较财务报表最早期间期初留存收益调整后的余额和原来余额之差反映了会计调整对比较财务报表期间之前的累积影响。一般来说,处理会计政策变更、会计主体变更和前期差错更正时采用这种方法。

(2)当期调整法。不需要追溯调整比较财务报表的相关项目,但是需要根据调整后的标准提供模拟会计信息,披露会计调整对以前期间的影响,计算会计调整的累积影响数。对于累积影响数有两种披露途径:一种是作为会计调整当期净利润的一个项目;另一种是调整当期期初留存收益的余额。

(3)未来适用法。不考虑会计调整对以前期间的影响,只把会计调整应用于当期和未来期间相关的交易或事项,不需要计算会计调整的累积影响数,不需要重新表述以前期间的财务报表。处理会计估计变更通常采用未来适用法。

(三)会计政策与会计政策变更

1. 会计政策与会计政策选择

会计政策是指企业在会计确认、计量和报告中所采用的原则、基础和会计处理方法,涉及不同的层次。在法规允许范围内,企业可根据自身和经济环境的特点选择会计政策。国家统一会计规范的规定,是所有企业会计核算过程中适用的或可供选择的原则、基础和方法,但不能作为企业进行会计处理的直接依据。只有根据企业自身状况和经济环境的特点制定的具体会计政策,才是企业进行会计确认、计量和报告的直接依据,需要在日常的会计处理中严格执行,并在财务报表附注中进行披露。为了保证会计信息的可比性,会计政策应保持相对稳定,同一企业在不同的会计期间应当对相同或者相似的交易或事项采用相同的会计政策进行处理,不得随意变更。

2. 会计政策变更及处理方法

如果满足一定的条件,企业可以依据不同于原先的会计政策处理相同或相似的交易或事项,即进行会计政策变更。施行会计政策变更的条件有以下两点:① 法律、行政法规或者国家统一会计制度等要求变更;② 会计政策变更能够提供更可靠、更相关的会计信息。

3. 不属于会计政策变更的情况

在会计实务中，并不是所有采用新的会计政策的事项都属于会计政策变更。如果本期和前期的交易或者事项在形式上类似，但是本质上有区别，那么本期发生的交易或者事项实质上是一种新的交易或事项，由此采用不同于原先的会计政策，并不属于会计政策变更。对初次发生的交易或者事项采用适当的会计政策进行处理不属于会计政策变更。至于不重要的交易或者事项，采用不同的会计政策处理对企业财务状况、经营成果以及现金流量的影响比较小，不会对会计信息使用者的决策产生实质性的影响，也不视为会计政策变更。

4. 会计政策变更的处理方法

（1）法律、行政法规或者国家统一会计制度要求变更会计政策，应当按照国家相关会计规定处理。例如，2006 年年初，我国颁布新出台和修订后的 38 项具体会计准则，其中第 38 号准则为首次执行企业会计准则，特别规定了企业采用新的会计准则变更会计政策的衔接处理办法。

（2）由于外部客观经济环境或企业自身经营活动发生变化，为使会计信息更具可靠性和相关性，而变更会计政策，则应采用追溯调整法进行会计处理。

（3）确定会计政策变更对列报前期影响数不切实可行的，应当从可追溯调整的最早期间期初开始应用变更后的会计政策。

（4）如果在会计政策变更当期期初，确定变更对以前各期累积影响数不切实可行的，应当采用未来适用法。

5. 追溯调整法在会计政策变更中的应用

首先需要计算会计政策变更的累积影响数。会计政策变更的累积影响数，是指按照变更后的会计政策对以前各期追溯计算的列报前期最早期初留存收益应有金额与现有金额之间的差额。会计政策变更的累积影响数可以通过以下几个步骤获得：

第一，根据新的会计政策重新计算受影响的前期交易或事项；

第二，计算两种会计政策下以前各期利润总额的差异；

第三，计算差异对所得税的影响金额；

第四，计算剔除所得税影响后的以前各期差异；

第五，计算确定会计政策变更的累积影响数。

然后根据会计政策变更累积影响数进行相关账务处理，反映会计政策变更对变更当期期初留存收益以及其他相关项目的影响。

如果比较财务报表期间受会计政策变更的影响，接下来还需要调整比较期间受影响的净损益各项目和财务报表其他相关项目，视同变更后的会计政策在比较财务报表期间一直采用。对于比较财务报表可比期间以前的会计政策变更的累积影响数，应调整比较财务报表最早期间的期初留存收益和其他相关项目。经过调整，提供的用于比较的各期财务报表都统一建立在新的会计政策之上。

（四）会计估计与会计估计变更

会计估计是指企业鉴于经济活动受到不确定因素的影响，对资产和负债当前状况及与其相关的预期未来经济利益和义务所作的评估，即以最近可利用的相关信息和资料为基础，对资产或负债的账面价值或者资产的期间消耗金额所作的判断。会计估计是企业进行某些会计计量的直接依据,对会计信息有着重要的影响。不同企业以及同一企业在不同时期的会计估计不尽相同,企业应将涉及的会计估计项目和具体的会计估计方法在财务报表附注中披露。

会计估计变更,是指由于资产和负债的当前状况及预期经济利益和义务发生了变化,从而对资产或负债的账面价值或资产的定期消耗金额进行调整。会计估计变更主要是由于当前环境的变化和取得的新信息表明原来的估计不再适用,当期若沿用原来会计估计,提供的信息将不再具有相关性和可靠性,因此会计估计变更与前期无关。

企业应该正确区分会计政策变更和会计估计变更,并采用不同的方法进行会计处理,以反映不同性质变更对企业各期财务状况和经营成果的影响。但是有些会计变更同时具有会计政策变更和会计估计变更的性质,难以进行区分,在这种情况下应当将其作为会计估计变更处理。

企业对会计估计变更的处理应该采用未来适用法。

（五）前期差错更正

会计在确认、计量和报告的过程中存在发生差错的可能。发生当期即被发现并更正的差错并不影响对外提供的财务报表。而发生当期未被发现的差错,则反映在对外提供的财务报表中,造成对外呈报错误的会计信息。所以一旦发现前期差错,必须予以更正。前期差错通常包括计算错误、应用会计政策错误、疏忽或曲解事实以及舞弊产生的影响,以及存货、固定资产盘盈等。根据前期差错的性质和金额可以判断其重要程度,将其区分为重要的前期差错和不重要的前期差错。若前期财务报表差错的金额达到一定额度,或者性质严重,即属于重要的前期差错,它严重影响前期提供会计信息的可靠性和相关性,可能导致使用者的错误决策。

对于重要的前期差错,企业应当采用追溯重述法更正。企业应当在重要的前期差错发现当期的财务报表中,调整前期比较数据。对于不重要的前期差错,可以视为当期发生的差错进行更正,不需要追溯调整。追溯重述法的会计处理与追溯调整法相同,需要计算累积影响数。如果无法确定前期差错的影响数,可以从可追溯重述的最早期间开始调整留存收益的期初余额,财务报表其他相关项目的期初余额也应当一并调整。

（六）会计调整的列报

企业应当在财务报表附注中披露采用的重要会计政策和会计估计,披露重要会计政策的确定依据和财务报表项目的计量基础,以及会计估计中所采用的关键假设和不确定因素。如果发生会计调整事项,企业应当在财务报表附注中披露会计政策和会计估计变更以及前期差错更正的有关情况。采用追溯调整法处理会计调整事项产生的累积影响数,体现在当期财务报表的期初留存收益以及其他相关项目中。提供的前期比较财务报表的相关项目也要进行相应调整。在所有者权益变动表中,通过列示会计政策变更或前期差错更正产生的累积影响数,将留存收益项目的上年年末余额调整为会计政策变更或前期差错更正后的本年年初余额。这里以苏宁电器股份有限公司（以下简称苏宁电器）2007 年年度财务报告为例,说明会计调整的列报。

1. 苏宁电器对会计调整的表内列示

在苏宁电器 2007 年年度报告中,提供的比较财务报表为按照变更后的会计政策重新编制的 2006 年 12 月 31 日资产负债表和 2006 年度利润表。在股东权益变动表中,列示了会计调整对股东权益的影响,如表 17-1 所示。

表 17-1　2007 年度合并股东权益变动表部分项目 单位：人民币千元

项　　目	附注	归属于母公司股东权益				少数股东权益	股东权益合并
		股本	资本公积	盈余公积	未分配利润		
2005 年 12 月 31 日年末余额		335 376	126 747	183 559	523 365	69 082	1 238 129
首次执行企业会计准则				(92 014)	128 447	3 554	39 987
2006 年 1 月 1 日年初余额		335 376	126 747	91 545	651 812	72 636	1 278 116
……							
2006 年 12 月 31 日年末余额(重列)		720 752	936 391	131 018	1 369 975	135 628	3 293 764
2006 年 12 月 31 日年末余额		720 752	936 391	288 006	1 139 218	0*	3 084 367
首次执行企业会计准则				(155 476)	214 765	133 025**	192 314**
前期会计调整				(1 515)	15 992	2 603	17 083
2007 年 1 月 1 日年初余额(重列)		720 752	936 391	131 018	1 369 975	135 628	3 293 764
……							

* 苏宁电器 2007 年年报原文中这一栏数据为 127 726，经查为按照新会计准则对 2006 年 12 月 31 日少数股东权益调增额。因为这一栏为调整前数据，因此将其改为 0。

** 这两个数据均为苏宁电器 2007 年年报原文中数据加 127 726 后计算所得。

2. 苏宁电器对会计调整的表外说明

在报表附注五和附注十三中分别对企业根据自身情况和依据会计准则的变动进行会计调整的情况做了详细说明。摘录如下：

附注五、前期会计调整

(1) 供应商提供的商业折扣。于 2007 年以前，本集团对于供应商提供的商业折扣的会计处理方法为：如果采购时在发票上直接列明的折扣，减记该批次商品的采购成本；如果在以后的采购发票上体现或本集团开具发票收取的折扣，则本集团基于谨慎的原则，在收到采购发票或本集团开具发票时，确认当期利润。

近年来，随着家电连锁零售行业的发展变化，供应商和零售商之间的业务操作模式也不断完善和简化。加之 2006 年 4 月，本集团的 SAP/ERP 系统建立后，能够更及时、可靠地提供供应商折扣的产生、确认和结算等信息。因此，为了能够提供更可靠、更相关的会计信息，本集团于 2007 年度更正了供应商商业折扣的会计处理方法：基于供应商合同/协议/确认函等明确依据，确认供应商商业折扣，并与所对应的商品予以配比，并追溯调整了前期财务报表。

供应商提供的商业折扣涉及的供应商及数据量庞大，且于 2006 年 4 月之前，本集团未建立系统记录供应商提供的各项商业折扣的产生、确认和结算过程。因此，本集团确定 2006 年 1 月 1 日的影响数不切实可行，上述前期会计调整从可追溯重述的最早期间——

2006 年 4 月开始调整。

（2）供应商提供的广告位使用费收入。于 2007 年以前，本集团在实际收到广告位使用费收入的时候，全部计入当期营业收入。

于 2007 年度，为了能够提供更可靠、更相关的会计信息，本集团更正了广告位使用费收入确认的会计处理：将广告位使用费收入在合同规定的广告位使用期间内分期确认，并追溯调整了前期财务报表。

供应商提供的广告位使用费收入涉及的供应商及数据量庞大，且于 2006 年 4 月之前，本集团未建立系统记录广告位使用费收入的产生、确认和结算过程。因此，本集团确定 2006 年 1 月 1 日的影响数不切实可行，上述前期会计调整从可追溯重述的最早期间——2006 年 4 月开始调整。

（3）重分类调整。于以往年度，对于供应商给予本集团预付款项的现金折扣（名为投款折扣），由于通过商业折扣的方式体现，本集团在收到时减计当期营业成本。于 2007 年度，本集团从实质重于形式的角度考虑，认为供应商提供的投款折扣实质属于存货采购过程中发生的现金折扣。因此，将其重分类至财务收入，并相应调整 2006 年度的比较数据。

于以往年度，对于售后服务业务发生的人工成本，本集团在业务发生时计入当期营业费用。于 2007 年度，本集团认为售后服务人员的人工成本属于营业成本范畴。因此，将其应重分类至营业成本，并相应调整 2006 年度的比较数据。

上述前期会计调整对 2006 年度比较数据的影响如表 17-2 所示。

表 17-2 会计调整影响表　　　　　　　　　　　单位：千元

受影响的会计科目	原列报金额	前期会计调整项目				首次执行新准则的调整（附注十三）	更正后列报金额
		供应商提供的商业折扣	广告位使用费收入	投款折扣	售后业务人工成本		
2006 年 12 月 31 日合并资产负债表							
存货	3 494 631	(87 362)					3 407 269
递延所得税资产						67 512	67 512
应付账款	1 905 222	(218 980)					1 686 242
应交税费	(97 292)	40 064	(32 712)			4 406	(85 534)
其他应交款	4 406					(4 406)	
一年内到期的非流动负债			107 182				107 182
所有者权益	3 084 367	91 554	(74 471)			192 314	3 293 764
2006 年度合并利润表							
营业收入	24 927 395		(107 182)	(4 761)		1 345 800	26 161 252
营业成本	22 329 719	(131 618)	—	22 406	44 466	3 833	22 268 806
税金及附加	44 923					73 872	118 795

续表

受影响的 会计科目	原列报 金额	前期会计调整项目				首次执行 新准则的 调整(附 注十三)	更正后 列报 金额
		供应商提 供的商 业折扣	广告位 使用费 收入	投款 折扣	售后业 务人工 成本		
2006 年度合并利润表							
其他业务利润	1 268 095					(1 268 095)	
销售费用	2 252 328					(44 466)	2 207 862
财务费用	50 748			(27 167)			23 581
投资亏损	1 098					(1 096)	2
所得税费用	366 094	40 064	(32 711)			(23 505)	349 942
净利润	720 300	91 554	(74 471)			60 153	797 536

附注十三、首次执行企业会计准则

按原会计准则和制度列报的 2006 年年初及年末合并股东权益、2006 年度合并净利润调整为按企业会计准则列报的合并股东权益及合并净利润的调节项目如表 17-3 所示。

表 17-3 调 节 项 目 表 单位:千元

项 目	2006 年 1 月 1 日 合并股东权益	2006 年度 合并净利润	2006 年 12 月 31 日 合并股东权益
按原会计准则和制度列报的金额	1 169 047	720 300	3 084 367
长期股权投资差额	(4 020)	1 096	(2 924)
所得税	44 007	23 505	67 512
其中:递延所得税资产	44 007	23 505	67 512
少数股东权益转入	69 082	35 552	127 726
按企业会计准则列报的金额	1 278 116	780 453	3 276 681
前期会计调整(附注五)	—	17 083	17 083
按企业会计准则调整后的金额	1 278 116	797 536	3 293 764

资料来源:苏宁电器 2006 年、2007 年年报。

二、背景资料

(一)IFRS 关于会计调整采用方法的规范

处理会计调整的方法有:追溯调整法、当期调整法和未来适用法。对于在会计实务中究竟采用哪种方法处理会计调整,会计界一直存在不同的观点。

2005 年颁布的修订的国际会计准则中,删除了之前准则中允许采用的当期调整法,规定在可以确定累积影响数的情况下,只能采取追溯调整法。准则附录中说明,追溯调整法下,会计调整当期的损益不包括会计调整对前期的影响。前期和本期的会计信息以相同的标准为基础,相互可比,便于对收入和费用进行趋势比较分析。运用追溯的方法处理前期会计差错,在提供的比较会计信息中,会计差错可以得到更正。

（二）会计调整不同方法的依据

支持当期调整法的观点认为将会计调整的前期累积影响确认为调整当期的收益或损失,可以使信息使用者对其更加重视。通过重述前期会计信息来更正前期会计差错有后见之明之嫌。国际会计准则委员会认为用追溯重述法更正前期会计差错不存在后见之明之嫌。因为所谓前期会计差错就是没有正确使用前期可以获得的可靠的会计信息而导致的。另外运用追溯调整法对前期会计差错的更正、会计政策变更的充分披露,可以使这些信息得到使用者的充分重视。

国际会计准则委员会支持采用追溯调整法处理前期会计差错更正和会计政策变更。主要是重编会计报告可提高会计信息的可比性和对使用者决策的有用性。而且会计调整影响的相关会计项目变动,是长期发展而形成的,不应该只由调整当期来承担,其累积影响额应在相关交易或事项实际发生的期间分摊。但是重编的会计报告和以前的会计报告都是同一时期、同一企业的会计信息,会使信息使用者感到无所适从。另外,调整前期留存收益会给管理者提供盈余管理的机会,而且有时重编会计报告不符合成本效益原则。当期调整法就可以保持前期会计报告的完整和信誉,避免重编会计报告产生的巨额成本。

未来适用法认为,管理者根据新信息进行会计调整,只与现在和未来有关,与过去无关,是为了在新的环境下更准确地反映现在和未来的情况。信息使用者也更关注会计调整后的未来发展,而不是过去。

阅 读 文 献

1. K. Fred Skousen, Earl K. Stice, James G. Stice 主编:《中级会计(第十四版)》(第二十章 Accounting Changes and Error Corrections),中国财政经济出版社 2002 年版。

2. 张鸣:"会计政策变更研究",《财经问题研究》2001 年第 8 期。

3. 颜敏、王平心:"强制性会计变更与自发性会计变更的相关性",《财会月刊》2005 年第 20 期。

4. IASB. International Financial Reporting Standard 8, 2008.

三、复习题

（一）思考题

1. 简要说明会计调整的含义及其包含的主要内容。

2. 试分析会计调整是否影响会计信息的可靠性和相关性。

3. 简要说明会计变更的含义及其包含的主要内容。

4. 试述追溯调整法和当期调整法的联系和区别,并分析两种方法提供的会计信息对使用者决策的有利因素和不利因素。

5. 试分析会计政策的含义,并指出企业应披露的主要会计政策有哪些。

6. 会计政策变更的含义是什么？在什么条件下可以变更会计政策,以及不同条件下会计政策变更的处理方法是什么？

7. 简要说明会计政策变更累积影响数的计算方法和披露途径。

8. 试分析会计估计变更的条件及含义,并举例说明。

9. 请举例说明应用会计政策错误、疏忽或曲解事实以及舞弊产生会计差错的情况。

10. 试分析会计估计变更、会计政策变更和前期差错更正的区别。

11. 分别说明会计调整的列报包括哪些方面。

12. 请解释在财务报表附注中为什么要披露企业采用的重要会计政策和会计估计及依据。

(二)判断题

1. 会计政策变更的累积影响数包括分配给投资者的利润或股利。 （　　）

2. 追溯重述法与追溯调整法的处理原则相同。 （　　）

3. 企业进行会计调整须经有关企业有关权力机构批准。 （　　）

4. 追溯调整法和当期调整法对会计调整产生的累积影响数的处理相同。 （　　）

5. 面对没有具体会计准则规范的特殊交易或者事项时,企业可以根据自己的判断任意处理。 （　　）

6. 滥用会计政策变更应视作会计差错,应按规定的方法进行更正。 （　　）

7. 实行"包退、包换、保修"三包政策的企业,在产品销售时计提三包费用属于会计估计。 （　　）

8. 对不同性质的会计差错采用不同的处理方法,符合会计信息质量的重要性要求。 （　　）

9. 发生当期即被发现并更正的差错由于不影响对外提供的财务报表,不需要作为前期差错更正处理。 （　　）

10. 在财务报告中,企业只需要披露发生变更的会计政策和会计估计,对于一直采用的会计政策和会计估计不需要披露。 （　　）

(三)单项选择题

1. 甲公司20×6年10月发现20×4年10月购入的一项无形资产摊销金额错误。该无形资产20×4年和20×5年应摊销的金额分别为120万元和480万元。20×4年和20×5年实际摊销金额均为480万元。甲公司对此重要会计差错采用追溯重述法进行会计处理,适用的所得税税率为25%,按净利润的10%提取法定盈余公积。甲公司20×6年年初未分配利润应调增的金额是(　　)万元。

    A. 217.08　　　　B. 241.2　　　　C. 324　　　　D. 243

2. 下列各项中,属于会计政策变更的是(　　)。

    A. 将固定资产的折旧方法由直线法改为年数总和法

    B. 因开设门市部而将库存中属于零售商品的部分,由按实际成本核算改按售价核算

    C. 根据企业会计准则规定,存货的期末计价由按成本计价改按成本与可变现净值孰低法计价

    D. 因投资目的改变,将短期投资改为长期投资

3. 下列各项中,属于会计估计变更的是(　　)。

    A. 根据客户的资信情况的恶化,提高坏账准备的计提比例

    B. 根据准则规定的变化,将发出存货的计价方法由后进先出法改为先进先出法

    C. 收入确认由完成合同法改为完工百分比法

D. 为了提高对外呈报的利润,将主要机器设备的折旧年限由 10 年延长至 20 年

4. 下列选项中,会计调整处理方法的核心问题是(　　)。

A. 计算会计调整对当年净利润的影响

B. 计算会计调整的累积影响数,并调整比较财务报表最早期间期初留存收益

C. 计算会计调整对以后年度净利润的影响

D. 在会计报表附注中披露有关会计调整的情况

5. 下列各项中,不属于会计政策的是(　　)。

A. 固定资产的耐用年限和净残值　　　B. 借款费用是资本化还是费用化

C. 存货发出计价方法　　　　　　　　D. 长期股权投资的会计处理方法

6. 甲公司于 20×1 年 2 月 20 日取得一项固定资产,20×2 年 5 月 15 日甲公司发现 20×1年对该项固定资产仅计提了 6 个月。甲公司 20×1 年度的财务会计报告已于 20×2 年 3 月 15 日批准报出。假定该事项涉及的金额较大,不考虑其他因素,则甲公司正确的做法是(　　)。

A. 按照会计政策变更处理,调整 20×1 年 12 月 31 日资产负债表的年初数和 2009 年度利润表、所有者权益变动表的上年数

B. 按照重要会计差错处理,调整 20×2 年 12 月 31 日资产负债表的期末数和 2010 年度利润表、所有者权益变动表的本期数

C. 按照重要会计前期差错处理,调整 20×2 年 12 月 31 日资产负债表的年初数和 2010 年度利润表、所有者权益变动表的上年数

D. 按会计估计变更处理,不需追溯重述

7. 对下列各事项中,一般需要运用追溯调整法处理的是(　　)。

A. 无形资产费用化的开发支出在研发结束时转为资本化

B. 坏账准备计提方法由应收账款余额百分比法改为账龄分析法

C. 对投资性房地产由成本计量模式改为公允价值计量模式

D. 有证据表明原使用寿命不确定的无形资产的使用寿命已能够合理估计

8. 企业发生会计估计变更时,不需要在会计报表附注中披露的是(　　)。

A. 会计估计变更的内容　　　　　　　B. 会计估计变更的累积影响数

C. 会计估计变更的原因　　　　　　　D. 会计估计变更对当期损益的影响金额

9. 某上市公司 20×8 年度的财务会计报告于 20×9 年 4 月 30 日批准报出,20×9 年 12 月 31 日,该公司发现了 20×7 年度的一项非重大差错。该公司正确的做法是(　　)。

A. 调整 20×9 年度会计报表的年初数和上年数

B. 调整 20×9 年度会计报表的年末数和本年数

C. 调整 20×8 年度会计报表的年末数和本年数

D. 调整 20×8 年度会计报表的年初数和上年数

10. 下列各项中,不需要在会计报表附注中披露的内容是(　　)。

A. 会计政策变更的内容和理由　　　　B. 会计估计变更的影响数

C. 非重大前期差错的更正方法　　　　D. 重大前期差错对净损益的影响金额

(四) 多项选择题

1. 下列各项中,不属于会计政策变更的有(　　)。

A. 根据会计准则、规章的要求而变更会计政策

B. 为提供更可靠、更相关的信息采用新的会计政策

C. 对初次发生的事项采用新的会计政策

D. 本期发生的交易或事项与以前相比具有本质差别而采用新的会计政策

E. 对不重要的交易或事项采用新的会计政策

2. 在追溯调整法下,需要( )。

A. 重新编制以前年度财务报表

B. 调整比较财务报表各个期间的期初留存收益和其他相关项目的期初数

C. 调整比较财务报表各个期间利润表中受影响的相关项目

D. 按照以前期间调整后的利润重新进行利润分配

E. 提供未来受影响项目的数据

3. 某股份有限公司 20×8 年发生或发现的下列交易或事项中(均具有重大影响),会影响其 2008 年年初未分配利润的有( )。

A. 发现 20×7 年将应计入在建工程的利息费用 50 万元计入财务费用

B. 20×8 年 1 月 1 日将某项无形资产的摊销年限由 5 年改为 8 年

C. 发现应在 2007 年确认为投资收益的 20 万元冲减了投资成本

D. 20×7 年 1 月 1 日起将存货发出计价方法由后进先出法改为加权平均法

E. 20×8 年 1 月 1 日起将所得税核算方法由应付税款法改为资产负债表债务法

4. 下列经济业务或事项中,属于会计政策变更的情形有( )。

A. 投资性房地产的后续计量由成本模式改为公允价值模式

B. 第一次签订建造合同,采用完工百分比法确认收入

C. 因减资不再具有重大影响,长期股权投资由权益法改为成本法核算

D. 企业将存货发出的计价方法由先进先出法改为加权平均法

E. 因首次执行企业会计准则,将短期投资改为交易性金融资产核算

5. 下列关于会计政策变更的说法中,错误的有( )。

A. 会计政策是指企业在会计确认、计量和报告中采用的原则、基础和会计处理方法

B. 会计政策变更意味着以前期间的会计政策是错误的

C. 会计政策变更一律采用追溯调整法进行处理

D. 会计政策变更累积影响数,是指按照变更后的会计政策对以前各期追溯计算的变更年度期初留存收益应有金额与原有金额之间的差额

E. 会计政策变更只需调整变更当年的资产负债表、利润表

6. 下列关于会计估计变更的说法中,不正确的有( )。

A. 会计估计变更应采用未来适用法

B. 如果会计估计的变更仅影响变更当期,有关估计变更的影响应于当期确认

C. 如果会计估计的变更既影响变更当期又影响未来期间,有关估计变更的影响在当期及以后期间确认

D. 会计估计变更应采用追溯调整法进行会计处理

E. 会计估计是企业可以随意做出的

7. 下列事项中,属于会计差错的有( )。

A. 由于银行提高了借款利率,当期发生的财务费用过高,故将超出财务计划的利息暂作资本化处理

    B. 由于产品销路不畅,产品销售收入减少,固定费用相对过高,该公司将固定资产折旧方法由原年数总和法改为平均年限法

    C. 由于客户财务状况改善,将坏账准备的计提比例由原来的 5% 降为 1%

    D. 无形资产预计使用年限改变而变更无形资产的摊销年限

    E. 根据会计准则的规定,将存货发出计价方法由后进先出转为先进先出

8. 下列各项中,应采用未来适用法进行处理的有(　　)。

    A. 确定会计差错的前期影响数不切实可行的

    B. 会计政策变更,且可以确定前期的累计影响数

    C. 本期发现的前期重大会计差错

    D. 在当期期初确定会计政策变更对以前各期累积影响数不切实可行的

    E. 会计估计变更

9. 应采用追溯调整法处理的情况有(　　)。

    A. 会计政策变更,但会计账簿因不可抗力而毁坏引起累积影响数无法确定

    B. 会计政策变更,但无法取得以前期间的有关市场数据而导致无法确定累计影响数

    C. 会计政策变更累积影响数能够确定,但法律或行政法规要求对会计政策的变更采用未来适用法

    D. 会计政策变更累积影响数能够合理确定,且法律或行政法规规定应进行追溯调整

    E. 前期的重大会计差错,且累计影响数能够确定

10. 下列事项中,需要进行追溯调整法处理的有(　　)。

    A. 因投资比例增加而具有重大影响,长期股权投资处理由成本法改为权益法

    B. 上年度应采用权益法处理而采用成本法的长期股权投资,本期改为权益法核算

    C. 坏账准备由余额百分比法改为账龄分析法核算

    D. 所得税会计由应付税款法改为资产负债表债务法

    E. 发现前期重要的无形资产未按照规定的方法摊销

(五)业务题

【业务题一】目的　练习会计估计变更的处理。

    资料　某公司 20×8 年进行了如下会计估计变更:

    (1) 20×8 年 7 月 1 日,由于更新换代加快,经批准将某管理用设备的折旧方法由年限平均法变更为双倍余额递减法。该设备 20×6 年 6 月购入并投入使用,入账价值为 3 000 万元,预计使用年限为 6 年,预计净残值为 0。

    (2) 20×8 年 1 月 1 日,鉴于更为先进的技术被采用,经批准,某项无形资产的摊销年限由 8 年缩短至 5 年。该项无形资产系 20×6 年 1 月购入,并于当月投入使用,入账价值为 800 万元。

    要求　在财务报表附注中说明这两项会计估计变更的影响。

【业务题二】目的　练习会计估计变更的处理。

    资料　乙公司 20×6 年 12 月 10 日购入一台管理用设备,原始价值为 500 万元,原估计使用年限为 10 年,预计净残值为零,按双倍余额递减法计提折旧。经批准,该公司于 20×8 年 1 月 1 日将设备的折旧方法改为年限平均法,预计使用年限改为 9 年。假设税法规定按

年限平均法计提折旧,适用的所得税税率为 25%。

要求 (1)计算该设备 20×7 年计提的折旧额及与该设备相关的所得税调整。

(2)计算该设备 20×8 年计提的折旧额,进行相关的会计处理。

(3)计算上述会计估计变更对 20×8 年净利润的影响。

【业务题三】目的 练习会计估计变更的处理。

资料 甲公司生产销售 A 产品,根据产品质量保证条款,该产品售出后 1 年内,如发生正常质量问题,公司将负责免费维修。以前年度公司按销售收入的 5%计提维修费用。经过一段时间发现,计提的维修费用大于实际发生额。经研究决定从 20×9 年开始将维修费用的计提比例改为 3%。20×9 年 A 产品的销售收入总额为 10 000 000 元。

要求 (1)进行相应的会计处理。

(2)对该项会计调整在报表中进行披露。

【业务题四】目的 练习会计政策变更的处理。

资料 根据企业会计准则的规定,丙公司从 20×7 年 1 月 1 日将发出存货的计价方法从后进先出法改为加权平均法。会计准则规定对这一变更不必进行追溯调整。20×7 年年初存货价值为 100 万元,公司当年购入存货的实际成本为 2 800 万元,20×7 年年末按照后进先出法计算确定的存货价值为 120 万元,按照加权平均法确定的存货价值为 200 万元。

要求 计算确定此项会计调整的影响,并在报表中进行披露。

【业务题五】目的 练习会计政策变更的处理。

资料 20×8 年 1 月 1 日,丁公司根据会计准则的补充规定,将原先按照低值易耗品处理的周转使用的建筑用模板,改按固定资产处理。低值易耗品采用五五摊销法处理。20×9 年年初,"低值易耗品——摊销"明细账中属于建筑用模板的金额为 30 000 元,"低值易耗品——在用"明细账中属于建筑用模板的金额为 60 000 元。假设目前使用的建筑用模板均为 20×7 年 1 月 1 日起投入使用。建筑用模板的使用年限为 3 年,按照年限平均法计提折旧,净残值为零。

要求 (1)编写 20×8 年 1 月 1 日处理会计政策变更的会计分录。

(2)说明由于该项会计政策变更,如何对 20×7 年报表进行追溯调整。

【业务题六】目的 练习追溯重述法。

资料 某公司采用资产负债表债务法,所得税税率为 25%;按净利润 10%计提盈余公积。该公司在 20×9 年 12 月份在内部审计中发现下列问题:

(1)20×8 年年末库存钢材账面余额为 280 万元。经检查,该批钢材的预计售价为 270 万元,预计销售费用和相关税金为 20 万元。当时将预计售价误记为 360 万元,未计提存货跌价准备。

(2)20×8 年 8 月收到政府补助 600 万元,计入了资本公积(其他资本公积)。此笔款项由于计入了资本公积,未作纳税调整,当年没有申报所得税。

(3)于 20×8 年 1 月 1 日支付 8 000 万元对价,取得了甲公司 80%股权,实现了非同一控制下的企业合并,使甲公司成为该公司的子公司。20×8 年甲公司实现净利润 250 万元。该公司按权益法核算确认投资收益 200 万元。假设母、子公司适用的所得税税率相同。

要求 将上述发现的问题按照企业会计准则的要求进行差错更正;统一结转未分配利润并计提盈余公积。

【业务题七】目的 练习会计差错的处理。

　　资料　某企业在 20×9 年发现如下会计差错：

　　(1) 20×8 年 7 月 1 日，以 500 万元的价格购入的一项专利技术，在购入当日将其作为管理费用处理，且已在所得税申报表中扣除该项目。按照规定，专利技术应作为无形资产确认入账，预计使用年限为 5 年，采用直线法摊销。

　　(2) 20×9 年 2 月，收到甲公司预付货款 10 万元，产品已于 6 月交付给甲公司，但该笔预收收入还没有调整。

　　(3) 20×8 年年末一批库存原材料账面余额为 260 万元。经检查，该批钢材的预计售价为 190 万元，预计销售费用和相关税金为 15 万元。由于疏忽，将预计售价误记为 280 万元，未计提存货跌价准备。

　　假设该企业适用的所得税税率为 25%，盈余公积的计提比例为 10%。

　　要求　编制更正会计差错的调整分录，并说明哪些属于前期会计差错。

　　【业务题八】目的　练习会计差错的处理。

　　资料　甲公司在 20×6 年 12 月 31 日发现，一台价值 10 000 元的管理用设备，应于 20×5 年 1 月 1 日开始计提折旧，但在 20×5 计入了管理费用。该固定资产应采用直线法计提折旧，预计使用年限为 4 年，假设不考虑净残值因素。

　　要求　对此项会计差错进行处理。若在 20×9 年 1 月后发现该项差错，应该如何处理。

四、复习题参考答案

　　(一) 思考题(略)

　　(二) 判断题

　　1. (×)　2. (√)　3. (√)　4. (×)　5. (×)　6. (√)　7. (√)　8. (√)

　　9. (√)　10. (×)

　　(三) 单项选择题

　　1. (D)　2. (C)　3. (A)　4. (B)　5. (A)　6. (C)　7. (C)　8. (B)

　　9. (B)　10. (C)

　　(四) 多项选择题

　　1. (CDE)　　2. (BC)　　3. (ACDE)　4. (ADE)　　5. (BCE)

　　6. (DE)　7. (AB)　8. (ADE)　9. (DE)　　10. (BDE)

　　(五) 业务题

　　【业务题一】　(1) 调整后该设备 20×8 年下半年计提折旧 500 万元。该项会计估计变更使本年度净利润减少 187.5 万元。

　　(2) 调整后该无形资产在剩余摊销年限内每年摊销 200 万元。该项会计估计变更使本年度净利润减少 75 万元。

　　【业务题二】　20×7 年产生递延所得税负债 12.5 万元。该项会计估计变更使 20×8 年净利润增加 22.5 万元。考虑到递延所得税负债的转回，使 20×8 年净利润增加 35 万元。

　　【业务题三】　该项会计估计变更使该公司本年度净利润增加 150 000 元[200 000×(1 −25%)]。

　　【业务题四】　按照后进先出法，该公司当年发出存货成本为 2 780 万元；按照加权平均法，该公司当年发出存货成本为 2 700 万元。公司由于会计政策变更使当年净利润增加 60 万元。

【业务题五】 该项会计政策变更使 20×7 年与低值易耗品摊销有关的费用减少 10 000 元,所得税费用增加 2 500 元,净利润增加 7 500 元;使 20×7 年年末盈余公积增加 750 元,未分配利润增加 6 750 元。调整后的 20×7 年年末资产负债表中固定资产增加 60 000 元,累计折旧增加 20 000 元,存货减少 30 000 元。

【业务题六】 对以前年度净利润的累计影响数为 227.5 万元,应补提盈余公积 22.75 万元。

【业务题七】 (1)和(3)属于前期会计差错,调整后,调增未分配利润 2 850 000 元,调增盈余公积 285 000 元。调增应交税费——应交所得税 1 125 000 元。调增递延所得税资产 212 500 元。

【业务题八】 该会计差错涉及金额较小,属于不重要的会计差错,不需要进行追溯调整,只需要在发现当期编制调整分录。若该差错在 20×9 年 1 月后发现,则不需要作任何分录,因为该差错已经抵消。

《中级财务会计学》(上)模拟试卷(A)

一、判断题(共 15 分,每小题 1 分)

1. 按照我国基本准则规定,财务报告的目标是向财务报告使用者提供与企业财务状况、经营成果和现金流量等有关的会计信息,反映企业管理层受托责任履行情况,有助于财务报告使用者做出经济决策。 ( )

2. 无论是否附带追索权,应收票据贴现均符合金融资产终止确认的条件。 ( )

3. 我国企业会计准则对存货发出的计价取消了后进先出法,更加强调资产负债表信息的相关性,体现了资产负债观的要求。 ( )

4. 投资企业对子公司、合营企业、联营企业的长期股权投资均应采用权益法核算。
( )

5. 明确会计主体,才能划定会计所要处理的各项交易或事项的范围,会计工作中通常所讲的资产、负债的确认,收入的实现,费用的发生等,都是针对特定会计主体而言的。
( )

6. 土地使用权用于自行开发建造厂房等地上建筑物时,土地使用权的账面价值应当与地上建筑物合并作为固定资产计算成本和提取折旧。 ( )

7. 以公允价值计量且其变动计入当期损益的金融资产的初始计量和后续计量均采用公允价值,其公允价值的变动计入当期损益,此种收益属于尚未实现的损益。 ( )

8. 与计算固定资产预计未来现金流量现值的折现率相关的市场利率在当期已经提高,从而导致固定资产可收回金额大幅度变动,可据以判断固定资产可能发生减值迹象。
( )

9. 采用权益法核算长期股权投资,确认投资收益与现金流入的时点和金额往往不一致,有可能导致投资企业垫资分派股利。 ( )

10. 资产可收回金额的估计,应当根据其公允价值减去处置费用后的净额与资产预计未来现金流量的现值两者之间较低者确定。 ( )

11. 商品流通企业在采购商品过程中发生的进货费用,可以先进行归集,期末根据所购商品的存销情况分别计入存货成本和主营业务成本。 ( )

12. 对于特殊行业的特定固定资产,企业应当按照预计弃置费用的现值计入相关固定资产成本。 ( )

13. 购买无形资产的价款超过正常信用条件延期支付,实质上具有融资性质的,无形资产的成本应当以购买价款的现值为基础确定。 ( )

14. 购入存货运输途中发生的合理损耗,会增加存货采购总成本和单位成本。 ( )

15. 几项资产的组合所生产的产品存在活跃市场的,如果这些产品仅供企业内部使用,则不能将这几项资产的组合认定为一个资产组。 ( )

二、单项选择题(共 15 分,每小题 1.5 分)

1. 国际财务报告体系是由(   )制定和发布的。

A. IFAC　　　　　B. IASB　　　　　C. IASC　　　　　D. IOSCO

2. 企业以下拥有产权的资产中,应作为投资性房地产的是(　　)。

　　A. 企业自行经营的旅馆

　　B. 出租给本单位职工的员工宿舍

　　C. 房地产企业开发完成待售的商品房

　　D. 工业企业出租给外单位的房屋

3. A公司对B公司进行长期股权投资,初始投资成本为1 000万元,占B公司有表决权的股份比例为40%,对B公司有重大影响。投资当日,B公司可辨认净资产的公允价值为3 000万元。A、B公司无关联关系,对于此项业务的会计处理,下列表述中不正确的是(　　)。

　　A. A公司应采用权益法核算该项投资

　　B. 投资时应确认营业外收入200万元

　　C. 初始投资成本无需调整

　　D. 调整后的投资成本应为1 200万元

4. 乙公司20×1年12月1日购入一项固定资产,原价为1 510万元,预计使用寿命10年,预计净残值10万元,按年限平均法折旧。该项固定资产在20×3年末预计未来现金流量现值为1 050万元,公允价值968万元,预计处置费用8万元,假定原预计使用寿命和预计净残值不变,若不考虑其他因素,乙公司该项固定资产20×4年的折旧额为(　　)万元。

　　A. 120　　　　　　B. 150　　　　　　C. 130　　　　　　D. 121

5. A公司从证券市场上购入B公司发行在外的股票100万股作为以公允价值计量且其变动计入当期损益的金融资产,每股支付价款8元(含已宣告但尚未发放的现金股利1元),另支付相关费用10万元,该项金融资产取得时的入账价值为(　　)万元。

　　A. 700　　　　　　B. 710　　　　　　C. 800　　　　　　D. 810

6. 下列有关资产减值的表述中,正确的是(　　)。

　　A. 资产减值损失一经确认,在以后会计期间均不得转回

　　B. 资产的减值损失应当计入营业外支出

　　C. 同一项存货中部分有合同价格约定,其他部分不存在合同价格的,应当分别确定其可变现净值,分别确定存货跌价准备的计提或转回的金额

　　D. 资产的公允价值减去处置费用后的净额与资产预计未来现金流量的现值,只有该两项均超过资产的账面价值时,才表明资产没有发生减值

7. 某企业的一项固定资产原值为1 000万元,采用年限平均法计提折旧,使用寿命为10年,预计净残值为0,在折旧4年后对该项固定资产的某一主要部件进行更换,发生后续支出合计650万元,符合固定资产确认条件,被更换的部件的原值为500万元。该项固定资产进行部分更换后的原值为(　　)万元。

　　A. 1 150　　　　　B. 950　　　　　　C. 1 250　　　　　D. 1 050

8. 假定甲公司20×1年1月1日与乙公司签订合同购入一项专利权。按合同约定,该项专利权的总价款为900万元,分3年支付,20×1年12月31日、20×2年12月31日和20×3年12月31日各支付300万元。假定折现率为6%。不考虑其他税费,甲公司购入该专利权时的初始计量金额为(　　)万元。

　　A. 900　　　　　　B. 849　　　　　　C. 756　　　　　　D. 802

9. 下列关于固定资产后续支出会计处理的表述中,不正确的是(　　)。

A. 改良支出能否资本化与初始确认的原则相同

B. 改良支出符合资本化条件的应扣除被替换部分的账面价值

C. 定期检查发生的大修理费用符合资本化条件的可以计入固定资产成本

D. 日常修理支出在发生时计入当期损益,大修理支出计入固定资产成本

10. 下列关于商誉及其确认与计量的表述中,正确的是(　　)。

A. 商誉的入账价值应当分期进行摊销

B. 企业合并形成的商誉至少应在每年年末进行减值测试

C. 商誉不一定具有可辨认性

D. 商誉无论外购还是自创均应按照公允价值进行计量

三、多项选择题(共10分,每小题2分)

1. 下列关于《企业会计准则——基本准则》的表述中,正确的有(　　)。

A. 基本准则的作用之一是确保各项具体准则的内在一致性

B. 基本准则在整个企业会计准则体系中起统驭作用

C. 基本准则是制定具体准则的依据

D. 基本准则是处理会计实务中具体准则尚未规范的新业务的依据

E. 基本准则类似于国际会计准则理事会的《编报财务报表的框架》

2. 企业会计准则建设遵循了立足国情和国际趋同的原则。在会计准则国际趋同进程中,我国坚持的基本主张有(　　)。

A. 趋同是方向　　B. 趋同不是等同　　C. 趋同是一种互动　D. 趋同是一个过程

E. 趋同不是最终目标,趋同为了实现等效

3. 下列关于无形资产的表述中正确的有(　　)。

A. 自行研究开发无形资产在研究阶段的费用于发生时确认为当期费用

B. 自行研究开发无形资产在开发阶段的支出满足资本化条件时确认为无形资产

C. 期末资产负债表"研发支出"项目反映无形资产开发过程中符合资本化条件但尚未达到预定用途的支出

D. 使用寿命不确定的无形资产不进行价值摊销,也不进行减值测试。

E. 受技术更新影响较大的专利权和专有技术等无形资产,可比照加速折旧法进行摊销

4. 进行减值测试预计资产未来现金流量应当包括下列(　　)等内容。

A. 支付借款利息发生的现金流出

B. 支付所得税发生的现金流出

C. 持续使用过程中预计产生的现金流入

D. 使用期满在公平交易中处置资产所收到的现金流入

E. 使用期满在公平交易中处置资产所支付的现金流出

5. 下列关于长期股权投资初始投资成本计量的表述中,正确的有(　　)。

A. 同一控制下企业合并形成的长期股权投资,应当按照在合并日取得被合并方所有者权益公允价值的份额作为初始投资成本

B. 同一控制下企业合并形成的长期股权投资,应当在合并日按照被合并方所有者权益在最终控制方合并财务报表中的账面价值的份额作为初始投资成本

C. 合并方或购买方为企业合并发生的审计、法律服务、评估咨询等中介费用以及其

他相关管理费用,应当于发生时计入当期损益

D. 非同一控制下企业合并形成的长期股权投资,应当按照在合并日取得被合并方可辨认净资产公允价值的份额作为初始投资成本

E. 非同一控制下企业合并形成的长期股权投资,企业合并成本包括购买方付出的资产、发生或承担的负债、发行的权益性证券的公允价值之和

四、简述题(10 分)

请说明我国企业会计准则中涉及的会计计量属性有哪几种?我国企业会计准则对采用计量属性进行会计要素计量的基本原则是什么?简述在我国适度、谨慎引入公允价值的背景和理由。

五、计算分析及账务处理题(共 40 分)

(一) 资料(本小题 7 分)

A 公司于 20×1 年 1 月 5 日从证券市场上购入 B 公司于同日发行的债券,该债券三年期、票面年利率为 5%、每年 1 月 2 日支付上年度的利息,到期日 20×4 年 1 月 1 日一次归还本金和最后一次利息。A 公司购入债券的面值为 10 000 000 元,实际支付价款为 9 732 700 元(包括相关交易费用 200 000 元),购入债券的实际利率为 6%,A 公司购入后将其划分为以摊余成本计量的金融资产。

要求:编制购入该项债券至到期的全部会计分录(计算结果精确到元)。

(二) 资料(本小题 14 分)

甲公司于 20×1 年 1 月以银行存款 3 000 000 元取得 A 公司 30%的股权,拟长期持有,能够对 A 公司施加重大影响,采用权益法核算。取得投资时 A 公司净资产账面价值为 12 000 000 元(假定 A 公司各项可辨认资产、负债的公允价值与其账面价值相同;同时甲公司与 A 公司所适用的会计政策、会计期间一致)。

20×1 年度 A 公司实现净利润 2 500 000 元;A 公司于 20×2 年 4 月 25 日宣告发放 20×1 年度现金股利 500 000 元,甲公司于 5 月 10 日收到应得股利。

20×2 年度,A 公司持有的一项以公允价值计量且其变动计入其他综合收益的金融资产的公允价值发生变动,增加其他综合收益的金额为 600 000 元,该年度 A 公司发生亏损 330 000 元。

20×3 年由于 A 公司的一项经济业务市场条件发生变化,造成 A 公司当年度亏损 1 200 000 元。预计该项投资产生的未来现金流量现值为 5 600 000 元。

要求:

1. 编制该项长期股权投资有关的会计分录。

2. 计算该项长期股权投资 20×2 年度计入利润表综合收益总额项目的金额、20×3 年年末计入资产负债表中"长期股权投资"项目的金额(列示计算过程)。

(三) 资料(本小题 8 分)

乙公司为一般纳税企业,采用计划成本对原材料进行日常核算。其中 A 材料为一般辅助材料,可以直接对外出售;B 材料为生产乙产品的专用材料,该公司不考虑将其直接对外出售。其他有关资料如下:

本月初"存货跌价准备——A 材料"账户余额为 6 000 元;"存货跌价准备——B 材料"账户余额为 30 000 元。

本月末"原材料——A 材料"账户余额为 600 000 元,A 材料本月材料成本差异率为

—2%;"原材料——B材料"账户余额为 1 000 000 元,B材料本月材料成本差异率为1%。

该月末库存 A 材料的市价为 580 000 元,预计销售税费为 23 000 元;库存 B 材料的市价为 980 000 元;该批 B 材料加工成乙产品的预计售价为 1 600 000 元,预计将要发生的加工成本为 490 000 元,销售税费为 80 000 元。

要求:

1. 计算该月末 A 材料、B 材料的可变现净值(列示计算过程)。

2. 分别编制有关存货减值或转回的会计分录。

3. 计算乙公司该月末原材料计入资产负债表中存货项目的金额(列示计算过程)。

(四)资料(本小题 11 分)

某制造业公司 20×0 年 12 月 31 日购入一项管理用房屋,并取得产权,以银行存款支付其价款 1 050 000 元和增值税款 105 000 元,预计使用寿命为 5 年,预计净残值为 50 000 元。该公司采用年限平均法计提折旧。

20×2 年 12 月出售,收到出售价款 880 000 元,其中应交增值税 80 000 元,假定不考虑其他税费,当月清理结束。

要求:

1. 编制 20×0 年取得该项固定资产的会计分录。

2. 编制 20×1 年计提折旧的会计分录(假定该公司按年计提折旧)。

3. 编制 20×2 年年末清理该固定资产的有关会计分录。

4. 假定该项房屋购入后即出租给外单位使用,该公司对投资性房地产后续计量采用成本模式,请编制 20×0 年购入该项资产、20×1 年计提折旧和出租的会计分录。假定每年以银行转账方式收取租金 250 000 元和增值税款 25 000 元。

六、案例分析题(10 分)

甲公司是一家从事制造业的上市公司。有关资料如下。

1. 甲公司经营及盈利情况:甲公司本年度由于新技术、新产品开发不力,产品销路不佳,营业利润比上年减少近 1 亿元。

2. 上年年末持有的股票和长期股权投资情况:

项　　目	拥有被投资单位表决权股份	持有数量(股)	账户名称	年末余额(元)
A 公司股票	25%(能施加重大影响)	8 000 000		24 000 000
B 公司股票	15%	10 000 000	交易性金融资产	200 000 000
C 公司股票	0.1%	400 000		6 000 000
D 公司股权(未上市)	40%(在 7 名董事中占 2 名)		长期股权投资(采用成本法核算)	50 000 000

3. 本年年末持有的股票和长期股权投资情况:

项　目	拥有被投资单位表决权股份	持有数量（股）	账户名称	年末余额（元）
A公司股票	25%（能施加重大影响）	8 000 000	交易性金融资产	72 000 000
C公司股票	0.025%	100 000		3 000 000
B公司股票	15%	10 000 000	本年初将其从交易性金融资产重分类为其他权益工具投资	100 000 000
D公司股权（未上市）	40%（在7名董事中占2名）		长期股权投资（采用成本法核算）	50 000 000

4. 甲公司所拥有股票和长期股权投资本年度价值变动及损益情况:

项　目	持有数量变动（股）	每股股票市价（元）		被投资单位盈亏（元）（已按公允价值调整）
		年初	年末	
A公司股票	无变动	3	9	净利润 6 000 000
B公司股票	无变动	20	10	净亏损 10 000 000
C公司股票	出售 300 000	15	30	净利润 20 000 000
D公司股权（未上市）	无变动	—	—	净亏损 30 000 000

5. 甲公司对上述各项资产均未计提资产减值准备。

案例思考题

1. 甲公司对上述资产的分类或重分类是否符合企业会计准则的规定？请逐项说明理由。

2. 甲公司对长期股权投资的核算方法是否符合企业会计准则的规定？请说明理由。

3. 分析甲公司上述分类、重分类及会计处理对其本年度利润总额的影响。

4. 请说明甲公司上述分类、重分类及会计处理可能存在的动机。

《中级财务会计学》(上)模拟试卷(B)

一、判断题(共 15 分,每小题 1 分)

1. 会计分期假设导致了权责发生制和收付实现制两种不同记账基准的产生。（　）

2. 会计要素中的资产与负债是"预期"经济利益的流入或流出,而收入与费用是"当期"经济利益的流入或流出。（　）

3. 存在商业折扣的条件下,应收账款应以扣除商业折扣后的实际售价入账,即不需要对商业折扣单独进行账务处理。（　）

4. 存货的加工成本,包括存货加工过程中所耗用的直接材料、直接人工和分配的制造费用。（　）

5. 存货发出计价方法的选择只影响资产负债表中的资产总额,不会影响利润表中的净利润。（　）

6. 固定资产按双倍余额递减法计提的折旧额在任何时期都大于按年限平均法计提的折旧额。（　）

7. 固定资产的账面价值,就是指固定资产原价扣除已提折旧后的余额。（　）

8. 无形资产是指企业拥有或控制的没有实物形态的非货币性资产,包括可辨认非货币性无形资产和不可辨认非货币性无形资产。（　）

9. 企业初始确认时将某项金融资产指定为以公允价值计量且其变动计入其他综合收益的金融资产后,可视管理资产的业务模式变化而将其重分类为其他类金融资产。（　）

10. 企业持有的债券投资、股票投资、基金投资等均可划分为以摊余成本计量的金融资产。（　）

11. 无论长期股权投资的形成与企业合并有关还是无关,均应当按照实际支付的对价作为初始投资成本。（　）

12. 权益法下,投资企业在确认应享有被投资单位净损益的份额时,应以取得投资时被投资单位各项可辨认资产等的公允价值为基础,对被投资单位的净利润进行调整后确认。（　）

13. 在对长期资产进行减值测试时,资产的公允价值减去处置费用后的净额与资产预计未来现金流量的现值,只要有一项超过了资产的账面价值,就表明资产没有发生减值,不需再估计另一项金额。（　）

14. 若一项金融资产的合同条款规定,在特定日期产生的现金流量,仅为对本金和以未偿付本金金额为基础的利息的支付,则该项金融资产应分类为以摊余成本计量的金融资产。（　）

15. 资产减值损失确认后,减值资产的折旧或摊销费用在未来期间不需要作相应调整。（　）

二、单项选择题(共 15 分,每小题 1.5 分)

1. 下列事项中,不属于反映"会计信息质量要求"的是（　　）。

    A. 可靠性　　　　B. 可比性　　　　C. 实质重于形式　D. 历史成本

2. 下列各项的余额,不应列入资产负债表"货币资金"项目反映的是( )。

    A. 备用金   B. 外埠存款   C. 银行汇票存款   D. 存出投资款

3. 某增值税一般纳税企业购入原材料一批,增值税专用发票上注明的买价为 10 000 元,增值税额为 1 600 元。另支付运输费 500 元及增值税款 50 元,入库前发生挑选整理费 500 元,途中合理损耗为 100 元,则这批原材料的实际成本为( )元。

    A. 11 600   B. 12 600   C. 11 000   D. 11 100

4. 取得以公允价值计量且其变动计入当期损益的金融资产的主要目的是( )。

    A. 为了获得控制利益   B. 为了获得固定收益率的收益

    C. 为了从价格的短期波动中获利   D. 为了企业长期发展

5. 某公司支付 3 000 万元通过同一控制下的企业合并取得 A 公司 80% 的股权,发生的审计等相关中介费用为 100 万元,当时 A 公司净资产的公允价值为 5 500 万元,在最终控制方合并财务报表中的账面价值为 4 000 万元,该项长期股权投资的初始投资成本为( )万元。

    A. 3 100   B. 3 200   C. 3 000   D. 4 400

6. 某企业 20×1 年 12 月购入并交付使用的一项固定资产,其原价为 498 万元,预计使用寿命为 5 年,预计净残值为 5 万元,按双倍余额递减法计提折旧。该固定资产 20×2 年度应计提的折旧额为( )万元。

    A. 199.2   B. 197.2   C. 99.6   D. 98.6

7. 下列关于投资性房地产核算的表述中,正确的是( )。

    A. 采用成本模式计量的投资性房地产不需要确认减值损失

    B. 采用公允价值模式计量的投资性房地产可转换为成本模式计量

    C. 采用公允价值模式计量的投资性房地产,公允价值的变动金额应计入资本公积

    D. 采用成本模式计量的投资性房地产,符合条件时可转换为公允价值模式计量

8. 关于无形资产的后续计量,下列说法中正确的是( )。

    A. 使用寿命不确定的无形资产应该按系统合理的方法摊销

    B. 只有使用寿命不确定的无形资产期末要进行减值测试

    C. 无形资产的摊销方法应当反映与该项无形资产有关的经济利益的预期消耗方式

    D. 无形资产的摊销方法只有直线法

9. 某公司本年年初"坏账准备"账户余额为 50 万元,应收甲公司货款 60 万元全部确认为坏账,于本年核销,应收各公司的货款年末经减值测试确认减值损失 130 万元,应计入本年损益的坏账损失应为( )万元。

    A. 130   B. 80   C. 120   D. 140

10. 某企业采用成本与可变现净值孰低法的单项比较法确定期末存货的价值。本期初"存货跌价准备——甲商品"账户的余额为 10 000 元。假设期末甲商品成本 200 000 元,估计售价 185 000 元,估计发生销售税费 15 000 元,则该企业本期因计提存货跌价准备而记入"资产减值损失"账户的金额为( )元。

    A. 20 000   B. 30 000   C. 40 000   D. −10 000

三、多项选择题(共 10 分,每小题 2 分)

1. 谨慎性原则体现了对会计信息质量的要求,它意味着( )。

    A. 企业可以有较大选择余地提取各种准备

B. 对历史成本计价原则有一定程度的背离

C. 对于可能发生的收益或费用尽可能低估

D. 不应当低估费用或者负债

E. 在可供选择的会计方法中选择对企业净资产或当期利润较为不利的方法

2. 采用权益法核算时,下列事项可能引起投资企业长期股权投资账面价值增减变动的事项有(　　)。

A. 被投资企业当年发生净亏损　　　　B. 被投资企业增资扩股

C. 被投资企业当年发生净利润　　　　D. 被投资企业宣告分派现金股利

E. 被投资企业持有金融资产的公允价值变动按规定计入其他综合收益

3. 在物价持续下降时,若采用先进先出法对发出的存货进行计价,与其他计价方法相比,会使(　　)。

A. 期末存货成本增加,当期利润增加

B. 期末存货成本减少,当期利润减少

C. 期末存货成本增加,当期利润减少

D. 本期发出存货成本脱离市价,期末结存存货成本接近市价

E. 本期发出存货成本接近市价,期末结存存货成本脱离市价

4. 甲公司 20×1 年 1 月 1 日,甲公司从活跃市场上购入乙公司股票。下列分类或重分类中,错误的有(　　)。

A. 初始确认时将其分类为以摊余成本计量的金融资产

B. 初始确认时将其分类为以公允价值计量且其变动计入当期损益的金融资产

C. 初始确认时将其指定为以公允价值计量且其变动计入其他综合收益的金融资产

D. 将其指定为以公允价值计量且其变动计入其他综合收益的金融资产,之后又将其重分类为以公允价值计量且其变动计入当期损益的金融资产

E. 将其指定为以公允价值计量且其变动计入其他综合收益的金融资产,之后又将其重分类为以摊余成本计量的金融资产

5. 下列有关资产减值的表述中,不正确的有(　　)。

A. 非货币性资产减值损失一经确认,在以后会计期间不得转回

B. 非流动资产的减值损失计入营业外支出

C. 长期资产的减值测试,均应当以资产组为基础进行

D. 同一项存货中部分有合同价格约定,其他部分不存在合同价格的,应当分别确定其可变现净值,分别确定存货跌价准备的计提或转回的金额

E. 各类金融资产均需要进行减值测试

四、简述题(共 10 分,每小题 5 分)

1. 埋藏在某石油企业地下的石油能否确认为该企业的资产?简述资产的特征,并结这些特征,说明其确认或不确认的理由。

2. 存货发出的计价方法一般有哪几种?一个大型美术馆的存货中有 100 多幅油画,没有任何两幅是相同的,其中最便宜的价格在 1 000 元左右,最昂贵的价格超过 100 000 元。你认为用哪种存货计价方法最适合这一企业?请列出理由。

五、计算分析及账务处理题(共 40 分)

(一)资料(本小题 9 分)

本年 3 月 10 日,乙公司支付价款 67 000 元(所支付价款中含有已宣告未发放现金股利 2 000 元)从证券市场购入 B 公司股票 10 000 股,另支付交易税费 500 元。

本年 3 月 20 日,收到 B 公司发放的现金股利。3 月 31 日,B 公司股票价格涨到每股 9.30 元。4 月 15 日,乙公司将持有的 B 公司股票全部售出,每股售价 10.15 元,收到价款 101 500 元。

要求:

1. 若乙公司将购买的 B 公司股票划分为以公允价值计量且其变动计入当期损益的金融资产,编制有关的会计分录。

2. 若乙公司将购买的 B 公司股票指定为以公允价值计量且其变动计入其他综合收益的金融资产,编制有关的会计分录。

(二) 资料(本小题 10 分)

丙公司为一般纳税企业,存货采用实际成本法进行核算,本月初存货有关账户余额如下:

账户名称	余额(元)	账户名称	余额(元)
原材料	600 000	在途物资	360 000
委托加工物资	287 000	包装物	90 000

该公司本月份发生以下业务:

(1) 2 日,上月采购的在途材料已如数验收入库。

(2) 9 日,以银行存款支付上月发到丁公司加工木箱的 A 材料加工费 100 000 元和增值税 16 000 元。

(3) 22 日,上月发出成本为 287 000 元的 A 材料加工成包装产品用木箱验收入库。

(4) 25 日,经盘点,原材料盘亏 2 000 元。

(5) 29 日,以银行存款支付原材料采购价款 300 000 元和增值税 48 000 元,货未到。

(6) 30 日,又发出 A 材料一批委托丁公司加工木箱,成本 250 000 元。

(7) 30 日,经查明,盘亏原材料系经营性损失,批准转销处理。

(8) 30 日,本月份共发出原材料 500 000 元,其中产品生产领用 380 000 元,车间一般性消耗 100 000 元,企业管理部门领用 20 000 元。假定该公司本月投产的产品均在当月完工并销售。

要求:

1. 根据以上资料编制有关会计分录。

2. 计算丙公司本月末计入资产负债表中存货项目的金额(列示计算过程)。

(三) 资料(本小题 11 分)

某制造业公司 20×0 年 11 月 1 日购入一台需要安装的生产设备,取得的增值税发票列示价款 600 000 元和增值税额 96 000 元,另发生运费 25 000 元和增值税款 2 500 元,全部款项均以银行存款支付。该设备当即进行安装,领用工程物资 60 000 元,分配应付从事在建工程员工薪酬 35 000 元,安装完工于 12 月 22 日达到预定可使用状态。该设备预计使用寿命为 5 年,预计净残值为 20 000 元。该公司采用年限平均法计提折旧。

20×1 年 12 月 31 日减值测试,该固定资产预计未来现金流量现值为 500 000 元,公允价值减去处置费用后的净额为 470 000 元。预计使用寿命和净残值不变。

要求:

1. 编制 20×0 年购入设备、安装及完工结转的会计分录。

2. 编制 20×1 年计提折旧及有关减值测试结果的会计分录(假定该公司按年计提折旧)。

3. 列示 20×1 年年末该项固定资产计入资产负债表中固定资产项目的金额。

4. 计算 20×2 年该项固定资产的年折旧额(列示计算过程)。

(四) 资料(本小题 10 分)

甲公司本年 1 月 1 日通过增发 1 000 万股本公司普通股(每股面值 1 元)取得乙公司 40%的股权,采用权益法核算,每股公允价值为 3 元。乙公司年初可辨认净资产的账面价值为 5 500 万元,公允价值为 6 000 万元。假定该项交易前甲公司与乙公司不存在任何关联方关系。

当年度乙公司实现净利润 100 万元,按公允价值调整后的净利润 75 万元,按 10%提取法定盈余公积,宣告分派现金股利 50 万元,因其他债权投资公允价值上升导致其他综合收益增加 25 万元。

次年年初甲公司收到现金股利 20 万元,3 月 8 日因资金需要转让对乙公司的全部股权,收到价款 3 300 万元。

要求:

1. 编制甲公司有关该项投资从取得至处置的全部会计分录。

2. 计算甲公司有关该项投资的全部投资收益(列示计算过程)。

3. 假定乙公司年初净资产的账面价值为 5 500 万元,公允价值为 8 000 万元,其他条件不变,编制甲公司取得该项投资的有关会计分录。

4. 假定甲、乙公司同受一方控制,甲公司本年 1 月 1 日支付银行存款 3 000 万元的价款,受让取得乙公司 60%的股权,乙公司在最终控制方合并财务报表中的年初净资产的账面价值为 5 500 万元,公允价值为 8 000 万元,编制甲公司取得该项投资的有关会计分录。

六、案例分析题(10 分)

大地公司是一家从事房地产开发的上市公司。有关土地使用权的资料如下:

1. 该公司至上年年末取得市中心 3 号地块的土地使用权已有 2 年整,当初支付价款 180 000 万元取得 50 年使用权的相关权证,该公司准备建造商务楼,作为无形资产核算,因尚未动工而未对该项土地使用权摊销。

2. 1 月 1 日,该公司购买市中心 9 号地块的土地使用权,支付价款 60 000 万元,取得 50 年使用权的相关权证,当即与南山公司签订租赁合同出租,当年确认租金收入 500 万元。该公司作为投资性房地产且按公允价值进行后续计量,本年度因公允价值变动确认收益 3 000 万元。该公司其他的投资性房地产均按成本模式进行后续计量。

3. 11 月 30 日,因价格回升,在存货项目中核算的原准备建造车库的某开发区 10 号地块土地使用权已计提的减值准备 2 000 万元,该公司予以转回,计入当期损益。大地公司取得使用权权证的该地块从本年年初起出租给东方公司作为停车场,租约 3 年。

4. 12 月 1 日,该公司将上述某开发区 10 号地块土地使用权从存货项目转入投资性房地产项目核算,且按公允价值进行后续计量,本年度确认租金收入 200 万元和公允价值变动收益(转换当日公允价值大于原账面价值之差)800 万元。

案例思考题

请逐项判断大地公司对上述土地使用权的有关会计处理是否恰当,并且说明理由。

《中级财务会计学》(下)模拟试卷(A)

一、判断题(共 15 分,每小题 1 分)

1. 企业某一会计期间发生的利得和损失均影响当期损益。（　　）

2. 资产负债表债务法立足于资产负债表中资产和负债的确认及计量来处理所得税会计问题,确定所得税费用,反映有关交易或事项的所得税影响。（　　）

3. 利得代表了企业经济利益的增加,这一点与收入在本质上相同,但两者的发生与企业生产经营活动的相关程度不同,发生的频率也不同。（　　）

4. 按照我国现行的财务报表体系,报表使用者能够从资产负债表内直接了解企业的其他综合收益金额,还能够从所有者权益变动表中了解企业其他综合收益的明细项目及金额。（　　）

5. 利润表中的综合收益总额包括所有的利得和损失,且均已在当期实现。（　　）

6. 企业对于确实无法支付的应付账款,经批准后应将其转入资本公积。（　　）

7. 企业为在职职工承担并缴纳的养老、医疗、失业、工伤、生育保险费及住房公积金,均应计入管理费用。（　　）

8. 企业购货时获得的现金折扣,应当冲减采购成本。（　　）

9. 企业以自产产品作为非货币性福利发放给职工的,应按该产品的公允价值和相关税费计量职工薪酬。（　　）

10. 在资产负债表中,所有的资产无论是否计提减值准备均以净额列示。（　　）

11. 对企业员工以现金结算的股份支付,在等待期内的每个资产负债表日,应按授予日权益工具的公允价值计量,确认相关的成本费用和应付职工薪酬。（　　）

12. 专门借款的借款费用资本化金额必须与资产支出挂钩。（　　）

13. 凡涉及库存股的购买或注销业务的,其会计处理只能增加或减少所有者权益,不能因库存股而产生损益。（　　）

14. 应付账款是企业购买材料、商品和接受劳务供应等应支付给供应者的款项。企业应以实际收到货物或接受劳务的时间作为应付账款的初始确认时间。（　　）

15. 待执行合同相关义务不可撤销且转变为亏损合同时,无论合同是否存在标的资产,均直接确认预计负债。（　　）

二、单项选择题(共 15 分,每小题 1.5 分)

1. 20×0 年 1 月 1 日,H 公司采用分期收款方式向 K 公司销售大型设备一套,合同规定不含增值税的销售价格是 900 万元,分三次于每年的 1 月 1 日等额收取;假定在现销方式下,该设备不含增值税的销售价格为 810 万元。不考虑其他因素,H 公司 20×0 年该业务应确认的销售收入为(　　)万元。

    A. 270　　　　　　B. 300　　　　　　C. 810　　　　　　D. 900

2. 企业收到与收益相关的用于补偿企业已发生的相关费用或损失的政府补助时,如果该项补助与日常活动相关,该企业采用总额法列报政府补助,应当增加(　　)。

    A. 资本公积　　　B. 营业外收入　　　C. 递延收益　　　D. 其他收益

3. 某上市公司本年全年发行在外的普通股为 12 000 万股,本年初对外发行 3 000 万份认股权证,行权价格 4 元。该公司本年度普通股平均市场价格 5 元。计算稀释每股收益时的股份数为( )万股。

    A. 15 000   B. 14 400   C. 15 750   D. 12 600

4. 某公司于 20×0 年 12 月 16 日收到法院通知,被告知甲公司状告其侵权,要求赔偿 100 万元,该公司在应诉中发现乙公司对此应承担连带责任,要求乙公司进行补偿。企业在年末编制财务报表时,根据法律专家意见认为对原告进行赔偿的可能性在 60% 以上,预计赔偿金及诉讼费在 80 万元至 100 万元之间,从乙公司得到的补偿基本确定能够收到,最有可能获得的补偿金额为 55 万元,为此,该公司在年末应确认( )。

    A. 一项预计负债 80 万元和一项资产 55 万元

    B. 一项预计负债 90 万元和一项资产 55 万元

    C. 一项预计负债 100 万元和一项资产 55 万元

    D. 一项预计负债 45 万元

5. 某上市公司本年 1 月 1 日发行票面利率 3.3% 的 3 年期可转换债券,面值 800 万元,每 100 元面值债券自发行 1 年后可转换为 1 元面值普通股 50 股,发行日市场上与之类似但没有转换股份权利的公司债券的市场年利率为 5%。该公司本年净利润 750 万元。本年年初发行在外的普通股为 1 600 万股,年内股数未发生变化。假定所得税税率 25%,该项债券的利息不符合资本化条件。该公司该年计算的稀释每股收益为( )元(精确到 0.001 元)。

    A. 0.375   B. 0.313   C. 0.389   D. 0.380

6. 委托加工的应税消费品收回后可直接用于销售的应税消费品,由受托方代扣代交的消费税应记入( )。

    A. "委托加工物资"账户借方   B. "应交税费——应交消费税"账户借方

    C. "生产成本"账户借方   D. "税金及附加"账户借方

7. 某公司为增值税一般纳税企业,本年度公司主营业务收入为 1 000 万元,增值税销项税额为 160 万元;应收账款年初余额为 100 万元,年末余额为 150 万元;预收账款年初余额为 50 万元,年末余额为 60 万元。假定不考虑其他因素,该公司本年度现金流量表中"销售商品、提供劳务收到的现金"项目的金额是( )万元。

    A. 960   B. 1 220   C. 1 100   D. 1 120

8. 下列各项支出中,应计入财务费用的是( )。

    A. 因销货而实际发生的现金折扣

    B. 溢价收入超过手续费情况下发行股票所发生的手续费

    C. 建造固定资产在借款费用允许资本化期间发生的专门借款全部利息

    D. 购买近期内用于交易的股票所发生的手续费

9. 下列现金流量中,不属于投资活动产生的现金流量是( )。

    A. 支付在建工程价款   B. 购入无形资产支付的现金

    C. 向公司投资者分派现金股利   D. 支付长期股权投资的价款

10. 将本期净利润调节为经营活动现金流量净额时,下列不属于调整内容的是( )。

    A. 应付股利本期增减变动额   B. 本期计提的固定资产折旧

    C. 本期财务费用中利息支出   D. 本期投资损失

三、多项选择题(共 10 分,每小题 2 分)

1. 下列项目中,应计入营业外支出项目的有( )。
    A. 存货遭受突发灾害净损失
    B. 报废固定资产净损失
    C. 债权人债务重组损失
    D. 向灾区捐赠现金
    E. 用无形资产交换运输车辆发生的交易损失

2. 下列事项中,可能涉及或有事项披露或者预计负债确认的有( )。
    A. 为其他企业提供债务担保
    B. 被其他企业起诉侵权的未决诉讼
    C. 相关义务可撤销的待执行合同
    D. 相关义务不可撤销的待执行合同
    E. 基本确定可从第三方取得等额补偿的预计赔偿案

3. 下列项目中,属于其他综合收益的有( )。
    A. 以公允价值计量且其变动计入当期损益的金融资产的公允价值变动额
    B. 以公允价值计量且其变动计入其他综合收益的金融资产的公允价值变动额
    C. 投资性房地产的公允价值变动额
    D. 按权益法核算的在被投资单位净利润中享有份额的变动
    E. 按权益法核算的在被投资单位其他综合收益中享有份额的变动

4. 企业发生的下列错误中,会影响营业利润的有( )。
    A. 误将以公允价值计量且其变动计入当期损益的金融资产的公允价值变动收益计入投资收益
    B. 误将固定资产减值损失计入营业外支出
    C. 误将出售旧设备的净收益计入营业外收入
    D. 误将无法偿还的应付款项计入资本公积
    E. 误将罚款收入计入其他业务收入

5. 下列关于所得税会计处理的表述中,正确的有( )。
    A. 递延所得税资产与递延所得税负债相互抵轧后以净额列示
    B. 确认可抵扣暂时性差异对未来的所得税影响,应以未来很可能取得用以抵扣的应纳税所得额为限
    C. 递延所得税资产出现减值迹象时也需要进行减值测试
    D. 对递延所得税资产或递延所得税负债的计量不要求折算成现值
    E. 已知未来税率变化时应按未来税率反映暂时性差异对相应期间的所得税影响

四、简述题(10 分)

简述借款费用的内容及其处理原则,分析借款费用不同处理对财务报表的影响,说明我国企业会计准则对借款费用资本化在资产范围、期间范围方面有哪些具体限制?

五、计算分析及账务处理题(共 40 分)

(一) 资料(本小题 10 分)

甲公司筹集生产经营资金于 20×1 年 1 月 1 日发行了面值为 2 500 万元、期限为 2 年、票面年利率为 2% 的可转换债券,取得发行收入 2 540 万元,利息每年年末支付。每 100 元面值债券可在发行 1 年后转换为 20 股普通股。发行日市场上与之类似但没有转换股份权利的公司债券的市场年利率为 3%,假定不考虑其他因素。

至 20×2 年 1 月 3 日,该公司股票上涨幅度较大,可转换债券的持有人均于当日将持有的可转换债券转换为该公司股份。

要求:编制该项可转换债券发行、当年末计息及付息、转换日的有关会计分录(计算精确到元)。

(二)资料(本小题 8 分)

乙公司本年实现净利润 26 500 万元,上年实现净利润 18 000 万元,所得税税率 25%,其他与每股收益有关的资料如下:

(1)上年年初发行在外的普通股为 30 000 万股。

(2)上年 1 月 2 日发行股份期权 10 000 万份,每份股份期权拥有在 1 年后的可行权日以 7.5 元的行权价格购买 1 股公司新发行股票的权利。上年该公司普通股平均市场价 10 元。

(3)上述期权的持有人于本年年初全部行权。

(4)本年 9 月 1 日按股东大会决议以 6 月 30 的股本为基数用资本公积转增股本 10 000 万股,即每 10 股转赠 2.5 股。

要求:计算本年利润表中以下指标(列示计算过程,精确到 0.01 元)。

(1)基本每股收益"本期金额";　　(2)稀释每股收益"本期金额";

(3)基本每股收益"上期金额";　　(4)稀释每股收益"上期金额"。

(三)资料(本小题 12 分)

丙公司所得税税率为 25%,本年度利润总额为 1 500 万元,其中有关经济业务如下:

(1)以银行存款支付违法经营罚款 40 万元。

(2)持有的以公允价值计量且其变动计入当期损益的金融资产本期公允价值上升 120 万元。

(3)持有的以公允价值计量且其变动计入其他综合收益的金融资产本期公允价值上升 80 万元。

(4)拥有 60%表决权股份且能够对其实施控制的 A 公司本期实现净利润 500 万元(已按投资时公允价值调整),根据 A 公司利润分配决议甲公司应分得现金股利 180 万元,甲公司与 A 公司均为居民企业。

(5)以银行存款支付业务招待费 150 万元,按税法规定,企业发生的与生产经营活动有关的业务招待费支出,按照发生额的 60%扣除,但最高不得超过当年销售(营业)收入的 5‰。甲公司本年度营业收入 16 000 万元。

(6)因销售产品承诺提供 2 年的保修服务,本期提取 30 万元产品保修费,计入销售费用,同时确认为预计负债,按税法规定,与产品售后服务相关的费用在实际发生时允许税前扣除,本期发生 20 万元保修支出。

(7)本期计提应收账款坏账准备 60 万元。

(8)向灾区捐赠支出 200 万元,按税法规定,企业发生的公益性捐赠支出,不超过年度利润总额 12%的部分,准予扣除。

要求:

1. 根据上述资料进行纳税调整,将丙公司本年利润总额调整成应纳税所得额(列示计算过程)。

2. 逐项判断并且标明是否发生暂时性差异,若发生暂时性差异请注明差异的性质。

3. 根据上述资料编制本年度所得税有关会计分录,假定该公司未来能够产生足够的应纳税所得额可供抵扣,年初递延所得税资产或递延所得税负债均无余额。

(四) 资料(本小题 10 分)

丁公司未经审计的本年年末有关账户余额如下:

单位:万元

账户	借或贷	余额	账户	借或贷	余额
应收账款——A 公司	贷	66	无形资产减值准备	贷	100
材料采购	借	120	递延所得税资产	借	70
原材料	借	2 900	预收账款——B 公司	贷	210
委托加工物资	借	510	预收账款——C 公司	贷	290
低值易耗品	借	180	长期借款 其中一年内到期部分	贷	1 600 600
存货跌价准备	贷	20			
在建工程	借	4 400	长期应付款——应 付融资租赁款	贷	2 500
在建工程减值准备	—	0			
无形资产	借	1 800	未确认融资费用	借	300
累计摊销	贷	360	预计负债	—	0

担任该公司年报审计的会计师事务所就下列事项对年报进行了调整:

(1) 普通借款的本年度利息未与实际发生的资产支出相联系而全部计入在建工程,其中有 250 万元应当计入当期损益。该工程在 2 年前动工至今尚未完工。

(2) 上述工程在利息处理调整后进行减值测试,发生减值 350 万元,以前未计提减值准备。该公司的所得税税率为 25%,假定未来有足够的应纳税所得额可供抵扣。

(3) 因某项产品质量委托涉及诉讼案,估计承担赔偿 100 万元责任的可能性为 70%,而承担赔偿 60 万元责任的可能性为 30%。

要求:根据上述资料填列丁公司资产负债表下列项目(列示计算过程)。

(1) 应收账款。　　　　　(2) 存货。

(3) 在建工程。　　　　　(4) 无形资产。

(5) 递延所得税资产。　　(6) 预收款项。

(7) 一年内到期的非流动负债。(8) 长期借款。

(9) 长期应付款。　　　　(10) 预计负债。

六、案例分析题(10 分)

L 公司为上市公司。其公布的年度财务报告反映:20×7 年由于实施股权激励发生净亏损 1 亿元。年报公布后,股价跌幅较大。

(一) L 公司股权激励方案部分摘要

L 公司股权激励方案于 20×7 年 5 月 1 日经股东大会审议批准。此前已报中国证监会备案且中国证监会无异议。L 公司授予激励对象——公司 5 名高管人员 5 000 万份股票期权,每份股票期权拥有从授予日起 6 年内以行权价格 10 元购买一股 L 公司股票的权利。

1. 授予日。L 公司股权激励方案经股东大会批准日,即 20×7 年 5 月 1 日。

2. 股权激励的可行权日。自 L 公司上年度财务报告公布日当天起。最早的可行权日为 20×8 年内公布 20×7 年度财务报告当日且指标满足考核要求。

3. 行权条件。激励对象对已获授的股票期权行权时必须同时满足以下条件:

(1) 根据公司股票期权激励计划实施考核办法,激励对象个人上一年度绩效考核合格。

(2) 股票期权行权时,L公司上年度扣除非经常性损益后的净利润增长率不低于12%且上年度主营业务收入增长率不低于18%。

4. 期权的公允价值及相关资料。L公司聘请有关专业公司对股票期权进行估值,每份期权在20×7年5月1日的公允价值为12元。

(二) 其他资料

1. 假定L公司20×7年的主营业务收入、净利润如果不考虑股权激励的成本费用均达到上述行权条件。20×7年的不考虑股权激励成本费用的利润总额为5亿元。

2. L公司和对其年度财务报告审计的注册会计师,均认为在20×7年已能够预计L公司股权激励对象在20×8年内公布上年度财务报告日当天起将会行权。L公司鉴于激励对象已提供服务,因此将该项股权激励的有关成本费用全部计入20×7年损益。L公司20×7年负担股权激励费用后净亏损1亿元。

案例思考题

1. 为什么L公司20×7年度财务报告公告后,股价跌幅较大?

2. 你认为在本案例股权激励计划的实施中,谁是最大的受益者? 请说明理由。

3. 你认为L公司该项股权激励计划的会计处理是否正确? 请说明理由。

4. 你认为L公司对于该项股权激励计划应当如何进行会计处理? 按照你的处理对L公司20×7年的利润总额影响多大?

《中级财务会计学》(下)模拟试卷(B)

一、判断题(共 15 分,每小题 1 分)

1. 从经营特点来看,负债的划分通常可以以营业周期为标准,预计在一个正常营业周期中清偿的为流动负债,超过一个营业周期清偿的则为非流动负债。（　　）

2. 企业为购建固定资产专门借入的款项,其当期借款利息资本化的金额,不得超过当期专门借款实际发生的利息总额。（　　）

3. 只有现时义务才有可能确认为预计负债,潜在义务不能确认为预计负债。（　　）

4. 企业向股东宣告发放的现金股利,在尚未发放之前属于企业所有者权益的组成部分。（　　）

5. 企业取得收入能导致企业所有者权益的增加,但扣除相关成本费用后的净额,可能减少所有者权益。（　　）

6. 企业回购的本公司股份,应确认为一项资产,并按回购股份的成本计量。（　　）

7. 企业提供劳务时,如资产负债表日不能对交易的结果作出可靠估计,应按已经发生并预计能够补偿的劳务成本确认收入,并按相同的金额结转成本。（　　）

8. 债券溢价或折价应在债券存续期内分期摊销,溢价摊销额增加各期利息收益或费用,折价摊销额减少各期利息收益或费用。（　　）

9. 不同的所得税会计处理方法,不会影响按税法规定的应交所得税,但会对各期所得税费用和期末资产或负债的确认、计量带来不同影响。（　　）

10. 资产负债观认为利润是企业在某一期间内净资产变动额,即企业在投入资本得到保全的前提下,其资源的净增加额。（　　）

11. 企业无论用税前利润或税后利润弥补亏损,均无须专门编制以利润弥补亏损的会计分录。（　　）

12. 全面收益的构成包括两部分:净利润和直接计入所有者权益的利得和损失。（　　）

13. 自资产负债表日起 1 年内,交换其他资产或清偿负债的能力不受限制的现金或现金等价物,应当归类为流动资产。（　　）

14. 年终结账后,"利润分配"总分类账户的余额与"利润分配——未分配利润"明细账户的余额一定相等。（　　）

15. 由于现金流量表是反映企业一定期间现金流入和现金流出的会计报表,所以凡是不涉及现金增加或现金减少的经济交易或事项,都不需要在现金流量表及其补充资料中披露。（　　）

二、单项选择题(共 15 分,每小题 1.5 分)

1. 发行股票方式筹集资本时,"股本"账户登记的金额为(　　)。

　　A. 实际收到的款项

　　B. 实际收到的款项减去支付给券商的发行费用

　　C. 每股面值乘以股份总数再减去支付给券商的发行费用

D. 每股面值乘以股份总数

2. 企业实际发放股票股利时,可能会产生的影响是(　　)等。

A. 增加股东权益总额　　　　　　　B. 减少股东权益总额

C. 增加每股收益　　　　　　　　　D. 减少每股收益

3. 下列有关收入和利得的表述中,正确的是(　　)。

A. 收入是已经实现的,利得则尚未实现

B. 收入会导致经济利益的流入,利得不一定会导致经济利益的流入

C. 收入会导致所有者权益的增加,利得不一定会导致所有者权益的增加

D. 收入会影响发生当期的利润,利得不一定会影响发生当期的利润

4. 由生产产品、提供劳务负担的职工薪酬,应当(　　)。

A. 计入管理费用　　　　　　　　　B. 计入存货成本或劳务成本

C. 确认为当期费用　　　　　　　　D. 计入销售费用

5. 甲公司 20×1 年年初发行在外的普通股为 500 万股,该普通股平均每股市场价格为 8 元。20×1 年 1 月 1 日发行了 100 万份认股权证,行权日为 20×2 年 4 月 1 日,每份认股权证可以在行权日以 5 元的价格认购甲公司 1 股新发行的股票。甲公司 20×1 年度归属于普通股股东的净利润为 200 万元。则甲公司 20×1 年的稀释每股收益为(　　)元。

A. 0.372　　　　　B. 0.400　　　　　C. 0.333　　　　　D. 0.356

6. 20×1 年 1 月 1 日,某上市公司向 100 名高级管理人员每人授予 10 000 份股票期权,条件是自授予日起在该公司连续服务 3 年,允许以 4 元/股的价格行权。公司估计该期权在授予日的公允价值为 9 元/份。上述高级管理人员在第一年有 10 人离职,公司在 20×1 年 12 月 31 日预计 3 年中离职人员的比例将达 20%;第二年有 4 人离职,公司在 20×2 年将预计的离职比例修正为 15%;第三年有 6 人离职。上述股份支付交易,公司在 20×3 年利润表中应确认的相关费用为(　　)元。

A. 2 666 667　　　　B. 1 866 667　　　　C. 2 100 000　　　　D. 2 800 000

7. 甲公司为增值税一般纳税人,适用的增值税税率为 16%。本年 1 月经甲公司董事会决定将本公司生产的 500 件产品作为福利发放给公司管理人员。该批产品的单件成本为 1.2 万元,市场销售价格为每件 2 万元(不含增值税)。不考虑其他相关税费,甲公司在本年度因该项业务应计入管理费用的金额为(　　)万元。

A. 600　　　　　B. 760　　　　　C. 1 000　　　　　D. 1 160

8. 下列项目,不应通过"应付职工薪酬"账户核算的内容是(　　)。

A. 住房公积金　　　　　　　　　　B. 以权益结算的股份支付

C. 养老保险费　　　　　　　　　　D. 以现金结算的股份支付

9. 甲企业发出实际成本为 140 万元的原材料,委托乙企业加工成半成品,收回后用于连续生产应税消费品。甲企业和乙企业均为增值税一般纳税人,甲企业根据乙企业开具的增值税专用发票向其支付加工费 4 万元和增值税 0.64 万元,另支付消费税 16 万元。假定不考虑其他相关税费,甲企业收回该批半成品的入账价值为(　　)万元。

A. 144　　　　　B. 144.64　　　　　C. 160　　　　　D. 160.64

10. 某企业当期净利润为 600 万元,投资收益为 100 万元,与筹资活动有关的财务费用为 50 万元,经营性应收项目增加 75 万元,经营性应付项目减少 25 万元,固定资产折旧为 40 万元,无形资产摊销为 10 万元。假设没有其他影响经营活动现金流量的项目,该企业当

期经营活动产生的现金流量净额为( )万元。

    A. 400   B. 850   C. 450   D. 500

三、多项选择题(共 10 分,每小题 2 分)

1. 利润表中有关企业利润的确定和列报,下列说法正确的有( )。

    A. 不再区分主营业务利润与其他业务利润——因为现代资本市场环境中,多元化经营已经成为企业经营中的典型现象

    B. 资产减值损失、资产处置收益、其他收益均在计算营业利润之前扣除

    C. 净利润项目下划分为持续经营净利润和终止经营净利润

    D. 所得税费用由当期所得税和递延所得税两部分构成

    E. 所有收益均为已实现的收益

2. 关于或有事项,下列说法中正确的有( )。

    A. 或有事项是过去交易或事项形成的一种状况,其结果需通过未来不确定事项的发生或不发生予以证实

    B. 或有事项具有不确定性,是指或有事项的结果具有不确定性或者发生的具体时间或金额具有不确定性

    C. 贴现商业汇票均会产生或有事项

    D. 企业不应确认或有资产和潜在义务

    E. 因或有事项而确认的负债金额,如果存在一个金额范围的,其计量的最佳估计数是该范围的上、下限的平均数

3. 关于可转换债券的会计处理,下列说法中符合我国企业会计准则规定的有( )。

    A. 在初始确认时,应将相关负债和权益进行分拆

    B. 在初始确认时,与应付债券相同,只记录负债,不记录权益

    C. 在转换为普通股时,发行公司应将债券的面值连同尚未摊销的溢折价、发行费用一并转销,同时按账面价值法记录股东权益的增加

    D. 在转换为普通股时,发行公司应将债券的面值连同尚未摊销的溢折价、发行费用一并转销,同时按市价法记录股东权益的增加

    E. 如果持有人在转股期内未转股,可转换债券到期偿付的会计处理与普通债券相同

4. 下列关于所得税会计说法正确的有( )。

    A. 暂时性差异是资产负债表债务法下的基本概念

    B. 暂时性差异产生的根本原因是会计准则与税收法规的差异

    C. 应纳税暂时性差异会增加未来回收资产或清偿债务期间的应纳税所得额

    D. 可抵扣暂时性差异会减少未来回收资产或清偿债务期间的应纳税所得额

    E. 一般情况下在资产负债表日确认递延所得税资产或者递延所得税负债

5. 下列有关职工薪酬的表述中,正确的有( )。

    A. 未与企业订立劳动合同而为其提供服务的人员不属于企业职工范畴

    B. 职工薪酬包括企业为获得职工提供的服务而给予的各种形式的报酬以及其他相关支出

    C. 企业应当在职工为其提供服务的会计期间,将应付的职工薪酬确认为负债,除因解除与职工的劳动关系给予的补偿外,应当根据职工提供服务的受益对象,分别

不同情况确认为成本或费用

D. 企业在职工劳动合同到期之前解除与职工的劳动关系,或者为鼓励职工自愿接受裁减而提出给予补偿的建议,符合预计负债确认条件的,应当确认为应付职工薪酬,同时计入当期损益

E. 对于以现金结算的股份支付,应按等待期内的每个资产负债表日当日权益工具的公允价值计量,确认为成本费用和相应的应付职工薪酬

四、简述题(10 分)

什么是所有者权益? 请说明资产负债表中的所有者权益的具体组成项目,并比较所有者权益与负债在产权关系、偿付方式以及收益分配和决策上有何不同。

五、计算分析及账务处理题(共 40 分)

(一)资料(本小题 6 分)

K 公司准备建造一栋仓库,于本年 1 月 1 日动工建造,工程采用出包方式,分别于本年1 月 1 日、7 月 1 日和 10 月 1 日支付工程进度款(不含增值税)1 100 万元、900 万元和 1 000万元。仓库于本年 12 月 31 日完工,达到预定可使用状态。

该公司为建造仓库发生了一笔专门借款,本年 1 月 1 日专门借款 2 000 万元,借款期限为 3 年,年利率为 8%,利息按年支付;闲置专门借款资金均用于固定收益债券短期投资,假定该短期投资月收益率为 0.5%。公司为建造仓库的支出总额 3 000 万元。

假定建造仓库还占用一般借款,该项借款系上年 12 月 1 日借入,本金为 2 000 万元,期限为 2 年,年利率为 6%,按年支付利息。

要求:

1. 请计算 K 公司本年度专门借款利息的资本化金额(列示计算过程,下同)。

2. 请计算 K 公司本年度一般借款利息的资本化金额。

2. 请对该公司本年度的利息费用进行会计处理。

(二)资料(本小题 9 分)

金山公司为一上市公司。20×1 年 1 月 1 日,公司董事会审议通过了股份支付协议:向其 150 名管理人员每人授予 200 份现金股票增值权,条件是这些人员必须从 20×1 年 1 月1 日起在该公司连续服务两年,从 20×3 年 1 月 1 日起根据股价的增长幅度获得现金。该增值权在 20×4 年 12 月 31 日前行使完毕。20×1～20×4 年与股份支付相关的资料如下(单位:元):

时 间	年末股票收盘价	行权支付每股现金	年内离职人数	年末估计等待期内离职总人数	年内行权人数
20×1 年	7	——	15	26	——
20×2 年	8	——	15	30	——
20×3 年	10	9	——	——	50
20×4 年	——	12	——	——	70

要求:编制 20×1～20×4 年金山公司股份支付的有关会计分录。

(三)资料(本小题 16 分)

甲公司采用资产负债表债务法进行所得税会计处理,适用的所得税税率为 25%;本年

年初递延所得税资产余额为 30 万元,系折旧年限会计与税法规定不同产生可抵扣暂时性差异 120 万元的所得税影响,递延所得税负债无余额;本年度利润总额为 2 000 万元。假定该公司未来有足够的应纳税所得可供抵扣。本年度有关所得税会计处理及纳税调整的资料如下:

	项 目	内 容	账面价值(年末数)	计税基础(年末数)
1	应收账款	账面余额 1 000 万元,提取了 100 万元坏账准备,税法规定资产减值损失在实际发生时可在税前列支		
2	存货	账面余额 200 万元,提取了 50 万元跌价准备,税法规定资产减值损失在实际发生时可在税前列支		
3	固定资产	原价 3 660 万元,预计残值 60 万元,税收按 30 年折旧,会计折旧年限 24 年,至本年末累计提折旧 5 年,均采用年限平均法		
4	以公允价值计量且其变动计入当期损益的金融资产(交易性金融资产)	本年支付 500 万元购入某公司股票,年末公允价值下降 80 万元,税法规定资产在持有期间的公允价值变动不计入应纳税所得		
5	以公允价值计量且其变动计入其他综合收益的金融资产(其他权益工具投资)	本年支付 400 万元购入某公司股票,年末公允价值上升 140 万元,税法规定资产在持有期间的公允价值变动不计入应纳税所得		
6	预计负债	本年确认产品保修费用 100 万元,税法规定产品保修费用在实际发生时可在税前列支		
7	应付职工薪酬	本年度中成本费用中计提应付工资 3 200 万元,税法核定全部可在税前列支		
8	其他应付款	列支违法经营罚款 20 万元并确认为负债,税法规定违法罚款不可在税前列支		

要求:
1. 请将上述资产、负债的账面价值和计税基础填入表格的空白处。
2. 确定甲公司本年末可抵扣暂时性差异、应纳税暂时性差异的金额。
3. 确定甲公司本年递延所得税资产、递延所得税负债增减变化的金额。
4. 计算本年度应纳税所得额、应交所得税额。
5. 编制甲公司本年度有关所得税的会计分录。

(四)资料(本小题 9 分)
大路公司为上市公司,其所得税税率为 25%,递延所得税资产或递延所得税负债年初无余额。本年度有关经济业务如下:

(1)A 产品全年销售价款(不含增值税额)合计 8 000 万元,增值税额 1 280 万元,根据以往的经验,估计会退货的产品占销售价款的 1%,销售 A 产品的总成本为 5 000 万元。

(2)年末试销新研制成功的 B 产品 5 台,售价价款合计 110 万元,增值税额 17.6 万元,退货期 2 个月,退货的可能性难以估计,该批 B 产品的成本为 75 万元。

(3) 收到子公司——C 企业宣告并发放的现金股利 60 万元。

(4) 本公司准备长期持有其 50%股权的某合营企业,本年度实现净利润 280 万元(已按投资时公允价值调整),该合营企业拥有的以公允价值计量且其变动计入其他综合收益的金融资产因公允价值上升而净增加其他综合收益 200 万元。

(5) 收到政府补偿企业当期损失的受灾补助 70 万元。

(6) 计提应收账款的坏账准备 160 万元。

(7) 采用公允价值模式进行后续计量的投资性房地产本期公允价值上升 120 万元。

(8) 全年发生财务费用 170 万元、管理费用 250 万元、销售费用 180 万元。

(9) 本年 7 月 1 日根据股东大会决议实施每 10 股以资本公积转增 10 股。该公司年初发行在外的普通股股份为 4 000 万股。

要求:计算大路公司本年度利润表下列指标(列示计算过程)。

(1) 营业收入;　　　　　　(2) 营业利润;

(3) 利润总额;　　　　　　(4) 净利润;

(5) 综合收益总额;　　　　(6) 基本每股收益。

六、案例分析题(10 分)

海天公司系上市公司,其本年度年报显示的有关资料如下(除标明外,其余金额单位均为万元):

本年利润总额	本年投资收益	本年营业外收入	本年现金及现金等价物净增加额	基本每股收益	
				本年	上年
21 500	7 900	6 900	−3 600	0.38 元	0.36 元

营业收入		库存商品		应收账款		加权平均股本	
本年	上年	期末	期初	期末	期初	本年	上年
169 000	171 000	26 800	13 900	78 700	21 100	4 亿股	2 亿股

海天公司本年度实现利润总额比上年增长近 100%,股本增加系本年年初增发新股 2 亿股,每股收益两年基本持平。

海天公司本年投资收益达到 7 900 万元,约占全年利润总额的 37%,主要来自年初投资的持股 50%的合营企业 A 公司带来的投资收益。对该项长期股权投资采用权益法核算。

海天公司本年营业外收入 6 900 万元为其控股股东豁免其债务的利得 2 900 万元和预计会返还的增值税款 4 000 万元,该项应返还的税款本年度尚未收到。

案例思考题

1. 逐项说明海天公司有关增值税款返还和其控股股东豁免其债务的会计处理是否正确,为什么? 试分析可能存在的动机。

2. 请分析为什么海天公司本年利润总额超过 2 亿元,现金及现金等价物净增加额却为负数的具体原因。

《中级财务会计学》(上)模拟试卷(A)
参考答案及评分标准

一、判断题(共 15 分,每小题 1 分)

1.（√） 2.（×） 3.（√） 4.（×） 5.（√） 6.（×） 7.（√） 8.（√）
9.（√） 10.（×） 11.（√） 12.（√） 13.（√） 14.（×） 15.（×）

二、单项选择题(共 15 分,每小题 1.5 分)

1.（B） 2.（D） 3.（C） 4.（C） 5.（A） 6.（C） 7.（B） 8.（D） 9.（D）
10.（B）

三、多项选择题(共 10 分,每小题 2 分)

1.（ABCDE） 2.（ABCDE） 3.（ABCE） 4.（CDE） 5.（BCE）

四、简述题(10 分)

我国企业会计准则中涉及的会计计量属性主要包括历史成本、重置成本、可变现净值、现值和公允价值等。(2.5 分)

基本准则规定,企业在对会计要素进行计量时,一般应当采用历史成本,采用重置成本、可变现净值、现值、公允价值计量的,应当保证所确定的会计要素金额能够取得并可靠计量。(2.5 分)

我国企业会计准则适度引入公允价值这一计量属性,是因为随着我国资本市场的发展,越来越多的股票、债券、基金等金融产品在交易所挂牌上市,使得这类金融资产的交易已经形成了较为活跃的市场,因此,我国已经具备了引入公允价值的条件。引入公允价值,对投资者等财务报告使用者的决策更加有用,而且体现我国准则与国际财务报告准则的趋同。(2.5 分)

我国引入公允价值是适度、谨慎和有条件的。原因是考虑到我国尚属新兴的市场经济国家,还有相当部分的资产不具备活跃市场的条件,如果不加限制地引入公允价值,有可能出现公允价值计量不可靠,甚至借机人为操纵利润的现象。(2.5 分)

五、计算分析及账务处理题(共 40 分)

（一）（本小题 7 分）

每笔分录 1 分×7＝7 分。

（1）借：债权投资——成本   10 000 000
    贷：债权投资——利息调整   267 300
        银行存款   9 732 700

（2）借：应收利息   500 000
        债权投资——利息调整   83 962
    贷：投资收益   583 962

（3）借：银行存款   500 000
    贷：应收利息   500 000

（4）借：应收利息 500 000

   债权投资——利息调整 89 000

    贷：投资收益 589 000

（5）借：银行存款 500 000

    贷：应收利息 500 000

（6）借：应收利息 500 000

   债权投资——利息调整 94 338

    贷：投资收益 594 338

（7）借：银行存款 10 500 000

    贷：应收利息 500 000

     债权投资——成本 10 000 000

（二）（本小题 14 分）

要求 1：每笔分录 1 分×8＝8 分。

（1）借：长期股权投资——投资成本 3 000 000

    贷：银行存款 3 000 000

（2）借：长期股权投资——投资成本 600 000

    贷：营业外收入 600 000

（3）借：长期股权投资——损益调整 750 000

    贷：投资收益 750 000

（4）借：应收股利 150 000

    贷：长期股权投资——损益调整 150 000

（5）借：银行存款 150 000

    贷：应收股利 150 000

（6）借：长期股权投资——其他综合收益 180 000

    贷：其他综合收益 180 000

（7）借：投资收益 99 000

    贷：长期股权投资——损益调整 99 000

（8）借：投资收益 360 000

    贷：长期股权投资——损益调整 360 000

要求 2：每项计算 2 分×2＝4 分。

    计入 20×2 年度利润表综合收益总额项目的金额

   ＝180 000－99 000＝81 000（元）

    计入 20×3 年年末资产负债表中长期股权投资项目的金额

   ＝3 000 000＋600 000＋750 000－150 000＋180 000－99 000－360 000

   ＝3 921 000（元）

（三）（本小题 8 分）

要求 1：每项计算 1 分×2＝2 分。

A 材料可变现净值＝580 000－23 000＝557 000(元)

B 材料可变现净值＝1 600 000－490 000－80 000＝1 030 000(元)

要求 2:每笔分录 2 分×2＝4 分。

借:资产减值损失(588 000－557 000－6 000)　　　　　　　　　　25 000

　贷:存货跌价准备——A 材料　　　　　　　　　　　　　　　　　　25 000

借:存货跌价准备——B 材料　　　　　　　　　　　　　　　　　　30 000

　贷:资产减值损失　　　　　　　　　　　　　　　　　　　　　　　30 000

要求 3:本项计算 2 分。

该月末原材料计入资产负债表中存货项目的金额

＝557 000＋1 010 000＝1 567 000(元)

(四)(本小题 11 分)

每笔分录 1 分×11＝11 分。

要求 1:

借:固定资产　　　　　　　　　　　　　　　　　　　　　　　　1 050 000

　应交税费——应交增值税(进项)　　　　　　　　　　　　　　　105 000

　贷:银行存款　　　　　　　　　　　　　　　　　　　　　　　1 155 000

要求 2:

借:管理费用　　　　　　　　　　　　　　　　　　　　　　　　　200 000

　贷:累计折旧　　　　　　　　　　　　　　　　　　　　　　　　200 000

要求 3:

借:固定资产清理　　　　　　　　　　　　　　　　　　　　　　　650 000

　累计折旧　　　　　　　　　　　　　　　　　　　　　　　　　　400 000

　贷:固定资产　　　　　　　　　　　　　　　　　　　　　　　1 050 000

借:银行存款　　　　　　　　　　　　　　　　　　　　　　　　　880 000

　贷:固定资产清理　　　　　　　　　　　　　　　　　　　　　　800 000

　　　应交税费——应交增值税(销项)　　　　　　　　　　　　　　80 000

借:固定资产清理　　　　　　　　　　　　　　　　　　　　　　　150 000

　贷:营业外收入　　　　　　　　　　　　　　　　　　　　　　　150 000

要求 4:

借:投资性房地产　　　　　　　　　　　　　　　　　　　　　　1 050 000

　应交税费——应交增值税(进项)　　　　　　　　　　　　　　　105 000

　贷:银行存款　　　　　　　　　　　　　　　　　　　　　　　1 155 000

借:其他业务成本　　　　　　　　　　　　　　　　　　　　　　　200 000

　贷:投资性房地产累计折旧　　　　　　　　　　　　　　　　　　200 000

借:银行存款　　　　　　　　　　　　　　　　　　　　　　　　　275 000

　贷:其他业务收入　　　　　　　　　　　　　　　　　　　　　　250 000

　　　应交税费——应交增值税(销项)　　　　　　　　　　　　　　25 000

六、案例分析题(10分)

1.（1）甲公司对所购 A 公司股票的分类不符合企业会计准则的规定。（1分）

（2）甲公司拥有 A 公司 25% 表决权股份,能施加重大影响,其所购 A 公司的股票应作为长期股权投资核算,不应当将其分类为以公允价值计量且其变动计入当期损益的金融资产。（1分）

（3）甲公司对 B 公司股票的重分类不符合企业会计准则的规定。（1分）

（4）甲公司管理股票的业务模式未发生改变,重分类缺乏依据。而且,将股票作为以公允价值计量且其变动计入其他综合收益的金融资产,只能在初始确认时指定。（1分）

2.（1）甲公司对 D 公司的长期股权投资采用成本法核算不符合企业会计准则的规定。（1分）

（2）甲公司拥有 D 公司 40% 表决权股份,在董事会 7 名成员中占 2 名,能够对 D 公司施加重大影响,应当采用权益法核算。（1分）

3.（1）甲公司对所购 A 公司股票分类为以公允价值计量且其变动计入当期损益的金融资产,因该公司股票本期公允价值上升增加甲公司利润 48 000 000 元,若作为长期股权投资核算,按照权益法核算只能确认 1 500 000 元利润。两者相比,使甲公司虚增利润 46 500 000 元。（1分）

（2）甲公司对所购 B 公司股票违反规定重分类,将 B 公司股票本期公允价值下跌损失计入其他综合收益,而未计入当期损益,虚增利润 100 000 000 元。（1分）

（3）甲公司对 D 公司的长期股权投资错用成本法核算,少确认投资损失 12 000 000 元,也未考虑减值。（1分）

4. 甲公司本年度由于产品销路不佳,主营业务利润锐减,有可能利用对上述资产的分类、重分类及会计处理调节利润,粉饰业绩。（1分）

《中级财务会计学》(上)模拟试卷(B)
参考答案及评分标准

一、判断题(共15分,每小题1分)

1. (√) 2. (√) 3. (√) 4. (×) 5. (×) 6. (×) 7. (×) 8. (×)
9. (×) 10. (×) 11. (×) 12. (√) 13. (√) 14. (×) 15. (×)

二、单项选择题(共15分,每小题1.5分)

1. (D) 2. (A) 3. (C) 4. (C) 5. (B) 6. (A) 7. (D) 8. (C) 9. (D)
10. (A)

三、多项选择题(共10分,每小题2分)

1. (BDE) 2. (ABCDE) 3. (BD) 4. (ADE) 5. (ABCE)

四、简述题(10分)

1. 资产具有以下特征:(1)预期会给企业带来经济利益;(2)资产是为企业所拥有的或控制的;(3)资产是由过去的交易或事项形成的。(3分)

在某石油企业地下埋藏的石油不能确认为该企业的资产,因为不满足条件(3)。(2分)

2. 存货发出的计价方法一般有个别计价法、加权平均计价法、移动平均计价法、先进先出法和后进先出法等。(2分)

宜采用个别计价法。(1分)

因为个别计价法是假设物流与信息流完全一致,财务报表中的存货信息能够比较真实地反映存货的现实。油画作为一种不能替代使用的特殊存货,应该反映其个体的真实价值。(2分)

五、计算分析及账务处理题(共40分)

(一)(本小题9分)

每项业务的分类1分×9＝9分。

要求1:

(1)借:交易性金融资产　　　　　　　　　　　　　　　　65 000
　　　应收股利　　　　　　　　　　　　　　　　　　　 2 000
　　　投资收益　　　　　　　　　　　　　　　　　　　　 500
　　　贷:银行存款　　　　　　　　　　　　　　　　　　　　　67 500

(2)借:银行存款　　　　　　　　　　　　　　　　　　 2 000
　　　贷:应收股利　　　　　　　　　　　　　　　　　　　　　2 000

(3)借:交易性金融资产　　　　　　　　　　　　　　　 28 000
　　　贷:公允价值变动损益　　　　　　　　　　　　　　　　28 000

(4)借:银行存款　　　　　　　　　　　　　　　　　　101 500
　　　公允价值变动损益　　　　　　　　　　　　　　　 28 000
　　　贷:交易性金融资产　　　　　　　　　　　　　　　　　93 000
　　　　投资收益　　　　　　　　　　　　　　　　　　　　36 500

要求 2：

(1) 借：其他权益工具投资 65 500

　　应收股利 2 000

　　　贷：银行存款 67 500

(2) 借：银行存款 2 000

　　　贷：应收股利 2 000

(3) 借：其他权益工具投资 27 500

　　　贷：其他综合收益 27 500

(4) 借：其他权益工具投资 8 500

　　　贷：其他综合收益 8 500

(5) 借：银行存款 101 500

　　　贷：其他权益工具投资 101 500

借：其他综合收益 36 000

　贷：盈余公积 36 000

　　利润分配——未分配利润 32 400

(二)(本小题 10 分)

要求 1：每笔分录 1 分×8＝8 分。

(1) 借：原材料 360 000

　　　贷：在途物资 360 000

(2) 借：委托加工物资 100 000

　　　应交税费——应交增值税 16 000

　　　贷：银行存款 116 000

(3) 借：包装物 387 000

　　　贷：委托加工物资 387 000

(4) 借：待处理财产损溢 2 000

　　　贷：原材料 2 000

(5) 借：在途物资 300 000

　　　应交税费——应交增值税 48 000

　　　贷：银行存款 348 000

(6) 借：委托加工物资 250 000

　　　贷：原材料 250 000

(7) 借：管理费用 2 000

　　　贷：待处理财产损溢 2 000

(8) 借：生产成本 380 000

　　　制造费用 100 000

　　　管理费用 20 000

　　　贷：原材料 500 000

要求 2：本项计算 2 分。

计入资产负债表中存货项目的金额＝208 000＋300 000＋250 000＋477 000＝1 235 000(元)

(三)(本小题 11 分)

每笔分录 1.5 分×6＝9 分,每项计算 1 分×2＝2 分。

要求 1:

借:在建工程	625 000
应交税费——应交增值税	98 500
贷:银行存款	723 500

借:在建工程	60 000
贷:工程物资	60 000

借:在建工程	35 000
贷:应付职工薪酬	35 000

借:固定资产	720 000
贷:在建工程	720 000

要求 2:

借:制造费用	140 000
贷:累计折旧	140 000

借:资产减值损失	80 000
贷:固定资产减值准备	80 000

要求 3:20×1 年年末该项固定资产计入资产负债表中固定资产项目的金额为 500 000 元。

要求 4:20×2 年该项固定资产年折旧额为 120 000 元[(500 000－20 000)/4]。

(四)(本小题 10 分)

要求 1:每笔分录 1 分×7＝7 分。

(1)借:长期股权投资——投资成本	3 000
贷:股本	1 000
资本公积——股本溢价	2 000

(2)借:长期股权投资——损益调整	30
贷:投资收益	30

(3)借:应收股利	20
贷:长期股权投资——损益调整	20

(4)借:长期股权投资——其他综合收益	10
贷:其他综合收益	10

(5)借:银行存款	20
贷:应收股利	20

(6)借:银行存款	3 300
贷:长期股权投资——投资成本	3 000
长期股权投资——损益调整	10
长期股权投资——其他综合收益	10
投资收益	280

(7)借：其他综合收益   10

     贷：投资收益   10

要求 2：本项计算 1 分。有关该项投资的全部投资收益＝30＋280＋10＝320（万元）

要求 3：本笔分录 1 分。

借：长期股权投资——投资成本   3 200

     贷：股本   1 000

        资本公积——股本溢价   2 000

        营业外收入   200

要求 4：本笔分录 1 分。

借：长期股权投资——投资成本   3 300

     贷：银行存款   3 000

        资本公积——资本溢价   300

六、案例分析题(10 分)

1. 不正确。(1 分)3 号地块土地使用权应当分期摊销,因该公司购买其 50 年的使用权并不因为未动工建造而延长。(1.5 分)

2. 不正确。(1 分)同一企业只能采用一种模式对所有投资性房地产进行后续计量。该公司先前的投资性房地产均采用成本模式进行后续计量,出租的 9 号地块土地使用权也应当采用成本模式进行后续计量,因而不能确认公允价值变动收益 3 000 万元。(1.5 分)

3. 不正确。(1 分)10 号地块土地使用权从本年年初起就对外出租,应当及时转入投资性房地产,而投资性房地产的减值损失一经确认不得转回,因此,该地块已计提减值准备 2 000 万元不能转回。(1.5 分)

4. 不正确。(1 分)10 号地块土地使用权转入投资性房地产,只能与其他投资性房地产一样采用成本模式进行后续计量,理由同业务 2,不能确认公允价值变动收益 800 万元。此外,即使该公司对所有的投资性房地产都采用公允价值模式进行后续计量,从存货转换为投资性房地产时,转换当日公允价值大于原账面价值之差 800 万元只能计入其他综合收益,而不能计入当期损益。(1.5 分)

《中级财务会计学》(下)模拟试卷(A)
参考答案及评分标准

一、判断题(共 15 分,每小题 1 分)

1.(×) 2.(√) 3.(√) 4.(√) 5.(×) 6.(×) 7.(×) 8.(×)
9.(√) 10.(√) 11.(×) 12.(×) 13.(√) 14.(×) 15.(√)

二、单项选择题(共 15 分,每小题 1.5 分)

1.(C) 2.(D) 3.(D) 4.(B) 5.(C) 6.(A) 7.(D) 8.(A) 9.(C)
10.(A)

三、多项选择题(共 10 分,每小题 2 分)

1.(ABCD) 2.(ABDE) 3.(BE) 4.(BCE) 5.(BCDE)

四、简述题(10 分)

参考答案:借款费用的内容包括借款利息、折价或者溢价的摊销、辅助费用以及因外币借款而发生的汇兑差额等。(2 分)

企业发生的借款费用,可直接归属于符合资本化条件的资产的购建或者生产的,应当予以资本化,计入相关资产成本;其他借款费用,应当在发生时根据其发生额确认为费用,计入当期损益。(2 分)

借款费用资本化,使资产价值增加,在以后期间转化为费用影响损益;借款费用计入当期损益,会立即减少当期利润。(2 分)

新会计准则对借款费用资本化的资产范围所作限定:指需要经过相当长时间的购建或者生产活动才能达到预定可使用或者可销售状态的固定资产、存货等。(2 分)

借款费用资本化的期间范围所作限定:借款费用同时满足下列条件的,才能开始资本化:资产支出已经发生,资产支出包括为购建或者生产符合资本化条件的资产而以支付现金、转移非现金资产或者承担带息债务形式发生的支出;借款费用已经发生;为使资产达到预定可使用或者可销售状态所必要的购建或者生产活动已经开始。购建或者生产符合资本化条件的资产达到预定可使用或者可销售状态时,借款费用应当停止资本化。(2 分)

五、计算分析及账务处理题(共 40 分)

(一)(本小题 10 分)

每笔分录 2 分×5=10 分。

借:银行存款		25 400 000
应付债券——可转债(利息调整)		478 367
贷:应付债券——可转债(面值)		25 000 000
资本公积——其他资本公积		878 367
借:财务费用		735 649
贷:应付利息		500 000
应付债券——可转债(利息调整)		235 649

借：应付利息   500 000
  贷：银行存款   500 000

借：应付债券——可转债(面值)   25 000 000
  贷：应付债券——可转债(利息调整)   242 718
     股本   5 000 000
     资本公积——股本溢价   19 757 282

借：资本公积——其他资本公积   878 367
  贷：资本公积——股本溢价   878 367

(二)(本小题 8 分)

每项计算 2 分×4＝8 分。

基本每股收益"本期金额"

$=26\,500÷(30\,000+10\,000+40\,000÷10×2.5)=22\,500÷50\,000=0.53$(元/股)

稀释每股收益"本期金额"

$=26\,500÷50\,000=0.53$(元/股)

基本每股收益"上期金额"

$=18\,000÷(30\,000+30\,000÷10×2.5)=18\,000÷37\,500=0.48$(元/股)

稀释每股收益"上期金额"

$=18\,000÷(30\,000+30\,000÷10×2.5+10\,000-7.5×10\,000÷10)=18\,000÷40\,000=0.45$(元/股)

(三)(本小题 12 分)

1. 本项计算 2 分。

应纳税所得额＝1 500＋40－120＋10＋10＋60＋20－180＋60＝1 400(万元)

2. 每项判断 1 分×8＝8 分。

经济业务(1)、(4)、(5)、(8)不产生暂时性差异；

经济业务(2)、(3)产生应纳税暂时性差异；

经济业务(6)、(7)产生可抵扣暂时性差异。

3. 每笔分录 1 分×2＝2 分。(也可合并)

借：所得税费用   3 625 000
  递延所得税资产   175 000
  贷：递延所得税负债   300 000
     应交税费——应交所得税   3500 000

借：其他综合收益   200 000
  贷：递延所得税负债   200 000

(四)(本小题 10 分)

每项指标 1 分×10＝10 分。

(1) 应收账款＝0。

(2) 存货＝120＋2 900＋510＋180－20＝3 690(万元)。

(3) 在建工程＝4 400－250－350＝3 800(万元)。

(4) 无形资产＝1 800－360－100＝1 340(万元)。

(5) 递延所得税资产＝70＋350×25％＋100×25％＝182.5(万元)。

（6）预收款项＝210＋290＋66＝566（万元）。

（7）一年内到期的非流动负债＝600万元。

（8）长期借款＝1 600－600＝1 000（万元）。

（9）长期应付款＝2 500－300＝2 200（万元）。

（10）预计负债＝100万元。

六、案例分析题（10分）

1. 股价跌幅较大的主要原因是：L公司2007年度不考虑股权激励成本费用的净利润为5亿元，因实施股权激励计划，将取得的服务按照权益工具授予日的公允价值6亿元（12元×5 000万份），全部计入2007年管理费用和资本公积，导致该公司2007年度出现亏损1亿元。股价在一定程度上反映公司的盈利水平和业绩。（2分）

或者：股民认为该公司2007年度亏损怎么能实施股权激励呢？根据行权条件，如果2007年度净利润亏损，就不可能比上年度增长12%，也就不满足股权激励的非市场业绩条件，因此，就不能实施股权激励计划。（也得2分）

或者：股民认为股权激励行权条件中对业绩的考核应以考虑股权激励成本费用后的净利润增长率为依据。本案例中2007年考虑股权激励成本费用后的净利润为负数，不满足行权条件，不能实施该项股权激励计划。（也得2分）

或者：该公司此项股权激励在确认时不影响股东权益总额，即：增加成本费用金额的同时，增加资本公积，因此，对股东权益不会产生影响，只影响股东权益的结构。由于股民对此不甚理解，因此对2007年度亏损的财务报告反响较大。（也得2分）

2. 该公司5名高管人员是最大的受益者。（1分）　他们行权后获得总计5 000万股公司股份，将来在二级市场出售可以获取巨额收益。（2分）

或者：从长远来看，公司股东是最大的受益者。（也得1分）　实施股权激励计划，推动公司的可持续发展，虽然付出一些代价，但有助于实现股东利益最大化。（也得2分）

3. 不正确。（1分）

理由如下：主要是对等待期的确定不正确。根据股份支付准则中有关规定，等待期为授予日至可行权日的期间。在本案中，等待期应为2007年5月1日至2008年公布上年度财务报告之日。（或者等待期应为2007年5月1日至4月30日）（2分）

或者：理由如下：主要是对等待期的确定不正确。本案例中2007年考虑股权激励成本费用后的净利润为负数，不满足行权条件，不能实施该项股权激励计划，等待期长于1年。依据股权激励计划的行权条件，对于可行权条件为规定业绩的股份支付，应当在授予日根据最可能的业绩结果预计等待期的长度。（也得2分）

4. 等待期1年，2007年从5月1日起确认取得8个月的服务价值，因股权激励计划对2007年度损益的影响额为5 000×12×8/12＝40 000万元。（2分）

或者：等待期长于1年，2007年只能按预计的等待期分摊取得服务的价值。（也得2分）

《中级财务会计学》(下)模拟试卷(B)
参考答案及评分标准

一、判断题(共 15 分,每小题 1 分)

1.(√) 2.(√) 3.(√) 4.(×) 5.(√) 6.(×) 7.(×) 8.(×)
9.(√) 10.(√) 11.(√) 12.(√) 13.(√) 14.(√) 15.(×)

二、单项选择题(共 15 分,每小题 1.5 分)

1.(D) 2.(D) 3.(D) 4.(B) 5.(A) 6.(C) 7.(D) 8.(B) 9.(A)
10.(D)

三、多项选择题(共 10 分,每小题 2 分)

1.(ABCD) 2.(ABDE) 3.(ACE) 4.(ABCDE) 5.(BCDE)

四、简述题(10 分)

所有者权益是指企业资产扣除负债后由所有者享有的剩余权益。(2 分)

资产负债表中的所有者权益的组成项目有:实收资本(或股本)、资本公积、库存股(减项)、专项储备、盈余公积、未分配利润。(2 分)

1. 债权人的要求权优先于投资者的要求权,投资者只是具有对企业偿还债务后剩余财产的所有权,及享有的是对企业资产扣除债务后的剩余权益。企业与债权人的关系是债权债务关系,而企业与投资者的关系是产权归属关系。(2 分)

2. 负债必须到期偿还本息,而所有者权益在企业持续经营期间,一般无需偿还,除非发生减资。(2 分)

3. 债权人只享有收回本金和利息的权利,无权参与企业收益分配,而投资者除了可以获得收益分配外,还可通过一定途径与方式参与企业的经营和财务决策。(2 分)

五、计算分析及账务处理题(共 40 分)

(一)(本小题 6 分)

每项计算 2 分×2=4 分,分录 2 分。

1. 专门借款利息费用的资本化金额=2 000×8%−900×0.5‰×6=133(万元)。

2. 一般借款利息费用资本化金额为=1 000×6%×3÷12=15(万元)

3. 借:在建工程   1 480 000

    应收利息   270 000

    财务费用(1 320 000−270 000)   1 050 000

    贷:应付利息(20 000 000×8%+20 000 000×6%)   2 800 000

(二)(本小题 9 分)

每笔分录 1.5 分×6=9 分。

(1) 20×1 年年末:

$$股份支付金额=(150−26)×200×7÷2=86\ 800(元)$$

借：管理费用　　　　　　　　　　　　　　　　　　　　　86 800
　　贷：应付职工薪酬　　　　　　　　　　　　　　　　　　　86 800

（2）20×2 年年末：

股份支付负债余额＝(150－30)×200×8＝192 000(元)
本年股份支付费用＝192 000－86 800＝105 200(元)

借：管理费用　　　　　　　　　　　　　　　　　　　　　105 200
　　贷：应付职工薪酬　　　　　　　　　　　　　　　　　　　105 200

（3）20×3 年年末：

行使增值权金额＝50×200×9＝90 000(元)
行权后股份支付负债余额＝192 000－90 000＝102 000(元)
年末股份支付负债应有金额＝70×200×10＝140 000(元)
调增股份支付负债金额＝140 000－102 000＝38 000(元)

借：应付职工薪酬　　　　　　　　　　　　　　　　　　　90 000
　　贷：银行存款　　　　　　　　　　　　　　　　　　　　90 000

借：公允价值变动损益　　　　　　　　　　　　　　　　　38 000
　　贷：应付职工薪酬　　　　　　　　　　　　　　　　　　38 000

（4）20×4 年年末：

行使增值权金额＝70×200×12＝168 000(元)
调增股份支付负债金额＝168 000－140 000＝28 000(元)

借：公允价值变动损益　　　　　　　　　　　　　　　　　28 000
　　贷：应付职工薪酬　　　　　　　　　　　　　　　　　　28 000

借：应付职工薪酬　　　　　　　　　　　　　　　　　　　168 000
　　贷：银行存款　　　　　　　　　　　　　　　　　　　　168 000

（三）（本小题 16 分）

要求 1：每个项目填列 0.5 分×16＝8 分。

资产、负债的账面价值和计税基础计算表　　　　　　　单位：万元

序号	项　目	内　容	账面价值（年末数）	计税基础
1	应收账款	账面余额 1 000 万元，提取了 100 万元坏账准备	900	1 000
2	存货	账面余额 200 万元，提取了 50 万元跌价准备	150	200
3	固定资产	原价 3 660 万元，预计残值 60 万元，税收按 30 年折旧，会计折旧年限 24 年，至本年末累计提折旧 5 年，均采用年限平均法	2 910	3 060
4	交易性金融资产	本年支付 500 万元购入某公司股票，年末公允价值下降 80 万元	420	500

续表

序号	项 目	内 容	账面价值 (年末数)	计税 基础
5	其他权益工具投资	本年支付 400 万元购入某公司股票,年末公允价值上升 140 万元	540	400
6	预计负债	本年确认产品保修费用 100 万元	100	0
7	应付职工薪酬	本年度中成本费用中计提应付工资 3 200 万元,税法核定全部可在税前列支	3 200	3 200
8	其他应付款	列支违法经营罚款 20 万元并确认为负债	20	20

要求 2:每项计算 1 分×2=2 分。

本年末可抵扣暂时性差异=(1 000-900)+(200-150)+(3 060-2 910)+(500-420)+(100-0)
   =480(万元)

本年末应纳税暂时性差异=(540-400)=140(万元)

要求 3:每项计算 1 分×2=2 分。

本年递延所得税资产增加=480×25%-30=90(万元)
本年递延所得税负债增加=140×25%-0=35(万元)

要求 4:每项计算 1 分×2=2 分。

本年度应纳税所得额=2 000+100+50+150-120+80+100+20=2 380(万元)
本年度应交所得税=2 380×25%=595(万元)

要求 5:每笔分录 1 分×2=2 分。

借:所得税费用 5 050 000
　　递延所得税资产 900 000
　　贷:应交税费——应交所得税 5 950 000

借:其他综合收益 350 000
　　贷:递延所得税负债 350 000

(四)(本小题 9 分)

每项计算 1.5 分×6=9 分。

(1)营业收入=8 000-8 000×1‰=7 920(万元)。

(2)营业利润=7 920-5 000×(1-1‰)+60+140-160+120-170-250-180
   =2 530(万元)。

(3)利润总额=2 530+70=2 600(万元)。

(4)净利润=2 600-600=2 000(万元)。

其中:所得税费用=(2 600+160-120-60-140)×25%-160×25%+120×25%
   =610-40+30=600(万元)。

(5)综合收益总额=2 000+200×50%=2 100(万元)。

(6)基本每股收益=2 000÷(4 000+4 000)=0.25(元/股)。

六、案例分析题(10 分)

1. 不正确。(1 分)

理由:其控股股东豁免其债务属于权益性交易,属于控股股东向该公司的利益输送,系资本性投入,2 900 万元应计入资本公积,不能计入当期损益;(2 分) 海天公司尚未收到返还的增值税款,返还事项有待税务机关确认,存在不确定因素,应在实际收到时确认营业外收入。(2 分)

可能动机:海天公司本年年初增发新股 2 亿股,而主营业务的利润基本持平,资本扩容后要保持与上年相同水平的每股收益,利润不够,因此将尚未收到的增值税款返还提前确认利得。(1 分)

2. 海天公司本年利润超过两亿元而现金及现金等价物净增加额却为负数的具体原因:

海天公司本年权益法核算确认的投资收益达到 7 900 万元,占全年利润总额的36.74%,未发生现金流入;公司应收账款余额由年初的 21 100 万元增至报告期末的 78 700万元,增幅达到 2.73 倍,大大减少销售商品的现金流入;误将预计增值税款返还计入当期利润,但未发生现金流入;控股股东豁免债务公司错误确认收益也没有现金流入;存货年末比年初增加近 1 倍,库存积压增加占用资金,而采购存货却需发生现金流出等。(4 分)